TORNANDO-SE HITLER

THOMAS WEBER

TORNANDO-SE HITLER
A CONSTRUÇÃO DE UM NAZISTA

Tradução de
HELOÍSA CARDOSO MOURÃO

1ª edição

EDITORA RECORD
RIO DE JANEIRO • SÃO PAULO
2019

CIP-BRASIL. CATALOGAÇÃO NA PUBLICAÇÃO
SINDICATO NACIONAL DOS EDITORES DE LIVROS, RJ

W383t

Weber, Thomas
Tornando-se Hitler: a construção de um nazista / Thomas Weber; tradução de Heloísa Cardoso Mourão. – 1ª ed. – Rio de Janeiro: Record, 2019.

Tradução de: Becoming Hitler
Inclui bibliografia e índice
ISBN 978-85-01-11691-8

1. Hitler, Adolf, 1889-1945. 2. Chefes de Estado – Alemanha – Biografia. 3. Nazismo. 4. Alemanha – Política e governo – 1933-1945. I. Mourão, Heloísa Cardoso. II. Título.

19-55953

CDD: 923.5
CDU: 929:356.21

Leandra Felix da Cruz – Bibliotecária – CRB-7/6135

Copyright © Thomas Weber, 2017

Título original em inglês: Becoming Hitler

Todos os direitos reservados. Proibida a reprodução, armazenamento ou transmissão de partes deste livro, através de quaisquer meios, sem prévia autorização por escrito.

Texto revisado segundo o novo Acordo Ortográfico da Língua Portuguesa.

Direitos exclusivos de publicação em língua portuguesa para o Brasil adquiridos pela
EDITORA RECORD LTDA.
Rua Argentina, 171 – 20921-380 – Rio de Janeiro, RJ – Tel.: (21) 2585-2000, que se reserva a propriedade literária desta tradução.

Impresso no Brasil

ISBN 978-85-01-11691-8

Seja um leitor preferencial Record.
Cadastre-se em www.record.com.br
e receba informações sobre nossos lançamentos e nossas promoções.

Atendimento e venda direta ao leitor:
sac@record.com.br

para Sarah

SUMÁRIO

Mapas	10
Introdução	15

PARTE I: GÊNESE

1. Golpe de Estado   29
   (20 de novembro de 1918 a fevereiro de 1919)

2. Uma engrenagem na máquina do socialismo   55
   (Fevereiro a início de abril de 1919)

3. Preso   73
   (Início de abril a início de maio de 1919)

4. Vira-casaca   97
   (Início de maio a meados de julho de 1919)

PARTE II: NOVOS TESTAMENTOS

5. Enfim, um novo lar   129
   (Meados de julho a setembro de 1919)

6. Duas visões   161
(Outubro de 1919 a março de 1920)

7. Uma ferramenta de 2.500 anos   191
(Março a agosto de 1920)

8. Gênio   217
(Agosto a dezembro de 1920)

9. A guinada de Hitler para o leste   243
(Dezembro de 1920 a julho de 1921)

PARTE III: MESSIAS

10. O Mussolini bávaro   269
(Julho de 1921 a dezembro de 1922)

11. A garota alemã de Nova York   293
(Inverno de 1922 ao verão de 1923)

12. O primeiro livro de Hitler   311
(Verão ao outono de 1923)

13. O *putsch* de Ludendorff   331
(Outono de 1923 à primavera de 1924)

14. *Lebensraum*   351
(Primavera de 1924 a 1926)

Epílogo   367
Agradecimentos   377

Notas	381
Coleções de arquivos e documentos particulares e entrevistas	439
Bibliografia	443
Índice	461

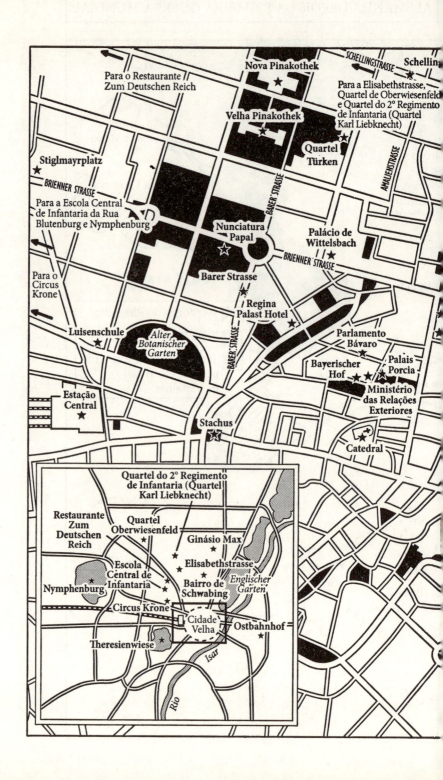

MUNIQUE APÓS A PRIMEIRA GUERRA MUNDIAL

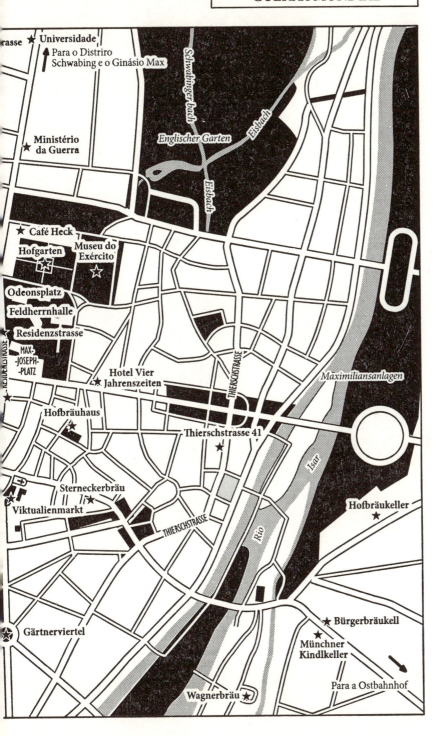

INTRODUÇÃO

Quatorze de dezembro de 1918 foi o maior dia do nacional-socialismo até ali. Naquele dia ameno, o primeiro candidato de um partido nacional-socialista foi eleito para um Parlamento nacional. Depois de todos os votos contados, revelou-se que 51,6% do eleitorado no distrito constituinte operário de Silvertown, no lado de Essex da fronteira entre Londres e Essex, votaram em John Joseph "Jack" Jones do partido nacional-socialista para representá-los na Câmara dos Comuns do Reino Unido.[1]

O nacional-socialismo foi o rebento de duas grandes ideias políticas do século XIX. Seu pai, o nacionalismo, foi o movimento emancipatório que, um século e meio após a Revolução Francesa, tinha por objetivo transformar os Estados dinásticos nascidos na era do Iluminismo em Estados nacionais, e derrubar impérios e reinos dinásticos. Sua mãe, o socialismo, nasceu quando a industrialização dominou a Europa e uma classe trabalhadora empobrecida foi criada no processo. Sua mãe amadureceu no rastro da grande crise do liberalismo que foi desencadeada pelo *crash* da Bolsa de Valores de Viena em 1873.

Em sua infância, o nacional-socialismo teve mais sucesso onde a volatilidade econômica do final do século XIX e do início do XX encontrou impérios dinásticos multiétnicos em crise. Portanto, não surpreende que os primeiros partidos nacional-socialistas tenham sido formados no Império Austro-Húngaro. O Partido Nacional Social tcheco se formou em 1898. Mais tarde, em 1903, o Partido dos Trabalhadores Alemães foi estabelecido na Boêmia. Foi renomeado como Partido Nacional-Socialista dos Trabalhadores Alemães em maio de 1918, quando se dividiu em dois ramos, um baseado na Áustria e o outro nos Sudetos, os territórios de língua alemã da Boêmia. Alguns sionistas também falavam sobre seus sonhos "nacionais-sociais" judaicos.[2]

O nacional-socialismo não foi, portanto, filho da Primeira Guerra Mundial. No entanto, foi durante a guerra que ele atravessou a puberdade. Irrompeu na cena política durante o conflito, enquanto os socialistas de toda a Europa debatiam se deveriam apoiar ou não os esforços bélicos de suas nações, e isso enquanto políticos opostos tanto ao capitalismo quanto ao internacionalismo rompiam com seus partidos anteriores. Foi essa disputa que permitiu que o nacional-socialismo emergisse na Grã-Bretanha, no Palácio de Westminster.[3]

Em contraste, a Alemanha foi uma nação tardia na história do nacional-socialismo. Foi apenas após seis anos da eleição de Jack Jones para a Câmara dos Comuns do Parlamento britânico que os primeiros políticos nacional-socialistas da Alemanha (então sob a bandeira do Partido da Liberdade Nacional-Socialista) foram eleitos para o Reichstag. E foi apenas em 1928, dez anos depois que a Grã-Bretanha teve o primeiro membro nacional-socialista no Parlamento, que os candidatos do partido liderado por Adolf Hitler foram eleitos para um Parlamento nacional.

Quando o Partido Nacional-Socialista foi fundado na Grã-Bretanha, em 1916, Adolf Hitler, o futuro líder do Partido Nacional-Socialista da Alemanha, ainda era um solitário desajeitado com convicções políticas flutuantes. Sua metamorfose em líder carismático e ardiloso operador político com ideias nacional-socialistas e antissemitas firmes e extremas só começou em 1919, e só se completou em meados da década de 1920. Aconteceu em Munique, para onde Hitler se mudou em 1913: uma cidade que, em comparação com Silvertown e muitas cidades do Império Habsburgo, permaneceu politicamente estável até o final da Primeira Guerra Mundial.

Embora a espinha dorsal deste livro esteja nos anos cruciais entre 1918 e meados da década de 1920 na vida de Hitler, ele também conta a história do sucesso tardio do nacional-socialismo na Alemanha. Esta é também a história da transformação política de Munique, capital da Baviera, onde Hitler se elevou à proeminência, uma cidade que apenas alguns anos antes teria sido considerada um dos lugares mais improváveis para o surgimento e o triunfo repentino da demagogia e da turbulência política.

* * *

Quando me tornei historiador, nunca imaginei que algum dia escreveria sobre Adolf Hitler em profundidade. Como estudante de pós-graduação, eu me senti muito honrado, e ainda me sinto, pelo trabalho em um papel muito menor — compilar a bibliografia do livro — para o primeiro volume da magistral biografia de Hitler de autoria de Ian Kershaw. No entanto, depois das muitas e fantásticas obras acadêmicas sobre Hitler publicadas entre a década de 1930 e a publicação da biografia de Kershaw no final da década de 1990, achava difícil imaginar que restava algo válido e novo para ser dito sobre o líder do Terceiro Reich. Sendo um alemão criado nas décadas de 1970 e 1980, também fui indubitavelmente influenciado, ao menos de modo subconsciente, pela preocupação de que escrever sobre Hitler poderia parecer apologético. Em outras palavras, que seria como um retorno ao início da década de 1950, quando muitos alemães tentavam jogar a culpa dos muitos crimes do Terceiro Reich apenas em Hitler e em um pequeno número de pessoas ao redor.

No entanto, no momento em que terminei de escrever meu segundo livro, em meados dos anos 2000, comecei a ver as falhas em nossa compreensão de Hitler. Por exemplo, eu não estava tão certo de que realmente sabíamos como ele se tornara um nazista e, portanto, de que havíamos extraído as lições corretas da história de sua metamorfose para nossos próprios tempos. Não que os historiadores anteriores não fossem talentosos. Pelo contrário; alguns dos melhores e mais incisivos livros sobre Hitler foram escritos entre os anos 1930 e 1970. Mas todos esses livros funcionavam apenas na medida das evidências e das pesquisas disponíveis na época, pois todos necessariamente nos erguemos sobre os ombros de predecessores.

Na década de 1990, a ideia longamente dominante de que Hitler se radicalizara enquanto crescia na Áustria foi revelada como sendo uma de suas mentiras visando à autopromoção. Os estudiosos concluíram que, se Hitler não se radicalizara quando criança e adolescente nas fronteiras austro-alemãs, nem em Viena quando jovem, então sua transformação política tinha ocorrido mais tarde. A nova visão era de que Hitler se tornara nazista devido a suas experiências na Primeira Guerra Mundial, ou à combinação delas com a revolução do pós-guerra que transformou a Alemanha imperial em uma República. Em meados dos anos 2000, essa visão já não fazia muito sentido para mim, pois eu havia começado a ver suas muitas falhas.

Assim, decidi escrever um livro sobre os anos de Adolf Hitler na Primeira Guerra Mundial e o impacto que tiveram no resto de sua vida. À medida que enveredava entre arquivos e coleções particulares em sótãos e porões de três continentes, percebi que a história que Hitler e seus propagandistas contavam sobre seu tempo de guerra não era apenas um exagero com certo fundo de verdade. Na verdade, o próprio fundo estava podre. Hitler não foi admirado por seus colegas do Exército por sua extraordinária bravura, nem foi o típico resultado das experiências de guerra dos homens do regimento em que serviu. Ele não foi a personificação do soldado desconhecido da Alemanha que, a partir de suas experiências como mensageiro da frente ocidental, converteu-se em um nacional-socialista que só diferiu de seus pares devido a suas extraordinárias qualidades de liderança.

O livro que escrevi, *Hitler's First War*, revelou alguém muito diferente do homem que conhecemos. Depois de se alistar como voluntário estrangeiro para o Exército da Baviera, Hitler foi alocado na frente ocidental durante toda a guerra. Assim como a maioria dos homens de sua unidade militar — o 16º Regimento de Infantaria de Reserva da Baviera, comumente chamado "Regimento List" —, ele não se radicalizou por suas experiências na Bélgica e no norte da França. Retornou da guerra com ideias políticas ainda flutuantes. Quaisquer que fossem suas opiniões sobre os judeus, ainda não tinham importância suficiente para que ele as expressasse. Não há indicação alguma de que houve tensão durante a guerra entre Hitler e os soldados judeus de seu regimento.[4]

INTRODUÇÃO

Seus pensamentos eram os de um austríaco que odiava a monarquia dos Habsburgo com todo o seu coração e que sonhava com uma Alemanha unida. Além disso, também parece ter oscilado entre diferentes ideias coletivistas de esquerda e de direita. Ao contrário de suas alegações em *Mein Kampf*, não há evidências de que Hitler já se colocava contra a social-democracia e outras ideologias de esquerda moderadas. Em uma carta escrita em 1915 para um conhecido da Munique do pré-guerra, Hitler revelou algumas de suas convicções políticas de tempos de guerra, expressando sua esperança "de que aqueles que tivermos a sorte de voltar à pátria, vamos encontrá-la como um lugar mais puro, menos infestado de influências estrangeiras, de modo que os sacrifícios diários e os sofrimentos de centenas de milhares de nós e a torrente de sangue que continua fluindo aqui dia após dia contra um mundo internacional de inimigos não só ajudem a esmagar os inimigos da Alemanha lá fora, mas que nosso internacionalismo interno também colapse". Ele acrescentou: "Isso valeria mais que qualquer ganho territorial."[5]

Por seu contexto, está claro que sua rejeição ao internacionalismo "interno" da Alemanha não deve ser vista como direcionada acima de tudo aos sociais-democratas. Hitler tinha outra coisa menos específica em mente: uma rejeição a qualquer ideia que desafiasse a crença de que a nação deveria ser o ponto de partida de toda interação humana. Isso incluía uma oposição ao capitalismo internacional, ao socialismo internacional (i.e., aos socialistas que, ao contrário dos sociais-democratas, não se alinhavam com a nação durante a guerra e que sonhavam com um futuro sem Estado e sem nação); ao catolicismo internacional e aos impérios dinásticos multiétnicos. Seus pensamentos não específicos de tempos de guerra, sobre uma Alemanha unida e não internacionalista, ainda deixavam seu futuro político em aberto. É certo que sua mente não era uma página em branco. Mas seus possíveis futuros ainda incluíam uma ampla gama de ideias políticas de esquerda e de direita com certas vertentes de social-democracia. Em suma, no momento do fim da guerra, seu futuro político ainda estava indeterminado.[6]

Assim como a maioria dos homens do Regimento List, Hitler ainda não tinha sido politicamente radicalizado entre 1914 e 1918; no entanto, ele não era nada diferente do típico produto das experiências de guerra dos homens de sua unidade. Ao contrário do que dizia a propaganda nazista, muitos soldados da linha de frente de seu regimento jamais o elogiaram por sua bravura. Em vez disso, devido ao fato de que ele servia no quartel-general (QG) do regimento, os soldados evitavam Hitler e seus colegas do QG porque supostamente levavam uma vida abrigada como *Etappenschweine* (literalmente, "porcos da retaguarda"), posicionados alguns quilômetros distantes do front. Eles também acreditavam que as medalhas por bravura que homens como Hitler ganhavam só eram dadas pela bajulação aos superiores no QG do regimento.[7]

Objetivamente falando, Hitler foi um soldado eficiente e cuidadoso. No entanto, a história do homem desprezado pelos soldados da linha de frente e ainda com um futuro político indeterminado não favoreceria seus interesses políticos quando, na cena política dos anos 1920, ele tentasse usar sua passagem pela guerra para criar um lugar para si. O mesmo era verdade para o fato de que seus superiores, ainda que o apreciassem por sua confiabilidade, não viram nenhuma qualidade de liderança em Hitler; eles o viam como o protótipo de alguém que segue ordens, em vez de delegá-las. Na verdade, Hitler nunca teve comando sobre soldado algum durante toda a guerra. Além disso, aos olhos da maioria de seus colegas do pessoal de apoio — que, ao contrário de muitos soldados da linha de frente, apreciavam sua companhia —, ele não era muito mais que um sujeito solitário e amigável, alguém que não se encaixava muito bem e que não os acompanhava aos bares e prostíbulos do norte da França.

Na década de 1920, Hitler inventaria uma versão de suas experiências na Primeira Guerra que seria fictícia na maior parte, mas que lhe permitiria criar um mito politicamente útil de si mesmo, do Partido Nazista e do "Terceiro Reich". Nos anos seguintes, ele continuaria a reescrever esse relato sempre que fosse politicamente conveniente. Defendeu a suposta história de suas experiências de guerra de forma tão implacável e efetiva que, durante décadas após sua morte, acreditou-se que tinha um núcleo de verdade.

* * *

Se a guerra não "criou" Hitler, surge uma questão óbvia: como foi possível que, um ano após seu retorno a Munique, aquele soldado indistinto — um desajeitado com ideias políticas flutuantes — tenha se tornado um demagogo nacional-socialista e profundamente antissemita? Foi igualmente curioso que, num espaço de cinco anos, ele tenha escrito um livro que se propunha a resolver todos os problemas políticos e sociais do mundo. Desde a publicação de *Hitler's First War*, foram publicados diversos livros que tentaram responder tais questões. Aceitando em graus variados que a guerra não havia radicalizado Hitler, eles propunham que Hitler se tornou Hitler na Munique pós-revolucionária, quando absorveu ideias que já eram moeda corrente na Baviera pós-guerra. Ofereciam a imagem de um Hitler movido por vingança, com um talento para a oratória política que ele usava para promover a agitação contra aqueles que considerava responsáveis pela derrota da Alemanha na Primeira Guerra e pela revolução. Além disso, eles o apresentam como um homem que não foi um pensador sério e que, ao menos até meados de 1920, exibiu pouco talento como operador político. Em suma, Hitler foi retratado como alguém cujas ideias eram mais ou menos imutáveis e de pouca ambição própria, conduzido por outros e pelas circunstâncias.[8]

Ao ler novos livros sobre Hitler nos últimos anos, instintivamente senti que era contraintuitiva a noção de que ele repentinamente absorvera, após a Primeira Guerra, um conjunto completo de ideias políticas que defenderia pelo resto da vida. Mas foi só ao escrever este livro que percebi o quanto os outros autores passaram longe do alvo. Hitler não foi um homem com ideias políticas fixas, movido por vingança, influenciado por outros e com ambições pessoais limitadas. Foi também nesse momento que passei a apreciar a importância dos anos da metamorfose de Hitler — desde o final da guerra até o momento da escrita de *Mein Kampf* — para nossa compreensão da dinâmica do Terceiro Reich e do Holocausto.

Após encontrar uma nova literatura sobre Hitler, também considerei improvável a noção de que ele simplesmente absorveu ideias que eram comuns na Baviera, pois já havia experimentado uma relação de amor e ódio com Munique e a Baviera durante a guerra. Como alguém que sonhava com uma Alemanha unida — um pangermânico, como uma pessoa assim era chamada na época —, Hitler se sentia profundamente perturbado pelo separatismo bávaro, católico e antiprussiano, e pela devoção indevida aos interesses da Baviera, que dominava o estado mais ao sul da Alemanha e muitos soldados de seu regimento. É importante lembrar que a Baviera é muito mais antiga que a Alemanha como entidade política. Uma vez que a Baviera se tornou parte de uma Alemanha unificada após o estabelecimento do império alemão liderado pela Prússia em 1871, o novo império foi uma federação de várias monarquias e principados, dos quais a Prússia era apenas o maior. Todos conservaram grande parte da sua soberania, como é evidente no fato de que a Baviera manteve seu próprio monarca, as forças armadas e o Ministério do Exterior. O kaiser Wilhelm, líder da Alemanha, apesar de todas as suas bravatas militares, era apenas o primeiro entre iguais, os monarcas da Alemanha.

Como resultado de encontrar um forte ressurgimento de sentimento antiprussiano e separatista em Munique quando se recuperava, no inverno de 1916/17, da lesão que sofreu na coxa no Somme, Hitler não mostrou interesse em visitar Munique em duas ocasiões posteriores em que recebeu licença do front. Em ambas as ocasiões, ele optou por ficar em Berlim, a capital da Prússia e do império alemão. Essa preferência pela capital da Prússia acima de Munique constituiu uma dupla rejeição: não foi apenas uma decisão negativa contra Munique e a Baviera, mas também uma decisão favorável a Berlim e à Prússia em um momento em que, em nenhum lugar da Alemanha, a Prússia era tão intensamente odiada quanto na Baviera. Na época, muitos bávaros pensavam que era culpa da Prússia que a guerra ainda continuasse.[9]

Ao contrário da imagem que por vezes se dissemina da Baviera como berço do Partido Nazista, o desenvolvimento político bávaro parecia esperançoso, ao menos até o final da Primeira Guerra Mundial. De um ponto de vista do pré-guerra, teria sido uma suposição razoável que a completa democratização da Baviera ocorreria mais cedo ou mais tarde. A crença muitas vezes disseminada de que a democracia alemã nasceu morta devido a uma revolução malsucedida e incompleta no final da Primeira Guerra Mundial — que acabaria por levar o país ao abismo depois de 1933 — é baseada na suposição errônea de que a mudança

INTRODUÇÃO

republicana revolucionária foi uma precondição para uma democratização da Alemanha. Isso resulta de uma adoração exclusiva ao espírito da Revolução Norte-Americana de 1776 e à Revolução Francesa de 1789. Também resulta da ignorância em torno do que se pode chamar de espírito de 1783, o último ano da Guerra de Independência Norte--Americana. Esse ano marcou o início de uma era de reforma gradual, de mudança incremental e da monarquia constitucional na Grã-Bretanha e no que restava de seu império. Ao longo do século seguinte, o espírito de 1783 foi tão bem-sucedido em todo o mundo como foram os de 1776 e 1789 na disseminação dos ideais de liberdade, do Estado de direito e humanitários, e em promover a democratização. Crucialmente, a própria tradição política local da Baviera partilhava características centrais com o espírito de 1783, mas não com os de 1776 e 1789.[10]

A Baviera estava bem avançada no rumo à democratização de seu sistema político antes da guerra. Além disso, os sociais-democratas, os liberais e ao menos a ala progressista do Partido Central Católico haviam aceitado o caminho para uma reforma gradual e a monarquia constitucional. Através de suas ações, os membros da família real bávara também aceitavam uma transformação gradual para a democracia parlamentar já antes da guerra. Era particularmente o caso do príncipe herdeiro Rupprecht, o pretendente Stuart ao trono britânico, conhecido pelos diários etnográficos de suas aventuras em todo o mundo, incluindo suas explorações da Índia, da China e do Japão, e sua viagem incógnito com uma caravana através do Oriente Médio, que também o levou a Damasco, onde ele se encantou com a comunidade judaica da cidade. O mesmo também era verdade para a irmã do rei Ludwig, a princesa Therese da Baviera. Ela não só fez seu nome como zoóloga, botânica e antropóloga explorando as matas da América do Sul, do interior da Rússia e de outros lugares, mas também era conhecida em sua família como a "tia democrática".[11]

Sob muitos aspectos, a princesa Therese personificava a cidade em que vivia e que daria à luz o Partido Nazista. Munique era uma antiga cidade medieval que desde aqueles tempos era a sede da Casa de Wittelsbach, que governava a Baviera. Mas, já que a Baviera passou tanto tempo sendo uma área estagnada da Europa, Munique empalidecia em tamanho e em importância diante das grandes cidades europeias. No entanto, por volta do século XVIII, a transformação de Munique em uma elegante cidade das artes já havia começado. Na época da chegada de Hitler, ela era famosa por sua beleza, sua cena artística e seu liberalismo, que coexistiam com a vida bávara tradicional, centrada na tradição católica, na cultura da cervejaria, do tradicional traje lederhosen e das bandas de oompah. A vida em Schwabing, o bairro mais boêmio de Munique, se assemelhava à de Montmartre em Paris, ao passo que, a poucas ruas de distância, tinha mais em comum com a vida dos aldeões bávaros, já que uma grande proporção da população de Munique chegara à cidade nas décadas anteriores, vinda da zona rural bávara. A Munique do pré-guerra não era o tipo de cidade que se poderia esperar como berço do extremismo político.

* * *

Ao escrever *Hitler's First War*, ficou claro para mim que todas as nossas explicações anteriores sobre como Adolf Hitler se tornou um nazista já não eram mais sustentáveis. Ainda que a pesquisa e a composição do livro me tenham auxiliado a entender o papel que a guerra realmente desempenhou no desenvolvimento de Hitler e o papel que sua narrativa fictícia sobre as experiências de guerra exerceria politicamente nos anos vindouros, também definiram um novo enigma: como foi possível a transformação de Hitler em uma estrela da propaganda do nascente Partido Nazista em apenas um ano, e a conversão, logo depois, não apenas em líder do partido, mas em um hábil e ardiloso operador político?

A resposta que foi dada diversas vezes a essa questão, em diferentes variações desde a publicação de *Mein Kampf*, foi apresentar Hitler como um homem que retornou da guerra com uma predisposição de direita radical, porém inespecífica; como alguém que se manteve circunspecto durante os meses de revolução que vivenciou em Munique; e que, de repente, no outono de 1919, torna-se politizado ao absorver como uma esponja e internalizar todas as ideias expressas pelas pessoas que encontrou no Exército em Munique.[12] Embora eu tenha enorme respeito pelos historiadores que defendem esses pontos de vista, as evidências sobreviventes de como Hitler se transformou em um nazista apontam, como argumentarei neste livro, para uma direção muito diferente.

Tornando-se Hitler também desafia a visão de que Hitler foi apenas um niilista e um homem indigno de nota, sem nenhuma qualidade real. Ele tampouco foi, até a redação de *Mein Kampf,* um "arauto" para outros. Este livro discorda da proposição de que Hitler é mais bem entendido como alguém "dirigido" por outros e que posteriormente foi pouco mais que uma casca quase vazia onde os alemães projetaram desejos e ideias. Além disso, este livro rejeita a ideia de que *Mein Kampf* foi pouco mais que a codificação das ideias que Hitler vinha propagando desde 1919.

De acordo com a afirmação do próprio Hitler em seu quase autobiográfico *Mein Kampf,* publicado em meados da década de 1920, ele se tornou o homem que o mundo conhece no final da Primeira Guerra, em meio à revolução de esquerda que irrompeu no início de novembro e que derrubou monarquias por toda a Alemanha. Na época, ele estava de retorno à Alemanha após ter sido exposto ao gás de mostarda na frente ocidental. Em *Mein Kampf,* Hitler descreveu como reagiu às notícias trazidas pelo pastor designado para seu hospital militar em Pasewalk, perto do mar Báltico, de que a revolução explodira e a guerra acabara, e tinha sido perdida. Segundo *Mein Kampf,* Hitler correu da sala enquanto o pastor ainda falava aos pacientes do hospital: "Foi impossível para mim ficar por mais tempo. Enquanto tudo começava a escurecer novamente diante dos meus olhos, aos tropeções, tateei meu caminho de volta ao dormitório, joguei-me no meu leito e enterrei minha cabeça febril nas cobertas e travesseiros."[13]

A descrição de Hitler sobre o retorno de sua cegueira, experimentada pela primeira vez na frente ocidental na sequência de um ataque com gás pelos britânicos em meados de outubro, constitui o clímax da dramática conversão que supostamente fez dele um líder político de direita. Hitler descreveu como, nas noites e nos dias após saber da revolução socialista, e ao experimentar "toda a dor dos meus olhos", decidiu sobre seu futuro: "Eu, no entanto, resolvi agora tornar-me um político."[14]

As 267 páginas anteriores de *Mein Kampf* não são mais que uma preparação para essa única frase. Elas detalham como sua infância na Áustria rural, seus anos em Viena e, acima de tudo, os quatro anos e meio com o 16º Regimento de Infantaria de Reserva da Baviera na frente ocidental fizeram dele um nacional-socialista, de um soldado desconhecido à personificação do Soldado Desconhecido Alemão[15] — em suma, como ele se metamorfoseou, primeiramente, em uma pessoa que ficava cega à mera menção de uma revolução socialista e, em seguida, em um líder político radical de direita em construção, antissemita e antissocialista. Pela maneira como conta sua vida em *Mein Kampf*, Hitler seguiu as convenções de um *Bildungsroman*, que na época seria imediatamente reconhecível por quase todos os seus leitores — um romance que conta como o protagonista amadurece e se desenvolve durante seus anos de formação, moral e psicológica, ao sair para o mundo e buscar aventura.[16]

É na sequência imediata da alta de Hitler do hospital de Pasewalk e sua suposta conversão dramática que nossa história começa. Ela conta, em três partes, duas histórias paralelas: como Hitler se tornou nazista e se metamorfoseou no líder imediatamente reconhecível para todos nós, e como construiu uma versão alternativa e fictícia de sua transformação. As duas histórias estão entrelaçadas, porque a forma como o próprio Hitler criou uma narrativa alternativa sobre sua metamorfose foi parte integrante de sua tentativa de construir um lugar político para si e de criar a percepção de uma lacuna ou vazio político que só ele podia preencher. Em outras palavras, apenas contando as duas histórias é que se revelará como Hitler funcionou enquanto manipulador e ardiloso operador político.

PARTE I

GÊNESE

1

Golpe de Estado

(20 de novembro de 1918 a fevereiro de 1919)

Em 20 de novembro de 1918, pouco depois de receber alta do hospital militar de Pasewalk, aos 29 anos, Adolf Hitler encarava uma decisão. Após sua chegada a Stettiner Bahnhof, em Berlim, a caminho de Munique, onde tinha que se reportar à unidade de desmobilização de seu regimento, havia vários caminhos que podia tomar para Anhalter Bahnhof, a estação da qual partiam os trens para a Baviera. A rota mais óbvia era a mais curta, através do centro de Berlim, ao longo da Friedrichstrasse. Seguindo aquele caminho, ele provavelmente veria ou ouviria vagamente a distância o enorme protesto público e a marcha socialista que acontecia naquele dia bem ao lado do antigo palácio imperial, de onde o kaiser Wilhelm II havia fugido tão recentemente.[1]

Uma opção era abrir a maior distância possível entre si e os revolucionários socialistas. Poderia fazê-lo facilmente e sem muita demora se partisse rumo a oeste, em direção à área de onde ele governaria o Terceiro Reich muitos anos depois, pois Anhalter Bahnhof ficava a sudoeste de onde ele estava e a manifestação estava para o leste. Uma terceira opção era fazer um desvio para o leste e assistir de perto aos manifestantes socialistas homenageando os trabalhadores assassinados uma semana e meia antes, durante a revolução.

Seguindo a lógica de seu próprio relato em *Mein Kampf* sobre como soube da revolução na semana anterior em Pasewalk, e se radicalizou e politizou na ocasião, as duas primeiras opções eram as únicas verdadeiramente plausíveis, sendo a segunda a mais provável. Se seu relato sobre como se tornou nazista estivesse correto, o mais provável é que ele tentasse abrir a maior distância possível entre si e os revolucionários socialistas. Teria sido a única forma de evitar o risco de perder sua visão novamente e ser exposto tão de perto à doutrina que tanto desprezava.

No entanto, Hitler não fez nada para evitar a manifestação revolucionária socialista. Em marcado contraste com a descrição em *Mein Kampf* do retorno de sua cegueira e o fechamento de seus olhos para a revolução, Hitler procurou os revolucionários de esquerda para testemunhar com seus próprios olhos e vivenciar o socialismo em ação. Na verdade, em outros trechos de *Mein Kampf*, Hitler inadvertidamente admitiu que de fato mudou sua trajetória para ver o espetáculo de força socialista naquele dia. "Em Berlim, depois da guerra, vivenciei uma manifestação de massa marxista em frente ao Palácio Real e no Lustgarten", ele escreveu. "Um oceano de bandeiras vermelhas, lenços vermelhos e flores vermelhas davam àquela manifestação [...] uma aparência poderosa, pelo menos externamente. Eu pude sentir e entender pessoalmente com que facilidade um homem do povo sucumbe ao encanto sugestivo de um espetáculo tão grande e impressionante."[2]

O comportamento de Hitler em Berlim revela um homem a quem faltavam as marcas de um recém-convertido ao nacional-socialismo com enraizada antipatia pelos revolucionários socialistas. No entanto, ao finalmente se sentar no trem que o levaria de volta a Munique, uma cidade tomada por um golpe de esquerda ainda mais radical do que aquele que Berlim experimentara, ainda restava ver como Hitler reagiria à exposição diária à vida revolucionária.

Hitler embarcou no trem para Munique em Anhalter Bahnhof, não por um amor particular pela cidade e por seus habitantes, mas por duas razões diferentes. Primeiro, ele não tinha nenhuma escolha real a respeito. Como a unidade de desmobilização do Regimento List estava baseada em Munique, ele recebeu ordens de fazer o caminho de volta para a capital da Baviera. Em segundo lugar, sua melhor esperança de se reconectar com seus colegas de tempos de guerra do quartel-general do regimento era rumar para Munique.[3]

Mesmo tendo sido tratado com certa estranheza, Hitler sentia-se extremamente próximo do pessoal de apoio do QG do regimento, ao contrário dos homens das trincheiras. Uma vez que o contato com os conhecidos do pré-guerra se reduziu ao longo do conflito e já que, órfão aos 18 anos, ele havia interrompido o contato com sua irmã, sua meia-irmã, o meio-irmão e a família estendida sobrevivente, o pessoal de apoio do QG do Regimento List se tornou quase uma nova família adotiva. Ao longo da guerra, ele preferia a companhia de seus colegas à de qualquer outra pessoa. Quando Hitler se dirigiu ao sul de Berlim, os homens do Regimento List ainda estavam lotados na Bélgica, mas agora era apenas uma questão de tempo para que os membros do QG regimental também retornassem a Munique. Enquanto seu trem fumaçava através das planícies e vales do centro e do sul da Alemanha, Hitler ansiava por se reunir logo com os companheiros de guerra que ele tanto apreciava.[4]

Uma vez em Munique, Hitler fez seu caminho para as casernas da unidade de desmobilização de seu regimento em Oberwiesenfeld, na parte noroeste da capital da Baviera. Ao longo do caminho, encontrou uma cidade destroçada por mais de quatro anos de guerra e duas semanas de revolução. Passou por fachadas em ruínas e ruas cheias de buracos de bomba. Era uma cidade onde a pintura estava descascando da maioria das superfícies, a grama foi deixada sem aparar e os parques se tornaram quase indistinguíveis das florestas.

Deve ter sido um cenário desanimador para alguém que optava por se ver, apesar de súdito do Império Austro-Húngaro, um austro-alemão vivendo entre alemães bávaros. Bandeiras bávaras azuis e brancas estavam hasteadas em todos os lugares para receber os guerreiros que regressavam, ao passo que pouquíssimas bandeiras alemãs se viam no lugar, testemunhando que a cidade ainda priorizava sua identidade bávara acima da alemã, tal como Hitler encontrou (e desgostou de) Munique no inverno de 1916/1917. Na mente de muitas pessoas, a "questão alemã" — i.e., se todos os territórios de língua germânica deveriam realmente se unir e viver juntos sob um mesmo teto nacional — ainda não estava liquidada.[5]

Quando Hitler caminhou pelas ruas de Munique, ele experimentou uma variante do socialismo no poder que, seguindo a lógica de suas alegações posteriores, ele deveria ter odiado ainda mais que aquela que viu em Berlim. Embora a Baviera tivesse uma tradição política mais moderada do que a Prússia, a revolução em Berlim foi liderada por sociais-democratas moderados (o SPD), ao passo que, em Munique, a esquerda dissidente mais radical dos Sociais-Democratas Independentes (USPD) estava ao volante. Apesar da base popular ligada à esquerda radical ser muito menor, ela atuou de forma mais decisiva e portanto prevaleceu na Baviera.

É impossível entender por que a Baviera viria a fornecer a Hitler o palco onde lançar sua carreira política sem compreender as peculiaridades da revolução bávara, que a separam da maior parte do resto da Alemanha. Os acontecimentos do final de 1918 e do começo de 1919 destruiriam o tecido da tradição moderada da Baviera, criando assim as condições sob as quais Hitler enfim podia emergir como nacional-socialista.[6]

Na ausência de um líder experiente — devido à renúncia recente de Georg Von Vollmar, seu presidente de longa data, enfermo e fragilizado — e conduzidos por uma crença na reforma gradual e em acordos com oponentes, os sociais-democratas moderados da Baviera simplesmente não souberam como capitalizar o início repentino da turbulência política em novembro de 1918. Nos derradeiros dias da guerra, protestos irromperam por toda a Alemanha, exigindo democratização e um rápido desfecho para o conflito. A inaptidão dos "Sociais-Democratas Reais da Baviera" — como os moderados eram jocosamente conhecidos — em lidar com a situação tornou-se evidente durante uma manifestação de massa, que aconteceu na tarde ensolarada de 7 de novembro em Theresienwiese, local do famoso festival anual de folclore e cerveja de Munique, a Oktoberfest. O protesto foi convocado para exigir paz imediata, bem como a abdicação de Wilhelm II, o imperador alemão, e não para embarcar na revolução ou para exigir o fim da monarquia como instituição.[7]

No protesto, os moderados amplamente sobrepujaram os radicais em número. No entanto, conforme o evento chegava ao fim, faltaram líderes decisivos aos moderados, e eles foram pegos despreparados quando o líder dos Sociais-Democratas Independentes, Kurt Eisner, aproveitou o momento. Junto com seus apoiadores, Eisner se dirigiu ao quartel localizado em Munique com a intenção de convidar os soldados a se juntar a eles em ação revolucionária imediata. Enquanto isso, os sociais-democratas moderados e a maioria das pessoas presentes no protesto foram para casa, para jantar e ir para a cama.[8]

Quando Eisner e seus seguidores alcançaram as instalações militares, as instituições estatais da Baviera falharam em reagir à ação revolucionária que então ocorria na cidade. Em retrospecto, a soma das decisões individuais tomadas naquela noite resultou no colapso da antiga ordem. No entanto, não era assim que aqueles que reagiram às ações do USPD haviam planejado e conceitualizado as decisões que tomaram no momento.

As pessoas reagiam, muitas vezes de forma perfeitamente racional, a eventos localizados, sem ver e muito menos entender o cenário maior — sem prever, portanto, as consequências de suas ações. Uma resistência desnecessária contra aquelas ações de Eisner e de seus seguidores, que não comprometiam diretamente o bem-estar do rei bávaro, teria parecido inútil naquela noite alta de 7 de novembro por um simples motivo. No começo daquela noite, o rei Ludwig III, sem nenhuma bagagem além da caixa de charutos que levava nas mãos, deixara a cidade, acreditando que sairia de Munique apenas temporariamente, até passar a tempestade.[9]

Com o rei fora da cidade e os funcionários do governo todos em casa, não havia perigo imediato para a segurança da família real e o governo. Quando os revolucionários do USPD alcançaram os primeiros quartéis, os suboficiais que ficaram de guarda à noite decidiram que não havia necessidade de lutar. Assim, permitiram que os soldados deixassem os quartéis e se juntassem aos revolucionários nas ruas de Munique, se assim desejassem. Com uma exceção, cenas semelhantes ocorreram posteriormente nos quartéis de toda a cidade, incluindo o da unidade de Hitler. Era possível ouvir tiros disparados ocasionalmente.[10]

Antes da noite de 7 de novembro, houve pouquíssimos sinais de que as pessoas em Munique exigiam mudanças revolucionárias. Quando a fotógrafa suíça Renée Schwarzenbach-Wille — que estava em Munique em visita à amiga e amante Emmy Krüger nos dias que antecederam a revolução — saiu da cidade para retornar ao seu país natal, ela não percebeu nenhum indício de que uma revolução podia explodir dentro de algumas horas. A mãe de Renée observou em seu diário, após o retorno da filha, que ela "não percebeu nada, e naquela noite tivemos uma República na Baviera!".[11]

Apenas poucos líderes decisivos e idealistas da esquerda radical, muitos deles sonhadores no melhor sentido da palavra, participaram da ação naquela noite, mais que os sociais-democratas moderados. Nas palavras de Rahel Straus, uma médica e ativista sionista que compareceu ao protesto daquela tarde: "Mas um punhado de pessoas — aparentemente quase não chegavam a cem — aproveitou o momento e começou a revolução".[12]

Perto da meia-noite, enquanto quase todos em Munique estivessem profundamente adormecidos, Eisner declarou a Baviera um *Freistaat* — literalmente, um Estado livre — e instruiu editores de jornais a se certificar de que sua proclamação estampasse os jornais pela manhã. A revolução da Baviera realmente foi um golpe de Estado de esquerda que poucas pessoas esperavam e menos ainda previram. Não foi uma onda de protestos populares liderada por Eisner que encetou uma revolução; na verdade, ele esperou que as massas e os seus líderes fossem dormir para usurpar o poder. Como o escritório de imprensa do recém-criado Conselho de Trabalhadores, Soldados e Camponeses telegrafou para o *Neue Zürcher Zeitung* da Suíça: "De fato, de uma hora para a outra, na noite de quinta para sexta-feira, o golpe astutamente orquestrado foi executado após uma grande manifestação de massa."[13]

Na manhã de 8 de novembro, quando Munique estava acordando, a maioria das pessoas de início não percebeu que aquele não seria um dia comum. Ernst Müller-Meiningen, um dos líderes liberais da Baviera, disse à mulher que lhe deu a notícia sobre a revolução que aquele não era o momento do ano para fazer brincadeiras. Enquanto isso, Ludwig III, que durante a noite havia tomado o rumo de um castelo fora de Munique, só descobriu à tarde que se tornara um soberano sem reino.[14]

Como Josef Hofmiller, professor de uma das escolas de gramática de Munique e ensaísta conservador moderado, anotou em seu diário, "Munique se deitou como a capital do Reino da Baviera, mas despertou como capital do 'Estado Popular' da Baviera". E podemos acrescentar que, quando o trem de Hitler vindo de Berlim adentrou Munique posteriormente naquele mês, o futuro ditador chegou a uma cidade com uma tradição política bastante moderada — e que, apesar de suas recentes experiências com uma tomada de poder radical a partir de ações decisivas de uma minoria sectária, era uma improvável candidata a dar à luz um movimento político que traria violência e destruição sem precedentes ao mundo.[15]

* * *

Em 21 de novembro de 1918, Hitler enfim se apresentou ao Batalhão da Reserva do 2º Regimento de Infantaria, a unidade de desmobilização do Regimento List no qual servia, e novamente se deparou com uma escolha. Ele podia optar pela desmobilização e ir para casa, o procedimento-padrão esperado para homens que não eram soldados profissionais agora que a guerra tinha acabado. De fato, os homens que se apresentavam às suas unidades de desmobilização, em seu retorno a Munique, recebiam documentos de dispensa pré-impressos. Como alternativa, Hitler podia aceitar a desmobilização e depois se juntar a um dos Freikorps de direita, as chamadas milícias que lutavam nas fronteiras orientais da Alemanha contra poloneses étnicos e bolcheviques russos, ou que estavam defendendo a fronteira em desintegração do sul da Alemanha. Este último era um curso de ação esperado para alguém que fora antagonizado e politizado pela irrupção da revolução socialista.[16]

Hitler tinha ainda outra escolha: dar o passo incomum de rejeitar a desmobilização e, portanto, servir ao novo regime revolucionário — o que ele de fato fez, juntando-se à 7ª Companhia Ersatz (de Recrutas) do 1º Batalhão Ersatz do 2º Regimento de Infantaria. Nas palavras de Hofmiller, eram, antes de tudo, "adolescentes, brutos, os preguiçosos para o trabalho" que tomavam a mesma decisão que Hitler e permaneciam no Exército. Em contraste, "são os bons soldados, maduros e trabalhadores, que vão para casa". A maioria dos soldados, ele observou, "simplesmente vai para casa. Nosso povo ama imensamente a paz. A longa guerra exauriu as pessoas no front".[17]

Na Munique pós-revolucionária, homens como Hitler, que haviam desafiado a desmobilização, percorriam a cidade. Sua aparência extravagante era o extremo oposto de seu visual disciplinado no front alemão durante a guerra. "Eles usavam seus quepes redondos em um ângulo ousado. Nos ombros e peitorais, tinham ornamentos vermelhos e azuis, como arcos, fitas e pequenas flores", observou Victor Klemperer, um acadêmico e jornalista de origem judaica, sobre sua visita a Munique em dezembro de 1918. Klemperer acrescentou: "Mas todos evitavam cuidadosamente uma combinação de vermelho, branco e preto [as cores da Alemanha imperial], e em seus quepes não havia nenhum sinal da roseta imperial, ao passo que mantinham a bávara." Havia pouca coisa contrarrevolucionária no comportamento dos soldados nas ruas de Munique. Em certa ocasião, um mesmo grupo de soldados se revezou em cantar as marchas militares bávaras tradicionais e a "Marselhesa" dos trabalhadores alemães, uma canção socialista alemã cantada na melodia do hino nacional francês com o refrão: "Sem medo do inimigo, estamos juntos e lutamos! Marchamos, marchamos, marchamos, marchamos; através da dor e da escassez, se necessário for, por liberdade, direito e pão!"[18]

A reputação da unidade Ersatz de Hitler e suas unidades correlatas em Munique não era apenas de que ajudavam a sustentar a revolução, mas que, como vanguardas da mudança radical, haviam *realizado* a revolução. Algumas pessoas até se referiam aos soldados que serviam na cidade como "bolcheviques". Na verdade, nos dias após a revolução, grupos de soldados do 2º Regimento de Infantaria foram vistos marchando com bandeiras vermelhas ao redor de Munique.[19]

A decisão de Hitler de permanecer no Exército não foi necessariamente impulsionada por considerações políticas. Como sua única rede social de valor naquele momento era o pessoal de apoio do QG regimental, sua decisão de rejeitar a desmobilização sem dúvida resultou, ao menos em parte, em uma percepção de que ele não tinha família ou amigos para quem retornar. Não é inconcebível que as preocupações materiais também tenham desempenhado um papel na sua decisão. Ele havia voltado da guerra na miséria. Suas economias totalizavam 15,30 marcos, aproximadamente 1% do total anual de ganhos de um trabalhador. Se tivesse optado pela desmobilização, teria enfrentado a perspectiva de viver na rua, a menos que conseguisse encontrar emprego imediato, o que não era um feito fácil no pós-guerra. Voltar-se para o consulado austríaco para obter ajuda também teria sido inútil, pois Munique estava abarrotada de austríacos. De acordo com o consulado, a missão diplomática da Áustria em Munique tinha de prover 12 mil famílias austríacas, mas simplesmente lhe faltavam os recursos para tal.[20]

Em contraste, permanecer no Exército proporcionava a Hitler alojamento gratuito, alimentos e ganhos mensais de aproximadamente 40 marcos. Mais tarde, ele confirmaria, em particular, quão importantes foram as provisões que recebeu. "Houve apenas uma vez em que estive livre de preocupações: meus seis anos com os militares", ele declararia em 13 de outubro de 1941, em um de seus monólogos. Em seu QG, "nada era levado muito a sério; eu recebi roupas — que, embora não muito boas, eram honradas — e comida; também alojamento, ou permissão para me deitar onde quer que eu desejasse."[21]

O motivo capital para Hitler recusar a desmobilização talvez tenha sido oportunista. No entanto, ele demonstrou através de sua decisão ativa e incomum de permanecer no Exército que não se importava de servir ao novo regime socialista se aquela escolha lhe permitisse evitar a pobreza, a falta de moradia e a solidão. Em suma, no mínimo, o oportunismo superou a política.

O serviço militar de Hitler não lhe permitia manter-se incógnito, pois os soldados em Munique recebiam ordens de apoiar e defender a nova ordem. Como as pessoas estavam cada vez mais dispostas a desafiar o novo regime, Kurt Eisner teve de abandonar suas convicções pacifistas e se sustentar no apoio dos soldados de Munique, que, como Hitler, optaram por não se desmobilizar. Como Josef Hofmiller observou, em 2 de dezembro: "A multidão fez o caminho até o Ministério das Relações Exteriores para exigir que Eisner saísse e renunciasse. Mas um veículo militar imediatamente se aproximou. Metralhadoras foram apontadas para a multidão, que, como resultado, logo se dispersou. Os soldados ocuparam o [vizinho] 'Bayerischer Hof'."[22]

Uma das tarefas para Hitler e os outros soldados de Munique era defender o regime contra os ataques antissemitas, que vinham proliferando antes de mais nada devido ao proeminente envolvimento dos judeus nascidos fora da Baviera com a revolução. Tanto Eisner como seu assessor principal Felix Fechenbach eram judeus não bávaros. Rahel Straus e alguns de seus amigos entre a comunidade judaica estabelecida em Munique se preocuparam, desde o momento da tomada de poder de Eisner, com a forma como as atitudes em relação aos judeus podiam ser afetadas pela revolução. "Achamos preocupante, na época, quantos judeus subitamente se tornaram ministros", lembrou Straus muitos anos depois. "As coisas provavelmente foram piores em Munique; não era apenas porque havia muitos judeus entre os líderes, mas porque havia ainda mais entre os funcionários do governo que se encontravam nos edifícios governamentais. [...] Foi um grande infortúnio. Foi o início da catástrofe judaica [...] E não é como se apenas soubéssemos disso hoje; nós sabíamos na época, e nós dissemos."[23]

Na verdade, poucas horas após a queda da velha ordem, vozes foram ouvidas em Munique denunciando que o novo regime era dirigido por judeus. A cantora de ópera Emmy Krüger, amiga e amante de Renée Schwarzenbach-Wille, observou em seu diário em 8 de novembro: "Soldados maltrapilhos com bandeiras vermelhas, metralhadoras 'mantendo a ordem', — atirando e gritando para todo lado —, a revolução em plena marcha. [...] Quem está no poder? Kurt Eisner, o judeu? Oh, Deus!" No mesmo dia, Hofmiller escreveu em seu diário: "Nossos compatriotas judeus parecem preocupados com que a fúria da massa se volte contra eles." Além disso, pequenos bilhetes dirigidos contra Eisner e os judeus em geral foram fixados no Feldherrnhalle, o monumento que celebrava os triunfos militares do passado da Baviera, e local de diversas assembleias públicas.[24]

* * *

GOLPE DE ESTADO 39

Uma semana após seu regresso a Munique, a decisão de Hitler de permanecer no Exército foi recompensada. Ele conseguiu se reconectar ao membro de sua "família adotiva" do front de quem esteve mais próximo durante a guerra: Ernst Schmidt, pintor e membro de um sindicato afiliado ao Partido Social-Democrata. Como Hitler, Schmidt, no dia 28 de novembro, ao comparecer ao Regimento List, optou por não se desmobilizar. Ele voltou a Munique bem antes dos outros homens do regimento, uma vez que estava de dispensa desde o início de outubro. Devido ao colapso da frente ocidental, ele já não foi mais convocado a retornar ao norte da França e à Bélgica.

Schmidt foi um dos mensageiros colegas de Hitler do QG regimental da frente ocidental. Estava longe de ser a única coisa que Hitler e Schmidt compartilhavam. Ambos eram não bávaros, nascidos no mesmo ano, a alguns quilômetros da fronteira bávara — Schmidt vinha de Würzbach, na Turíngia, enquanto Hitler nasceu na fronteira sul da Baviera, em Braunau am Inn, norte da Áustria. Tanto Schmidt como Hitler tinham vivido na Áustria pré-guerra, e sua paixão em comum era a pintura: Hitler como pintor de cartões-postais e aspirante a artista, Schmidt como pintor de desenhos ornamentais. Eles até se pareciam bastante fisicamente; ambos eram magros, embora Hitler fosse um pouco mais alto, e Schmidt tivesse cabelos loiros. Assim como Hitler, Schmidt era solteiro; assim como Hitler, não demonstrava nenhum interesse aparentemente profundo por mulheres; e assim como Hitler não tinha uma família próxima à qual retornar. A única diferença real estava em sua formação religiosa: diferentemente do colega, formalmente católico, Schmidt era protestante, como muitos futuros nacional-socialistas. Fora isso, Schmidt e Hitler se pareciam e agiam quase como gêmeos.[25]

Com o retorno de Schmidt a Munique, Hitler pôde agarrar-se à esperança de poder simplesmente continuar sua vida de guerra no QG regimental, que ele achava tão emocionalmente satisfatória. Se é possível acreditar no testemunho posterior de Schmidt, os dois amigos passavam seu tempo organizando trajes militares nos dias que se seguiram ao seu reencontro, tempo durante o qual Hitler manteve distância de todos à exceção de Schmidt. É seguro afirmar que os dois homens esperavam ansiosamente pelo retorno de seus pares do QG regimental a Munique.[26]

Até esse ponto, durante as duas semanas que passou na capital da Baviera após seu retorno da guerra, Hitler agiu muito diferentemente da história que a propaganda nacional-socialista contaria sobre sua transformação em um líder nacional-socialista. Ele era um desocupado e oportunista, que rapidamente se acomodou à nova realidade política. Não havia nada antirrevolucionário em seu comportamento.

A Munique que ele vivenciou estava agora no punho dos revolucionários socialistas, que, ao contrário dos líderes bolcheviques na Rússia, evitaram o uso da força durante seu golpe, uma revolução sem sangue. De fato, seu articulador, Kurt Eisner, tentou construir pontes em direção aos centristas da social-democracia e os conservadores moderados. Como se tornaria claro nas semanas e nos meses vindouros, o problema com o futuro da Baviera não estava nos objetivos de Eisner. Estava no fato de que o golpe de Estado destruíra as instituições e as tradições políticas existentes da Baviera, sem substituí-las por novas instituições sustentáveis. Por ora, no entanto, Hitler dava poucos sinais de se perturbar com essas coisas. O futuro ditador do Terceiro Reich não era uma pessoa apolítica, mas um oportunista para quem o desejo de escapar da solidão sobrepujava todo o resto.

* * *

O sonho de Hitler de se reunir com seus pares da guerra não se realizou. No começo da manhã de 5 de dezembro, uma semana antes do retorno a Munique de seus companheiros de armas do Regimento List, Hitler e Schmidt embalaram seus pertences em Luisenschule, um prédio escolar logo ao norte da Estação Central de Munique, onde sua unidade estava alocada e onde Hitler se recuperara no inverno de 1916-1917 do ferimento recebido no Somme. Eles pegaram seu equipamento de inverno e partiram para uma curta viagem que os levaria para Traunstein, uma pequena e pitoresca cidade a sudeste de Munique, perto dos Alpes, onde serviriam em um campo de prisioneiros de guerra e detidos civis.[27]

No trem que os levou, eles estavam entre os 140 homens alistados e os dois suboficiais do Batalhão de Ersatz de seu regimento que receberam ordens de servir na cidade não muito longe da fronteira com a Áustria.

No total, quinze homens da companhia de Hitler tinham sido escolhidos para trabalhar no campo. A situação médica de Hitler talvez o tenha colocado na lista de soldados com destino a Traunstein, pois os moradores da cidade descreviam a unidade em que ele serviria como essencialmente uma "unidade de convalescença".[28]

Hitler e Schmidt mais tarde alegariam, por conveniência política, que se ofereceram para o serviço em Traunstein, de modo a apoiar a história de que o futuro líder do Partido Nazista havia retornado da guerra como um nacional-socialista quase totalmente cunhado e, portanto, não sentira nada além de asco pela Munique revolucionária. Em *Mein Kampf*, Adolf Hitler afirmou que seu serviço no "batalhão de reserva do meu regimento, que estava nas mãos dos Conselhos de 'Soldados', [...] me enojava a tal ponto que decidi imediatamente partir de novo, se possível. Junto com meu fiel camarada de guerra, Ernst Schmidt, eu agora chegava a Traunstein e permaneceria lá até o campo ser dissolvido". Por sua vez, Schmidt mais tarde afirmaria que, quando voluntários foram procurados para servir em Traunstein, "Hitler me disse 'Veja, Schmidt, vamos dar nossos nomes, você e eu. Não posso ficar aqui muito mais tempo'. E eu também não podia! Então nós nos apresentamos".[29]

As alegações de Schmidt de Hitler não se encaixam. Eles se apresentaram como voluntários para realizar seu dever no campo, mas sua decisão ainda não se dirigia contra o novo regime revolucionário, pois os dois homens ainda serviam ao dito regime em Traunstein. Conselhos de Soldados existiam em outros lugares na Baviera assim como em Munique. Os conselhos revolucionários tinham sido criados em unidades militares de toda a Baviera, tanto em fábricas como por agricultores, na crença de que eles, mais que o Parlamento, agora representavam a vontade popular e promoveriam mudança política. Somente unindo-se a um Freikorps ou concordando em ser desmobilizado é que Hitler poderia ter evitado o serviço ao regime de Eisner.

Quando chegaram a Traunstein, uma cidade quase exclusivamente católica, com pouco mais de 8 mil habitantes, Hitler e Schmidt foram agraciados com um cenário impressionante, especialmente depois de ter vivenciado a paisagem devastada da frente ocidental por mais de quatro anos. Em um dia brilhante de inverno, a majestosa cadeia de montanhas cobertas de neve dos Alpes da Baviera, visível a uma pequena distância de Traunstein, parecia quase irreal.[30]

Os dois agora eram membros de uma unidade de guarda que, assim como a unidade Grenzschutz (guarda da fronteira), lotada no mesmo lugar, apoiava o novo governo revolucionário. No dia da revolução, soldados em Traunstein realmente aplaudiram a nova República. E, no rastro da revolução, os membros das unidades de guarda e Grenzschutz elegeram firmemente um Conselho de Soldados em apoio à nova ordem.[31]

O campo ao qual Hitler e Schmidt foram enviados se localizava em uma antiga fábrica das salinas situadas abaixo do centro histórico elevado de Traunstein. No início da guerra, o edifício em forma de cruz, coroado por uma grande chaminé no centro, foi interditado com tábuas. Embora o campo houvesse abrigado anteriormente inimigos civis e prisioneiros de guerra, seus internos civis já haviam partido no momento da chegada de Hitler. Os prisioneiros de guerra restantes, que já não se viam como prisioneiros devido ao fim do conflito, agora passavam seu tempo entrando e saindo do campo, explorando a região ou visitando as fazendas e oficinas em que tinham sido previamente lotados como trabalhadores.[32]

Ao contrário da alegação da propaganda nazista de que a tarefa de Hitler era vigiar as entradas e saídas no portão do campo — destinada a dar base à sua narrativa como um futuro nazista correto e contrarrevolucionário que escapara da loucura de Munique para garantir a ordem —, ele parece ter trabalhado no centro de distribuição de roupas do campo, realizando tarefas semelhantes às que lhe eram atribuídas em Munique. Em outras palavras, Hitler serviu ao regime revolucionário em Traunstein em uma posição pertencente à camada mais baixa da hierarquia do campo.[33]

Em sua chegada em Traunstein, o campo já funcionava bem abaixo de sua capacidade total. Restavam apenas 65 prisioneiros de guerra franceses e cerca de seiscentos prisioneiros de guerra russos. Essa foi certamente a primeira vez na vida que Hitler conviveu de perto com um grande número de russos. Ele também foi exposto a um grupo de judeus alojados juntos como pertencentes a uma só etnia, enquanto as

GOLPE DE ESTADO

autoridades do campo esperavam que os prisioneiros de guerra russos fossem repatriados por etnia devido à dissolução do império tsarista.[34] É frustrante porque não se sabe ao certo qual foi o impacto do encontro de Hitler com os presos provenientes do país que no fim se tornaria tão central para sua ideologia, e com a comunidade religiosa com a qual ele logo se tornaria tão obcecado. Ele chegou ao campo em uma época de poucas tensões ainda existentes entre os prisioneiros de guerra russos e seus captores. Minimamente supervisionados, os presos se sentiam politicamente próximos do líder da Baviera, Kurt Eisner. Além disso, a Alemanha e a Rússia estavam em paz uma com a outra desde o início de 1918.[35] Portanto, é pouco provável que os encontros cotidianos de Hitler com os russos em Traunstein tenham produzido um impacto negativo imediato sobre ele. Foi apenas mais tarde, bem depois de se tornar um radical de direita, que se transformaria em um russofóbico.

* * *

Quando Hitler estava de folga e subia pelas rochas até o centro de Traunstein, encontrava uma cidade que não parecia amarga nem repleta de vingança, pela simples razão de que o entendimento da derrota da Alemanha ainda não havia alcançado a consciência pública. Isso se tornou evidente em um desfile que a cidade promoveu no início de janeiro de 1919, para honrar seus veteranos locais que retornavam do front.

No ensolarado dia de inverno marcado, os veteranos e membros de clubes e associações locais marcharam através de uma cidade em que as casas alçavam a bandeira bávara e a bandeira local de Traunstein. Somente os prédios públicos ergueram a bandeira imperial alemã. Durante todo o tempo, os sinos da igreja badalaram, marchas foram tocadas, canhões foram disparados e o povo aplaudia. Em seu discurso oficial, Georg Vonficht, prefeito de Traunstein, celebrou os egressos como "vencedores".[36]

Sem dúvida, os moradores estavam cientes de que franceses e britânicos claramente se viam como vencedores e exigiam termos de paz que refletissem essa realidade. No entanto, Hitler e outros leitores dos jornais de Traunstein muito provavelmente acreditavam que Grã-Bretanha e

França não conseguiriam impor sua vontade, e que o conflito havia terminado "empatado". A compreensão popular da realidade da derrota da Alemanha, tão importante para a gênese de Hitler como um nacional--socialista, ainda estava no futuro.

Em dezembro de 1918, os jornais locais de Traunstein informaram repetidamente que o presidente dos Estados Unidos, Woodrow Wilson, ainda estava comprometido com seus Quatorze Pontos, seu plano para uma nova ordem mundial e um acordo de paz pós-guerra que renunciaria a medidas punitivas. Hitler pôde ler nos jornais locais que Wilson não acreditava em anexações e pensava que a terra alemã tinha de permanecer alemã. Além disso, a imprensa relatou que os funcionários norte--americanos que haviam chegado recentemente a Paris em preparação para as negociações de paz apoiavam a participação alemã em uma Liga das Nações que seria fundada em breve, e acreditavam que os interesses alemães deveriam ser acomodados em qualquer acordo de paz. Essa cobertura da imprensa internacional pelos jornais locais explica por que ainda parecia aos moradores de Traunstein que seus veteranos haviam retornado para casa como "vencedores", ou pelo menos não como derrotados.[37]

No final do discurso do prefeito, todos os presentes cantaram a *Deutschlandlied* (Canção da Alemanha), com sua famosa frase "Deutschland über alles" (Alemanha acima de todos), que deveria completar os trabalhos do dia. Mas então algo aconteceu, o que deve ter lembrado Hitler de que Traunstein provavelmente nunca pareceria um lar para ele.

Sem ter sido exatamente convidado a fazê-lo, o tenente Josef Schlager — um morador de 26 anos e veterano da campanha do [submarino] U--boat — subiu no palanque e começou a protestar contra três grupos de pessoas na multidão: os desocupados, as "mulheres e moças sem honra" (i.e., aquelas que supostamente tinham dormido com prisioneiros de guerra), e "os opressores dos prisioneiros [de guerra]!". A menção ao último grupo era uma clara referência aos oficiais e guardas do campo de Hitler, e à crença de que os internos tinham sido maltratados lá. A intervenção de Schlager contra Hitler e seus pares não era a opinião de uma voz solitária. Ela foi seguida por súbitos aplausos da multidão.[38]

GOLPE DE ESTADO

Isso não quer dizer em absoluto que Hitler maltratara pessoalmente os prisioneiros, em especial porque ele só chegou a Traunstein após o fim da guerra. Mas, independentemente de como tratara os presos, o comportamento dos guardas do campo em tempos de guerra afetou a forma como os moradores tratavam os novos guardas, o que, portanto, garantiu que Hitler e Schmidt não se sentissem particularmente bem-vindos em Traunstein.

* * *

Em Traunstein, Hitler tinha de contar com jornais e notícias de boca em boca para ficar a par de como a nova ordem política continuava a se desdobrar na cidade para a qual ele logo voltaria. As notícias de Munique sugeriam que, embora a revolução na Baviera tivesse sido de um tipo mais radical do que estava ocorrendo na maior parte do resto da Alemanha, o futuro ainda parecia esperançoso. Particularmente, na véspera do ano-novo, muitas pessoas em Munique queriam desfrutar da vida depois de anos de guerra. Como Melanie Lehmann, esposa do editor nacionalista Julius Friedrich Lehmann, observou com desaprovação em seu diário no dia 6 de janeiro: "Munique entrou no ano novo com uma grande quantidade de barulho nas ruas, muitos tiros, muitas danças animadas. Nosso povo ainda não parece dedicar-se a qualquer reflexão séria. Após quatro anos de privações, os soldados agora querem divertir-se, assim como a juventude urbana."[39]

No inverno de 1918-1919, a incerteza, mais que o desespero, estava na ordem do dia em Munique. Às vezes, as pessoas se tornavam esperançosas e cautelosamente otimistas quanto ao futuro; em outros momentos, ficavam apreensivas, preocupadas e cheias de dúvidas. O mundo em que tinham crescido não existia mais, e muitas pessoas ainda tentavam descobrir por si mesmas em que tipo de mundo futuro queriam viver. Aparentemente, elas se encontravam com amigos e conhecidos o tempo todo para tentar extrair sentido dos eventos que ocorreram e ainda ocorreriam à sua volta, e para conversar sobre suas expectativas e esperanças para o futuro.[40]

Enquanto a velha ordem se desintegrava em uma "mescla caótica de fragmentos anônimos", como colocou Rainer Maria Rilke, o poeta, romancista e habitante de Munique, ainda era incerto como esses fragmentos seriam reunidos para formar algo novo. No entanto, em 15 de dezembro de 1918, Rilke pensava que o Natal que estava chegando seria muito mais feliz que o anterior. Como escreveu para sua mãe, ele pensava que as coisas não estavam tão más, não em comparação com um mundo perfeito, mas com o passado: "Quando comparamos, querida mamãe, este Natal com os quatro anteriores, então este me parece infinitamente mais esperançoso. Por mais que as opiniões e as ações sejam divergentes — agora elas estão livres."[41]

Mesmo politicamente, parecia ainda haver otimismo, apesar de, devido ao golpe de Eisner e às políticas estadunidenses, a Baviera já ter perdido sua melhor chance de uma democratização de sucesso — uma chance que se construíra na tradição de gradualismo e reforma da região, mais similar às tradições constitucionais britânicas que ao espírito revolucionário de 1776 e 1789. Como Josef Hofmiller escreveu em seu diário em 13 de novembro: "Eu acredito que o sentimento geral é de que uma revolução não é uma coisa ruim, mas que o povo de Munique gostaria de ter uma revolução liderada por Herr von Dandl [o ministro-presidente pré-revolucionário da Baviera] [...] e talvez pelo rei Ludwig ou, melhor ainda, pelo querido regente antigo." Ele concluiu: "Há um monte de servilismo em jogo aqui, mas também um instinto natural de que a monarquia tem seus pontos práticos, mesmo a partir de um ponto de vista social-democrata."[42]

Quando chegou a hora de decidir, o príncipe Rupprecht endossou claramente uma democratização continuada da Baviera. Em 15 de dezembro, Rupprecht enviou um telegrama ao gabinete, solicitando o estabelecimento de uma "Assembleia Nacional Constituinte", apesar do crescente ressentimento em relação a seu pai durante a guerra — pois, aos olhos de muitos bávaros, Ludwig III se tornara um cãozinho dos prussianos — e, na maioria das vezes, isso não se traduzir em um questionamento da monarquia como instituição, ou mesmo da Casa de Wittelsbach, que governara a Baviera por setecentos anos. De fato, muitos bávaros viam no príncipe Rupprecht um anti-Ludwig. Muitos celebravam como ele se impunha aos prussianos, uma vez que sua inimizade com os generais Paul von Hindenburg e Erich Ludendorff, os verdadeiros comandantes militares supremos do final da guerra, era bem conhecida. Na verdade, havia amplos rumores na Baviera de que, próximo ao desfecho do conflito, Rupprecht se recusara a continuar sacrificando suas tropas por um conflito já perdido, e assim matou Hindenburg em um duelo.[43]

Em novembro de 1918, o triunfo do espírito revolucionário republicano de 1776 e 1789 sobre o espírito local de reforma gradual — parecido com as tradições reformistas britânicas — inadvertidamente removeu uma força moderada e moderadora no centro da política. Como resultado, o risco de que grupos extremistas de esquerda ou direita pudessem por fim inviabilizar a democratização da Baviera se multiplicou.

Claro, a revolução na Baviera não ocorreu de forma isolada. Ela se realizou não só dentro do contexto de turbulências fundamentais por toda a Alemanha, mas também dentro de uma grande fase global de agitação, inquietação e transição que se prolongou desde o tempo dos regicídios e do terror anarquista da década de 1880, atravessando as revoluções da década pré-guerra, até meados dos anos 1920.[44] No entanto, o ponto aqui é precisamente que muitas das políticas que fizeram o caminho da melhor maneira por esse período de turbulência global — no sentido de que não foram derrubadas por insatisfações internas — se prendiam a uma via de reforma gradual e à monarquia constitucional. Saltam à mente a Grã-Bretanha e seus domínios, a Escandinávia, a Holanda e a Bélgica. As políticas mencionadas aqui estiveram do lado vencedor da guerra ou fora da guerra; no entanto, as monarquias nos territórios do lado perdedor não eram insustentáveis. Afinal, a monarquia búlgara sobreviveu à derrota no conflito.

Na Alemanha, a monarquia poderia ter sobrevivido em uma forma constitucional caso Wilhelm II e seus filhos tivessem ouvido o cunhado de Wilhelm e muitos outros, e resolvido abdicar. A crença de tempos de guerra dos reformadores — de que a mudança política seria mais bem-sucedida se viesse na forma de uma monarquia constitucional — não se limitava aos reformistas sociais-democratas, liberais e conservadores da Alemanha. A Finlândia, por exemplo, viu uma tentativa de estabelecimento de uma monarquia constitucional em 1918; no entanto, foi exterminada pelas potências vencedoras da Primeira Guerra Mundial. Da mesma forma, durante a guerra, Tomáš Masaryk, o líder do movimento nacional tcheco que viria a ser o primeiro presidente da Tchecoslováquia, tentou convencer os britânicos de que um novo Estado independente no pós-guerra "só poderia ser um reino, não uma República". O argumento de Masaryk era de que apenas um monarca — e um que não pertencesse aos grupos étnicos dos territórios tchecos e eslovacos — poderia evitar tensões étnicas e, portanto, manter o país unido.[45]

Se suas próprias tradições e instituições políticas apontavam para um futuro moderado, por que a Baviera desperdiçou sua melhor chance de democratização, o que finalmente deu um palanque a Hitler?

As condições que tornaram possível o colapso repentino das monarquias alemãs resultou de uma sensação de exaustão coletiva e um desejo de paz quase a qualquer preço. De modo geral, a revolução não foi de natureza social. Pelo contrário, foi uma rebelião contra a guerra. Como Melanie Lehmann anotou em seu diário quatro dias após a eclosão da revolução bávara: "A grande maioria do Exército, bem como o povo, só quer a paz, e por isso temos de aceitar uma paz vergonhosa: não porque fomos derrotados pelos nossos inimigos (não fomos), mas apenas porque desistimos de nós mesmos e nos faltou a força para aguentar." Além disso, as pessoas acreditavam que a precondição para assegurar termos de paz aceitáveis — baseados nos Quatorze Pontos do presidente Woodrow Wilson e em declarações norte-americanas posteriores — era a abolição da monarquia. A combinação desses sentimentos debilitou o sistema imunológico da Baviera e a tornou quase indefesa contra golpes fatais. Se Wilson realmente tinha a intenção de abolir a monarquia ou apenas a autocracia, a maioria dos alemães entendeu que ele se referia à primeira.[46]

Assim sendo, o comportamento das potências vitoriosas foi mais importante para terminar com a monarquia em muitos territórios europeus a leste do Reno do que a derrota na guerra para essas regiões. Na Baviera, ele facilitou o golpe de esquerda e em grande parte determinou como as pessoas reagiram ao golpe. As ações dos vitoriosos da guerra removeram do poder uma instituição que no passado fora muitas vezes simultaneamente moderada e moderadora. Nos territórios governados pela Casa de Wittelsbach, um sentimento de exaustão coletiva baixara as defesas e, possivelmente, foi a mais importante razão para a maioria aceitar o colapso da velha ordem e do golpe de Eisner. Um desejo de paz quase a qualquer preço foi ouvido alto e claro em reuniões e assembleias que aconteciam em Munique nas semanas e nos dias que antecederam a revolução.[47]

Ainda que a melhor chance de uma democratização bem-sucedida da Baviera — com base nas tradições bávaras de gradualismo e reforma — tenha sido morta pela revolução de Eisner e as exigências das potências vencedoras da guerra, a transição para um futuro mais democrático estava longe de ser natimorta. Uma vez que a própria transformação política de Hitler dependia — como ficaria claro com o tempo — das condições políticas à sua volta, seu futuro ainda estava indeterminado.

Uma das razões para a democratização *à la bavaroise* não ter sido condenada desde o início estava na disposição dos sociais-democratas moderados de formar um governo com os radicais de Eisner. Ainda que os líderes bávaros do SPD preferissem levar a cabo um tipo diferente de revolução, estavam dispostos a colaborar com o governo Eisner, domando os radicais à esquerda. Por algum tempo, a estratégia por parte do SPD funcionou surpreendentemente bem, ajudada pela própria abordagem conciliatória e elevadamente idealista da política de Eisner, e sua capacidade, pelo menos inicialmente, de saber onde parar, e não levar as coisas longe demais. Apesar de liderar o USPD, Eisner não partilhava dos objetivos da extrema-esquerda revolucionária em Munique. Ele se considerava um socialista moderado na tradição do grande filósofo do Iluminismo Immanuel Kant, e não naquelas que haviam produzido os bolcheviques que realizaram a Revolução Russa.[48]

Outra razão igualmente importante para que a democratização bávara ainda tivesse uma chance era a vontade pragmática de muitos membros da antiga elite e dos legalistas do regime de cooperar com o novo governo, mesmo que sua preferência claramente fosse por uma ordem política muito diferente. Devido ao comportamento dos partidários do antigo regime, de início a revolução avançou muito tranquilamente. Quando acordaram para a República, em 8 de novembro, apenas acompanharam as novas realidades, em vez de encarar a briga.

Claro, nem é preciso dizer que muitos aliados do regime teriam preferido reformar em vez de abolir a velha ordem. No entanto, aceitaram a nova. Até Otto Ritter von Dandl, o último ministro-presidente do rei, incitava Ludwig a renunciar, acrescentando que ele também havia perdido o emprego. Da mesma forma, Franz Xaver Schweyer, um alto funcionário real e monarquista convicto, serviria lealmente à República, primeiro como funcionário em Berlim, depois como ministro bávaro do Interior. Max Von Speidel, um dos antigos comandantes de guerra de Hitler e monarquista convicto, também ajudou o novo regime. Três dias depois de Eisner tomar o poder, ele foi ver Ludwig para convencê-lo a liberar oficiais bávaros com base em seu juramento de fidelidade ao monarca. Uma vez que Ludwig não se encontrava em lugar nenhum, Speidel decidiu emitir por conta própria um decreto que convocava soldados e oficiais a cooperar com o novo regime. Até mesmo Michael von Faulhaber, o arcebispo de Munique, que acreditava que a revolução não tinha trazido "um fim à miséria", mas "a miséria sem fim", disse aos padres de sua diocese para ajudar a manter a ordem pública. Ele também os instruiu a substituir, "o mais discretamente possível", a tradicional oração para o rei nos cultos da Igreja por outra, e a manter "relações oficiais com o governo".[49]

As razões mais importantes para o futuro da Baviera parecer promissor foram os resultados das duas eleições realizadas em 12 de janeiro. Elas revelaram que Eisner e seus companheiros dos Sociais-Democratas Independentes, que haviam liderado a revolução da Baviera através do golpe, já não tinham quase nenhum apoio entre a população e, portanto, nenhuma legitimidade. O partido de Eisner levou apenas três das 180 cadeiras do Parlamento bávaro, o que sinalizou esmagador apoio, ou pelo menos aceitação, da democracia parlamentar. Além disso, o voto combinado para os sociais-democratas, os liberais de esquerda e o Partido Popular da Baviera (BVP) garantiu para as três legendas 152 assentos. Os campos políticos por trás desses partidos já haviam cooperado uns com os outros em nível nacional durante a guerra, quando pressionaram por uma paz sem anexações territoriais e pela reforma constitucional. Agora eram as principais forças por trás do estabelecimento da República de Weimar, como foi chamada devido à cidade em que a Assembleia Constituinte do país se reuniu.[50]

Os resultados da eleição para a Assembleia Nacional, que saíram uma semana depois, em 19 de janeiro, revelaram a existência de uma linha de continuidade de apoio aos partidos reformistas ao longo de toda a Primeira Guerra Mundial. O resultado na Baviera provou que nem a guerra nem a revolução haviam modificado fundamentalmente o panorama político e as preferências dos bávaros. A votação combinada para o SPD, a esquerda liberal e o catolicismo político na Alta Baviera foi quase exatamente a mesma que nas últimas eleições antes da guerra, as eleições para o Reichstag de 1912: na ocasião, 82,7% dos eleitores deram seus votos para um dos três partidos, comparados a 82% em 1919.[51] Se uma pessoa totalmente ignorante da história do século XX fosse convidada a prever, sem a ajuda de nada além dos resultados das eleições bávaras daquele século, uma guerra cataclísmica que tivesse modificado tudo, ele ou ela certamente não escolheria o período de 1912-1919.

Na verdade, os resultados das eleições bávaras puseram em xeque a suposição frequente de que, ao menos para a região que daria à luz o nacional-socialismo alemão, a Primeira Guerra Mundial tinha sido a "catástrofe seminal" para os desastres subsequentes do século XX.[52] As perspectivas para a democratização, ou pelo menos para um futuro político moderado na Baviera, continuavam promissoras em janeiro de 1919, não *apesar* da falta de uma ruptura com o passado, mas *por causa* dela. As ideias e preferências políticas dos bávaros foram surpreendentemente pouco afetadas pela guerra; a mesma quantidade de votos que no passado alimentara a ordem política reformista da Baviera do pré-guerra agora apoiava a nova ordem parlamentar liberal na Alemanha.

* * *

De volta a Traunstein, os problemas cresciam, pois de acordo com Hans Weber, um dos oficiais de campo, os homens com os quais Hitler estava servindo eram indivíduos "que pareciam considerar seu serviço militar após o armistício e a revolução puramente um meio de continuar sua existência despreocupada à custa do Estado. [...] Eles eram as criaturas mais vis que já visitaram Traunstein: ociosos, indisciplinados, exigentes e insolentes. Regularmente abandonavam seus postos, deixavam de cumprir seus deveres e se ausentavam sem licença". Devido àquele comportamento negligente, o chefe do Conselho dos Soldados requereu urgentemente que os oficiais retornassem a Munique uma vez que a maioria dos prisioneiros de guerra restantes foi repatriada no fim de dezembro. O pedido foi concedido. No entanto, os oficiais no campo excluíram Hitler e Schmidt dos convidados a deixar Traunstein.[53] A decisão dos superiores de manter Hitler, quando mandaram embora tantos outros guardas, indica que, aos olhos de seus oficiais, ele continuava a ser o mesmo soldado consciente e o prestativo destinatário de ordens que tinha sido durante a guerra. Ou seja, ao contrário da maioria dos outros soldados enviados com ele para Traunstein, Hitler não era indisciplinado nem rebelde. Ainda não havia nenhum sinal de qualquer transformação em sua personalidade, pelo menos externamente.

Portanto, Hitler e Schmidt ainda ficaram em Traunstein após a grande maioria dos prisioneiros de guerra ter voltado para casa. Não está inteiramente claro quando os dois realmente voltaram para Munique. O próprio Hitler alegou falsamente em *Mein Kampf* que eles ficaram no acampamento até sua dissolução e que "em março de 1919, mais uma vez regressamos a Munique".[54] Era uma mentira que visava à autopromoção, pois colocava-o convenientemente fora de Munique durante a turbulência política que viria a explodir no final de fevereiro.

É mais provável que Hitler e Schmidt tenham deixado Traunstein pouco depois da partida dos últimos prisioneiros de guerra russos, em 23 de janeiro de 1919. A partir dali, apenas um pessoal essencial ficou para trás para fechar o campo, que foi desmantelado no final de fevereiro. Ao que parece, Hitler regressou a Munique até 12 de fevereiro no máximo, já que sua transferência para a 7ª Companhia Ersatz do 2º Regimento do Batalhão de Infantaria Ersatz da 2ª Companhia de Desmobilização do Regimento ocorreu nesse dia.[55]

O fato de que Hitler e Schmidt não estavam entre os guardas enviados de volta a Munique logo que a maioria dos prisioneiros de guerra deixou o campo é importante não apenas por revelar que Hitler continuava a agradar seus superiores. Isso também indica que um abismo existia entre Hitler e a maioria dos homens com quem ele servira, como tinha sido durante a guerra. Seu serviço cuidadoso criara um desconforto com a maior parte dos homens indisciplinados que servira em Traunstein. Como resultado, Hitler e Schmidt continuaram a ser estranhos ali, exatamente como tinham sido durante a guerra como membros do QG do regimento.

Quando o futuro líder do Terceiro Reich regressou a Munique, suas recentes experiências aos pés dos Alpes não haviam feito nada para colocá-lo contra o novo regime revolucionário. Tanto Schmidt como Hitler serviram ao regime sem fazer nenhum esforço por sua desmobilização naquele momento. Seu apoio contínuo ao governo bávaro e alemão, apesar da mudança da monarquia para uma República, não constitui uma contradição com a ideia de que Hitler continuava sendo essencialmente o mesmo homem que fora durante a guerra, quando, exatamente como em Traunstein, ele estivera em bons termos com seus superiores e seguira suas ordens obedientemente. Afinal, muitos membros do antigo regime, incluindo o comandante da divisão de Hitler, serviam ao novo governo também. Foi somente após seu retorno a Munique que o envolvimento de Hitler com a nova ordem política começaria a ultrapassar de longe o envolvimento de seus antigos superiores.

2

Uma engrenagem na máquina do socialismo

(Fevereiro a início de abril de 1919)

Em algum momento de 15 de fevereiro de 1915, o poeta e romancista Rainer Maria Rilke se sentou à escrivaninha em Munique e observou a foto que a condessa Caroline Schenk von Stauffenberg, conhecida sua, havia incluído em sua mais recente carta. Ela mostrava os três filhos da condessa, Claus, Berthold e Alexander.

A situação política em Munique havia tomado uma acentuada curva para pior em relação ao momento em que Rilke escrevera sua carta de Natal cautelosamente otimista para sua mãe. No entanto, ao começar a compor sua carta para a condessa Caroline, ele tentou manter-se positivo, trazendo para o papel sua esperança de que, da presente infelicidade, um mundo melhor surgiria para "o menino [da condessa Caroline] que mesmo agora já mostra grande promessa para o futuro".

Rilke escreveu: "Quem sabe se não caberá a nós superar a maior confusão e o perigo, de modo que a próxima geração cresça como seria natural em um mundo muito renovado?" Ele disse à condessa Caroline que havia esperança de que, apesar da privação do momento, o futuro seria brilhante para seus três filhos, "pois certamente, para além do divisor de águas da guerra, apesar de toda a sua pavorosa altura, o curso do rio deve fluir facilmente para o novo e o aberto".

Cautelosamente otimista sobre o futuro de Claus, de 12 anos de idade, e seus irmãos, ele expressou a esperança de que a crise de então não fosse prenúncio de algo pior que estava por vir, mas que resultaria em uma "decisão em favor da humanidade como tal". No dia em que Rilke escreveu sua carta, era inconcebível pensar que, 25 anos mais tarde, Claus Schenk von Stauffenberg e seu irmão Berthold seriam executados por sua tentativa de assassinar, em 20 de julho de 1944, o homem que era agora apenas um ninguém de 29 anos que recentemente regressara a Munique vindo de seu serviço em Traunstein.[1]

Uma das razões pelas quais a situação política de Munique se deteriorou rapidamente em meados de fevereiro foi a contínua dificuldade econômica e a fome reinante na cidade que mais uma vez proporcionaria um lar a Hitler.

Poucos dias após a revolução, o ensaísta e professor Josef Hofmiller jocosamente perguntou se a revolução teria ocorrido "se ao menos tivéssemos cerveja potável". As coisas na verdade não haviam melhorado flagrantemente desde então, situação pela qual muitos em Munique culpavam as potências vitoriosas da guerra. Como lembrou a ativista sionista Rahel Straus, "o acordo do armistício não trouxe um fim ao bloqueio imposto à Alemanha. Isso realmente foi terrível. As pessoas eram capazes de suportar dificuldades no conhecimento de que não havia alternativa, era a guerra. A guerra havia acabado [mas] as fronteiras ainda estavam fechadas, a fome permanecia. Ninguém conseguia entender por que permitiram que todo um povo passasse fome".[2]

Esses sentimentos de fome e traição descritos por Straus fizeram bem mais em alimentar a radicalização política da cidade do que a experiência de guerra ou os sentimentos políticos preexistentes antes da guerra. Ao menos essa foi a avaliação de dois oficiais da inteligência britânica, os capitães Somerville e Broad, que tinham sido enviados a Munique. No final de janeiro, eles relataram para Londres que, "a menos que a assistência seja enviada antes de abril, quando os estoques de alimentos estarão esgotados, não será possível manter o povo da Baviera — já malnutrido — dentro dos limites". Eles previram: "A fome levará a tumultos e ao bolchevismo, e não há dúvida de que é uma grande causa de ansiedade para as autoridades."[3]

UMA ENGRENAGEM NA MÁQUINA DO SOCIALISMO

No entanto, agravando a guinada para pior na capital da Baviera (ainda mais que o bloqueio continuado), Kurt Eisner simplesmente não sabia como governar. Ainda que tivesse intenções corretas, ele simplesmente não entendia a arte da política. Não compreendia que ser um político de sucesso exigia um conjunto de ferramentas totalmente diferente de um intelectual de sucesso. Muitas das qualidades que são virtudes em pensadores são falhas ostensivas em políticos, razão pela qual a perspicácia teórica com frequência se combina ao fracasso político.[4] Ao mesmo tempo, faltava adaptabilidade e astúcia ao líder revolucionário da Baviera, assim como a capacidade, uma vez no poder, de pensar de forma prática e de explorar rapidamente as situações para sua vantagem. Ele era simpático, mas não tinha ideia de como inspirar, atrair e liderar. Em tudo isso, era o extremo oposto de Hitler, que emergiria na cena política mais tarde naquele ano.

Críticos de todas as fronteiras políticas acreditavam que Eisner era um intelectual sem nenhum talento para a liderança. Aos olhos do jornalista Victor Klemperer, Eisner era "um homenzinho delicado, pequeno, frágil, curvado. Sua cabeça careca não era de um tamanho imponente. Cabelos grisalhos e sujos se enroscavam sobre sua gola, a barba avermelhada tinha um tom sujo, cinzento; seus olhos eram de um cinza opaco por trás das lentes de seus óculos". O escritor de origem judaica não pôde detectar "nenhum sinal de gênio, de venerabilidade, de heroísmo". Para Klemperer, Eisner era "uma pessoa medíocre, desgastada". Alguns dos ministros no governo de Eisner que não vinham de seu próprio partido eram ainda menos elogiosos a respeito de seu talento como político. Por exemplo, Heinrich von Frauendorfer, o ministro dos Transportes, disse a Eisner em uma reunião de gabinete, em 5 de dezembro, que "O mundo inteiro diz que você não sabe como governar", acrescentando: "Você não é um estadista... você é um tolo!"[5]

Outro problema era que várias figuras importantes no governo e nos conselhos não eram bávaras por nascimento. Kurt Eisner não conseguiu perceber que colocar mais revolucionários locais à frente da revolução teria reforçado a legitimidade popular do novo regime. Em fevereiro, Klemperer, que cobriu a revolução de Munique para um jornal de Leipzig, ironizou em um de seus artigos: "O que costumava ser verdade sobre as artes em Munique tornou-se verdadeiro para a política; todos dizem: Onde está o povo de Munique, onde estão os bávaros?"[6]

Pior ainda: como resultado da falta de talento como operador político, Eisner não tinha uma ideia realista de como conter os revolucionários radicais dentro de suas próprias fileiras em grupos mais à esquerda de seu próprio partido, como os espartaquistas — grupo revolucionário nomeado segundo o líder escravo romano Espártaco, que advogava pela ditadura do proletariado —, depois que a euforia dos primeiros dias da revolução entrou em declínio. Ele ignorou repetidos e urgentes avisos de que confiava demais na extrema-esquerda, cujo perigo de um golpe em potencial ele estava subestimando. Eisner disse a seu gabinete que as pessoas na extrema-esquerda estavam apenas desabafando um pouco: "Precisamos deixar que as pessoas botem as coisas para fora."[7] Ele deixou de perceber que, ao tentar domar a extrema-esquerda em Munique, conseguiu o oposto: ele alimentou o crescimento da esquerda radical, cavando pessoalmente a sepultura para sua abordagem política conciliatória.

Os revolucionários radicais sentiam que Eisner se vendera para os reacionários — que a seus olhos abrangiam todos, desde os sociais--democratas (SPD), liberais e conservadores moderados até os reacionários genuínos. Em sua visão de mundo idealista, mas paranoica — que seguia o raciocínio-padrão bolchevique —, a democracia parlamentar, o liberalismo, o gradualismo e o reformismo de um lado e o autoritarismo de direita do outro eram apenas dois lados da mesma moeda.

No início de dezembro de 1918, Fritz Schröder, um dos representantes dos Sociais-Democratas Independentes de Eisner, se pronunciou explicitamente contra a democracia parlamentar no Conselho dos Soldados: "O clamor por uma Assembleia Nacional não foi nada além de palavrório reacionário." Da mesma forma, o anarquista Erich Mühsam exigiu o estabelecimento de uma ditadura benigna, visando não a apoiar o proletariado, mas a "acabar com o proletariado". Enquanto isso, um colaborador próximo de Mühsam, Josef Sontheimer, clamava essencialmente por um violento governo da multidão. "Eu espero", gritou Sontheimer durante uma reunião no início de janeiro, "que todos nós peguemos em armas

UMA ENGRENAGEM NA MÁQUINA DO SOCIALISMO

para resolver nossas pendências com a reação." Alguns dias antes, os comunistas exigiram em um comício em Munique que as pessoas fossem "para as eleições da Assembleia Nacional portando não cédulas de voto, mas granadas de mão".[8]

No final de novembro de 1918, Erhard Auer, o ministro do Interior e líder do SPD, já havia chegado à conclusão de que o radicalismo continuado da extrema-esquerda tornava insustentável a democratização da Baviera. Profundamente preocupado com uma erupção da tirania, Auer atacou incessantemente Eisner e sua falta de medidas decisivas contra os radicais da esquerda, declarando em 30 de novembro: "Não pode haver, não deve haver uma ditadura em nossa Estado popular livre." Uma vez que os apoiadores de Eisner se sentiam cada vez mais sitiados por todos os lados, eles efetivamente suspenderam a liberdade de expressão já em 8 de dezembro. Naquele dia, ordenaram que algumas centenas de soldados invadissem os escritórios de jornais conservadores, liberais e moderados do SPD. Dois dias depois, norte-americanos residindo em Munique receberam notificação urgente de seu Departamento de Estado de que não era mais seguro residir na Alemanha; eles foram convocados "a voltar para casa o mais cedo possível".[9]

Em outros lugares da Alemanha, as tentativas da esquerda radical de derrubar a nova ordem política liberal foram ainda mais extremas, provando que as preocupações de Auer não eram injustificadas. No início de janeiro, comunistas tentaram organizar um golpe de Estado em Berlim, com o objetivo de derrubar o governo nacional, destruir a democracia parlamentar impedindo as eleições nacionais e estabelecer uma República soviética alemã em seu lugar. Foi somente com a ajuda de milícias que os sociais-democratas moderados foram capazes de salvar a nascente democracia parlamentar da Alemanha. E as tentativas da esquerda de derrubar essa democracia parlamentar pela força não se limitaram à capital. Por exemplo, de 10 de janeiro a 4 de fevereiro, uma República soviética existiu em Bremen, a velha cidade hanseática no noroeste da Alemanha. No final de 1918 e início de 1919, o principal desafio para o estabelecimento da democracia liberal na Alemanha não emanava da direita. Ele vinha da esquerda.[10]

O único desafio sério na Baviera que não provinha da esquerda radical vinha de Rudolf Buttmann, um bibliotecário que trabalhava na biblioteca do Parlamento bávaro, que recentemente voltara da guerra e que viria a dirigir o Partido Nazista entre 1925 e 1933. Com o editor pangermânico Julius Friedrich Lehmann e outros coconspiradores, Buttmann planejava a derrubada do governo de Eisner e, para isso, criou a Bürgerwehr (milícia) no final de dezembro. No entanto, seus colaboradores eram politicamente diversos. Eles incluíam conservadores e extremistas da direita radical que sonhavam em orquestrar um golpe contra Eisner e contavam com membros da Sociedade Thule, uma entidade secreta da direita radical que desempenharia um papel proeminente na ascensão do Partido Nazista. Os conspiradores de Buttmann também incluíam líderes social-democratas; de fato, ao estabelecer a Bürgerwehr, ele se associou a Erhard Auer — que também colaborou com outro membro da Sociedade Thule, Georg Grassinger, na tentativa de derrubar Eisner.[11]

Depois de chegar à rápida conclusão de que a restauração da monarquia, da forma como ele teria preferido, não era uma opção viável, Buttmann decidiu aliar seu peso aos revolucionários moderados. Durante o inverno de 1918/1919, ele defendeu repetidamente uma cooperação pragmática com sociais-democratas, sindicalistas e outros grupos. Ao contrário daqueles na esquerda radical, estava disposto a acompanhar o novo sistema parlamentar do pós-guerra. Buttmann ainda não era o ativista e político nacional-socialista que se tornaria. A anotação no diário da esposa de Lehmann, Melanie, de 6 de janeiro de 1919, sugere que Buttmann e Lehmann estavam colaborando genuinamente com os ministros do SPD. Também indica que os dois homens naquele ponto não planejavam ativamente a derrubada do governo, mas sim ajudá-lo contra as previstas ameaças da extrema-esquerda. "No início de dezembro, uma milícia se formou em segredo em Munique", escreveu Melanie, "para se opor às atividades violentas do esquadrão espartaquista, que havia interrompido uma série de reuniões com invasores armados e forçado a renúncia do ministro do Interior, Auer, um socialista moderado." Ela acrescentou: "Julius trabalhou com grande prazer e fervor, e esperava-se

UMA ENGRENAGEM NA MÁQUINA DO SOCIALISMO   **61**

que as milícias estariam organizadas e prontas para derrotar a nova empreitada dos espartaquistas, esperada para antes das eleições. O governo sabia disso e os ministros moderados estavam amplamente a favor."[12]

Como indica o caso de Buttmann e Lehmann, a democratização da Baviera no pós-guerra não nasceu morta; naquela época, homens que futuramente se tornariam alguns dos mais importantes apoiadores de Hitler ainda estavam dispostos a participar da ação parlamentar e da democratização da Baviera. Mesmo a Sociedade Thule, da qual Julius Friedrich Lehmann era membro, previa então um futuro para a Baviera dirigido por um líder do SPD. No início de dezembro, o SPD elaborava planos para prender Eisner e substituí-lo por Auer.[13]

* * *

Enquanto a situação política em Munique continuava a se radicalizar no início de 1919, Hitler e Schmidt continuavam, por meio de suas ações, a reforçar o governo revolucionário, mesmo quando, em seu retorno de Traunstein ao regimento de Munique, as equipes eram incentivadas a se desmobilizar. Para facilitar o retorno rápido à vida civil, o regimento criara um "Departamento de Serviços de Emprego" e permitia que seus membros tirassem uma licença de até dez dias por vez para procurar emprego, com o direito de retornar à unidade se nenhum trabalho fosse assegurado no período.[14] E ainda assim Hitler e Schmidt optaram continuar a servir ao novo regime, mesmo quando as pessoas que se opunham a Eisner tentavam orquestrar um golpe para derrubá-lo em 19 de fevereiro.

A tentativa de golpe de 19 de fevereiro permanece envolta em segredo até os nossos dias. Destinada a remover Eisner do poder, foi liderada por um marinheiro, Obermaat Konrad Lotter, um membro do Conselho de Soldados Bávaros. Com seiscentos marinheiros — quase todos de fato bávaros — que haviam retornado do mar do Norte à Baviera apenas alguns dias antes, o *putsch* terminou em confronto e tiroteio na Estação Central de Munique. A maioria das evidências que sobreviveram sugere que Lotter se preocupava porque Eisner não estava disposto, tampouco era capaz, a entregar o poder aos partidos que haviam vencido as eleições bávaras, e, portanto, que uma revolução mais radical, auxiliada por tropas simpatizantes da extrema-esquerda, era iminente. Significativamente, nem o regimento de que Hitler era membro nem outros contingentes de tropas baseadas em Munique se lançaram ao resgate de Lotter e seus homens.

Há fortes razões para acreditar que a liderança do SPD teve participação no *putsch*, pois Lotter se encontrara com o líder do SPD, Erhard Auer, não muito tempo antes da tentativa de golpe, para discutir o estabelecimento de tropas pró-governo a fim de salvaguardar a segurança de Munique. Lotter também declarou publicamente em 13 de dezembro que, se Auer se tornasse líder revolucionário da Baviera, 99% dos bávaros apoiariam o governo revolucionário. Além disso, de acordo com um telegrama diplomático do núncio papal na Baviera, Eugenio Pacelli, futuro papa Pio XII, os marinheiros de Lotter haviam afirmado que seu objetivo tinha sido proteger o prédio que abrigava o Parlamento, para garantir que a abertura da nova sessão acontecesse em 21 de fevereiro como planejado.[15]

Ao continuar a servir em uma unidade leal a Eisner, Hitler, com efeito, colocou-se ao lado do líder revolucionário da Baviera, não com Lotter. Ele continuou a residir no quartel do 2º Regimento de Infantaria de Lothstrasse, logo ao sul de Oberwiesenfeld, onde esteve lotado desde seu retorno de Traunstein, e a exercer suas funções. Uma de suas tarefas era realizar o serviço de guarda em diferentes locais de Munique. Por exemplo, alguns dos soldados de sua companhia, 36 deles no total, que provavelmente incluíam o próprio Hitler, foram destacados para proteger o local em que o golpe de Lotter terminara em tiroteio, e guardar a Estação Central de Munique de 20 de fevereiro a março.[16] Através de seu serviço, Hitler ajudou a impedir que outros tentassem tirar do poder o líder socialista judeu da Baviera, defendendo assim um regime que ele alegaria — uma vez que se tornasse um nacional-socialista — sempre haver combatido.

Apesar dos esforços de Hitler e seus pares, os adversários de Eisner atacaram novamente apenas dois dias depois do golpe fracassado de Lotter. Dessa vez eles não falharam. Em 21 de fevereiro, no dia da abertura do Parlamento bávaro, um jovem estudante e oficial do Regimento de

Infantaria de Leib, conde Anton von Arco auf Valley, aproximou-se de Eisner logo depois que o líder dos Sociais-Democratas Independentes (USPD) deixou o Ministério das Relações Exteriores da Baviera a caminho do Parlamento para a abertura da legislatura bávara, onde pretendia entregar sua renúncia. Por trás, Anton von Arco atirou rapidamente, duas vezes, na cabeça. Eisner morreu na hora.[17]

É mais provável que Eisner tenha morrido como resultado de um complô orquestrado por oficiais do Regimento de Infantaria de Leib, a unidade de elite outrora encarregada de proteger o rei. A sobrinha-neta de Michael von Godin — colega de Anton von Arco no regimento e irmão de um dos comandantes do regimento de Hitler durante a Primeira Guerra Mundial — foi informada por uma de suas tias-avós que oficiais do regimento haviam conspirado para matar Eisner. Sua tia-avó lhe dissera que Michael e seus pares no regimento tiraram a sorte para decidir quem realizaria os disparos, o que determinou que Arco fosse o escolhido para matar Eisner.[18]

No rastro do assassinato de Eisner, nada mais foi como antes, e certamente não da maneira imaginada por Arco e seus coconspiradores. Um oficial estadunidense de alta patente, Herbert Field, descobriu isso da maneira mais difícil. Poucas horas após o assassinato, Field — representante dos Estados Unidos na Comissão Militar de Controle Interaliados em Munique, criada após o Armistício — dirigia-se à Estação Central de Munique acompanhado por um oficial alemão. Na estação, soldados atacaram os dois homens, atirando o oficial alemão ao chão e arrancando as condecorações de seu uniforme. Poucos dias após a ocorrência, Field escreveu em seu diário: "A perspectiva é extremamente sombria. Acredito que verei um reinado bolchevique instalado em um futuro próximo."[19] Como a estação era ocupada por soldados da companhia de Hitler e suas unidades irmãs, a ocorrência nos dá uma boa noção do tipo de homens com quem Hitler estava servindo em sua unidade no final de fevereiro de 1919, não importando se ele estava pessoalmente na cena durante o ataque contra Field.

Se, como sugeriria em *Mein Kampf*, Hitler estava tão fora de sintonia com os soldados de esquerda que serviam em Munique, por que não solicitou a desmobilização naquele momento? Por que nunca falou sobre o golpe de Lotter? Nos anos seguintes, ele falaria à exaustão sobre suas próprias experiências de guerra, mas apenas em termos gerais sobre a revolução. Afinal, se falasse sobre o ataque ao oficial norte-americano, ou sobre eventos similares que ocorreram por toda a cidade — isto é, se ele de fato houvesse feito oposição a eles —, os relatos teriam ilustrado bem algumas de suas afirmações posteriores sobre a revolução, incluindo sua repetida alegação de que a revolução fatalmente enfraquecera a Alemanha justo no momento de maior necessidade do país. Contudo, em *Mein Kampf*, Hitler preferiu permanecer em silêncio sobre seu serviço em Munique na época do assassinato de Eisner e fingiu que ainda estava em Traunstein na ocasião.

* * *

Nas horas, nos dias e nas semanas que se seguiram ao assassinato de Eisner, a radicalização da Baviera acelerava na mesma medida em que o centro da política rapidamente se erodia. Aos olhos de muitos, o acordo e a moderação simplesmente fracassaram.

No entanto, a morte de Eisner não foi a causa principal da posterior radicalização da Baviera. Na realidade, a esquerda radical nunca aceitou o desfecho da eleição bávara de início de janeiro. Desde o dia em que os resultados da eleição foram anunciados, planos de abolir a democracia parlamentar e colocar todo o poder político nas mãos de Conselhos de Soldados, Trabalhadores e Camponeses, de estilo soviético, começaram a ser postos em marcha.[20]

Por exemplo, em uma reunião do Conselho dos Trabalhadores no início de fevereiro, Max Levien, o líder moscovita dos revolucionários radicais da Baviera, os espartaquistas, apresentou argumentos para a necessidade de uma nova e "inevitável" segunda revolução, a fim de esmagar a burguesia "em uma guerra civil sem piedade". Ele achava que os Conselhos deveriam tomar todo o Poder Executivo e Legislativo até que o socialismo estivesse firmemente estabelecido na Alemanha. Na mesma sessão, Erich Mühsam exigiu que o Conselho tomasse medidas contra o Parlamento da Baviera caso este atuasse de forma contrária aos conselhos. Ele acreditava que, em todo caso, e assim como na Rússia, todo o poder pertencia às mãos dos conselhos.[21]

UMA ENGRENAGEM NA MÁQUINA DO SOCIALISMO

Em 16 de fevereiro, uma enorme manifestação ocorreu em Theresienwiese, organizada em conjunto pelos Sociais-Democratas Independentes, os comunistas e os anarquistas. No caminho para o comício, a multidão, tomada de soldados, gritava "Abaixo Auer!" e "Vida longa a Eisner!". O evento — em que bandeiras vermelhas tremularam junto com estandartes exigindo a ditadura do proletariado — muito provavelmente contou com a presença não só de Eisner, mas com nada menos que Adolf Hitler, pois sua unidade comparecera. Durante o comício, Mühsam declarou que o protesto constituía o prelúdio para a revolução mundial, enquanto Max Levien ameaçava que o Parlamento tinha de aceitar o governo do proletariado.[22]

De acordo com um relatório diplomático de Eugenio Pacelli, o núncio papal, em 17 de fevereiro, as pessoas já faziam uma grande pergunta nos dias que antecederam tanto o *putsch* de Lotter como o assassinato de Eisner: o que a esquerda radical fará quando o novo Parlamento bávaro abrir em 21 de fevereiro (o dia em que Eisner seria assassinado)? Pacelli argumentava que, a julgar pelas recentes atividades da facção, parecia improvável que a esquerda radical aceitasse uma transferência de poder ao Parlamento e renunciasse à crença na necessidade de uma segunda revolução mais ortodoxa. Ele também argumentou que Eisner, depois do fracasso em assegurar qualquer apoio eleitoral considerável, inclinava-se a dar mais poder aos conselhos.[23]

Em suma, o assassinato do líder revolucionário da Baviera não foi a causa original da segunda revolução que ocorreu no rastro de sua morte. A morte de Eisner forneceu à esquerda radical uma desculpa para uma tentativa de tomar o poder e matar a democracia parlamentar por completo — ou seja, aumentar a legitimidade de algo que o grupo desejava fazer de qualquer maneira.

Quaisquer que fossem suas intenções, o próprio Eisner enviara sinais que podiam ser facilmente entendidos como um incentivo para agir contra o Parlamento. Não muito antes de seu assassinato, ele afirmou: "Nós poderíamos nos livrar da Assembleia Nacional mais cedo que dos conselhos. [...] Uma Assembleia Nacional é um órgão eletivo que pode e deve ser mudado quando há discordância das massas populares." Anteriormente, ele fez muitas declarações que, no mínimo, prestavam-se a ser mal interpretadas. Por exemplo, em 5 de dezembro, ele disse aos membros do gabinete da Baviera: "Eu não me importo com o público, eles mudam de ideia diariamente." Ele também se referiu ao Parlamento como um "corpo retrógrado", acrescentando que pensava que o problema real com seu governo era que "não somos suficientemente radicais". Quando na mesma reunião de gabinete Johannes Timm, ministro da Justiça, perguntou a ele "Você é de opinião que os soldados deveriam dispersar a Assembleia Nacional caso não gostem dela?", Eisner deu uma resposta que sugere que esperava que sua renúncia, em 21 de fevereiro, pavimentasse não o caminho para uma transição pacífica de governo, mas para uma revolução mais radical. Sua resposta foi: "Não, mas, sob certas circunstâncias, haverá outra revolução."[24]

Seja porque a decisão de Eisner em renunciar em 21 de fevereiro era uma tática na expectativa de provocar uma nova revolução — como muitas pessoas na época suspeitaram[25] — ou seja porque ele genuinamente aceitava a supremacia do Parlamento, uma coisa estava clara: os membros da esquerda radical finalmente podiam fazer aquilo que, por semanas a fio, quiseram fazer o tempo todo — embarcar em uma nova revolução.

No mesmo dia da morte de Eisner, os conselhos se reuniram e criaram um Comitê Central que essencialmente assumiu o Poder Executivo da Baviera, fazendo todo o possível para impedir a formação no Parlamento de um novo governo. No dia seguinte, aviões despejaram folhetos em Munique anunciando que a lei marcial estava declarada. Soldados percorreram a cidade nos dias após o assassinato, enquanto automóveis com bandeiras vermelhas corriam pelas ruas. Uma bandeira vermelha — a cor da revolução — agora também tremulava no alto da universidade. Notas públicas, emitidas pelo Conselho de Trabalhadores e Soldados, informavam a população de Munique que "saqueadores, ladrões, assaltantes e aqueles que agitam contra o atual governo serão mortos". À noite, o som de tiros de fuzil e metralhadora encheu o ar da cidade. Padres, que aos olhos dos revolucionários eram reacionários e contrarrevolucionários, já não tinham mais autorização para entrar em hospitais militares.[26]

O novo regime era encabeçado por Ernst Niekisch, um social-democrata de esquerda e professor de Augsburgo na Suábia. Sua ascensão ao poder na Baviera sinalizou um claro afastamento de um processo

UMA ENGRENAGEM NA MÁQUINA DO SOCIALISMO

de democratização compatível com a democracia parlamentar de estilo ocidental. Ele era um defensor do bolchevismo nacional, um movimento político que rejeitava o internacionalismo do bolchevismo, mas, fora isso, acreditava na doutrina. Niekisch acreditava que a Alemanha deveria virar as costas para o Ocidente, o que, para ele, permitiria à Alemanha deter seu declínio. Pensando que o futuro estava ao leste, o novo líder da Baviera pensava que, se os espíritos da Prússia e da Rússia fossem combinados e o liberalismo rejeitado, dias dourados estariam por vir para russos e alemães.[27]

* * *

Cinco dias após seu assassinato, na quarta-feira, 26 de fevereiro, o corpo de Kurt Eisner foi cremado. Mais cedo, naquele dia, os sinos da igreja soaram, e tiros foram disparados por meia hora para homenageá-lo, antes que uma marcha fúnebre partisse de Theresienwiese. Com a participação de dezenas de milhares de pessoas, a marcha serpenteou através do centro de Munique, enquanto aviões circulavam pelo céu. Delegações de partidos socialistas e sindicatos de Munique, prisioneiros de guerra russos, representantes de todos os regimentos com sede em Munique, bem como uma infinidade de outros grupos marcharam com o caixão de Eisner pela cidade. A marcha terminou na praça em frente à Ostbahnhof — Estação Leste de Munique —, onde foram proferidas homenagens antes da redução do corpo de Eisner a cinzas no Cemitério Leste ali próximo.[28]

Como testemunhou o enorme comparecimento em sua marcha fúnebre, Eisner na morte era mais popular do que jamais tinha sido em vida. No entanto, o sentimento dos participantes da marcha não era necessariamente representativo da população de Munique como um todo. O governo pediu que os moradores colocassem bandeiras por toda a cidade para honrar Eisner no dia de sua cremação. No entanto, o pedido foi amplamente ignorado. Bandeiras foram vistas principalmente em edifícios públicos; poucas casas particulares as hastearam. Para Friedrich Lüers, um apoiador do liberal Partido Democrata Alemão que servira com Hitler na mesma companhia do Regimento List no início da guerra, a marcha fúnebre parecia "uma piada de mau gosto."[29]

Se o próprio Lüers tivesse participado na marcha e caminhado por todo o caminho até Ostbahnhof, poderia ter reencontrado seu antigo companheiro de armas, Adolf Hitler. Uma foto tirada por Heinrich Hoffmann, que posteriormente se tornaria fotógrafo oficial de Hitler, retrata a chegada da marcha fúnebre. Ela mostra um grupo de prisioneiros de guerra russos de uniforme, um deles segurando uma grande foto ou pintura de Eisner. Certo número de soldados alemães em seus uniformes é visível bem atrás deles. Acredita-se que um deles é Adolf Hitler. Sua participação na marcha indicaria seu desejo de prestar respeito ao líder socialista judeu assassinado, uma vez que o comparecimento não era obrigatório para os soldados. No entanto, ainda é intensamente contestado se a foto do grupo realmente inclui Hitler. A imagem está bastante granulada, e é difícil identificar o soldado com algum grau de certeza. O tipo físico, a altura, a postura e o formato do rosto da pessoa em questão parecem exatamente o que se poderia esperar do aspecto de Hitler em uma foto granulada. No entanto, em fevereiro de 1919, Munique abrigou sem dúvida certo número de outros soldados de aparência semelhante. Ainda assim, há uma alta probabilidade de que o homem na foto seja realmente Adolf Hitler. Por exemplo, a cópia da imagem que foi incluída entre as fotos que o neto de Heinrich Hoffmann vendeu à Biblioteca Estadual da Baviera, em 1993, apresenta uma seta indicando a pessoa que se acredita ser Hitler. A seta não foi desenhada sobre a impressão da foto que hoje é de propriedade da biblioteca; portanto, deve ter sido adicionada ao negativo, por Hoffmann, por seu filho ou neto. Além disso, o filho de Hoffmann confirmou, no início dos anos 1980, que a foto retrata Adolf Hitler.[30]

Deixando de lado a questão da fotografia de Hoffmann, se realmente apresenta Hitler, um evento ainda mais revelador sobre a relação íntima de Hitler com o regime revolucionário ocorreu em algum momento entre fevereiro e o início de abril. Tal evento foi a eleição para *Vertrauensmann* (representante dos soldados) na companhia de Hitler, a 2ª Companhia de Desmobilização. Na eleição, Hitler foi escolhido representante dos homens de sua companhia. Agora ocupava uma posição que existia para servir, apoiar e sustentar o regime revolucionário de esquerda.

A tarefa de Hitler era ajudar a facilitar a boa administração do regimento.[31] Se podemos acreditar em um artigo publicado em março de 1923 no *Münchener Post* — um jornal partidário social-democrata, mas que geralmente era bem-informado sobre o nascente movimento nacional-socialista —, suas responsabilidades eventualmente iam mais longe que isso. De acordo com o artigo, ele também atuava como um intermediário do Departamento de Propaganda de seu regimento e o regime revolucionário. Hitler ainda teria assumido um papel ativo no trabalho do departamento, dando palestras que argumentavam em favor da República. A matéria foi escrita por Erhard Auer, o antagonista de Kurt Eisner, que em um ataque de vingança quase foi morto no dia do assassinato de Eisner e que, em 1920, tornou-se editor-chefe do *Münchener Post*.[32]

Mesmo que o artigo de Auer de 1923 tenha exagerado o envolvimento de Hitler no trabalho de propaganda pró-republicana, a verdade é que, no início de 1919, Hitler decidiu ativa e deliberadamente disputar uma posição cujo propósito era servir, apoiar e sustentar o regime revolucionário. A data exata de sua eleição é desconhecida. No entanto, ocorreu no mais tardar em início de abril, pois uma ordem emitida pelo Batalhão de Desmobilização do 2º Regimento de Infantaria, datada de 3 de abril de 1919, lista Hitler como *Vertrauensmann* de sua companhia.[33]

* * *

A eleição de Hitler como *Vertrauensmann* de seus colegas soldados foi um verdadeiro divisor de águas em sua vida, não tanto por suas implicações políticas como pelo fato de que agora, pela primeira vez, ele ocupava uma posição de liderança. Sua transformação de um obediente cumpridor de ordens — alguém que esteve por toda a vida nas camadas inferiores da hierarquia ou como um sujeito solitário e desocupado, fora de quaisquer hierarquias — a um líder a ser seguido finalmente estava em curso. No entanto, sua metamorfose não começou com um estrondo. Seu contexto sugere fortemente que ela foi acesa pelo fogo lento da conveniência e do oportunismo.

Como é possível que um homem que jamais havia demonstrado qualquer qualidade de liderança e sem nenhum desejo aparente de liderar subitamente decide disputar um cargo? Mesmo em Traunstein, Hitler não demonstrara nenhum traço de liderança; se fosse o caso, certamente ele teria sido enviado de volta a Munique com a maioria dos guardas do 2º Regimento de Infantaria no final de dezembro de 1918 — pois teria sido responsabilizado pelo comportamento dos demais — em vez de ser escolhido como alguém que os oficiais do campo queriam manter. E como era possível que seus pares agora estivessem dispostos a votar nele, quando, no passado, na melhor das hipóteses, ele fora tratado como um inofensivo introvertido?

A única resposta plausível para essas perguntas é que a transferência de Hitler em meados de fevereiro para a 2ª Companhia de Desmobilização de sua unidade sinalizou para ele que sua desmobilização era iminente, a menos que conseguisse garantir uma posição que a impedisse. A vaga de *Vertrauensmann* era claramente uma tal posição. A perspectiva de serviço continuado no Exército é muito provavelmente a razão pela qual Hitler decidiu entrar no ringue e disputar o cargo. Quaisquer outras explicações possíveis são contrariadas por seu comportamento anterior, no qual ele não demonstrava nenhum interesse em liderança,[34] nem oferecem nenhuma explicação plausível para a disposição dos homens da companhia de Hitler em votar nele.

Se Hitler amealhou os votos de seus pares porque a maioria acalentava atitudes direitistas radicais e via em sua figura um irmão de mentalidade, isso indicaria que ele expressava e discutia ideias contrarrevolucionárias, xenofóbicas e nacionalistas com os demais.[35] No entanto, a maioria dos soldados de Munique, e, portanto, de votantes nas eleições para *Vertrauensmann*, tinha convicções de *esquerda* naquela época.

Nas eleições de janeiro na Baviera, a esmagadora maioria dos homens do Batalhão Ersatz do 2º Regimento de Infantaria — em consonância com os soldados de outras unidades baseadas em Munique, para quem distritos especiais de eleição haviam sido instalados — votou nos sociais-democratas. Em uma das zonas eleitorais do Batalhão Ersatz, o Batalhão da Amalienstrasse, impressionantes 75% dos votos foram para o SPD. O USPD de Eisner chegou em segundo, com insignificantes 17,4% de votos.[36]

Além disso, não muito tempo antes da eleição de Hitler pela 2ª Companhia de Desmobilização, os homens do batalhão ao qual a companhia pertencia elegeram como seu representante Josef Seihs, conhecido por suas inclinações de esquerda. Na verdade, ele se juntaria ao Exército Vermelho algumas semanas depois.[37] Os mesmos homens que votaram esmagadoramente em partidos de esquerda, em janeiro, e acabavam de eleger um ferrenho candidato de esquerda como seu representante de batalhão, dificilmente teriam escolhido, como representante de sua companhia, um candidato novato com convicções de direita conhecidas e declaradas. Da mesma forma, é difícil ver como eles teriam votado em alguém se o percebessem como um defensor da extrema-esquerda.

A resposta está em uma questão de grau. Os soldados de Munique vinham oscilando entre o apoio à esquerda moderada, ou seja, ao SPD, e à esquerda radical em suas diferentes encarnações, não entre a ideologia de esquerda e a de direita. Afinal, mais de 90% dos soldados da unidade de Hitler haviam votado pela esquerda moderada ou radical nas eleições bávaras de janeiro. Isso não significa necessariamente que Hitler expressava apoio aberto à revolução; se ele apenas se declarasse contra a revolução, mesmo em sua forma moderada, teria minado suas chances de eleição. Em suma, quaisquer que fossem seus pensamentos internos, Hitler era percebido como um apoiador de ideias de esquerda ao menos moderadas.

Uma vez que a maioria dos homens da unidade Ersatz de Hitler — que haviam desafiado a desmobilização e que serviram com ele em Traunstein e em outros lugares — não era conhecida por sua vontade de servir e liderar, o nível dos candidatos que estariam dispostos a eleger, de modo a não ter que disputar o cargo em pessoa, muito provavelmente era pouco elevado, o que criou uma janela de oportunidade para Hitler. Mesmo com o nível baixo, é difícil imaginar que teriam votado em um candidato abertamente direitista para o cargo.

O contexto da eleição de Hitler como *Vertrauensmann* sugere fortemente que sua decisão para disputar o cargo, quando anteriormente ele não exibia interesse em liderança, foi impulsionada por conveniência e oportunismo de sua parte. Agora que ocupava sua primeira posição de liderança, todavia, ele recebeu a oportunidade de aprender na prática, o que lhe deu a chance de perceber que na verdade tinha potencial para liderar. Em conversações com alguns de seus colegas mais próximos dos primeiros anos do Partido Nazista, Hitler revelou que vivera completamente inconsciente de seu talento como líder até a primavera de 1919. Ele por certo não admitiu posteriormente o seu papel como *Vertrauensmann*. Em vez disso, mascarava seu "despertar" com um relato fantasioso de como supostamente desafiou revolucionários radicais em uma taverna quando voltava de Traunstein para Munique. Esse relato foi entregue por alguém a Konrad Heiden. Como o jornalista social-democrata colocou em sua biografia do Führer, escrita no exílio, Hitler "subiu em uma mesa, arrebatado pela emoção, mal sabendo sobre o que falava — e subitamente descobriu que podia discursar".[38]

O significado real do inverno e da primavera de 1919, durante os quais Adolf Hitler foi uma engrenagem na máquina do socialismo, não reside na esfera política. Pelo contrário, ele está na realização, através de conveniência e oportunismo, de uma transformação súbita e radical de sua personalidade. Quase da noite para o dia, Adolf Hitler passou de um sujeito introvertido, mas apreciado pelos companheiros, em quem ninguém tinha visto qualquer vestígio de autoridade, a um líder em formação.

3

Preso

(Início de abril a início de maio de 1919)

Em 12 de abril de 1919, Ernst Schmidt decidiu que era hora de deixar o Exército. Seu amigo Hitler, ao contrário, optou por ficar.[1] Foi uma decisão ativa por parte do futuro ditador de direita da Alemanha: servir a um regime que naquele tempo prometia fidelidade a Moscou.

Em 7 de abril, o Conselho Central da Baviera se inspirou na recente criação de uma República soviética em Budapeste. Na esperança de que um eixo socialista pudesse se prolongar por todo o caminho desde Munique, atravessando Viena e Budapeste até Moscou, o conselho proclamou a Baviera como uma República soviética. Ressaltaram que não haveria nenhuma cooperação com o "desprezível" governo social-democrata de Berlim. E concluíram: "Viva a República Soviética! Viva a revolução mundial!"[2] O conselho conseguiu emplacar sua proclamação, apesar do mau desempenho da esquerda radical nas eleições, porque os pratos da balança haviam pendido recentemente contra o governo parlamentar. Isso aconteceu porque as principais seções do Partido Social Democrata (SPD) no norte da Baviera começaram a se voltar contra seu próprio líder, Johannes Hoffmann, que assumira no rastro da tentativa de assassinato contra Erhard Auer.

No mesmo dia que a República Soviética foi declarada, o governo minoritário da Baviera, liderado por Hoffmann — formado em 17 de março depois de uma votação no Parlamento e vinha competindo com o Conselho Central pelo poder desde então —, teve que fugir da cidade para o refúgio seguro de Bamberg, no norte da Baviera. Unidades militares baseadas em Munique se recusaram a auxiliar o governo de Hoffmann. Como o príncipe Adalberto da Baviera, filho de um primo do rei deposto, escreveu em seu diário em 7 de abril, "A Guarnição de Munique declarou que não faria nada para proteger o Parlamento bávaro". Em todo caso, o Parlamento já havia suspendido seus próprios poderes por tempo indeterminado em 18 de março. Isso foi feito através da aprovação de uma Lei Habilitante que, em palavra embora não em espírito, guardava semelhança com a Lei Habilitante de Hitler, de 1933, que mataria a democracia parlamentar na Alemanha pelos doze anos seguintes.[3]

Com o governo minoritário fora da cidade, o socialismo revolucionário reinou em Munique. Em 10 de abril, os governantes da República Soviética da Baviera anunciaram que todas as unidades da guarnição de Munique seriam o alicerce de um recém-formado Exército Vermelho. Esse foi o contexto em que Ernst Schmidt decidiu que era hora de ser desmobilizado e assim parar de servir ao regime revolucionário.[4] Em vez de continuar a passar o maior tempo possível com o único membro restante de sua família "adotiva" da guerra, Hitler permaneceu em uma unidade que se recusava a expressar apoio ao governo em Bamberg e que, até onde o governo soviético sabia, era parte do recém-instituído Exército Vermelho.

Por que Hitler não seguiu o exemplo quando Schmidt deixou o Exército? Por que decidiu passar menos tempo com a pessoa que tinha sido mais próxima dele por vários meses, e talvez até durante anos? Uma possível resposta é que a eleição de Hitler como *Vertrauensmann* o transformara. Havia então uma *raison d'être* para sua existência, fornecendo-lhe uma nova casa e um novo lugar onde se encaixar. E, pela primeira vez em sua vida, deu-lhe influência e poder sobre outras pessoas. Se ele seguisse as ações de Schmidt e virasse as costas para o regime revolucionário, teria que abrir mão de tudo isso.

Hitler seguiu ali mesmo quando, em 13 de abril, Domingo de Ramos, a revolução devorou seus filhos, uma vez que o regime mais radical até então, uma nova e mais rígida República Soviética liderada por comunistas, foi instaurado em Munique. Seu governo, o Vollzugsrat, tinha uma linha direta de comunicação com a liderança soviética em Moscou e em Budapeste. Telegramas codificados iam e vinham entre a capital da Rússia e Munique. Na verdade, Lenin e seus companheiros da liderança bolchevique em Moscou tinham até um homem de confiança no Vollzugsrat, na pessoa de Towia Axelrod, por meio do qual eles podiam influenciar diretamente as decisões tomadas pela República Soviética de Munique.[5]

A criação da segunda República Soviética foi sangrenta. Em 13 de abril, quando 21 pessoas morreram em combates de rua, e no dia seguinte, o caos e a brutalidade reinaram em Munique. "Estamos *totalmente* isolados e à mercê da plebe vermelha", escreveu a cantora de ópera Emmy Krüger em seu diário de 14 de abril. "Enquanto escrevo, armas estão disparando e os sinos estão soando — uma música tenebrosa. Os teatros estão todos fechados, Munique está nas mãos dos espartaquistas — assassinato, roubo, todos os vícios têm as rédeas nas mãos."[6]

No entanto, pouco depois, um senso de normalidade retornou a Munique. Por exemplo, Rudolf Hess, futuro vice de Hitler, que se mudara recentemente para Munique e agora vivia na Elisabethstrasse, perto do quartel em que Hitler residia no momento, não pensava que a República Soviética era algo com que valesse a pena se preocupar. "Pelo que os jornais estrangeiros vêm publicando, parece que estão circulando rumores neandertais sobre Munique. Em todo caso, posso relatar que está e esteve totalmente tranquilo por aqui", Hess escreveu para seus pais em 23 de abril. "Não vivenciei nenhuma perturbação em absoluto. Ontem tivemos uma marcha ordenada com bandeiras vermelhas, nada fora do comum."[7]

Apesar da calma superficial, a situação política, social e econômica em Munique se tornava cada vez mais volátil, com a escassez de alimentos e suprimentos agravando-se a cada dia na cidade. Embora os moradores de Munique estivessem acostumados a ir para a cama com fome devido aos quatro anos e meio anteriores, havia um limite para o que as pessoas podiam suportar. Em 15 de abril, o professor Josef Hofmiller concluiu que "ou eles trazem tropas de fora, ou vamos morrer de fome".[8]

A inteligência britânica compartilhava do sentimento de Hofmiller. Winston Churchill, secretário de Guerra, já havia concluído, em 16 de fevereiro, com base em relatórios da inteligência, que a Alemanha "vivia de suas reservas em se tratando de suprimentos alimentícios, e a fome ou o bolchevismo — provavelmente ambos — ocorrerá antes da próxima colheita". Contudo, ele estava disposto a brincar com fogo, no sentido de que deixar a Alemanha sentir sua dor daria vantagem à Grã-Bretanha. Ele acreditava que "enquanto a Alemanha ainda for um país inimigo que todavia não assinou termos de paz, seria desaconselhável remover a ameaça da fome com um súbito e abundante suprimento de víveres". [9]

Os agentes da inteligência britânica no território da Baviera estavam menos dispostos que Churchill a uma aposta arriscada. O capitão Broad e o tenente Beyfus, que investigavam a situação na Baviera antes e após a declaração da República Soviética de Munique, pensavam que existira um otimismo popular inicial sobre o futuro depois da guerra. No entanto, aquela esperança evaporou ao longo do tempo, pois a expectativa de uma paz que fosse conveniente para todos os lados ainda não se havia materializado, e as condições materiais pioravam em vez de melhorar. Em abril, opinaram que a situação se tornara insustentável, avaliando a escassez de alimentos como "uma ameaça séria para o país", pois estava surtindo "um efeito muito desmoralizante sobre as pessoas". Eles insistiam que "suprimentos deveriam ser enviados com a maior prontidão". [10]

Como Beyfus colocou no início de abril, "A esperança adiada deprimiu a Alemanha. Das enormes esperanças do novembro passado — o armistício foi saudado com alegria genuína na Alemanha, apesar do desastre que os assolou — eles mergulharam nas profundezas do desespero". O tenente escreveu que, como resultado da ausência de uma "paz ligeira", "os nervos do povo alemão parecem ter desmoronado". Ele argumentou que as contínuas depravações deram uma chance ao bolchevismo na Baviera. Em suma, a inteligência britânica acreditava que estavam testemunhando na Baviera um fenômeno político nascido de fatores socioeconômicos.[11]

* * *

Por volta de 15 de abril, os governantes da República Soviética decidiram convocar novas eleições em cada uma das unidades militares com base em Munique. Isso foi fomentado pela escalada da situação política e pelo fato de que, de seu quartel em Bamberg, Johannes Hoffmann vinha conspirando para criar uma força militar a fim de atacar Munique. Esperava-se assegurar, ao convocar eleições, que dali em diante todos os representantes eleitos apoiariam "sem reservas a República Soviética" e a defenderiam contra "todos os ataques da reação burguês-capitalista".[12]

As eleições, que ocorreram em 15 de abril, deram a Hitler uma oportunidade de ouro de se pôr de lado caso estivesse profundamente preocupado com o estabelecimento de uma República Soviética comunista. De fato, muitos soldados em Munique que anteriormente tinham concordado em seguir a revolução mudaram de ideia e expressavam apoio ao governo em Bamberg. Sentindo a volatilidade do humor dos soldados, bem como a prolongada divisão deles em facções revolucionárias moderadas e radicais, os governantes comunistas da cidade tentaram comprar sua lealdade, anunciando no mesmo 15 de abril que "todos os soldados receberão 5 marcos a mais por dia". [13]

Em vez de se retirar, como muitos outros fizeram, Hitler decidiu continuar seu envolvimento com o regime comunista e disputar a eleição novamente. Depois de se pôr à prova em sua eleição como *Vertrauensmann*, ele agora tentaria se eleger para *Bataillons-Rat* — o representante de sua companhia, a 2ª Companhia de Desmobilização, no conselho de seu batalhão. Quando os resultados das eleições foram publicados no dia seguinte, ele soube que havia alcançado o segundo maior número de votos, 19, em comparação com os 39 do vencedor, o que significava que ele tinha sido eleito para o *Ersatz-Bataillons-Rat* (vice-conselheiro do batalhão) de sua unidade.[14]

A eleição de Hitler não deve necessariamente ser entendida como um sinal de apoio explícito e incondicional à República Soviética, nem de sua parte nem de seus eleitores. Embora não se possa excluir por completo a possibilidade de que ele e os homens de sua unidade tivessem sido animados pelos acontecimentos das semanas anteriores e, portanto, agora apoiassem a República Soviética,[15] os padrões de comportamento anteriores e posteriores de Hitler e de seus eleitores sugerem fortemente outra coisa: que ele foi percebido pelos eleitores como um defensor dos revolucionários moderados.

Quaisquer que fossem seus pensamentos e suas intenções internas, Hitler agora tinha de servir como representante de sua unidade dentro do novo regime soviético. Por sua vontade de concorrer a um cargo como *Bataillons-Rat*, ele se tornou uma engrenagem ainda mais significativa na máquina do socialismo do que antes. Além disso, as ações de Hitler ajudaram a sustentar a República Soviética.

* * *

No momento em que Hitler fez 30 anos, em 20 de abril, domingo de Páscoa, a sorte dos governantes comunistas já havia melhorado significativamente desde a convocação para eleições nas unidades militares em Munique. Conforme a República Soviética continuava a se espalhar por toda a Baviera, eles agora controlavam grandes áreas do estado. E em 16 de abril, o Exército Vermelho, sob comando de Ernst Toller, dramaturgo e escritor nascido na Prússia Ocidental, celebrou um enorme sucesso. Ele repeliu um ataque de um exército improvisado, de cerca de 8 mil homens leais ao governo de Bamberg, na pequena cidade de Dachau, ao norte de Munique, preliminar a um ataque à capital da Baviera.

Cartazes anunciavam em toda a Munique: "Vitória do Exército Vermelho. Dachau tomada." Além disso, demonstrando que muitos soldados em Munique apoiavam o regime comunista, o número de soldados e marinheiros regulares e irregulares que usavam braçadeiras vermelhas e outras insígnias vinha crescendo a cada dia na cidade. O governo exilado em Bamberg julgara de forma totalmente equivocada a força e a determinação das forças vermelhas. Não foi páreo para o regime comunista em Munique.[16]

Os governantes da República Soviética receberam outro impulso quando, em 17 de abril, pediram que os prisioneiros de guerra russos que não tinham voltado para casa se unissem ao Exército Vermelho de Munique. O número exato de prisioneiros de guerra que se alistaram não chegou aos nossos dias. No entanto, sua contribuição para a força de combate do Exército Vermelho de Munique foi significativa, e, antes de mais nada, por sua experiência de batalha e sua expertise na elaboração de regras e planos operacionais para o Exército.[17]

Muito pouco se sabe sobre como Hitler comemorou seu trigésimo aniversário no domingo de Páscoa no Quartel Karl Liebknecht, que era como os governantes soviéticos de Munique haviam recentemente nomeado o complexo militar que abrigava seu regimento para honrar o cofundador assassinado do Partido Comunista da Alemanha. Sabemos, no entanto, que Hitler passou seu aniversário usando uma braçadeira vermelha, como todos os soldados em Munique eram obrigados a usar. Sabemos também que em 20 de abril, durante a chamada diária de sua unidade, ele teve de anunciar, como fazia todos os dias, os últimos decretos e anúncios dos governantes soviéticos de Munique, transmitidos ao regimento por meio de seu departamento de propaganda. (Hitler também tinha de se apresentar ao Departamento de Propaganda do 2º Regimento de Infantaria uma vez por semana para pegar material novo de propaganda.)[18]

Enquanto isso, Johannes Hoffmann se voltou relutantemente para Berlim em busca de ajuda, percebendo que seria incapaz de derrubar o regime soviético sem assistência de fora. Pedir ajuda a Berlim era um assunto espinhoso, pois, desde o fim da guerra, as autoridades bávaras e nacionais viviam em conflito quanto ao grau em que a Baviera deveria permanecer como entidade política soberana sob o teto de uma Alemanha federal, assim como tinha sido antes da guerra. Hoffmann agora precisava aceitar que seu colega social-democrata, Gustav Noske, o ministro da Defesa Nacional, daria as cartas.

Além disso, Hoffmann teve de aceitar que um general não bávaro comandasse a força pangermânica que Noske e Hoffmann tentavam reunir, com o objetivo de quebrar o pescoço da República Soviética de Munique. O governo da Baviera solicitou a assistência militar do governo de Württemberg, sua vizinha alemã ao sul, e de tropas irregulares de fora da Baviera, urdindo os bávaros a formar milícias rapidamente e se juntar a elas. Da mesma forma, a liderança do SPD bávaro convocava os bávaros a se alistar em milícias, para pôr fim à "tirania de uma pequena minoria de tropas estrangeiras, bolcheviques." [19]

Quando a notícia de que o governo em Bamberg estava reunindo uma força para derrubar a República Soviética se espalhou em Munique, as pessoas começaram a deixar a cidade em massa para se juntar às forças "brancas", como Friedrich Lüers, ex-colega de Hitler no Regimento List, escreveu em seu diário, em 23 de abril. Outros em Munique começaram a pensar em deixar não apenas Munique, mas a Alemanha, e tentar uma nova vida no Novo Mundo. O interesse na emigração era tão grande que um periódico especializado no assunto, *Der Auswanderer* (*O emigrante*), era vendido nas ruas de Munique. No dia anterior ao aniversário de Hitler, pessoas bem-vestidas foram vistas comprando o periódico de uma menina jornaleira em Stachus, no centro de Munique.[20]

No entanto, Hitler não exibia qualquer interesse evidente em abandonar seu posto. Ele não virou as costas para a República Soviética, nem a apoiava ativamente nesse momento, pois não deixou Munique para participar de uma milícia, tampouco se juntou a uma unidade ativa do Exército Vermelho.

Em teoria, todas as unidades militares com sede em Munique e, portanto, também o regimento de Hitler, faziam parte do Exército Vermelho.[21] Nesse sentido, Hitler serviu ao Exército Vermelho. Na realidade, porém, a maioria dos regimentos não apoiava ativamente o regime soviético nem se opunha a ele. Isso não quer dizer que tomavam abertamente uma posição neutra, pois qualquer relutância em estar disponível para os governos legítimos na Baviera e em Berlim constituía, estritamente falando, alta traição.

Dito isso, a maioria das unidades baseadas em Munique não apoiava a República Soviética ativa e militarmente. A opinião, na maioria das unidades da cidade, estava dividida. Alguns soldados apoiavam a República Soviética e, assim, entravam em unidades recém-formadas do Exército Vermelho prontas para lutar, enquanto a maior parte tentava permanecer neutra. Foi o que de fato aconteceu na unidade de Hitler.[22] O futuro líder do Partido Nazista estava entre os homens de sua unidade que ficaram de lado e não aderiram a nenhuma das recém-formadas unidades ativas do Exército Vermelho.

E, no entanto, Hitler já não era um soldado qualquer. Ele ocupava um cargo em que era quase impossível manter uma posição neutra; um cargo em que parecer neutro podia facilmente ser mal interpretado como suporte ao *status quo* — ou como apoio insuficiente, por assim dizer. Ao disputar um cargo e servir como representante de sua unidade após o estabelecimento da (segunda) República Soviética, mas sem apoiar as recém-formadas unidades do Exército Vermelho em um momento em que o novo regime estava sob cerco, Hitler inadvertidamente poderia terminar entre a cruz e a espada. Ele se arriscava a atrair a ira do novo regime por estar em uma posição de influência e não exercê-la com apoio mais ativo à República; da mesma forma, também se arriscava a granjear a ira das tropas de Hoffmann e Noske, caso retomassem Munique, por estar servindo à República Soviética em uma posição de influência para a qual fora eleito. Hitler então enfrentava uma possível prisão de ambos os lados.

* * *

Enquanto a corda se apertava em torno do pescoço da República Soviética em fins de abril, a vida para qualquer contrarrevolucionário real ou aparente que ainda restasse em Munique se tornou muito perigosa. Em 29 de abril e no dia seguinte, os revolucionários apareceram no palácio neoclássico da Brienner Strasse, que abrigava a nunciatura papal, entrando no edifício e ameaçando o núncio Eugenio Pacelli com armas, punhais e até mesmo granadas. Pacelli foi golpeado com tanta brutalidade no peito com um revólver que a cruz que ele carregava em uma corrente em torno do pescoço ficou deformada.[23] O ataque ao futuro papa Pio XII não foi o único caso relatado de ação abortada empreendida contra adversários reais ou aparentes da República Soviética. O segundo caso mais famoso envolveu o próprio Hitler.

Em *Mein Kampf*, Hitler afirmou que, em 27 de abril, Guardas Vermelhos foram ao seu quartel para levá-lo como refém: "No decorrer da Revolução dos Conselhos, eu atuei pela primeira vez de uma forma que invocou o desagrado do Conselho Central. Em 27 de abril de 1919, no início da manhã, eu deveria ser preso; mas, ao encarar o rifle que apresentei, os três colegas não tiveram a coragem necessária e partiram da mesma maneira que chegaram." Ernst Schmidt, que não esteve presente na prisão, mas que permanecia próximo a Hitler, fez uma afirmação semelhante em sua entrevista de 1930 com o biógrafo pró-nazista de Hitler, Heinz A. Heinz: "Em certa manhã, bem cedo, três Guardas Vermelhos entraram no quartel e o procuraram em seu quarto. Ele já estava de pé e vestido. Enquanto subiam as escadas, Hitler adivinhou o que estava por acontecer, então apanhou seu revólver e se preparou para o encontro. Bateram à porta, que imediatamente lhes foi aberta: 'Se não se retirarem imediatamente', gritou Hitler, brandindo a arma, 'farei com vocês o mesmo que fazíamos com os amotinados no front.' Os Vermelhos deram meia-volta instantaneamente e desceram as escadas outra vez. A ameaça foi muito real para enfrentar por mais um instante."[24]

Hitler e Schmidt podem ter inventado a história da tentativa de prisão de Hitler, ou, mais provavelmente, embelezado um episódio que teve algum fundo de verdade. É difícil ver exatamente como Hitler teria conseguido deter três homens. O principal de suas afirmações sobre a fuga da prisão por um triz, no entanto, não é implausível. Embora o poder dos governantes da República Soviética de Munique estivesse enfraquecido por volta de 27 de abril, tal fraqueza tornava o regime perigoso. De fato atuavam mais agressivamente, como os movimentos políticos condenados muitas vezes fazem uma vez que se debilitam.[25]

Em 29 de abril, dois dias após o suposto incidente envolvendo Hitler, Rudolf Egelhofer, líder do Exército Vermelho, planejava encurralar os membros da burguesia de Munique em Theresienwiese e executá-los se as tropas leais ao governo de Bamberg entrassem em Munique. Em uma reunião de líderes soviéticos, sua proposta foi derrotada por apenas um voto. Na verdade, oito prisioneiros políticos — sete deles membros da Sociedade Thule — detidos em Munique em 26 de abril, seriam executados em 30 de abril no pátio de uma escola local, onde, seguindo uma ordem emitida por Egelhofer, eles foram colocados contra a parede e mortos a tiros.[26]

Mais prisões foram feitas em toda a Munique em fins de abril,[27] enquanto os líderes militares da República Soviética tentavam desesperadamente conseguir o apoio do maior número possível de soldados antes do esperado ataque. Ou seja, é perfeitamente plausível que Hitler tivesse sido preso por não apoiar ativamente o Exército Vermelho. Mesmo que o encontro que ele descreveu nunca tenha acontecido, a falta de vontade de um representante eleito de expressar apoio às unidades ativas recém-formadas do Exército Vermelho provavelmente lhe valeu a ira do regime soviético.

* * *

Em 27 de abril, as tropas que Hoffmann e Noske reuniram — uma força formidável de 30 mil homens — cruzaram a Baviera. Incluíam os remanescentes das forças derrotadas em Dachau, unidades da Suábia e de Württemberg e as milícias de toda a Baviera e outras partes do Reich. Por volta de 29 de abril, retomaram Dachau.[28]

As tropas do governo esperavam ter de enfrentar considerável resistência em Munique. Um memorando elaborado em 29 de abril advertia a não subestimar o Exército Vermelho. Estima-se que entre 30 a 40 mil homens empunhavam armas em Munique, dos quais 10 mil tinham de ser considerados "combatentes sérios e completamente determinados". O memorando listava a unidade de Hitler, o 2º Regimento de Infantaria, não como uma unidade que "não vai apoiar a República Soviética e está inclinada a desertar", nem como uma unidade que "[pode-se prever que] apoiará totalmente os Vermelhos". No dia seguinte, a deserção em massa se instalou no Exército Vermelho. Hitler, no entanto, não desertou. Além disso, um número suficientemente grande de homens ficou para trás para que Rudolf Egelhofer organizasse uma última resistência.[29]

Em 30 de abril, uma nervosa incerteza reinava por toda a Munique. Como testemunhou a princesa romena empobrecida, Elsa Cantacuzène — cujo casamento com o editor Hugo Bruckmann a transformara em Elsa Bruckmann e lhe devolvera a riqueza —, a cidade estava em tumulto. As pessoas zanzavam pela cidade em busca das últimas notícias, soldados manejavam metralhadoras ou se sentavam em carros e caminhões de munição e, ao mesmo tempo, o rugido dos canhões podia ser ouvido à distância, ao leste. Todos os sinais de vida normal tinham desaparecido. Os bondes pararam de operar e uma greve geral congelou o comércio. Por todo lado foram colados cartazes que expunham o ódio dos revolucionários pelo governo, pelas tropas em avanço e pelos prussianos, ou forneciam detalhes sobre as fatalidades e as enfermarias que esperavam ter alta demanda em breve. Em todos os lugares, panfletos eram distribuídos. Ouviam-se discursos cheios de descontentamento em cada esquina.

À noite, a princesa Elsa se sentou com o coração pesado e começou a compor uma carta a seu marido, seu "amado, querido Tesouro", que havia deixado a cidade. Ela se perguntava "se esta noite e amanhã realmente trazem a decisão e nossa salvação, como todo mundo está dizendo", e continuava: "Onde isso vai acabar?! Muitos dizem que os Vermelhos se renderão rapidamente, outros acreditam que lutarão até o fim, e que o Palácio de Wittelsbach, o quartel e a estação ferroviária terão de ser tomados pela força. Nesse caso, esses homens desesperados forçariam o povo a se envolver em combates de rua."[30]

No último momento, os governantes da República Soviética embarcaram em medidas desesperadas, embora fadadas ao fracasso. Afixaram cartazes amarelos em 30 de abril, tarde da noite, tentando capitalizar o sentimento antiprussiano em Munique. Os avisos diziam: "A Guarda Branca prussiana está nos portões de Munique." Na manhã seguinte, considerando que a chegada de tropas do governo era iminente, os cidadãos de Munique leais ao governo e com acesso a armas começaram um levante contra a República Soviética. No início do 1º de maio, a soprano Emmy Krüger testemunhou "tumultos nas ruas" e viu como membros do Exército Vermelho "atiravam nas pessoas". O ataque em Munique, programado para começar no dia 2 de maio, com a irrupção dos conflitos nas ruas, foi antecipado em um dia. Quando as tropas governamentais e milícias começaram a se mover contra a cidade e fazer contato com o Exército Vermelho, uma luta feroz aconteceu, sobretudo devido ao envolvimento dos antigos prisioneiros de guerra russos, experientes em batalhas, como batedores.[31]

Onde quer que o Exército Vermelho erguesse barricadas, as batalhas urbanas se seguiam. A população de Munique estava tão faminta nesse ponto que o padre católico Michael Buchberger, de seu apartamento, pôde ver pessoas saindo para a rua, apesar do combate que se agravava, a fim de cortar a carne dos cadáveres de quatro cavalos mortos no fogo cruzado. No fim da manhã de 2 de maio, as forças contrarrevolucionárias — comumente chamadas "tropas brancas", como as forças antibolcheviques da Rússia — finalmente conseguiram abrir caminho para dentro da cidade. Seguiu-se "a guerra civil", como Krüger escreveu em seu diário: "Alemães contra alemães, estradas bloqueadas — soldados com revólveres e baionetas invadem as casas, e os vermelhos estão atirando do alto dos telhados." [32]

As tropas "brancas" agiam com particular ferocidade contra Guardas Vermelhos, verdadeiros ou imaginários, sempre que se achavam sob o fogo dos atiradores. Um desses momentos ocorreu quando tropas prussianas e hessianas se aproximaram do Quartel Karl Liebknecht, no final da manhã de 1º de maio, onde estava Hitler.[33] Se podemos confiar no relato que Hitler, parecendo "muito tenso e pálido", fez a Ernst Schmidt alguns dias depois, e que Schmidt recontou posteriormente, "quando os brancos entraram, alguns tiros dispersos pareceram vir do quartel. Ninguém pôde explicá-los, mas os brancos terminaram rápido seu trabalho". Eles então "tornaram prisioneiro cada homem do lugar, incluindo Hitler, e os encerraram nas caves do Ginásio Max".[34]

Assim como a versão de Schmidt para a fuga por um fio de Hitler apenas alguns dias antes, seu relato sobre a prisão de Hitler nas mãos de tropas do governo é plausível.[35] Por um lado, não segue o padrão costumeiro de Schmidt de exagerar o grau em que Hitler e ele se opuseram à revolução. De acordo com esse padrão, é improvável que Schmidt fizesse qualquer menção à história da prisão, e provavelmente contaria uma história de como as unidades que ocupavam o quartel de Hitler imediatamente reconheceriam nele um ativista antissoviético. Além disso, as prisões do tipo que Schmidt descreveu foram comuns no rastro da queda da República Soviética. Qualquer pessoa que simpatizasse ou se envolvesse com o Exército Vermelho se arriscava a ser presa. As detenções aconteciam com tanta frequência que se tornou comum ver presos, braços para o alto, andando pelas ruas de Munique rumo aos centros de detenção. No total, pelo menos 2.500 pessoas foram mantidas em cativeiro por pelo menos um dia no rastro da derrota do Exército Vermelho de Munique.[36]

Sendo verdade ou não que Hitler foi preso e encarcerado no Ginásio Max, ele agora enfrentava um futuro muito incerto na esteira da chegada das tropas "brancas" a Munique. Como poderia assegurar que suas atividades anteriores não seriam entendidas como um serviço à República Soviética além da obrigação do dever? Hitler precisava descobrir como salvar o próprio pescoço, o que dependeria mais do que os outros entenderiam de seu serviço nas semanas anteriores do que em como ele próprio definia suas alianças políticas em abril.

TORNANDO-SE HITLER

* * *

Um dos legados mais duradouros da República Soviética de Munique foi um enorme aumento do antissemitismo. No entanto, na primavera de 1919, ele se elevou de uma maneira inconsistente com o eventual surgimento do antissemitismo radical do próprio Hitler. Será impossível compreender como isso ocorreu no final daquele ano sem compreender a natureza do antissemitismo do qual ele diferia.

Ao contrário do antissemitismo nazista, o modo mais popular de antissemitismo em Munique em 1919 não era dirigido contra todos os judeus. Na verdade, muitos judeus na cidade expressavam seu desdém aberto por judeus revolucionários e não percebiam a onda de antissemitismo antibolchevique na primavera de 1919 como dirigida também contra eles. Como o filho de Rafael Levi lembrou, seu pai, um médico, era um judeu religioso profundamente ortodoxo e, da mesma forma, um monarquista patriótico: "Meu pai e todos os nossos amigos tinham uma visão conservadora", afirmou ele. "Não achavam que seriam afetados por isso. Pensavam que era dirigido apenas contra revolucionários como Eisner. Meu pai, meu tio, bem como seus companheiros soldados judeus e gentios — nenhum deles exibia qualquer simpatia por aqueles revolucionários 'estourados' e 'ateístas'. Ainda me lembro disso vividamente."[37]

Ao contrário da posterior conversão antissemita de Hitler, o crescimento do antissemitismo na Munique revolucionária do início de 1919 foi muito mais um fenômeno do *establishment* católico da cidade, engendrado nos encontros com os protagonistas da República Soviética. Sua mais famosa expressão se encontra em um relatório diplomático de Eugenio Pacelli de 18 de abril, em que o futuro papa detalhava, usando a linguagem do antissemitismo, um encontro rude que seu ajudante Lorenzo Schioppa teve com Max Levien e outros revolucionários no Residenz, o palácio real, na época utilizado como sede dos governantes da República Soviética. O relatório detalhava como os revolucionários transformaram o palácio em "um verdadeiro caldeirão de bruxas" cheio de "jovens desclassificadas, as judias em maior número entre elas, que circulavam provocativamente em todos os escritórios e riam de forma ambígua". Levien, que na verdade não era judeu, foi descrito como um "jovem, um russo e, ainda por cima, um judeu", "pálido, sujo, com olhos impassíveis", bem como "inteligente e ardiloso".[38]

Em seu relatório, o futuro papa Pio XII e seu assessor claramente compartilhavam o sentimento popular de muitos em Munique de que a revolução fora uma empreitada predominantemente judaica. Além de seu anticomunismo com fortes tons antissemitas, Pacelli também rejeitava as práticas religiosas judaicas (assim como ele, chefe da Igreja católica, rejeitava todas as práticas religiosas não católicas). No entanto, era rápido em apoiar judeus em assuntos não religiosos, constantemente auxiliando sionistas que se voltavam para ele em busca de ajuda, tentando intervir em prol de judeus preocupados com o aumento da violência antissemita na Polônia, ou alertando, em 1922, o ministro alemão das Relações Exteriores, Walther Rathenau, um judeu, sobre um plano de assassinato iminente. As ações de Pacelli para dar suporte às comunidades judaicas se equiparavam às de Michael von Faulhaber, arcebispo de Munique, que se dispunha a ajudar quando representantes judeus o abordavam repetidamente com pedidos de auxílio. E em uma carta ao rabino-chefe de Luxemburgo, Faulhaber menciona com desaprovação a ascensão do antissemitismo em Munique: "Aqui em Munique, também, temos visto tentativas [...] de alimentar chamas antissemitas, mas, por sorte, elas [...] não queimaram bem." O arcebispo também ofereceu ajuda à Associação Central de Cidadãos Alemães de Fé Judaica para impedir a distribuição de panfletos antissemitas do lado de fora das igrejas.[39]

Em suma, ao contrário da judeofobia nazista, o antibolchevismo e o antissemitismo de Pacelli e Faulhaber e sua rejeição a práticas religiosas não católicas não tratavam os judeus como a fonte de todo o mal. Em vez disso, os judeus eram tratados como seres humanos iguais que mereciam ajuda em todos os temas não religiosos, contanto que não apoiassem o bolchevismo. E, em seu núcleo, o antissemitismo de Pacelli e Faulhaber não era de caráter racial. Nesse aspecto, ele difere fundamentalmente do cerne do antissemitismo de Hitler durante o Terceiro Reich. Não significa diminuir o antissemitismo católico dominante; em vez disso, sugere que observar a ascensão do antissemitismo antibolchevique em Munique na primavera de 1919 talvez não nos leve muito longe em explicar a transformação antissemita de Hitler. Certamente, para alguns bávaros, o antissemitismo racial e o antissemitismo antibolchevique caminhavam de mãos dadas. Mesmo assim, para um número muito maior de bávaros, as duas vertentes de antissemitismo não convergiam.

O mesmo acontecia com o antissemitismo do *establishment* político tradicional da Baviera. Em 6 de dezembro de 1918, um mês após a revolução, o jornal extraoficial do Partido Popular da Baviera (BVP), o *Bayerischer Kurier*, declarou que "A raça tampouco desempenha um papel para o BVP", e os membros do partido "respeitam e honram todo judeu honesto. [...] O que, no entanto, precisamos combater são os muitos elementos ateus que fazem parte de um inescrupuloso judaísmo internacional, de caráter prioritariamente russo". Da mesma forma, Georg Escherich, que seria líder de um dos maiores grupos paramilitares de direita na Alemanha no período pós-revolucionário, expressou a opinião a Victor Klemperer, durante um encontro casual em um trem em dezembro de 1918, de que um futuro governo do BVP seria igualmente aberto a católicos, protestantes e judeus. Ele disse a Klemperer: "O homem do futuro já está aqui: dr. Heim, o organizador do *Bauernbund* [Liga dos Camponeses]; um homem do Partido Central [...] [mas não simpático apenas para os católicos]. Protestantes e judeus também fazem parte do *Bauernbund*."[40]

A judeofobia de Pacelli, Faulhaber e do BVP tem importância ao explicar a eventual transformação antissemita de Hitler por duas razões: primeiro, ela encarnava o antissemitismo convencional na Munique revolucionária e pós-revolucionária; em segundo lugar, definia um antissemitismo que Hitler consideraria inútil no exato momento em que se tornou um antissemita. Significativamente, o antissemitismo tradicional da Baviera e as atitudes de Pacelli, Faulhaber e do *establishment* político da Baviera tinham mais em comum com o antissemitismo de Winston Churchill que com o de Hitler ao se voltar contra os judeus. Em fevereiro de 1920, o então secretário britânico de Guerra escreveria em um jornal dominical que, para ele, havia três tipos de judeus: um bom, um mau e um indiferente. O "bom" judeu, para Churchill, era um judeu "nacional" que era "um inglês que pratica a fé judaica". Em contraste, o "mau" judeu era um "judeu internacional", de tipo revolucionário marxista, destrutivo e perigoso, e que, de acordo com muitos bávaros e também Churchill, esteve ao volante da revolução. Churchill escreveria: "Com a notável exceção de Lenin, a maioria das figuras de liderança é judia. Além disso, a principal inspiração e impulso vem dos líderes judeus."[41]

O caráter não racial do antissemitismo de muitos bávaros explica por que, apesar da ascensão meteórica do antissemitismo antibolchevique durante a revolução, os judeus podiam servir e de fato serviram em Freikorps e outras milícias que ajudaram a esmagar a República Soviética de Munique. Ele também explica por que os não judeus estavam dispostos a servir ao lado de judeus para deter o avanço do comunismo. Mais importante: o serviço de muitos judeus em Freikorps desafia o entendimento comum de que o movimento político liderado por Hitler crescera a partir dos Freikorps. Muitas vezes se acredita que foram a vanguarda do nazismo, alimentados por um *éthos* fascista, bem como por uma rejeição completa da democracia, da cultura e da civilização. De acordo com o senso comum, os membros dos Freikorps formaram um culto de violência que ansiava por unidade e estabelecimento de comunidade racial. Os membros dos Freikorps supostamente seguiam uma descontrolada e incontrolável "lógica do extermínio e do higienismo", que fornecia o espírito que mais tarde impulsionaria a SS (*Schutzstaffel*), a força paramilitar do Partido Nazista que seria encarregada da implementação do Holocausto. Acredita-se também que eram antissemitas e anticapitalistas em partes iguais, ou, na verdade, muito mais antissemitas do que anticapitalistas.[42] Se foi assim mesmo que nasceu o nacional-socialismo, como é possível que tantos judeus tenham servido nos Freikorps?

O Freikorps Oberland, por exemplo, incluía vários membros judeus. Oberland não era um Freikorps qualquer. Também incluía um dos colegas mensageiros de Hitler na guerra, Arthur Rödl, um futuro comandante de campo de concentração, assim como ninguém menos que o futuro chefe da SS, Heinrich Himmler. No final da guerra, quando voluntários foram procurados para o serviço nos Freikorps, pouquíssimos soldados se ofereceram, pois a maioria dos homens apenas queria voltar para casa. Apenas oito membros do regimento de Hitler se alistaram no início de dezembro, quando uma convocação por voluntários foi emitida no Regimento List. No entanto, quando foram convocados por seu governo democraticamente eleito para defender suas casas contra uma tomada comunista na primavera de 1919, isso foi percebido como um assunto completamente diferente. Os homens foram instados a se alistar temporariamente, uma vez que as autoridades militares e de segurança regulares já não eram numericamente fortes o bastante para reagir ao desafio da esquerda radical à nova ordem política.[43]

Um grande número de homens se apresentou para se alistar. Assim, nem a experiência de uma guerra longa e brutal nem o desejo de violência de uma geração supostamente protofascista e niilista que desprezava a cultura e a civilização explicam por que um grande número de bávaros (embora ainda uma minoria) se uniu a unidades paramilitares em 1919, mas sim a dinâmica e a lógica do conflito pós-guerra. A filiação ao Partido Democrático Alemão, liberal, não impediu Fridolin Solleder, um oficial do regimento de Hitler, de aderir a um Freikorps.[44]

O movimento dos Freikorps era surpreendentemente heterogêneo. Pelo menos 158 judeus serviram no Freikorps bávaro após a Primeira Guerra Mundial. É preciso ressaltar também que os judeus continuaram a se juntar aos Freikorps nos dias e semanas após o fim da República Soviética de Munique, o que, para dizer o óbvio, deve ser visto como um endosso das ações das tropas "brancas" contra a República Soviética. Em 6 de maio de 1919, Alfred Heilbronner, um comerciante judeu de Memmingen, se juntou ao Freikorps Schwaben, no qual Fritz Wiedemann, oficial comandante de Hitler durante a guerra, servia como comandante da companhia. O Freikorps de Wiedemann e Heilbronner se envolveu em operações em Munique entre 2 e 12 de maio, e subsequentemente combateu na Suábia.[45]

Os 158 membros judeus do Freikorps bávaro representavam aproximadamente 0,5% dos membros do movimento da milícia bávara. O número não está fora de proporção com a média global de judeus entre a população bávara, que em 1919 figurava entre 0,7 e 0,8%. O número real de membros judeus do Freikorps que se descreviam como praticantes da fé judaica era ainda maior que 158, pois os registros de membros sobreviventes estão incompletos. Robert Löwensohn, de Furth, na Francônia, não aparece nos registros remanescentes sobre os Freikorps. Esse oficial judeu e comandante de uma unidade de metralhadora durante a guerra entrou para uma milícia ou os Freikorps na primavera de 1919. Como suas próprias inclinações moderadas de esquerda eram incompatíveis com as ideias da República Soviética de Munique, ele ajudou a esmagá-la. Quando ele tornou a ser preso, em 1942, seu serviço anterior na Primeira Guerra Mundial e em 1919 não contavam para mais nada. O veterano da campanha dos Freikorps contra a República Soviética de Munique passaria o resto da guerra em campos no leste, morrendo em fevereiro de 1945 em uma marcha da morte. Devido à ausência de judeus como Löwensohn nos registros de membros sobreviventes das milícias da Baviera, é altamente provável que a parcela de judeus entre os membros dos Freikorps de fato se igualava ou até excedia o número de judeus na população total da Baviera.[46]

Além disso, a lógica determina que um número considerável de judeus seculares — ou seja, judeus que não se definiam como seguidores da fé judaica e não pertenciam a nenhuma comunidade religiosa nem se converteram a alguma igreja cristã — também serviu nos Freikorps.[47] Em suma, a visão convencional sobre os Freikorps, segundo a qual eles eram mais antissemitas que anticomunistas e formaram o núcleo do movimento nacional-socialista precisa ser, no mínimo, virada do avesso. Afinal, os Freikorps da Baviera incluíam pelo menos 158 judeus, mas não Hitler.

Nada disso coloca em questão que, para uma porção de membros do movimento Freikorps, houve uma clara continuidade de suas ações em 1919 à ascensão nazista ao poder. O ponto importante aqui é que eles constituem apenas uma parcela do movimento. Apresentar o movimento Freikorps da primavera de 1919 como a vanguarda do nacional-socialismo significaria comprar inadvertidamente a história que a propaganda nazista contava. Por exemplo, em 1933, Hermann Göring se referiu aos membros do Freikorps como "os primeiros soldados do Terceiro Reich" em uma tentativa de reformular a ascensão do nacional-socialismo entre 1919 e 1933 como um épico heroico. Da mesma forma, o próprio Hitler alegaria em 1941 que, ainda que alguns judeus tenham feito oposição a Eisner por razões táticas, "nenhum deles pegou em armas em defesa da Germanidade contra seus semelhantes judeus!"[48]

* * *

Independentemente do que as tropas "brancas" tenham visto no vice-conselheiro de batalhão da 2ª Companhia de Desmobilização quando entraram na capital da Baviera em 1° de maio, uma coisa é bastante clara um século depois: Hitler não se opôs aos revolucionários sociais-democratas moderados na Munique revolucionária, nem apoiou os ideais da segunda República Soviética.

Em todo caso, ainda que não tenha expressado abertamente certas ideias políticas e antissemitas ao longo dos mais de cinco meses de revolução que vivenciou em Munique e Traunstein, ao menos em teoria, Hitler já as abrigasse bem fundo no peito. Isto é, embora aparentasse não ter objetivos durante a revolução, suas ideias políticas possivelmente estavam desenvolvidas e enraizadas com firmeza. Em outras palavras, é possível argumentar que ele talvez tenha detestado por completo a visão da revolução enquanto viajava para Munique na volta de Pasewalk e, na verdade, talvez jamais acalentado simpatia alguma por tendências de esquerda.[49]

Pode-se argumentar também que a experiência de Hitler na revolução e na República Soviética de Munique trouxe à tona nele um profundo ódio em relação a tudo que era estrangeiro, internacional, bolchevista e judaico, o que já era latente durante seus anos em Viena.[50] No entanto, as evidências que apoiariam alegações desse tipo tendem a aparecer após o fato, como uma declaração que Hitler supostamente deu no seu QG militar em 1942, num momento em que suas políticas exterminatórias antissemitas ganhavam impulso. Ele teria dito a seus convidados em 1942 que "em 1919, uma judia escreveu no *Bayerischer Kurier*: 'O que Eisner está fazendo agora um dia cairá sobre nós, judeus!' Este é um estranho caso de clarividência."[51]

A citação de Hitler é de fato reveladora, mas não por lançar luz sobre sua emergente visão de mundo no rastro da República Soviética de Munique. Em vez disso, ela demonstra como ele usaria a revolução principalmente como inspiração *post facto* para suas políticas ao chegar ao poder, da mesma forma que evocaria suas experiências da Primeira Guerra Mundial, mediadas por experiências do pós-guerra, como inspiração para sua condução dos esforços da Alemanha na Segunda Guerra Mundial. Argumentar que Hitler esteve negativamente disposto à revolução desde o início e que nunca mostrou qualquer simpatia pelos sociais-democratas é o mesmo que comprar inadvertidamente a propaganda nazista. É importante salientar que cooperar com o novo regime nem sequer distanciava Hitler de muitos de seus antigos superiores. Afinal, alguns deles, como o general Max von Speidel, cooperaram com o novo regime e o apoiaram. Se até seu ex-comandante divisional aceitou o regime revolucionário, não deveria ser uma surpresa que Hitler, que durante a guerra admirara seus superiores, também fizesse o mesmo.[52]

Embora a provável presença de Hitler no funeral de Eisner sugira a existência de simpatias de esquerda, isso não necessariamente faz dele um defensor dos Sociais-Democratas Independentes de Eisner, pois Eisner tornou-se amplamente respeitado tanto pela esquerda radical como pela moderada na sequência do seu assassinato, bem como entre os soldados que serviam em Munique.[53] A questão não é saber se Hitler apoiou a esquerda durante a revolução, o que ele claramente fez, mas quais tipo de ideias e grupos de esquerda ele apoiou ou, pelo menos, aceitou. Como Hitler serviu a todos os regimes de esquerda durante todas as fases da revolução até o fim, ele obviamente aceitou todos ou, pelo menos, aquiesceu por razões de conveniência. No entanto, suas declarações políticas dos tempos de guerra e seus padrões de comportamento durante a guerra e a revolução indicam que o número de ideias políticas com que ele ativamente concordava era muito menor do que aquelas às quais ele estava disposto a servir.

Considerando que os soldados, que votaram esmagadoramente pelo SPD nas eleições bávaras de janeiro de 1919, elegeram Hitler como seu representante; que o companheiro mais próximo de Hitler durante a revolução tinha sido membro de um sindicato filiado ao SPD; e que o SPD sob Erhard Auer se posicionara contra o socialismo internacional e cooperara em muitas ocasiões com grupos conservadores e centristas, uma coisa é bastante clara: Hitler esteve próximo ao SPD, mas perdeu a oportunidade ou não teve a força de vontade para abandonar o navio após o estabelecimento da segunda República Soviética.

Na verdade, durante a Segunda Guerra Mundial, Hitler admitiria em privado, pelo menos indiretamente, que nutriu simpatias por Erhard Auer um dia. No seu QG militar, seria registrado que ele disse em 1º de fevereiro de 1942: "Mas há uma diferença quando se trata de alguém da turma de 1918. Alguns simplesmente se encontravam ali, como Pôncio Pilatos: nunca quiseram ser parte de uma revolução, e estes incluíam Noske, bem como Ebert, Scheidemann, Severing e Auer na Baviera. Eu fui incapaz de levar isso em conta enquanto a luta transcorria. [...] Foi só depois que vencemos que eu me vi em posição de dizer 'Entendo os seus argumentos'." Hitler acrescentou: "O único problema para os sociais--democratas na época era que eles não tinham um líder." Mesmo quando falava em privado sobre o Tratado de Versalhes, o tratado de paz punitivo que pôs fim à Primeira Guerra Mundial, Hitler culparia o Partido Católico Central, não os sociais-democratas, por vender a Alemanha: "Teria sido possível alcançar um acordo de paz muito diferente", Hitler diria em 27 de janeiro de 1942, no QG militar, em particular. "Havia sociais-democratas preparados para manter suas posições até o fim. [No entanto,] Wirth e Erzberger [do Partido Central] assinaram o acordo."[54]

O próprio Auer também afirmou que Hitler teve simpatias pelo SPD durante o inverno e a primavera de 1919. Em um artigo de 1923 que escreveu para o *Münchener Post*, Auer afirmou que Hitler, "devido às suas crenças, era considerado um socialista majoritarista [*Mehrheitssozialist*] nos círculos do Departamento de Propaganda e alegava ser um, como tantos outros; mas ele nunca foi politicamente ativo ou membro de um sindicato".[55]

É extremamente improvável que um operador astuto e cuidadoso como Auer inventasse tal alegação na atmosfera politicamente carregada da primavera de 1923. Uma invenção desse tipo correria o risco de ser facilmente exposta como uma fraude e, portanto, sair pela culatra. Não se pode determinar com certeza quem era a fonte de Auer na ocasião, mas não é difícil adivinhar: com um alto grau de probabilidade, Karl Mayr, que viria a ser o mentor de Hitler no verão de 1919, ao se tornar chefe do Departamento de Propaganda do Exército em Munique. Sua tarefa seria realizar propaganda e investigar as atividades anteriores do departamento durante a revolução. Mayr mudaria de lado político em 1921 e, dali em diante, alimentaria Erhard Auer regularmente com informações para seus artigos.[56]

Auer não era o único escritor social-democrata com acesso a homens como Mayr, que relataram uma afinidade com o SPD da parte de Hitler durante a primavera de 1919. Konrad Heiden, um social-democrata com mãe judia que chegara a Munique como estudante em 1920 e, após a graduação, começara a trabalhar como correspondente do liberal *Frankfurter Zeitung*, relataria nos anos 1930 que Hitler apoiara o SPD e até falara sobre ingressar no partido. Nas palavras de Heiden, Hitler "intercedeu junto a seus camaradas em nome do governo social-democrata e, em suas discussões acaloradas, abraçava a causa da social-democracia contra a dos comunistas". Por outro lado, o dramaturgo Ernst Toller diria que, enquanto esteve preso em 1919 por seu envolvimento com a revolução, um de seus companheiros na cadeia lhe diria que havia encontrado "Adolf Hitler nos primeiros meses da República em um quartel militar em Munique". De acordo com Toller, o prisioneiro lhe disse que "naquela época, Hitler se declarava um social-democrata". Além disso, o próprio Hitler insinuaria que tivera tendências sociais-democratas no passado, ao dizer a alguns de seus colegas nacional-socialistas, em 1921: "Um dia todo mundo foi social-democrata."[57] O testemunho de Friedrich Krohn — um dos primeiros membros e benfeitor financeiro do partido, que se dirigiu a Hitler com o familiar "*Du*" até que eles cortaram relações em 1921 devido à crescente megalomania de Hitler — também afirma que inicialmente Hitler teve inclinações social-democratas. Ao conhecer Krohn, na época em que participou pela primeira vez de uma reunião do que viria a ser o Partido Nazista, Hitler lhe disse que era favorável a um "socialismo" que tomasse a forma de uma "social-democracia nacional" fiel ao Estado, não muito diferente da Escandinávia, Inglaterra e da Baviera pré-guerra.[58]

Para compreender o tempo de Hitler durante a República Soviética de Munique e suas consequências, seria um erro apresentá-lo como tendo servido em um regimento em que os apoiadores da esquerda e da direita se opunham. Assim, seria errado descrevê-lo, enquanto ele era um representante eleito dos soldados de sua unidade, como um porta-voz secreto para soldados da direita política.[59] Como observado anteriormente, a linha divisória em unidades militares baseadas em Munique durante a época da República Soviética não se desenhava entre a esquerda e a direita, mas entre a esquerda radical e a esquerda moderada, o que coloca Hitler na esquerda moderada.

Como Karl Mayr afirmou em um relato publicado nos Estados Unidos em 1941, ocasião em que esteve preso em um campo de concentração, Hitler andara como um "cão vadio" sem rumo depois da guerra. "Após a

Primeira Guerra Mundial", Mayr escreveria, "[Hitler] foi apenas um entre muitos milhares de ex-soldados que andavam pelas ruas à procura de trabalho. [...] Naquele momento, Hitler estava pronto para devotar sua sorte a qualquer um que lhe fosse gentil. [...] Ele teria trabalhado para um empregador judeu ou francês tão prontamente quanto para um ariano. Quando eu o conheci, ele era como um cão vadio e cansado à procura de um dono."[60]

Claro, Mayr pode ter exagerado o grau em que a mente de Hitler era uma lousa em branco no primeiro semestre após o fim da guerra. É verdade que Hitler voltou do conflito como um homem sem rumo e embarcou em um caminho de autodescoberta. No entanto, o oportunismo, a conveniência e as ideias políticas vagas coexistiram, e por vezes competiram entre si, dentro dele. Seu futuro político e pessoal era indeterminado. Hitler ficara no Exército porque não tinha para onde ir. E, de fato, muitas vezes foi impulsionado por um oportunismo alimentado pelo desejo de escapar da solidão, e não raro foi um homem à deriva. No entanto, seria um exagero sugerir que ele era impassível, sem nenhum interesse político, meramente impulsionado pela vontade de sobreviver.[61]

O padrão de comportamento de Hitler e suas ações, bem como uma leitura crítica de declarações anteriores e posteriores dele e de outros, revelam um homem com uma simpatia inicial pela revolução e o SPD que, ao mesmo tempo, rejeitava ideias internacionalistas.[62] Ao longo de alguns meses, através de uma combinação de conveniência, oportunismo e leves inclinações de esquerda, Hitler se metamorfoseou: de um solitário desajeitado e cumpridor de ordens a alguém disposto e capaz de preencher uma posição de liderança. Essa mudança ocorreu exatamente no momento em que a maioria das pessoas teria preferido o anonimato para suportar a tempestade. Com a queda da República Soviética, no entanto, Hitler tinha que descobrir se podia sair do canto em que recuara devido às suas ações nas semanas anteriores, e como.

4

Vira-casaca

(Início de maio a meados de julho de 1919)

A maneira com que as forças "brancas" derrubaram a República Soviética e restauraram a ordem em Munique revela por que a situação era tão precária para qualquer um que fosse suspeito de tender para o lado da República Soviética.

Enquanto altos brados de "Hoch!" e "Bravo!" recebiam as unidades pró-governo nas ruas de classe média alta, a chegada das tropas "brancas" com frequência trazia consigo execuções sumárias de supostos membros do Exército Vermelho. Isso ocorria em todo lado, mesmo em pátios de escolas. Como Klaus Mann, filho do escritor Thomas Mann, anotou em seu diário em 8 de maio de 1919: "No pátio de nossa escola, dois espartaquistas foram fuzilados. Um deles, um rapaz de 17 anos, até mesmo recusou uma venda nos olhos. Poschenriederer disse que isso era fanatismo. Eu acho heroico. A escola já havia fechado por volta do meio-dia."[1]

Muitos que serviram nas forças "brancas" suspeitavam de resistência em todo lugar. Em 3 de maio, essas forças cravejaram de tiros a mansão que abrigava a nunciatura papal depois que o assessor do núncio Pacelli, Lorenzo Schioppa, acendeu a luz em seu quarto tarde da noite. Schioppa não teve escolha a não ser fugir do quarto rastejando. As tropas "brancas" responsáveis pela ação presumiram que estavam prestes a ser atacadas a tiros quando viram a luz se acender.[2]

Em grande medida, a violência destinada a apoiadores reais e imaginários da República Soviética tinha sua origem na mentalidade violenta de alguns Freikorps, mas certamente não de todos. O que piorou as coisas foi a cena caótica e confusa que aguardava as tropas que muitas vezes não estavam familiarizadas com a geografia de Munique. Um dos comandantes "brancos" recebeu um mapa de Munique só muito depois de sua chegada na cidade. Além disso, a notícia da morte de reféns levou ao emprego de violência até os membros das forças "brancas" que se consideravam de esquerda e estavam relutantes em combater. Nas palavras do editor Julius Friedrich Lehmann, que fugira de Munique e depois voltou à cidade como comandante de uma milícia do estado alemão de Württemberg, a sudoeste, "Eu só consegui fazer avançar minha própria companhia de homens de Württemberg, que liderei para Munique na época e que eram verdadeiros crédulos vermelhos, quando lhes contei sobre o desgraçado ato de assassinar reféns". De acordo com Lehmann, cinco minutos depois que a luta começou, seus homens ainda se recusavam a atirar.[3]

A caçada por supostos membros do Exército Vermelho não era alimentada apenas por paranoia, medo e caos, mas também pelo fato de que Guardas Vermelhos radicais continuavam sua luta, empregando táticas de guerrilha, mesmo depois de Munique ser ocupada. Friedrich Lüers, que vivia em Stiglmayrplatz, um distrito com forte apoio à República Soviética ao norte da Estação Central de Munique, ainda testemunhou ativistas "vermelhos" lutando e disparando em invasores "brancos" vários dias após a primeira chegada das tropas "brancas". Na verdade, vigias de unidades pró-governo às vezes eram mortos durante a noite sob a cobertura da escuridão.[4] Em última análise, a escalada da violência nos primeiros dias de maio seguiu a lógica da guerra urbana assimétrica, em que a distribuição desigual de baixas entre os atacantes e os defensores não revela necessariamente qual lado tinha uma mentalidade mais violenta.

No entanto, Hitler conseguiu não ser pego na violência dirigida contra os apoiadores reais e imaginários da República Soviética de Munique. Segundo seu amigo Ernst Schmidt, ele foi liberado novamente do cativeiro através da intervenção de um oficial que o encontrou na esteira da sua prisão e que o conhecia do front.[5]

Como mostram as ações de Hitler em março e abril, pelo menos até aquele momento ele ainda não havia dominado a arte mais importante de todas na política: a conjectura, isto é, a capacidade de projetar além do conhecido e de formar uma opinião com base em informações incompletas. Em outras palavras, ele ainda não aprendera a melhor forma de lidar com a incerteza em torno das escolhas e a optar por um caminho de ação que produzisse um grau máximo de vantagem. No entanto, conseguiu se transformar: passou de uma pessoa em quem ninguém jamais tinha visto nenhuma qualidade de liderança a alguém que detinha autoridade sobre os demais. Significativamente, a autoridade não foi concedida a ele a partir de cima, mas democraticamente, desde a base. Apesar de ter manobrado à beira do abismo nesse processo, como ficou evidente nos caóticos primeiros dias de maio, Hitler já havia dominado a arte de dar a volta por cima e de transformar a derrota em vitória. Aqui podemos ver os primeiros sinais de um padrão na vida pública de Hitler, em que ele seria quase sempre mais bem-sucedido quando operando em um modo reativo, em vez de proativo.[6]

No mínimo, a situação política em Munique tornou-se mais volátil durante maio. Ao mesmo tempo que os eventos sangrentos no rastro da queda da República Soviética fortaleciam a determinação de ambos os lados do conflito, o centro moderado da política evaporava. Os sociais-democratas moderados foram os grandes derrotados da República Soviética de Munique, ainda que, objetivamente falando, tivessem feito mais que qualquer outro grupo para defender a nova ordem democrática pós-guerra. No entanto, aos olhos de moderados e conservadores, o Partido Social-Democrata (SPD) se provara incapaz de frear os revolucionários radicais e defender a nova ordem, ao passo que, para muitas pessoas à esquerda, o SPD havia traído suas raízes.[7]

Como o poeta e romancista Rainer Maria Rilke observou em uma carta que escreveu a uma amiga em 20 de maio, simplesmente não havia luz visível no fim do túnel. Devido ao legado que a República Soviética e sua destruição haviam deixado para trás, "nossa acolhedora e inofensiva Munique provavelmente continuará sendo uma fonte de perturbação de agora em diante. O regime soviético explodiu em um milhão de pequenos estilhaços que serão impossíveis de remover de todos os lugares. [...] A amargura, escondendo-se em muitos lugares secretos, cresceu monstruosamente e cedo ou tarde irromperá novamente".[8]

Temendo que a explosão de amargura e a implosão do centro da política em Munique pudesse levar a um ressurgimento da esquerda radical, os novos governantes municipais decidiram que as unidades militares que tinham sido baseadas na cidade durante os dias da República Soviética fossem desmembradas o mais rápido possível. Preocupadas com a chance de que os soldados nas tropas dessas unidades ainda estivessem instilados com ideias da esquerda radical, as autoridades militares decretaram em 7 de maio dispensa imediata a todos os soldados restantes na guarnição de Munique que, antes de entrar nas forças armadas, residiam na cidade. Dentro de semanas, a maioria dos soldados do antigo Exército bávaro foi removida do serviço.[9]

Uma vez que desmembrar as unidades que haviam participado da República Soviética talvez não fosse o suficiente para evitar um ressurgimento do radicalismo de esquerda, as autoridades militares também queriam remover o maior número possível de "estilhaços" das unidades militares que a República Soviética deixou para trás quando foram dispensadas. Sua meta — identificar e punir os soldados que apoiaram a República Soviética com mais fervor — deu a Hitler uma abertura. Explorando o medo de uma repetição da República Soviética de Munique entre os novos governantes, ele se ofereceu como informante para os novos senhores da cidade. Tornando-se um vira-casaca, ele conseguiu, contra todas as probabilidades, não apenas escapar da dispensa — e, portanto, de um futuro incerto —, mas também ressurgir fortalecido de uma situação que de outra forma poderia resultar em deportação para sua Áustria natal, prisão, ou mesmo morte.

A nova vida de Hitler como informante começou no dia 9 de maio, ao entrar na câmara do antigo conselho dos soldados do regimento e começar a se reportar à Junta de Investigação e Dispensa do 2º Regimento de Infantaria. Ele era o membro mais jovem de uma junta de três homens, que consistia de um oficial, *Oberleutnant* Märklin; um suboficial, *Feldwebel* Kleber; e ele próprio. Nos dias e semanas que se seguiriam, o conselho foi encarregado de determinar, antes da dispensa dos soldados, se os homens tinham servido ativamente ao Exército Vermelho.[10]

VIRA-CASACA

Talvez Hitler tenha sido indicado para a junta pelo comandante do 2º Regimento de Infantaria, Karl Buchner, que liderou brevemente o regimento na sequência da destruição da República Soviética de Munique. Os dois homens provavelmente se encontraram durante a guerra, quando Buchner dirigiu o 17º Regimento de Infantaria de Reserva da Baviera. Como essa unidade era o regimento-irmão da própria unidade de Hitler, e sendo Hitler mensageiro do quartel-general do Regimento List, ele fora regularmente encaminhado para o QG do regimento de Buchner.[11] Se é realmente verdade que, após sua prisão, em 1º de maio, Hitler foi liberado através da intervenção de um oficial que o conhecera na guerra, não é um exagero de imaginação apontar que Buchner provavelmente foi esse oficial.

Para servir na junta, Hitler foi tirado de seu batalhão, que estava no processo de ser dissolvido, e transferido para uma companhia que se tornou diretamente ligada ao QG do 2º Regimento de Infantaria em 19 de maio de 1919.[12] Assim, impulsionado em grande parte por oportunismo, Hitler conseguiu agarrar mais uma tábua de salvação dentro da reestruturação do Exército.

Ele agora dava informações sobre seus próprios pares regimentais. Em depoimento dado à junta, Hitler implicou, por exemplo, Josef Seihs, seu predecessor como *Vertrauensmann* de sua companhia, bem como Georg Dufter, o ex-presidente do Conselho do Batalhão de Desmobilização, por terem recrutado membros do regimento para o Exército Vermelho. "Dufter foi o pior e mais radical agitador do regimento", afirmaria Hitler ao prestar depoimento, em 23 de maio, em um processo judicial desencadeado pela investigação da junta em que ele próprio havia servido. "Ele estava constantemente envolvido em propaganda para a República Soviética; em reuniões regimentais oficiais, sempre adotava a posição mais radical e argumentava a favor da ditadura do proletariado." Ainda segundo Hitler: "Foi, sem dúvida, como resultado das atividades propagandistas da parte de Dufter e de Seihs, conselheiro do Batalhão, que partes individuais do regimento entraram para o Exército Vermelho. Seus discursos agitadores contra as tropas pró-governo, a quem ele infernizava já em 7 de maio, fizeram com que membros do regimento se juntassem aos pioneiros em hostilidades contra unidades do governo."[13]

Tornando-se um traidor, Hitler estava longe de ser único. Na verdade, naquela época, Munique estava cheia de vira-casacas. Alguns antigos membros do Exército Vermelho, por exemplo, se juntaram ao Freikorps.[14]

Assim que entrou para o conselho, Hitler começou a reinventar seu passado do semestre anterior. De muitas maneiras sutis e não tão sutis, ele passou a criar um personagem fictício de si mesmo, em sintonia com a história de sua gênese que agora desejava contar, ou seja, de que ele sempre esteve em oposição aos sucessivos regimes revolucionários. A tentativa de Hitler de reescrever a história do seu envolvimento com a Munique revolucionária deve ser vista como um sinal precoce de sua capacidade posterior de constantemente reinventar-se ao reformular seu próprio passado. Por exemplo, ele diria a um de seus superiores que, depois de seu regresso de Traunstein (i.e., na época do assassinato de Eisner), procurara emprego fora do Exército.[15] Em outras palavras, fingia que havia tentado encontrar uma alternativa para não servir ao governo revolucionário. No entanto, como não parece ter feito uso na época da provisão da unidade de desmobilização que permitia aos soldados encontrar outro trabalho, isso parece ter sido uma mentira de autopromoção, criada para apoiar sua alegação para o período pós-revolucionário de que nunca se manchara com as encarnações mais radicais da revolução da Baviera.

É preciso enfatizar que se tornar um traidor foi relativamente fácil para Hitler, ao contrário daqueles que participaram ativamente em combate ao lado do Exército Vermelho. Mesmo tendo ocupado um cargo dentro da República Soviética de Munique, ele não se comprometera com os ideais dos líderes daquele regime. Como alguém cujas simpatias estiveram com o SPD e os moderados entre a esquerda, é improvável que houvesse acalentado alguma simpatia genuína pela esquerda internacionalista radical, o que fazia dele um candidato viável para servir na Junta de Investigação e Dispensa de seu regimento.

Se, no início do ano, Hitler tinha sido uma engrenagem na máquina do socialismo, ele agora era uma engrenagem na máquina do Exército pós-revolucionário. Embora o governo da Baviera estivesse, em teoria, encarregado novamente dos assuntos de Munique, o Exército na realidade dava as cartas no território, pois o governo da Baviera só retornaria a

Munique após mais de três meses, mantendo-se em Bamberg até 17 de agosto. Os novos senhores de Hitler eram os dirigentes do novo comando do Exército em Munique, o Comando Distrital Militar 4 (Reichswehr--Gruppenkommando 4), criado em 11 de maio. Liderado pelo general Arnold von Möhl, ele ficou encarregado de todas as unidades militares regulares com base na Baviera. Como a lei marcial foi mantida durante todo o verão, o Comando Distrital Militar 4, na verdade, detinha o poder executivo em Munique.[16]

A visão política do comando era fervorosamente antirrevolucionária. No entanto, a junta em que Hitler servia perseguia aqueles que se haviam envolvido não com a esquerda moderada, mas sim com a radical, como provou o testemunho de Hitler no julgamento de Seihs. Como afirmava o decreto que instituía a junta: "Todos os oficiais, suboficiais e recrutas sobre os quais há provas de ter sido membros do Exército Vermelho ou estar envolvidos em atividades espartaquistas, bolchevistas ou comunistas serão presos." Deve-se acrescentar que, em 1º de maio, o regimento de Hitler foi devolvido às mãos de um oficial que, no mínimo, estava positivamente predisposto — por razões pragmáticas ou por convicção — à esquerda moderada: *Oberst* Friedrich Staubwasser, comandante do regimento do final de dezembro de 1918 até fevereiro de 1919. Staubwasser defendia a criação de um "Volksheer" (Exército Popular) que serviria à República encabeçada por um governo do SPD. Em suma, claramente ainda havia espaço para ideias moderadas da social-democracia no meio militar de Munique após a queda da República Soviética.[17]

O fato de que a restauração antiesquerda na cidade se dirigiu principalmente contra os radicais, não contra a esquerda moderada, também encontrou sua expressão na visita do presidente alemão, Friedrich Ebert, e do ministro da Defesa do Reich, Gustav Noske, à capital da Baviera, em maio, quando os dois mandatários social-democratas participaram de um desfile de tropas "brancas".[18] O próprio Hitler também ainda expressava simpatias pelo SPD, se podemos acreditar no testemunho que o diário liberal *Berliner Tageblatt* publicou em 29 de outubro de 1930: "Em 3 de maio de 1919, seis meses após a revolução, Hitler disse que era a favor da democracia majoritária em uma reunião dos membros do 2º Regimento de Infantaria na cantina regimental em

Oberwiesenfeld." O depoimento afirma que a reunião fora convocada para discutir quem deveria se tornar o novo comandante do regimento, acrescentando que Hitler se identificou "como um defensor da social-democracia [*Mehrheitssozialdemokratie*; ou seja, o SPD], embora com algumas reservas".[19]

* * *

A crescente volatilidade da situação política em Munique e a erosão do centro da política não foram os únicos e possivelmente nem mesmo os principais resultados da série de regimes revolucionários que a Baviera experimentou entre novembro e maio. Como os relatos da inteligência britânica de abril indicaram, uma maior radicalização política poderia ser evitada, ou mesmo revertida, se duas condições fossem atendidas: uma melhoria da situação alimentar na Baviera e a conclusão de um acordo de paz que os alemães não percebessem como demasiadamente punitivo.

Nenhuma das duas condições foi cumprida. Como esperado, seguiu-se um pandemônio. Em 7 de maio, dois dias antes de Hitler começar a servir como informante, os termos de paz elaborados pelos vencedores da guerra, em Paris, para a Alemanha vieram a público. Eles exigiam grandes perdas territoriais, um desmantelamento da maior parte das forças armadas, o pagamento de reparações e uma declaração de que a Alemanha tinha sido responsável pela guerra. Em poucas horas, os termos de paz causaram um grande choque em Munique, assim como em todo o país. "E assim nós, alemães, aprendemos", opinou o *Münchner Neuesten Nachrichten*, o jornal do establishment católico conservador da Baviera, no editorial do dia seguinte, "que não somos apenas um povo derrotado, mas um povo abandonado à total aniquilação, se a vontade de nossos inimigos for tornada lei."[20]

A divulgação dos termos de paz em 7 de maio esmagou, na Munique pós-guerra, o otimismo de que a paz viria, mais ou menos, ao longo das linhas esboçadas pelo presidente Woodrow Wilson e, portanto, seria aceitável para todos os lados. Os termos de paz não eram extraordinariamente duros. Objetivamente falando, não eram mais severos que aqueles que puseram fim a guerras anteriores. Além disso, a maioria dos elaboradores da paz em Paris eram homens muito mais razoáveis que suas reputações subsequentes viriam a sugerir.[21] O ponto é que, na Munique de 1919, os termos de paz foram percebidos como extremamente punitivos. O total desrespeito dos vencedores da guerra pelo desejo da Assembleia Nacional Provisória da Áustria Alemã de unir a Áustria à Alemanha mostrava que não haveria a aurora de uma nova era de relações internacionais baseadas no princípio de autodeterminação nacional. Os Quatorze Pontos de Wilson e sua visão de uma nova ordem internacional, bem como as promessas subsequentes feitas por sua administração, eram agora vistos como ocos, nada mais que uma pérfida tramoia.

A partir do momento em que a notícia sobre os termos de paz alcançou Munique, o descontentamento político começou a fermentar na cidade. O suíço Heinrich Wölfflin, um professor de História da Arte na Universidade de Munique, por exemplo, escreveu para a irmã em 8 de maio a respeito "da enorme tensão sobre o tratado de paz" em Munique. Três dias antes, Michael von Faulhaber, arcebispo de Munique, compartilhou seus pensamentos com outros bispos da Baviera: "Uma paz tão forçada não criará uma fundação para a paz, mas para o eterno ódio que exporia a sociedade a choques internos incalculáveis, e tornaria totalmente impossível a existência da Liga das Nações, para a qual o Santo Padre se voltara durante a guerra como razão do desenvolvimento e a garantidora da paz."[22]

O descontentamento desencadeado pela divulgação dos termos de paz não passou. Em 18 de junho, a cantora de ópera Emmy Krüger rabiscou em seu diário: "Esta humilhação que a Entente se atreve a impor à minha orgulhosa Alemanha! Mas ela se erguerá novamente. Ninguém pode esmagar um povo como o nosso!"[23]

O choque sentido pelas condições de paz assumiu formas tão intensas porque só agora, nos dias e semanas seguintes a 7 de maio de 1919, as pessoas em Munique percebiam que a Alemanha fora derrotada. Quase do dia para a noite, a revelação envenenou o clima político já volátil da cidade, como é evidente, por exemplo, na interação dos moradores com representantes dos países com os quais a Alemanha estivera em guerra.

Antes da publicação dos termos de paz, as tensões franco-germânicas haviam sido surpreendentemente escassas em Munique, apesar das elevadas perdas que as tropas bávaras sofreram na luta contra os franceses durante o conflito. Devido ao fato de que muitos bávaros culpavam os prussianos pela guerra, como observou o jornalista judeu Victor Klemperer, os oficiais e funcionários franceses que serviam em comissões militares criadas como parte dos acordos de armistício eram bem-tratados quando as pessoas os encontravam nas ruas de Munique. Klemperer testemunhou isso em pessoa, observando que "eles não pareciam nem vingativos nem arrogantes, apenas alegres e satisfeitos com sua recepção. E claramente não sem motivo, porque não havia olhares hostis; de fato, alguns eram até mesmo simpáticos — e não só os olhos do sexo feminino". Ele acrescentou: "Acredito que a guerra havia deixado de existir para o povo da Baviera. Em todo caso, a guerra fora uma questão do Reich prussianizado; o Reich não existia mais, a Baviera voltava a ser quem era. Por que o novo Estado Livre não se comportaria amigavelmente em relação à República Francesa?"[24]

Cenas como essas eram agora um fenômeno do passado. Por exemplo, em agosto de 1919, os prisioneiros de guerra alemães que retornavam da Sérvia para a Baviera estavam cheios de desprezo pelos franceses. "Todo mundo é da opinião de que os franceses são os principais culpados pelo vergonhoso tratado de paz", declarou um soldado que encontrou os prisioneiros de guerra. "Todos disseram que, se tivéssemos de lutar contra os franceses novamente, estariam lá."[25]

Pode ser verdade que, na Europa Central, a Primeira Guerra Mundial tenha deixado para trás uma mistura altamente explosiva e perigosa de um ódio amargo, de militância e de sonhos frustrados.[26] No entanto, para muitas pessoas — não apenas em Munique, mas em toda a Alemanha —, um semestre se passaria até que elas compreendessem que a guerra não terminara em algum tipo de empate, mas que a Alemanha realmente estava derrotada.[27]

Devido ao legado da República Soviética e suas consequências violentas, às contínuas dificuldades materiais e à emissão dos duros termos de paz em Paris, a situação em Munique se manteve extremamente volátil em junho, como era evidente para todos pela visão das barreiras de arame e das trincheiras improvisadas que foram erguidas e escavadas nas ruas da cidade. Em outros lugares da Baviera, as coisas não eram mais calmas. Como um oficial que trabalhava para o Comando Distrital Militar 4 relatou no início de julho na Baixa Baviera rural e na Floresta Bávara, o radicalismo de esquerda não apenas não tinha sido contido, mas o apoio para os Sociais-Democratas Independentes (USPD) estava, na verdade, em ascensão. Segundo ele, "Há imensa atividade de propaganda para o USPD na Floresta Bávara e quase nenhuma ação contrária". O funcionário testemunhou como o apoio na região para o governo liderado por sociais-democratas moderados tinha evaporado, concluindo: "Parece que há muita difamação e novamente agitações, em preparação para outro golpe." Ele também alertou as autoridades militares de Munique para o fato de que "a população rural tem uma atitude hostil para com o novo Reichswehr", como era chamado o novo Exército do pós-guerra.[28]

Para acalmar a situação política em Munique e em outros lugares, o Comando Militar Distrital 4 e o governo em Bamberg decidiram instituir já em maio os *Wolkskurse* (cursos para o povo) para atrair aqueles considerados potencialmente inclinados a novos experimentos comunistas. O plano era realizar uma série de seis palestras noturnas na universidade, direcionadas para os trabalhadores. Mas não funcionou como previsto, pois o público-alvo não teve interesse. Como Heinrich Wölfflin, contratado para dar uma das aulas, relatou à irmã em 13 de junho: "A palestra para os trabalhadores no dia 11 foi um fiasco. Teve bom público, mas apenas uma pequena medida das pessoas para quem o evento se destinava." O fiasco continuou: "O salão de palestras estava lotado, mas o que estava em evidência eram vestidos de gala, e não jalecos de trabalhadores."[29]

Mesmo que os *Volkskurse* tenham sido um fracasso, o Comando Militar Distrital 4 decidiu que a situação era tão grave que as aulas também deveriam ser destinadas aos membros do Exército. O objetivo era treinar soldados como palestrantes que, posteriormente, espalhariam ideias contrarrevolucionárias entre as fileiras de unidades militares bem como entre civis por todo o sul da Baviera. Como afirmou um decreto militar de 1º de junho de 1919, as palestras foram pensadas como "treinamento antibolchevique" visando promover o "pensamento cívico". A tarefa de organizá-las, monitorar mais amplamente as atividades políticas na

Baviera e realizar propaganda antirrevolucionária foi colocada nas mãos do Abteilung Ib (Departamento Ib) do Comando Militar Distrital 4, vulgarmente conhecido como Departamento de Inteligência, Educação e Imprensa. Dentro do departamento, configurar e realizar os cursos ficaram a cargo do capitão Karl Mayr, chefe do Subdepartamento de Propaganda (Abt. Ib/P).[30]

Como um sinal da importância dada a esse trabalho, Mayr — que se definia como o "o homem mais inteligente" da Baviera — recebeu o hotel mais elegante, que se orgulhava de ser o mais moderno na Europa, como sua base de operação. No Quarto 22 do Regina Palast Hotel, Mayr tramou como enxotaria as ideias comunistas da Baviera. Seu objetivo era usar os cursos de propaganda para incutir nos participantes "uma aceitação da necessidade das atividades do estado e um novo sentido de moralidade política". Seu objetivo não era "treinar e enviar oradores formados para o campo e para as tropas". Em vez disso, ele acreditava que "muito já terá sido alcançado se as opiniões que ensinamos nessas aulas fossem abraçadas por pessoas bem-dispostas em relação à nossa pátria e a nossos soldados, e se essas pessoas honestas avançassem e espalhassem tais ideias em seus círculos".[31]

Mayr teve dificuldades para achar o que imaginava como participantes adequados para seus cursos de propaganda, queixando-se a um colega seu no dia 7 de julho, quando dois de seus cursos já tinham sido concluídos: "Você não imagina como são poucos os homens qualificados, educados, que têm o toque comum, que podem conversar com o povo, sem slogans partidários. É impossível impedi-los de vociferar jargões."[32]

Um dos poucos homens que se encaixavam na visão de Mayr era um membro da Junta de Investigação e Dispensa do 2º Regimento de Infantaria: Adolf Hitler. Provavelmente nomeado para admissão por seu comandante regimental, *Oberst* Otto Staubwasser, ele compareceu ao terceiro curso de propaganda de Mayr, que aconteceu entre 10 e 19 de julho no Palais Porcia, uma mansão barroca. O curso paralelo para os oficiais, que ocorreria ao mesmo tempo, incluiu como participantes Alfred Jodl, futuro chefe da equipe de operações do Alto-Comando da Wehrmacht de Hitler, e Eduard Dietl, que se tornaria o general favorito de Hitler na Segunda Guerra Mundial.[33]

O curso deu a Hitler mais uma tábua de salvação no Exército. Uma ordem regimental datada de 30 de maio deixava claro que Hitler só escaparia da dispensa enquanto fosse necessário na junta investigativa de sua unidade.[34] Se não fosse pela oportunidade de participar de um dos cursos de propaganda, ele teria pouca escolha além de deixar o Exército. O curso no Palais Porcia não só lhe deu essa tábua de salvação como também ofereceu ao futuro líder do Terceiro Reich sua primeira educação política formal conhecida. Ainda mais importante, está intimamente ligado à sua súbita politização em meados de 1919.

Em 9 de julho de 1919, um dia antes do início do curso de propaganda de Hitler, ocorreu um evento que explica o significado real desse curso. Naquele dia, a Alemanha ratificou o Tratado de Versalhes. A ratificação simbolizava o ponto final de uma mudança radical no panorama geral do povo de Munique, que esteve em andamento desde 7 de maio, quando as potências vitoriosas da guerra publicaram pela primeira vez seus termos de paz. Até o ponto de sua ratificação, aqueles que se opunham aos termos de paz puderam viver na esperança de que o Vaticano tivesse sucesso em cooptar os Estados Unidos para instaurar uma paz não punitiva. Ou pelo menos eles esperavam que a Alemanha estivesse suficientemente forte e disposta para resistir a uma paz punitiva. Até Melanie Lehmann, esposa do editor de extrema-direita Julius Friedrich Lehmann, notou com aprovação em seu diário no dia 7 de junho que a Assembleia Nacional alemã "declarou que essas condições para a paz eram impossíveis", na sensação ou na esperança de que os poderes vencedores da Primeira Guerra Mundial não conseguiriam emplacar um tratado de paz punitivo. No entanto, para sua decepção, ela se deu conta, no final de junho, de que o Parlamento aceitaria as condições de paz, momento em que ela concluiu: "Agora nós realmente perdemos tudo."[35]

O dia 9 de julho mudou tudo para Hitler, pois a ratificação do tratado de paz resultou em seu tardio entendimento de que a Alemanha realmente havia perdido a guerra. Essa foi a experiência damascena de Hitler, sua dramática conversão política, que não ocorrera durante seu período em Viena,[36] nem durante a guerra,[37] nem durante o período revolucionário,[38] nem através das experiências acumuladas da guerra e da revolução.[39] Em vez disso, ela ocorreu através de sua percepção tardia da derrota na Munique pós-revolucionária. Foi ali que Hitler deu início a sua transformação e sua radicalização política.[40]

A assinatura e a ratificação do Tratado de Versalhes (ver figura 4 do encarte) foram traumáticas não só para Hitler, mas para pessoas de todo o espectro político em Munique. Ricarda Huch, romancista, dramaturga, poeta e escritora de não ficção, de convicções liberal-conservadoras e ativista dos direitos das mulheres, escreveria mais tarde, naquele mês, para sua melhor amiga, Marie Baum, liberal e membro da Assembleia Nacional: "A assinatura da paz deixou uma terrível impressão em mim, eu não pude me recuperar de verdade. Constantes sentimentos de agulhadas e golpes."[41]

Apesar do comentário posterior de Hitler — por conveniência política — sobre o dia 9 de novembro de 1918 como o dia que supostamente o "criou" (quando a revolução em Berlim acabou com a Alemanha imperial), 9 de julho de 1919 foi uma data muito mais importante em sua metamorfose.[42] O destaque dado posteriormente ao 9 de novembro em sua transformação permitiu a Hitler antecipar a data de sua conversão política e, assim, encobrir seu envolvimento com os sucessivos regimes revolucionários. Isso permitiria que ele, em *Mein Kampf*, passasse por cima das experiências entre seu retorno a Munique, em novembro de 1918, e a queda da República Soviética de Munique. O relato em *Mein Kampf* de sua vida durante esses seis meses fatídicos, totalizando 189 palavras, caberia no verso de um envelope. Até o relato de sua discordância com seu pai, aos 11 anos de idade, sobre o tipo de escola que ele frequentaria, tinha mais que o dobro disso.[43]

No entanto, seu foco em 9 de novembro de 1918 não foi exclusivamente oportunista. Pelo resto de sua vida, Hitler voltaria diversas vezes às mesmas duas perguntas: "Como a derrota da Alemanha em novembro de 1918 pode ser desfeita?" e "Como a Alemanha deveria ser reformulada de modo a nunca mais ter que enfrentar um novembro de 1918, mas estar segura o tempo todo?".

Durante a noite de 22/23 de julho de 1941, horas depois que a Luftwaffe bombardeou Moscou, a mente de Hitler estaria focada não na própria Rússia. Em vez disso, ele contemplava como a campanha russa poderia ajudar a reequilibrar a relação entre Grã-Bretanha e Alemanha — desfazendo assim o novembro de 1918 — e criar um sistema internacional sustentável em que a Alemanha e a Grã-Bretanha pudessem coexistir: "Eu acredito que o fim da guerra [com a Rússia] será o início de uma amizade duradoura com a Inglaterra. A condição para que vivamos em paz com eles será o nocaute que os ingleses esperam daqueles a quem respeitam; 1918 precisa ser apagado."[44] Até o dia de sua morte, Hitler esteve convicto de que reverter as condições que, em sua mente, possibilitaram a derrota alemã na Primeira Guerra Mundial era a única maneira de eliminar a ameaça existencial que a Alemanha estava enfrentando e de sobreviver em um ambiente internacional em rápida transformação. Em retrospecto, os acontecimentos de 9 de novembro de 1918 constituíram para Hitler a essência mesma de todos os problemas da Alemanha.

Com a ratificação do Tratado de Versalhes, em 9 de julho de 1919, o SPD já não era uma casa política viável para Hitler. E os acontecimentos daquele dia asseguraram que o catolicismo político não se tornaria sua nova casa. Por quê? Embora o governo alemão liderado pelo SPD tivesse renunciado em protesto contra os termos de paz, um novo governo formado pelo SPD e o Partido Central Católico terminaram por assinar o tratado, e deputados de ambas as lideranças o ratificaram no Reichstag.

O testemunho subsequente de pessoas que interagiram com Hitler no verão de 1919 revela a importância do Tratado de Versalhes para ele na época. Um de seus colegas da unidade de desmobilização afirmaria em 1932 que, no início do verão de 1919, Hitler estava obcecado com o acordo de paz: "Eu ainda o vejo sentado na minha frente, com a primeira edição do Tratado de Versalhes, que ele estudava de manhã à noite." Além disso, Hermann Esser afirmaria, em uma entrevista de 1964, que, como propagandista para o Reichswehr, Hitler focara principalmente em falar sobre o Tratado de Versalhes e o Tratado de Paz de Brest-Litovsk, que pôs fim à guerra entre Alemanha e Rússia no início de 1918. Incidentalmente, em um de seus primeiros discursos em 4 de março de 1920, o próprio Hitler afirmaria que o povo, de início, acreditou que a promessa de uma paz entre iguais feita por Woodrow Wilson se materializaria:

"Nós, alemães, a grande maioria, que somos de boa índole e honestos, acreditamos nas promessas de Wilson de uma paz conciliatória, e fomos tão amargamente decepcionados."[45]

Uma vez que Hitler destruiu completamente todos os vestígios de sua vida da época da revolução e suas consequências quando chegou ao poder, qualquer evidência de que o impacto tardio da derrota foi seu "caminho de Damasco" deve ser essencialmente contextualizada. Em última análise, todos os primeiros discursos de Hitler giraram em torno de dar sentido à derrota da Alemanha na guerra. Eles não apenas vociferavam contra os inimigos da Alemanha. Na verdade, tentavam compreender as razões para a derrota e elaborar um modelo para a criação de uma Alemanha que nunca mais perderia uma guerra.

Uma vez que, até maio de 1919, não existiu nenhuma consciência verdadeira em Munique e em Traunstein de que a Alemanha havia perdido a guerra, o despertar de Hitler para explicar as razões para a derrota e elaborar planos para a construção de uma Alemanha diferente, que sobreviveria intacta a choques futuros, provavelmente não ocorreu antes disto. Na ausência da percepção da derrota, não havia necessidade de fantasiar sobre uma Alemanha vitoriosa que tinha sido apunhalada nas costas, nem de elaborar planos para prevenir derrotas futuras. Há uma grande probabilidade de que Hitler — assim como as pessoas à sua volta — imaginava que a guerra havia terminado em uma espécie de empate, talvez não muito favorável para a Alemanha, mas nem por isso sinônimo de derrota.

Também é improvável que a politização de Hitler tenha ocorrido antes do Parlamento alemão ratificar o Tratado de Versalhes, pois foi só a ratificação que confirmou a debilidade e a derrota da Alemanha. Antes disso, ainda era possível imaginar que o governo e o Parlamento se recusariam a assinar e ratificar o tratado. Mas a pista mais importante que nos permite datar a conversão e o despertar político de Hitler é o grau em que o núcleo de suas ideias políticas posteriores refletiu muitas das ideias às quais ele fora exposto durante seu curso de propaganda no Palais Porcia. Há, portanto, um grau muito elevado de probabilidade de que Hitler tenha começado a frequentar o curso no exato momento em que começava a compreender a derrota da Alemanha e dela extrair ensinamentos políticos.

O curso consistia em palestras de oradores localmente renomados sobre história, economia e política, seguidas de sessões e discussões de grupo ao estilo de seminários. O tema central, como estipulou em um memorando o conde Karl von Bothmer — que dirigia os cursos para Mayr —, era a rejeição ao bolchevismo e a "condições anárquicas e caóticas". Era também a defesa de uma nova "ordem política impessoal", em lugar dos objetivos de um partido em particular.

Os oradores no curso de Hitler tinham uma abordagem tanto histórica como idealista para as palestras, a política e o estadismo em geral. O curso era construído sobre uma premissa que deve ter parecido imediatamente atraente para o amante de história que Hitler tinha sido desde seus tempos de escola na Áustria: de que o precedente histórico explica o mundo e fornece ferramentas para enfrentar os desafios do presente e do futuro. Além disso, como o memorando de Bothmer expressa, as palestras tinham que transmitir a mensagem de que ideias, mais que condições materiais, conduzem o mundo: "Primeiro de tudo, a história alemã será usada para demonstrar a conexão entre o mundo das ideias e a estruturação do Estado, e a percepção de que não são as coisas materiais que influenciam o curso da história, mas visões de mundo e ideias [*Weltvorstellungen* und *Lebensauffassungen*] — o que equivale a enunciar o fato de que toda a existência humana é baseada em idealismo [*Idealität*]. Os altos e baixos serão apresentados em relação às qualidades positivas e negativas de nosso povo e em relação a seu desenvolvimento histórico."

Como o memorando de Bothmer também deixa claro, as palestras colocavam ênfase em explicar por que a gestão de suprimentos de alimentos e recursos naturais finitos era parte integrante da sobrevivência dos Estados. Ademais, eles destacavam — não muito diferentemente dos propagandistas comunistas contra quem os oradores dirigiam seus esforços — como o capitalismo e as finanças internacionais destruíam o próprio tecido da sociedade e eram, portanto, o problema-raiz da desigualdade e do sofrimento social.[46] Era uma mensagem que ressoaria em Hitler, mais que o tom antibolchevique dos cursos.

Finalmente, as palestras eram elaboradas como um veículo para sublinhar a dimensão ética e política do trabalho (*Arbeit*). Segundo o memorando de Bothmer, era o trabalho que "essencialmente" separava "o homem do animal [...] não apenas como um meio necessário de sobrevivência, mas como uma fonte de força moral que considera o trabalho a única força da qual pode resultar a posse e a propriedade, e o privilégio do trabalho, que é superior a qualquer renda sem esforço: o trabalho forja comunidades; o trabalho é uma questão de consciência, da percepção de que fazer e seguir fazendo o trabalho respeitável é o ideal de personalidade de todas as classes trabalhadoras".[47]

O significado do memorando de Bothmer sobre as metas de Karl Mayr e seus cursos de propaganda é mais bem mensurado ao observar seus ecos na abordagem da política que Hitler tomaria posteriormente. Por um lado, Bothmer argumentava que seria errado "estar contente" com "uma formulação puramente negativa" dos objetivos pessoais; que era igualmente importante definir de maneira positiva o que se defende. Assim, Hitler estruturaria seus argumentos pelos anos seguintes. Além disso, pelo resto de sua vida, Hitler abordaria os problemas historicamente, assim como Bothmer sugeria em seu memorando, e se voltaria ao precedente histórico tanto para compreender o mundo como para elaborar políticas para o futuro.

Os marcos do antissemitismo inicial de Hitler, entretanto, foram a devoção ao idealismo, a rejeição ao materialismo e a celebração da dimensão ética do trabalho, bem parecidos com as dimensões éticas e políticas que Bothmer definira. Além disso, da mesma forma que Bothmer enfocara a importância da gestão de suprimentos de alimentos e recursos naturais finitos para a sobrevivência dos Estados, Hitler seria obcecado pelo resto de sua vida com a segurança alimentar, bem como com o acesso a recursos naturais e suas implicações geopolíticas.[48] Além disso, assim como o memorando de Bothmer sublinhava como o capitalismo e as finanças internacionais destroem o próprio tecido da sociedade e são, portanto, a raiz do problema da desigualdade social e do sofrimento, a emergente visão política de Hitler seria dominada pela mesma marca de anticapitalismo e pela rejeição ao mercado financeiro internacional.

O curso de Hitler contou com pelo menos seis oradores. O próprio Bothmer palestrou sobre o SPD, bem como sobre o nexo entre política doméstica e exterior. Os outros oradores foram Michael Horlacher, diretor-executivo de um grupo lobista agrário; o economista Walter L. Hausmann; Franz Xaver Karsch, diretor do Museu dos Trabalhadores Bávaros; o engenheiro Gottfried Feder; e um professor de História da Universidade de Munique, Karl Alexander von Müller.[49]

A julgar por uma comparação entre os escritos dos oradores no curso de propaganda de Hitler e seus próprios escritos e discursos posteriores, dois oradores específicos — Feder e Müller — forneceram a ele as respostas quando tentava entender as razões e extrair as lições da derrota da Alemanha.

Francônio por nascimento, filho de um antigo funcionário público bávaro e neto de avó grega, Feder, um economista autodidata de Munique, falou a seus ouvintes sobre o impacto supostamente desastroso da cobrança de juros. O engenheiro de 36 anos defendeu a abolição dos juros de capital e da "escravidão dos juros". Seu objetivo era criar um mundo em que as altas finanças não tivessem lugar, pois para ele o capital e os juros eram as fontes de todo o mal. Ele defendia a abolição das finanças como as pessoas as conheciam, nas quais via apenas o capital destrutivo, mas mantendo como "capital produtivo" tudo aquilo que, segundo Feder, tinha valor objetivo — fábricas, minas ou máquinas.[50]

Hitler reconheceu abertamente a influência de Feder em *Mein Kampf*, o que não é grande surpresa, considerando-se que o gênero de anticapitalismo de Hitler espelharia de perto o anticapitalismo de Feder: "Pela primeira vez na minha vida eu ouvia uma discussão, em princípio, sobre as trocas internacionais e o empréstimo de capital." Ele foi exposto a Feder por um dia inteiro no sexto dia do curso, em 15 de julho de 1919, quando Feder lecionou no curso de propaganda pela manhã, seguido por uma sessão de estilo de seminário à tarde.[51]

Hitler foi impactado por ambas as palestras. "Aos meus olhos, o mérito de Feder foi que ele delineou, com implacável brutalidade, o caráter da bolsa de valores e do empréstimo de capitais que era prejudicial para a economia, e expôs o pressuposto original e eterno do juro", ele escreveria em *Mein Kampf*. "Seus argumentos eram tão corretos em todas as questões fundamentais que aqueles que os criticaram desde o início negavam menos a correção teórica da ideia e mais a possibilidade prática de sua execução. Porém, aos meus olhos, era força aquilo que aos olhos dos outros era uma fraqueza dos argumentos de Feder."[52]

Feder gostou da experiência de falar com os participantes do curso de Hitler. Ele escreveu em seu diário, naquele dia, que "estava bastante contente" com a forma como tudo ocorreu. Contudo, mal sabia o quão profundamente suas ideias sobre o capitalismo e as finanças internacionais haviam deixado uma marca em Adolf Hitler, aos 30 anos de idade.[53]

O que Feder e Hitler tinham em comum estava além de seu choque e consternação pelas condições de paz; Feder escrevera em seu diário no dia em que elas se tornaram públicas: "*finis Germaniae* [o fim da Alemanha]." Depois da guerra, os dois homens vinham desenvolvendo e afiando suas convicções políticas sobre o papel do Estado, a teoria socioeconômica e a justiça social que não se enquadravam facilmente em um continuum político da esquerda para a direita. Não é surpresa, portanto, que Feder, assim como Hitler, tenha demonstrado uma ativa disponibilidade de acompanhar os revolucionários após a queda da antiga ordem, no final de 1918 e 1919; contudo, quando ofereceu suas ideias e expertise econômica para o regime revolucionário de esquerda, para sua decepção, foi desprezado.[54] Agora, após a queda da República Soviética de Munique, ele se deslocava da extrema-esquerda em direção à extrema-direita, o que foi facilitado por ideias sobrepostas, mas certamente não idênticas, sobre o papel do Estado, a economia e a justiça social entre os apoiadores das duas vertentes em Munique. Embora as ideias de Feder não fossem originais, através dele Hitler foi exposto a essas doutrinas no exato momento em que estava procurando respostas sobre as razões para a derrota da Alemanha na guerra.

Hitler nunca reconheceu abertamente a influência do outro orador do curso que lhe causou um profundo impacto, Karl Alexander von Müller. Diferentemente de Feder, de quem era cunhado, Müller foi um conservador bávaro em um sentido mais tradicional. No entanto, ao palestrar para Hitler e os outros inscritos no curso sobre história alemã e internacional, falou sobre seu encontro com Hitler em suas memórias: "Após o final da minha palestra e o debate animado que se seguiu, eu encontrei, no salão já quase vazio, um pequeno grupo que me deteve." Müller lembrou: "Eles pareciam fascinados por um homem em seu meio que lhes falava de maneira incessante, com uma voz estranhamente gutural e com crescente fervor." O professor de História acrescentou: "Tive a peculiar sensação de que a excitação [de todos] era obra dele, e que, ao mesmo tempo, dava-lhe sua voz. Vi um rosto magro e pálido sob uma mecha nada soldadesca de cabelos, um bigode aparado e estranhamente grande, e olhos azuis pálidos, com um brilho frio e fanático."[55]

Müller ficou curioso em saber se Hitler participaria da discussão que se seguiria à sua próxima palestra. No entanto, assim como após sua primeira palestra, ele não participou. Müller então alertou Mayr, que estava presente, para os talentos de Hitler: "Você está ciente de que há um orador de talento natural entre seus instrutores?", perguntou a Mayr. "Uma vez que ele pegava impulso, parecia simplesmente fluir." Müller apontou para Hitler, e Mayr respondeu: "Esse é Hitler, do Regimento List." Mayr pediu que Hitler se aproximasse. Segundo Müller lembrava, "Uma vez convocado, ele veio obedientemente à tribuna, com movimentos desajeitados e um embaraço desafiador. Nosso colóquio foi improdutivo".[56]

Com base no relato de Müller, tornou-se prática comum acreditar que o curso de propaganda de Mayr foi importante para Hitler porque foi lá que ele percebeu que podia falar e, como um proeminente estudioso de Hitler colocou, onde obteve pela primeira vez "alguma forma de 'educação' política dirigida".[57] No entanto, na realidade, Hitler já tinha chegado à conclusão de que podia falar e liderar, tendo sido duas vezes eleito como representante dos homens de sua unidade naquela primavera. No momento em que fez seu curso, passara de um sujeito estranho e solitário a um líder nato. Por outro lado, Müller foi importante para Hitler por duas razões: primeiro, por lhe transmitir uma forma de aplicar história à política e ao estadismo; segundo, por identificar na relação da Alemanha com o mundo anglo-americano a chave para entender por que a guerra foi perdida e como reorganizar o país para se manter em segurança definitivamente.[58]

Embora nenhum relato das palestras que Müller ministrou durante o curso de propaganda de Hitler tenha chegado aos nossos dias, ainda há artigos escritos pelo professor em 1918 e no início de 1919 e que contêm o mesmo resumo dessas palestras. Desde sua estadia de dois anos como bolsista Rhodes em Oxford, no pré-guerra,[59] Müller se preocupava com a Grã-Bretanha e seu papel no mundo. Em janeiro de 1918, ele escreveu um artigo para o *Süddeutsche Monatshefte* intitulado "Como os ingleses vencem as guerras mundiais", no qual apresentava o papel e a posição da Alemanha no mundo como resultado da influência da Grã-Bretanha, identificada como o principal inimigo da Alemanha. Em outro artigo do mesmo ano, "Ao trabalhador alemão", Müller atacou, assim como Hitler faria repetidamente, o capitalismo financeiro anglo-americano, perguntando se o "povo alemão quer entregar toda a Terra às altas finanças anglo-americanas". Posteriormente, em fevereiro de 1919, ele escreveu um artigo sobre a ameaça das "dominações mundiais anglo-saxônicas".[60]

Sendo assim, as palestras de Müller, Feder, Bothmer e possivelmente também de Michael Horlacher sobre agricultura — que parecem ter focado no nexo entre segurança alimentar e segurança nacional — forneceram a Hitler as respostas para as duas perguntas que ele vinha fazendo a si mesmo como resultado de sua conversão damascena. No entanto, ele não absorvia como uma esponja tudo que se acercava durante seu curso de propaganda. Não é surpresa que Franz Xaver Karsch seja uma figura pouco conhecida hoje. Hitler certamente não se sentiu inspirado por suas ideias econômicas, que se centravam em noções de paz mundial e em evitar a guerra. Tampouco exibiu qualquer simpatia pela crença de Bothmer de que um forte Estado alemão unificado seria fonte de insegurança na Europa ou por sua conclusão de que, portanto, a Baviera e a Áustria de língua alemã deveriam criar um Estado monárquico, separado do resto da Alemanha.[61] O curso também não lhe forneceu um conjunto homogêneo de ideias políticas. Uma vez que os oradores do curso de Hitler não pregavam todos mais ou menos as mesmas ideias, a ideologia emergente posterior de Hitler não pode ser descrita de forma alguma apenas como a soma das ideias deles.[62]

Para entender sua súbita metamorfose política em 1919, é, portanto, igualmente ilustrativo examinar quais ideias não ressoariam com Hitler, bem como aquelas que o inspirariam, no exato momento em que ele começava a se tornar o homem conhecido por todos até os dias de hoje.

Quando os cursos de propaganda de Mayr foram elaborados, ele e Bothmer selecionaram oradores das redes intelectuais e familiares de Müller, que Mayr conhecia desde que frequentaram a mesma escola quando garotos. Os primeiros cursos, bem como algumas das palestras que Mayr organizara para outros públicos, apresentavam Müller, Josef Hofmiller e o jornalista Fritz Gerlich — três escritores regulares do *Süddeutsche Monatshefte*, o jornal conservador mantido por Nikolaus Cossmann, um judeu convertido ao catolicismo. Feder, entretanto, era cunhado de Müller e, no passado, também publicara no *Monatshefte*. Além disso, Bothmer escrevia artigos para o jornal semanal do colaborador de Feder, Dietrich Eckart, que desempenharia um papel proeminente na vida de Hitler.[63] Embora os cursos posteriores tivessem participação de mais oradores, incluindo um presenciado por Hitler, o núcleo do grupo de palestrantes ainda vinha das redes de Müller.

Mesmo assim, apesar de todas as suas semelhanças e suas redes sociais sobrepostas, os palestrantes dos cursos de propaganda de Mayr e Bothmer estavam longe de ser um grupo homogêneo de ideólogos direitistas de mesma mentalidade. Todos os oradores certamente convergiam em sua rejeição ao bolchevismo e em alguns dos princípios que Bothmer estabelecera em seu memorando. Mas, fora isso, suas ideias sobre política e economia eram extremamente variadas. Por exemplo, alguns palestrantes eram ferrenhos nacionalistas alemães, enquanto outros tinham inclinações separatistas bávaras. Além disso, embora Gottfried Feder e Walter L. Hausmann fossem altamente críticos às finanças, as conclusões que extraíam de sua rejeição eram radicalmente diferentes.

Hausmann, que em sua palestra para o curso de Hitler cobriu educação política e macroeconomia, fez seu nome com um livro sobre "a ilusão do ouro". Em sua obra, ele apresentava a ideia de que o uso do ouro no comércio e nas finanças internacionais era a origem não apenas de uma economia disfuncional, mas também de todas as guerras e da miséria social. Hausmann acreditava que, no século XX, as guerras só aconteceriam por motivos econômicos, gerados pela cobiça e pelo impulso por novos mercados. Portanto, era da opinião de que o estabelecimento de uma nova e diferente ordem econômica mundial, purgada de sua dependência do ouro, tornaria as futuras guerras desnecessárias e proporcionaria "paz mundial".[64] Como ficaria claro ao longo do tempo, o objetivo de Feder e do partido ao qual ele pertencia, o Partido dos Trabalhadores Alemães, sem dúvida não era o estabelecimento da paz mundial ao evitar a guerra. E Hitler definitivamente não levaria do curso uma crença como a de Hausmann, da paz mundial através da prevenção contra a guerra. As vidas subsequentes de alguns dos oradores também nos lembram que nenhuma trajetória política óbvia decorreu dos cursos de propaganda de Hitler em direção ao futuro, ainda que algumas dessas ideias lhe fossem fundamentalmente caras. Mais tarde, Feder serviria a Hitler como ministro, Müller se converteria ao nacional-socialismo, mas Horlacher, que lecionou no curso de Hitler sobre agricultura e o que via como o estrangulamento econômico da Alemanha, seria encarcerado em um campo de concentração. Mayr e Gerlich morreriam em campos de concentração.

O caso de Fritz Gerlich é de particular importância para compreender a orientação política dos cursos de propaganda de Karl Mayr. Gerlich, que fora a escolha de Mayr para ajudar a dirigi-los, estava muito ocupado para aceitar o convite para lecionar e recomendou Bothmer para seu lugar. Ainda que Gerlich e Bothmer fossem fervorosos anticomunistas, a opinião de Gerlich sobre os judeus era de que havia um mundo de diferença entre ele e alguns dos outros palestrantes de Mayr. Ele não apoiava o antissemitismo. Também rejeitava especificamente a existência de um nexo entre o bolchevismo e o judaísmo. Uma vez que era tão vigoroso em rejeitar o antissemitismo, Hitler teria sido exposto a um curso muito diferente, justo no momento em que tentava entender aquilo que estruturava o mundo, caso a escolha preferida de Mayr para conduzir o curso não estivesse tão ocupada. Gerlich se preocupava porque "a perseguição a nossos concidadãos judeus corria o risco de se transformar em um perigo público e de reforçar ainda mais os elementos que estavam separando o povo e o Estado".[65] Ainda assim, Gerlich fora a escolha preferida de Mayr para dirigir os cursos de propaganda do Comando Militar Distrital 4, e ele de fato continuou a realizar propaganda para Mayr.

Ademais, ainda que os panfletos que Mayr entregou a seus propagandistas e distribuiu amplamente entre as tropas na Baviera do sul fossem todos antibolcheviques, eles diferiam consideravelmente em sua visão política. Entre eles, houve um panfleto intitulado *O Que Você Deveria Saber Sobre o Bolchevismo*, que, nas palavras de um dos propagandistas de Mayr, "prova que os líderes do bolchevismo são principalmente judeus fazendo seu comércio sujo". No entanto, outros panfletos distribuídos por Mayr incluíam *Comunismo na Prática*, de Fritz Gerlich, elogiado por um dos propagandistas de Mayr em Munique, apesar da ausência de antissemitismo, como "claramente revelador do lado negro do comunismo". Outro panfleto, *Der Bolschewismus* (O Bolchevismo) — descrito por um dos propagandistas de Mayr como "merecedor de ser distribuído amplamente" —, foi publicado por uma editora católica associada ao Partido Popular da Baviera (BVP). Mayr também distribuiu um panfleto que seu Departamento de Propaganda considerou que havia "um ponto de vista grosseiramente pró-SPD". Além disso, ele aconselhou um oficial de propaganda de um regimento na cidade suábica de Augsburgo a obter cópias, tanto do conservador *Süddeutsche Monatshefte* como do social-democrata *Sozialistische Monatshefte*, dizendo: "Você pode aguçar o interesse das pessoas com estes e, ao fazê-lo, promover nossos interesses."[66]

É bastante difícil definir as posições políticas pessoais de Mayr, pois algumas das pessoas próximas a ele odiavam amargamente umas às outras. Ele era próximo não só de Gerlich mas também de Dietrich Eckart, que seria o mais influente mentor de Hitler nos primórdios do Partido Nazista. E, no entanto, Eckart atacava Gerlich tão ferozmente por suas opiniões políticas na imprensa, em seu hebdomadário *Auf gut Deutsch* (Em Bom Alemão), que Gerlich acabaria por levá-lo ao tribunal.[67] Apesar de seu confronto muito público com Gerlich, nem mesmo Eckart se relacionava exclusivamente com pessoas de mesma mentalidade política. No verão de 1919, as pessoas ainda conversavam umas com as outras acima das divergências. Na mesa regular que Eckart presidia na Bratwurst-Glöckl, uma taberna adjacente à catedral de Munique, "reuniam-se pessoas de uma variedade de diversos grupos políticos", como escreveria Hermann Esser, um jovem jornalista de cabeça quente e futuro chefe de propaganda do Partido Nazista, frequentador da mesa. De acordo com Esser, na mesa de Eckart, "era possível conversar com seu adversário político" em "uma atmosfera onde os diferentes pontos de vista e opiniões se encontravam".[68] Naquele momento, quando a metamorfose política de Hitler estava prestes a começar, o futuro líder do Partido Nazista vinha sendo, portanto, exposto a um conjunto bastante heterogêneo de ideias políticas.

A Munique de 1919 era uma cidade em que as pessoas ainda tentavam encontrar um novo equilíbrio político em um mundo pós-guerra e pós-revolucionário. Havia até mesmo sinais de que o futuro mentor político de Hitler, Karl Mayr, como tantos outros na época, ainda estava flutuando entre diferentes ideias políticas. Evidentemente não tinha nenhuma simpatia pela vida pós-revolucionária na Baviera. Em 7 de julho de 1919, ele se queixou "do desleixo, da indisciplina e da desorganização de nossa era revolucionária". No entanto, excetuando-se seu antibolchevismo, as ideias políticas de Mayr estavam em fluxo. Diferentemente do que ocorria no passado, ele já não se considerava próximo do BVP, mas de direita. E ele se definia como antissemita. Em um momento, ele apoiava pessoas que sonhavam com uma Alemanha maior; em outro, escrevia um memorando separatista (durante o verão de 1919). Quando o memorando vazou, em setembro, e processos judiciais foram iniciados contra ele, Mayr apresentou uma improvável história de que apenas fingia apoiar ideias separatistas como uma armadilha destinada a identificar secessionistas.[69]

Os participantes dos cursos de propaganda de Mayr eram variados em suas origens e também em suas visões políticas. De fato, as palestras feitas no curso de Hitler, bem como nos outros cursos que Mayr organizara no verão de 1919, encontraram uma recepção mista, devido à heterogeneidade, entre os colegas de Hitler das aulas de propaganda. Em teoria, as unidades militares dos homens escolhidos para ser treinados por Mayr tinham de apresentar um perfil claramente definido, como especificado por um telegrama enviado por Mayr para unidades militares em toda a Munique: eram requisitados homens "maduros" e "confiáveis", e que tivessem um "intelecto aguçado natural".[70] Na verdade, aqueles que se inscreveram nos cursos não partilhavam de nenhum perfil comum óbvio.

Os participantes incluíam pessoas que variavam dos 20 e poucos anos a outros já avançados, na casa dos 30; católicos e protestantes; recrutas, suboficiais e oficiais; estudantes universitários e homens de baixa escolaridade; e veteranos que tinham servido no front, outros que tinham servido localmente, além de veteranos dos Freikorps. E alguns inscritos, como Hitler, nunca haviam deixado o Exército, enquanto outros tinham sido dispensados no final da guerra e reativados apenas no início de maio.

VIRA-CASACA 123

Um deles afirmou que retornara ao Exército em maio para escapar do desemprego. Alguns homens ficavam ansiosos para assistir às palestras; outros eram apáticos. Como um dos participantes dos cursos reclamou: "Infelizmente, muitos dos homens, em especial os mais jovens, só se inscreveram no treinamento a fim de passar um bom tempo às custas do público e de ter alguns dias de folga do serviço regular." Outro homem concordava: "Os participantes ainda deixam muito a desejar. Descobri que há pessoas presentes que, tenho certeza, não vão se sair como o desejado pelos organizadores."[71]

A heterogeneidade de origens também se traduzia em heterogeneidade política — tudo, claro, dentro dos limites de uma rejeição a experimentos da esquerda radical. Os participantes incluíam pessoas que, como Hitler, haviam flertado com a esquerda política, mas que se tornaram vira-casacas políticos que logo teriam visões profundamente antissemitas, bem como outros que discordavam veementemente deles. No começo daquele ano, Hermann Esser ainda trabalhava para um jornal da esquerda radical, o *Allgäuer Volkswacht*, mas no verão já se havia metamorfoseado em um anticapitalista profundamente antissemita da direita política. No momento em que fez o quarto curso de Mayr, Esser já tivera desentendimentos com outros participantes.[72]

Esser reclamou que outro inscrito no curso se ofendeu por seu apoio cheio de admiração a Feder, o que é muito importante devido ao papel que Feder desempenharia no Partido Nazista. "Na discussão aberta de sexta-feira, censurei os organizadores do curso, pois não consigo entender por que os excelentes escritos de Herr Feder não estão disponíveis gratuitamente para os inscritos da maneira que outros panfletos estão", escreveu Esser a Mayr, alguns dias após o evento. "Entre outras coisas que eu disse, nestas mesmas palavras: 'Acredito que muita consideração é dada aqui a certos círculos cujo interesse natural está em que esses escritos, que abalam os próprios alicerces do alto financismo explorador, não cheguem ao público mais amplo.' Até me atrevi a dar um nome para aqueles círculos, para este câncer que está roendo nossa economia alemã: o judaísmo internacional." Esser ainda acrescentou: "Outro participante, que usara oportunidades anteriores para sair em defesa desses círculos, acreditou que era seu dever falar em defesa deles mais uma vez.

Ele procurou suavizar o impacto de minhas palavras, acusando-me de falta de tato por ter, por assim dizer, expressado dessa maneira um voto de desconfiança quanto aos organizadores do curso."[73]

É verdade que, entre os participantes, as reações às ideias de Feder eram o que mais trazia à tona a heterogeneidade política dos cursos de Mayr. Outro participante do curso de propaganda de Esser, certo Herr Bosch, apreciou os escritos de Feder de tal maneira que passou a vendê-los sem permissão a outros inscritos; um deles, no entanto, participante de um dos outros cursos de propaganda, tinha uma visão oposta e escreveu para Mayr a fim de reclamar da inclusão de Feder e de suas ideias. Na verdade, até Mayr tinha sentimentos mistos sobre Feder, que viria a se tornar uma das mais importantes influências iniciais de Hitler. Embora decidido a incluí-lo no curso, Mayr declarou pelo menos duas vezes em cartas para ex-participantes que discordava das ideias de Feder sobre "quebrar as correntes da escravidão por juros", que ele considerava demasiadamente radicais e que trariam ruína se fossem implementadas. Ainda assim, de uma forma típica de Mayr, ele flutuava politicamente em sua avaliação sobre Feder — parecia incapaz de se decidir sobre Feder, que é um dos fundadores intelectuais do Partido Nazista, como é evidente em uma carta a outro de seus antigos propagandistas: "Quanto aos discursos de Herr Feder, eu gostaria de recomendar que você compre e leia seu 'Manifesto para abolir a escravidão por juros', e você verá que ele contém muitas sugestões valiosas."[74]

Como sugere a heterogeneidade de instrutores e participantes do curso de propaganda no Palais Porcia, a politização e a radicalização de Hitler não foram impulsionadas apenas por frustração e raiva em reação à derrota da Alemanha na guerra.[75] Seus discursos, escritos e declarações posteriores apontam fortemente para uma direção distinta: indicam que Hitler escolheu e destacou grandes pedaços do conjunto de ideias expressas pelos oradores, quando sentia que isso ajudava a encontrar suas próprias respostas para a derrota da Alemanha e para configurar um Estado não receptivo a choques externos e internos. No entanto, Hitler não fez sua seleção indiscriminadamente; em vez disso, criou seu próprio modelo, rejeitando algumas ideias e mantendo outras.

O modelo que Hitler reuniu durante seu curso de propaganda, em 1919, dominaria o cardápio de suas ideias políticas e o estimularia pelos 26 anos seguintes. O curso foi tão importante em incitar uma radicalização que afetaria o destino de centenas de milhões de pessoas nas décadas de 1930 e 1940.

Seria errado argumentar que as ideias não foram importantes para Hitler e seu eventual sucesso. Também seria equivocado afirmar que aquilo que ele dizia era menos importante do que a forma como dizia.[76] Ele era um homem que apresentava perguntas políticas para si mesmo e buscava suas próprias respostas, o que, no entanto, não quer dizer que suas respostas tenham sido realmente originais. O que começou a emergir no verão de 1919 foi um homem de ideias. Logo ele também começaria a emergir como um operador político, demonstrando astúcia na compreensão dos processos políticos. Em breve, Hitler começaria a dominar a arte de traduzir ideias em política, assim como a arte da conivência e da manipulação. Desde seu tempo na guerra, quando ele estudara propaganda alemã e inimiga de forma detalhada, Hitler entendeu a importância de criar narrativas que fossem politicamente úteis, ainda que mentirosas. É por isso que, em seus discursos e em *Mein Kampf*, criaria um relato mítico de sua gênese — um relato segundo o qual ele já havia desenvolvido suas ideias políticas na Viena do pré-guerra, e segundo o qual a guerra e a eclosão da revolução o transformaram da personificação do soldado desconhecido da Alemanha no futuro salvador do país.

Embora não tenha sido desonroso de nenhuma maneira, o serviço de Hitler na guerra tinha sido politicamente inútil para o que ele queria alcançar. Suas ações e experiências reais entre o fim da guerra e o colapso da República Soviética não eram apenas politicamente inúteis, mas prejudiciais para sua carreira política e a realização de seus eventuais objetivos políticos. É por isso que Hitler inventou um relato ficcional de sua gênese, que foi codificado em *Mein Kampf*. Foi construído de forma tão poderosa e hábil que sobreviveria à queda do Terceiro Reich por décadas. Ele o criou propositalmente para ocultar sua verdadeira gênese — de sujeito solitário, considerado um "porco da retaguarda" por muitos soldados de sua unidade de guerra, a um oportunista com tendências ligeiramente de esquerda, que servira a sucessivos regimes revolucionários antes de se tornar um vira-casaca, sendo finalmente politizado e radicalizado apenas depois que uma percepção tardia da derrota da Alemanha se instalou, no verão de 1919.

* * *

Nos anos seguintes, Hitler permaneceria notavelmente flexível enquanto trocava e refinava suas ideias políticas e arquitetava sua ascensão. Embora a propaganda nazista apresentasse *Mein Kampf* como o Novo Testamento do novo messias alemão, ele escreveria, alteraria e descartaria muitos rascunhos desse "novo testamento" antes de sua publicação. Por algum tempo, Hitler continuaria a procurar respostas sobre como uma Alemanha nova e sustentável poderia ser estabelecida.

PARTE II

NOVOS TESTAMENTOS

5

Enfim, um novo lar

(Meados de julho a setembro de 1919)

Depois de completar seu curso de propaganda, Hitler foi apresentado ao general Arnold von Möhl. O comandante do Comando Militar Distrital 4 ficou tão impressionado com o recém-graduado do curso de Karl Mayr que decidiu que Hitler serviria como propagandista para o departamento de inteligência de Mayr.[1]

Sua nova posição permitia a Hitler ter uma interação frequente com Mayr em um momento em que o recém-formado propagandista continuava a procurar respostas para a questão de como a Alemanha deveria ser reformulada de modo a se tornar sustentável em um mundo em rápida transformação. Logo depois que Hitler começou a trabalhar para ele, Mayr, que era apenas seis anos mais velho, começou a desempenhar um papel de mentor para Hitler, como tinha feito para uma série de outros propagandistas. Foram as interações de Mayr e Hitler, em 1919, que puseram em marcha o trem mais destrutivo que o mundo já viu. Aquele trem descarrilaria somente em 1945, quando os dois homens morreriam, um deles no campo de concentração de Buchenwald, o outro no bunker da chancelaria do Reich, em Berlim.[2]

Sabendo que Karl Mayr desempenharia um papel tão importante na vida de Hitler, vale a pena conhecê-lo melhor. Nascido em 1883, em uma família de classe média católica de Mindelheim, na Suábia bávara, Mayr era filho de um juiz. Depois de completar sua escolaridade, o jovem Mayr embarcou na carreira militar. Durante a Primeira Guerra Mundial, ele prestou serviço ativo na frente ocidental (onde foi gravemente ferido por um tiro na perna direita), no front alpino e nos Bálcãs, seguido por uma temporada no Corps Alpino Alemão. No final da guerra, ele serviu no Império Otomano, como tantos outros homens que se tornariam importantes no Terceiro Reich, primeiro com a Missão Militar Alemã em Constantinopla, depois com o Grupamento Oriental do Exército (Halil Pascha) e o Exército Islâmico do Cáucaso. Ao final da guerra, seus superiores o viam como um "oficial altamente talentoso, versátil, de extraordinária vitalidade intelectual".

Após seu regresso à Alemanha, em outubro de 1918, ele serviu primeiro no Ministério da Guerra, em Munique, e em outros postos da capital bávara, depois como comandante de companhia do 1º Regimento de Infantaria, mas, em 15 de fevereiro de 1919, ele foi dispensado até nova convocação. Como Hitler, Mayr permaneceu na cidade durante os dias da República Soviética. No entanto, ao contrário de Hitler, o capitão Mayr lutou ativamente contra o regime comunista desde seu interior. De 20 de abril a 1º de maio, ele chefiou uma unidade clandestina para derrubar a República Soviética. Após a queda da República Soviética, ele foi, portanto, uma escolha óbvia para ajudar a dirigir a restauração anticomunista em Munique. As fatídicas interações entre Hitler e Mayr, no verão e no outono de 1919, por pouco não ocorreram, porque Mayr foi mandado de volta ao Oriente Médio para servir na missão militar na Turquia. No entanto, a ordem foi posteriormente revogada. Mayr tornou-se chefe do Departamento de Propaganda do Comando Militar Distrital 4 logo depois.[3]

A aparência exterior de Mayr era tudo, menos imponente. Ele era um homem baixo, com um rosto largo e barbeado, que dava ao oficial de 36 anos uma aparência ainda mais jovem. No entanto, por trás de seu rosto de menino se escondia um personagem soberbo e de grande ego. Através de seus cursos de propaganda, Mayr estava tentando moldar um grupo de pessoas a quem ele poderia dirigir como um maestro dirige uma orquestra. Para criar sua "orquestra", escolhia

ENFIM, UM NOVO LAR

os tipos de pessoas que aceitavam sua visão e que consentiam em ser modeladas por ele. Mayr se via como mentor e professor para os homens que serviam abaixo dele, como ficou evidente em uma carta que escreveria em setembro de 1919 para um suboficial que queria trabalhar para ele:

> O conhecimento acumulado através do trabalho duro de um indivíduo só se tornará um bem valioso uma vez que haja ordem nele. Seu estilo de escrita é bastante satisfatório. Clareza e simplicidade são essenciais. Como disse Shakespeare, "A brevidade é a alma do intelecto". E, aliás, esse britânico vale mais que Tolstoi, Górki e *tutti quanti*. Apenas por uma coisa eu devo bancar o professor e reprovar uma de suas expressões: "ein sich in Urlaub befindlicher" [alguém estando de férias] é um particípio, enquanto "sich befindlicher" não é (é um adjetivo). Mas levante a cabeça! Você ficará bem.[4]

Os paralelos nas origens de Hitler e do correspondente de Mayr, Max Irre, revelam que Mayr estava à procura de homens que ele ainda podia formar. Os pais de Irre e Hitler tinham morrido cedo; os dois ficaram à deriva por um tempo — Hitler em um abrigo para sem-teto, Irre em um orfanato; a paixão de ambos estava no desenho, e ambos tinham sido voluntários que serviram por toda a Primeira Guerra.[5]

Na escolha de seus empregados, Mayr também exibia um gosto por convertidos políticos. Quando Hitler entrava e saía do departamento de Mayr, que agora estava alojado na ala traseira do Ministério da Guerra, logo ao lado da Biblioteca do Estado da Baviera, ele regularmente encontrava Hermann Esser, o jovem jornalista que, no início de 1919, trabalhara na equipe de um jornal radicalmente de esquerda. Esser também entrou para a equipe de Mayr, onde agora trabalhava como funcionário civil no gabinete de imprensa.[6] É provável que Mayr tenha empregado outros convertidos políticos além de Hitler e Esser, mas, juntos, esses dois homens seriam aqueles que dominariam a propaganda nacional-socialista até o golpe de 1923.

* * *

Hitler já não usava o uniforme de um *Gefreiter* (cabo), mas uma jaqueta cinza de uniforme de campo e calça sem qualquer insígnia, à exceção da roseta bávara que adornava seu quepe. Posteriormente, alegaria ter trabalhado como "oficial de educação" para o Comando Militar Distrital 4. Ainda que tecnicamente não fosse um oficial, tal afirmação não constitui uma bravata injustificada. Era prática comum referir-se a pessoas que serviram a Mayr no papel que Hitler desempenhou como "oficiais de educação" ou como "agentes de inteligência"; qualquer um que tenha dado palestras para o Exército na época era chamado de "oficial de educação", enquanto aqueles que eram instrutores em um dos cursos de propaganda do Exército eram considerados "oficiais de instrução".[7]

Em sua nova tarefa, Hitler continuava a ser exposto, como fora o caso durante o curso de propaganda, a ambientes politicamente heterogêneos.[8] No seu cotidiano de trabalho, Hitler e seus companheiros enfrentavam uma tarefa difícil. Como um deles se queixou, ainda havia pessoas demais que "com admirável tenacidade se agarram à crença de que a guerra foi culpa da Alemanha". E outro dos propagandistas de Mayr concluiu que "somente oradores são capazes de realizar propaganda eficaz", pois a maioria dos soldados já não levava a sério os panfletos distribuídos aos soldados da Baviera. Como o propagandista relatou sobre os homens de sua unidade, "o moral da tropa não é bom. Raramente ouvi tantas queixas no campo como tenho ouvido agora". A principal razão para o baixo moral entre os soldados era, de acordo com o propagandista, a falta e a pouca qualidade de alimentos: "As rações são — é preciso dizer — totalmente insuficientes, e tudo, menos palatáveis. [...] Sempre ouço que 'é a velha fraude'." Ele então prosseguiu, em termos semelhantes aos transmitidos por oficiais da inteligência britânica em Munique, para advertir sobre o perigo de um retorno do bolchevismo, argumentando que as condições eram tais que, ainda que os bolcheviques estivessem em minoria, eles poderiam tomar o poder novamente se não fossem controlados.[9]

Embora Hitler e seus pares enfrentassem, portanto, muitos obstáculos para elevar o moral dos bávaros do sul, os ex-inscritos nos cursos que haviam permanecido próximos de Mayr — um grupo ao menos

ENFIM, UM NOVO LAR

parcialmente autosselecionado — davam duro para mudar as atitudes populares. Em seus discursos e cartas, podemos ouvir os ecos das palestras proferidas durante sua formação. Um deles dizia ao público que a Inglaterra se colocava no caminho da sobrevivência geopolítica da Alemanha. Ele discursava sobre como a Alemanha se alçara à grandeza num espaço de cem anos e que só foi detida em seu avanço pela decisão da Inglaterra de varrê-la do mapa. Outros propagandistas focavam em "Judá" e "bolchevismo" ou "condições de paz" em suas palestras.[10]

Os discursos proferidos pelos propagandistas de Mayr, embora seguissem certos temas, ainda continham ecos de dissonância, refletindo a heterogeneidade dos oradores e participantes dentro dos limites de uma visão de mundo amplamente antibolchevique. Ainda que Hitler provavelmente tenha rejeitado por anos um "internacionalismo interior" dirigido da mesma forma contra ideias dinásticas multiétnicas, católicas, capitalistas e bolcheviques, outros propagandistas de Mayr rejeitavam apenas a encarnação comunista do internacionalismo. No final de agosto, o tenente kaiser, um veterano do Freikorps da Suábia, deu uma palestra em que incitava as pessoas a rejeitarem "a Internacional", mas não o "cosmopolitismo", nem a criação de uma "Liga das Nações". O kaiser disse à sua plateia que eles deveriam renunciar a uma Internacional vermelha tanto quanto a uma dourada (ou seja, comunista e capitalista). Ele opinava que deveriam ser "patrióticos [*völkisch*] e sociais" em suas visões de mundo, e, ao mesmo tempo, "cosmopolitas", e que se esforçassem para estabelecer uma "Liga das Nações".[11]

A heterogeneidade dos soldados e civis a quem os propagandistas recém-treinados de Mayr tinham de se endereçar tornava sua tarefa impossível, como ficou claro em um campo para regresso de prisioneiros de guerra no final de agosto de 1919. Em 20 de agosto, Hitler e 25 companheiros propagandistas viajaram aproximadamente 50 quilômetros a oeste de Munique. Seu destino era Lechfeld, onde Hitler havia treinado com o Regimento List por dez dias em outubro de 1914, no início da guerra, antes de ser enviado para o front. (Ver figura 5 do encarte.) No verão de 1919, Lechfeld abrigava um antigo campo de prisioneiros de guerra, agora usado como campo de recepção para prisioneiros de guerra alemães em retorno. Hitler e os outros homens de seu destacamento tinham de realizar um "treinamento prático em oratória e agitação" até 25 de agosto como exercício para "uma missão de teste", a fim de provar quão bons propagandistas se haviam tornado.[12]

Relatos subsequentes de Hitler e da propaganda nazista afirmam que a propaganda realizada por Hitler e seus pares em Lechfeld e em outros lugares tinha sido um sucesso estrondoso. Ele diria em *Mein Kampf*: "Eu, portanto, conduzi muitas centenas, provavelmente até milhares, no curso de minhas palestras, de volta a seu povo e sua pátria. Eu 'nacionalizei' as tropas, e dessa forma fui capaz também de ajudar a fortalecer a disciplina geral."[13] A história que os propagandistas nazistas contavam sobre a temporada de Hitler em Lechfeld foi concebida para apoiar a alegação de que ele havia encontrado um novo lar no Exército, sendo muito bem recebido, e que suas ideias políticas eram as mesmas das pessoas à sua volta.[14]

Na verdade, o comandante do campo em Lechfeld nem sequer confiou em Hitler e seus companheiros propagandistas para falar para a grande maioria dos soldados em seu campo.[15] Ao longo do verão, o campo fervilhava de ideias de extrema-esquerda. Um oficial que inspecionou o campo em meados de julho relatou: "O moral [...] no campo [...] me deixou uma impressão muito desagradável [e] me fez sentir que seu próprio solo estava contaminado com bolchevismo e espartaquismo... [Os soldados lá] me observavam em meu uniforme da Reichswehr com olhares que me matariam se pudessem, como diz o ditado."[16]

Como a situação não estava melhor em fins de agosto, Hitler não teve permissão de se aproximar dos prisioneiros de guerra. O comandante do campo concluiu que o moral e a disciplina eram tão baixos no campo que os propagandistas só deveriam se dirigir aos soldados do Reichswehr sob seu comando direto — o que, sem surpresa, correu bem. Um de seus companheiros posteriormente elogiou Hitler por suas "palestras entusiasmadas (que incluíam exemplos tirados da vida)". Outro acrescentou: "Herr Hitler em particular é, em minha mente, um orador natural para o povo, cujo fanatismo e comportamento popular absolutamente obrigam seus ouvintes em um comício a prestar atenção e seguir seus

ENFIM, UM NOVO LAR

pensamentos."[17] No entanto, Hitler nem ao menos teve permissão de se dirigir àqueles para quem a propaganda teria sido mais necessária. No equivalente a um amistoso desportivo, em que um oponente fraco é escolhido de modo a elevar o moral e a autoconfiança, Hitler e seus companheiros propagandistas foram convidados a se dirigir apenas aos soldados mais leais e comprometidos.

Quando os temas para o trabalho de propaganda de Hitler não lhe eram designados a dedo, as coisas corriam bem menos tranquilas, para dizer o mínimo. Como Max Amann — sargento do quartel-general do regimento de Hitler durante a guerra e futuro líder nacional-socialista — diria a seus interrogadores norte-americanos em 1947, foi por acaso que deparou com Hitler durante o verão. De acordo com a transcrição do interrogatório, Hitler lhe contou sobre seu posto como propagandista no Exército. "Eu dou palestras contra o bolchevismo", disse-lhe Hitler, momento no qual Amann perguntou se os soldados demonstravam interesse. "Infelizmente, não", respondeu Hitler. "É inútil." Segundo Amann, Hitler disse que os oficiais, em particular, não tinham ouvidos para suas advertências sobre os perigos que a Alemanha estava enfrentando. "Os soldados concordavam mais que os antigos majores, a quem elas não interessavam em absoluto."

É evidente que Hitler deve ter pensado que nem os soldados rasos estavam particularmente interessados em seus esforços; caso contrário, não consideraria suas palestras inúteis. A visão que apresentou a Amann era de que os oficiais desaprovavam suas palestras ainda mais que os soldados rasos. Hitler dissera: "Eu dou palestras para grupos de soldados até o tamanho de um batalhão, [mas] os majores não as apreciam em nada. Eles prefeririam que eu divertisse os soldados com um urso dançarino, mas não gosto disso, e por isso vou sair."[18]

Em uma ocasião, porém, Hitler indubitavelmente teria preferido ser visto como um urso dançarino, em lugar de sofrer o tratamento que recebeu. Durante essa ocasião, Michael Keogh, um irlandês que servia no Exército alemão, teve de resgatá-lo dos soldados para quem Hitler estava palestrando, se é possível confiar em seu relato sobre o incidente. (Ver figura 6 do encarte.)

Keogh caíra nas mãos dos alemães durante a Primeira Guerra Mundial e foi feito prisioneiro. As autoridades alemãs tentaram recrutar uma brigada de prisioneiros de guerra irlandeses para lutar pela independência irlandesa contra os britânicos, e ele foi um dos voluntários que se alistaram. Embora a tentativa de criar a Brigada Irlandesa tenha sido um fiasco, Keogh, agora um traidor do governo britânico, permaneceu na Alemanha e ingressou no Exército regular alemão em maio de 1918, cujo resultado foi seu encontro com Hitler no final da guerra. Dispensado após o fim do conflito, ele se juntou aos Freikorps como capitão quando voluntários foram convocados para pôr fim à República Soviética de Munique. Depois da destruição da breve experiência comunista na cidade, Keogh foi reativado e serviu na 5ª Companhia de Desmobilização do 14º Regimento de Infantaria, sob o nome alemão que adotara, Georg König.[19]

Foi em seu posto com os militares de Munique, no verão de 1919, que Keogh se encontrou novamente com Hitler, como lembrou: "[Um dia], eu era o oficial do dia no quartel da Türken Strasse, quando recebi um chamado urgente por volta das 8 horas da noite. Um tumulto começara por causa de dois agentes políticos no ginásio. Esses 'oficiais políticos', como eram chamados, tinham permissão de visitar cada quartel e fazer discursos ou abordar os homens em busca de votos e apoio." Keogh afirmou: "Eu chamei um sargento e seis homens, e, com baionetas, marchamos às pressas. Havia cerca de duzentos homens no ginásio, entre eles alguns duros soldados tiroleses. Dois agentes políticos, que discursavam em cima de uma mesa, foram puxados para o chão e estavam sendo espancados. Alguns entre a multidão tentavam salvá-los. Baionetas — cada homem levava uma na cintura — começaram a aparecer. Os dois homens no chão corriam o risco de ser chutados até a morte."

Keogh ordenou que a guarda disparasse uma saraivada acima da cabeça dos manifestantes. "Isso deteve a comoção. Nós carregamos os dois políticos: ambos ostentavam cortes, sangravam e precisavam de um médico. A multidão ao redor vociferava e rosnava, fervendo por sangue. Só havia uma coisa a fazer. Um dos homens, um personagem pálido de bigode, parecia mais consciente, apesar do espancamento. Eu disse a ele:

ENFIM, UM NOVO LAR

'Vou levá-los sob custódia. Estou prendendo vocês para sua própria segurança.' Ele assentiu. Nós os levamos para a sala da guarda e chamamos um médico. Enquanto esperávamos atendimento, eu os interroguei. O sujeito de bigode deu seu nome prontamente: Adolf Hitler."[20]

Hitler não foi o único que encontrou oposição ao seu trabalho como propagandista no Reichswehr. As atividades de Karl Mayr também eram desafiadas com frequência. Mayr tinha de lidar com autoridades militares e civis em Munique que às vezes estavam longe de dar apoio a ele e às suas ideias.

Como indica a carta de reclamação de Hermann Esser para Mayr sobre a exclusão das publicações de Feder dos materiais gratuitos do Comando Militar Distrital 4, Mayr estava longe de ser todo-poderoso em Munique. Embora pudesse convidar Feder para falar, ele não tinha liberdade de distribuir gratuitamente suas obras para os participantes do curso. Assim, Mayr disse a Hermann Esser que eles deveriam comprar os panfletos de Feder por conta própria. Ademais, disse Mayr, ir ao maior número possível de livrarias e pedir o panfleto seria "a forma mais barata de anunciá-lo, que, de outra forma, sem dúvida correria o risco de ser sistematicamente removido das vitrines das livrarias por agentes judeus".[21]

Mayr não sentia que sua posição era particularmente segura dentro do heterogêneo *establishment* político e militar de Munique. Em 30 de julho, escreveu a um possível participante de um de seus cursos: "Podemos vê-lo em uma data posterior, a menos que até lá os organizadores tenham sucumbido às maquinações político-partidárias, que se originam talvez principalmente de (judeus) filisteus e obstrucionistas." Da mesma maneira, em 16 de agosto, Mayr disse a um de seus outros correspondentes: "Posso dizer-lhe, com confiança, aliás, que diversos círculos influentes, principalmente de orientação judaica, fizeram esforços consideráveis para derrubar a mim, ao conde Bothmer e a vários outros selecionados por mim."[22] Essa não foi a última vez que Mayr seria desafiado por suas opiniões e ações. Nos meses que viriam, ele teria vários desentendimentos com outros oficiais que serviam em Munique, o que finalmente tornaria sua posição no Comando Militar Distrital 4 insustentável.

Embora os dois homens encarassem grandes obstáculos em seu trabalho de propaganda, no verão de 1919, as atividades de Hitler, sob a tutela de Mayr, lhe deram a oportunidade de desenvolver suas ideias antissemitas. Aqui reside o significado real do trabalho de propaganda de Hitler no verão de 1919, incluindo seu destacamento no campo de Lechfeld. Suas ideias antissemitas não tinham sido particularmente pronunciadas até aquele verão. A primeira declaração antissemita de que se tem notícia do homem que seria mais responsável que qualquer outro pelo Holocausto veio de seu tempo em Lechfeld. A maneira como expressava ideias antissemitas ali e em outros lugares, posteriormente, é um forte indício de que seu emergente antissemitismo era resultado direto de sua tentativa de entender por que a Alemanha perdera a guerra e que aparência o país deveria ter no futuro para manter-se em segurança. Nos primeiros pronunciamentos antissemitas de Hitler, há fortes ecos de ideias — como o suposto papel dos judeus no enfraquecimento da Alemanha — às quais ele tinha sido exposto durante seu curso de propaganda, em julho.

Em Lechfeld, Hitler participou de debates em grupo com soldados e deu pelo menos três palestras: "Condições de Paz e Reconstrução", "Emigração", e "Termos Sociais e Econômicos". E foi em sua palestra sobre "Termos Sociais e Econômicos", focada no nexo entre o capitalismo e o antissemitismo, que Hitler deu sua primeira declaração antissemita conhecida.[23] Naquele ponto, o antissemitismo era tão importante para Hitler que ele se concentrava nisso mais que seus colegas propagandistas, como é evidente em um relatório de um oficial de alta patente no campo, o primeiro-tenente Bendt. O relatório, embora fizesse loas a Hitler por suas "maneiras muito entusiasmadas, e fáceis de entender", trazia ressalvas quanto à veemência com que ele atacava os judeus:

> Por ocasião de um discurso excelente, claro e animado feito pelo soldado Hitler sobre o capitalismo, no qual ele abordou a questão judaica, o que obviamente era inevitável, ocorreu uma diferença de opiniões comigo durante uma discussão dentro do departamento,

sobre se devemos afirmar clara e bruscamente nossa opinião ou expressá-la um tanto indiretamente. Afirmou-se que o departamento havia sido estabelecido pelo comandante de grupo Möhl, e que ele atua em um cargo oficial. Discursos que incluem uma manifestação inequívoca sobre a questão judaica, com particular referência ao ponto de vista germânico, podem com facilidade dar aos judeus uma oportunidade de descrever tais palestras como antissemitas. Por isso, pensei que seria melhor ordenar que a discussão desse tópico fosse realizada com o maior cuidado possível, e que a menção clara a raças estrangeiras sendo prejudiciais ao povo alemão deve ser, se possível, evitada.[24]

O fato de que o antissemitismo de Hitler era expresso através do anti-capitalismo, mais que do antibolchevismo, torna bastante improvável que a República Soviética houvesse despertado um antissemitismo latente em Hitler.[25] Em vez disso, a percepção da derrota da Alemanha e a tentativa resultante de buscar suas razões foram parte integrante de sua transformação. Em todo caso, nas semanas que se seguiram ao seu despertar político, tornou-se claro que o Exército pós-revolucionário era um lugar muito heterogêneo e proibitivo para se tornar um lar para Hitler. Ele ainda precisava de um novo lugar onde cultivar a sensação de pertencimento. Não demoraria muito para que ele o encontrasse. Mas, ainda haveria outro falso começo até que Hitler encontrasse um novo "lar" para si.

* * *

Em algum momento do início de setembro, Adolf Hitler se apresentou a Georg Grassinger, membro da Sociedade Thule que colaborara com os sociais-democratas na tentativa de derrubar Eisner. Grassinger fundara e presidia o Partido Socialista Alemão, um partido próximo à Sociedade Thule, e também era diretor-executivo do *Völkischer Beobachter*, futuro jornal nacional-socialista que naquela época era um órgão *de facto* do Partido Socialista Alemão. Hitler ofereceu seus serviços para escrever para o jornal, e disse a Grassinger que desejava entrar para o partido e se envolver. No entanto, a liderança do partido respondeu a Hitler que não o queriam lá, nem para escrever para o jornal.[26] Em todo caso, alguns dias depois, Hitler teve mais sucesso.

Na noite de 12 de setembro, ele atravessou a cidade velha de Munique. Ele usava sua única roupa civil, bem como seu sobretudo e um chapéu de abas frouxas que pendiam para seu queixo e sobre a nuca.

Seu destino era o restaurante considerado uma das mais antigas e menores cervejarias de Munique, Sterneckerbräu, que anunciava boa comida e apresentações diárias de *singspiel*. Uma vez lá, Hitler não mostrou interesse na performance dramática de prosa e música; ele foi direto a um dos salões dos fundos, o Leiberzimmer, pois Karl Mayr o enviara para observar a reunião do Partido dos Trabalhadores Alemães (Deutsche Arbeiterpartei, ou DAP) que estava acontecendo lá. O próprio Mayr parece ter sido convidado para a reunião, mas não pôde ou não quis ir, e, portanto, enviou Hitler em seu lugar.[27]

A forma como o grupo que se reuniu no Leiberzimmer se autointitulava era, na melhor das hipóteses, uma aspiração, pois o DAP certamente não era um partido, em qualquer sentido tradicional — em especial porque, na verdade, não disputava eleições. Embora tivesse um presidente nacional e um local de atuação, na realidade o partido não existia em lugar algum além de Munique; seu quadro de membros era tão limitado que cabia facilmente em uma das salas nos fundos da cervejaria. Além disso, em fevereiro de 1921, o presidente do DAP escreveria a um conhecido seu que ele não se referiria a seu jornal como um *Parteiblatt* (jornal do partido) porque "não somos um partido, nem temos intenção de virar um".[28]

O Partido dos Trabalhadores Alemães era uma associação independente de um pequeno número de desajustados descontentes. Nem sequer anunciava publicamente suas reuniões: as pessoas eram convidadas no boca a boca ou por escrito a assistir às reuniões.[29] Sob a perspectiva de setembro de 1919, o DAP era o mais improvável dos candidatos a se tornar um movimento político de massa que chegaria perto de pôr o mundo de joelhos.

ENFIM, UM NOVO LAR

Quando Hitler se sentou na Leiberzimmer para ouvir os procedimentos, ele estava cercado de memorabilia de veteranos de um regimento de guardas da realeza da Baviera, o Regimento de Infantaria de Leib, que pendia das paredes da sala. No entanto, na noite de 12 de setembro, a sala não estava cheia de veteranos, mas sim de cerca de cinquenta simpatizantes do DAP que desejavam ouvir o orador convidado da noite. Era Gottfried Feder, que — assim como fizera durante o curso de propaganda de Hitler — deu uma palestra sobre o assunto que era sua marca registrada, os males do capitalismo. Era a décima sexta palestra de Feder naquele ano, mas a primeira vez que ele se dirigia ao DAP. O título de sua palestra foi "Como e Por Quais Meios o Capitalismo Pode Ser Eliminado?".[30]

Embora em Lechfeld o próprio Hitler tenha atacado o capitalismo, se Feder tivesse sido o único a falar na Leiberzimmer, ele talvez jamais tivesse participado de outra reunião daquilo que viria a ser o Partido Nazista. No entanto, Hitler ficou indignado com a pessoa que falou depois de Feder: Adalbert Baumann, professor de uma das escolas locais de Munique, a Luitpold-Kreisoberrealschule, e presidente de um grupo político de Munique, a Bürgervereinigung (Associação dos Cidadãos). Baumann também era autor de um livro que argumentava em favor da criação de uma língua franca internacional centrada no alemão, para rivalizar com o esperanto e substituí-lo. Anteriormente, em janeiro, Baumann disputara sem sucesso uma eleição para representar o Partido dos Cidadãos Social-Democratas no Parlamento da Baviera. Esse partido, bem como a Bürgervereinigung, partilhava da maioria dos objetivos políticos do DAP.[31]

A diferença fundamental entre o DAP e Baumann era a abordagem que ele e muitos de seus colaboradores políticos tinham quanto ao separatismo bávaro. Em 4 de janeiro, enquanto Berlim vacilava à beira de uma guerra civil, o *Münchener Stadtanzeiger*, jornal que se via como porta-voz do Partido dos Cidadãos Democrático-Socialistas, publicou um apelo apaixonado em favor da independência da Baviera. Ele argumentou que "o chamado para a 'independência de Berlim [i.e., em relação a Berlim]' ressoou mil vezes, e com razão", e concluiu: "Agora chegou o momento de romper com essa malfadada dominação por Berlim. 'Baviera para os Bávaros' deve ser o nosso lema; e não devemos prestar nenhuma atenção aos lamentos daqueles que, por causa de suas relações comerciais com Berlim, sempre estiveram em favor de uma Grande Alemanha."[32]

Após o discurso de Feder, Baumann passou a argumentar em favor do separatismo da Baviera — não está claro se para atacar as ideias de Feder ou para encontrar homens de mesma mentalidade no DAP. O presidente da Bürgervereinigung defendeu que a Baviera se separasse da Alemanha e formasse um novo Estado com a Áustria, na crença de que as potências vitoriosas da Primeira Guerra Mundial concederiam a um Estado austríaco-bávaro condições de paz mais aceitáveis do que faziam com uma Alemanha dominada pela Prússia. Baumann também argumentou que o estabelecimento de um Estado austríaco-bávaro isolaria a Baviera dos riscos de uma nova revolução, que ele julgava extremamente altos ao norte.[33]

Ao ouvir o apelo de Baumann, Hitler saltou de sua cadeira e embarcou em um férvido ataque contra o separatismo de Baumann. Depois de apenas um quarto de hora, Hitler terminou de expor sua velha crença — que remontava à sua adolescência na Áustria, ou seja, sua protopolitização, bem anterior à sua nova politização e radicalização naquele verão — de que todos os alemães étnicos deveriam viver juntos sob um só teto nacional. Inesperadamente atiçado por Baumann, Hitler passou de observador passivo a um ativo participante da reunião do DAP naquela noite fatídica.

Ao atacar Baumann, Hitler insistiu na mensagem de que apenas uma Alemanha unida seria capaz de enfrentar os desafios econômicos que a confrontavam. Opôs-se ao presidente da Bürgervereinigung com tanto sucesso e intensidade, acusando-o de ser um homem sem caráter, que Baumann deixou o local enquanto Hitler ainda estava falando.[34]

Como Anton Drexler, presidente local do DAP, recordaria da ocasião: "[Hitler] fez um discurso breve, mas eletrizante, a favor [do estabelecimento] de uma Alemanha maior, que foi recebido por mim e por todos os ouvintes com grande entusiasmo." A intervenção de Hitler deixou uma impressão tão imediata em Drexler que, se é possível confiar em suas próprias recordações, ele disse a seus colegas na liderança do DAP: "Ele tem uma baita boca, e virá a ser útil."[35]

Drexler aproveitou o momento logo após o discurso de Hitler para se aproximar. "Quando o orador terminou, corri até ele, agradeci com empolgação por sua palestra e pedi que levasse meu panfleto intitulado 'Meu Despertar Político', uma vez que continha as opiniões e os princípios fundamentais do novo movimento." Drexler perguntou a Hitler "se seria agradável para ele voltar em uma semana e começar a trabalhar mais de perto conosco, já que pessoas como ele eram muito necessárias para nós".[36]

Não demorou para Hitler se aprofundar no manifesto de Drexler. Se podemos acreditar em sua própria afirmação em *Mein Kampf*, ele começou a lê-lo na manhã seguinte, após acordar, às 5h, em seu cômodo no quartel do 2º Regimento de Infantaria, e não conseguiu voltar a dormir.

De acordo com *Mein Kampf*, ao ler o manifesto, percebeu que ele e o presidente do DAP haviam atravessado a mesma transformação política vários anos antes, durante seus tempos em Viena. Hitler afirmou que, no panfleto de Drexler, "refletia-se um evento [i.e., a transformação política de Drexler] que atravessei pessoalmente, de forma semelhante, doze anos antes. Vi meu próprio desenvolvimento voltar à vida diante dos meus olhos". Essa alegação comprova que Hitler às vezes não pensava totalmente nas implicações do que estava escrevendo em *Mein Kampf*. Embora sublinhasse que atravessara praticamente a mesma transformação, inadvertidamente admitia seu passado de esquerda, afirmando que o tema central do manifesto de Drexler era "como, fora do amontoado de frases marxistas e sindicalistas, ele novamente chegara a pensar em termos nacionais".[37]

Ao folhear as páginas do panfleto enquanto Munique acordava para mais um dia de fins de verão, Hitler descobriu qual era o tipo de partido que havia encontrado na noite anterior, na cidade velha. O panfleto era um manifesto contra o internacionalismo, que, exatamente como no caso de Hitler, era um internacionalismo que não buscava primeiramente um internacionalismo socialista (ou seja, de esquerda radical). As crenças de Drexler eram dirigidas contra o "internacionalismo do Partido Central" (i.e., o internacionalismo católico), "a maçonaria internacional", o "internacionalismo capitalista, ou se poderia dizer a internacional do ouro" e o internacionalismo socialista.[38] Mas o internacionalismo que enfurecia Drexler mais que todos era a variante "do ouro". Para ele, o capitalismo financeiro judaico era o que alimentava o internacionalismo capitalista.

Segundo Drexler, o socialismo internacional era apenas um instrumento nas mãos de banqueiros judeus com o qual pretendiam destruir Estados de modo a posteriormente dominá-los. Os líderes socialistas judeus, escreveu ele, eram agentes que os financistas judeus usavam para infiltrar as classes trabalhadoras. Além disso, acreditava que os líderes socialistas eram membros de lojas maçônicas internacionais, supostamente dominadas por bilionários judeus, e funcionavam como quartéis-generais secretos para que banqueiros judeus dominassem o mundo. Nas palavras de Drexler, os financistas judeus "buscam nada menos que uma República capitalista global". Além disso, declarou, "Há evidências crescentes de que o 'bolchevismo judaico' e [o movimento] espartaquista estão sendo organizados e alimentados pelo capital internacional".[39]

O presidente do DAP em Munique também acusava a internacional judaica "do ouro" como responsável pelo Tratado de Versalhes, cujo resultado é que "temos agora, em vez de uma internacional de nações, a ditadura global do capitalismo internacional".[40] Drexler disse a seus leitores que definiu como seu "trabalho de vida" combater o "sistema global de trustes financeiros" e educar os trabalhadores sobre quem era seu verdadeiro inimigo. Seu objetivo, afirmou, era libertar o mundo de banqueiros judeus e seus coconspiradores em suas lojas maçônicas. Ele via seu panfleto como um chamado às armas contra o capitalismo do mundo anglo-americano, repetidamente sublinhando que a Rússia e a Alemanha deveriam ser nações amigas. O que as pessoas tinham de fazer era lutar contra as "ambições anglo-judaicas" e contra o "espírito judeu em si mesmas".[41]

Para atingir seus objetivos, Drexler cofundara o Partido dos Trabalhadores Alemães. O partido foi ideia de dois homens, Drexler, seu presidente em Munique, e Karl Harrer, seu líder nacional. Cinco anos mais velho que Hitler, Drexler nasceu em Munique, filho de um trabalhador ferroviário. Aos 27 anos, em 1901, Drexler trocou Munique por Berlim, mas não conseguiu encontrar trabalho, levando uma vida errante

ENFIM, UM NOVO LAR

perambulando por toda a Alemanha. Ele conseguia garantir um sustento tocando cítara e supostamente entrava em agitados desentendimentos com comerciantes de gado judeus. Um ano depois, retornou a Munique, encontrando, assim como seu pai, emprego na Ferrovia do Estado Real da Baviera. Durante a guerra, ele esteve no front local, ainda trabalhando como metalúrgico para as oficinas ferroviárias da cidade.

Quieto, sério e corpulento, o jovem Drexler era um candidato improvável para fundador de um movimento político. No entanto, ele se indignou com o que viu como o fracasso do socialismo marxista em resolver a "questão nacional". Isso o inspirou a escrever um artigo, "O Fracasso da Internacional Proletária e a Ideia da Irmandade do Homem".[42] Se podemos confiar em suas próprias alegações, ele se enfureceu mais ainda quando percebeu que o esforço de guerra da Alemanha tinha sido minado por aproveitadores da guerra e contrabandistas no front local, a quem ele culpava pela fome e a miséria reinantes em Munique. Em resposta, Drexler estabeleceu uma Liga de Combate Contra a Usura, a Especulação e os Atacadistas Profissionais no final de 1917. No entanto, para sua grande decepção, poucas pessoas concordavam com sua avaliação das origens da miséria em Munique; não mais que quarenta pessoas se juntaram à sua Liga de Combate. Não foi a única decepção para o autoproclamado socialista em 1917. Quando, naquele ano, Drexler se juntou ao quadro de Munique do Partido da Pátria Alemã, criado em todo o país para reunir conservadores e grupos de direita por trás do esforço de guerra, ele esperava construir uma ponte entre socialistas e a burguesia, mas foi ignorado. Dentro de três meses, Drexler deixou o partido. No entanto, ele não desistiu.

Em 7 de março de 1918, criou um "Comitê de Trabalhadores Livres por Uma Boa Paz", a fim de mobilizar as classes trabalhadoras pelo esforço de guerra e em campanha contra o lucro do conflito. Mais uma vez, pouquíssimas pessoas se alistaram, e um encontro fatídico ocorreu na primeira reunião pública do Comitê dos Trabalhadores, em 2 de outubro de 1918 — a reunião teve a participação de Karl Harrer.

O jovem jornalista de esportes nascido em uma pequena cidade na parte norte da Alta Baviera acreditava na urgência de reunir a classe operária e a burguesia para apoiar a nação, assim como Drexler. Harrer, um veterano para quem a guerra terminou quando ele foi atingido por uma bala, ou um estilhaço, em um dos joelhos, acreditava que uma organização ao estilo sociedade secreta tinha de ser criada para alcançar os trabalhadores. O objetivo seria afastá-los da extrema-esquerda e trazê-los para o rebanho do movimento *völkisch*. Assim, Harrer e Drexler criaram um "Círculo dos Trabalhadores Políticos".[43]

Völkisch é quase impossível de se traduzir. Nas palavras de um estudioso, "a palavra já se traduziu como popular, populista, do povo, racial, racista, étnico-chauvinista, nacionalista, comunitária (para alemães apenas), conservadora, tradicional, nórdica, romântica — e, na verdade, significa tudo isso". Denota "um sentido de superioridade alemã" bem como "uma resistência espiritual 'aos males da industrialização e à atomização do homem moderno'".[44]

Por volta do final de dezembro de 1918, Drexler concluiu que era inútil discutir o futuro e a salvação da Alemanha apenas em um pequeno círculo e decidiu que deveriam criar um novo partido. Isso culminou na fundação do Partido dos Trabalhadores Alemães em um hotel na cidade velha de Munique, em 5 de janeiro de 1919, com a participação de cerca de cinquenta pessoas, pouco mais do que os presentes nas reuniões de sua Liga de Combate de 1917. Seu núcleo consistia de 25 colegas de trabalho de Drexler da Ferrovia do Estado Real da Baviera. E se definia, nas palavras de Drexler, como uma "organização socialista que [deve] ser conduzida somente por alemães" — em suma, seu principal objetivo era conciliar nacionalismo e socialismo.[45]

Conforme a revolução se radicalizava, no início de 1919, o Partido dos Trabalhadores Alemães logo cessou suas operações e entrou em hibernação até depois do fim da República Soviética de Munique, quando tentou explorar a ascensão do antissemitismo antibolchevique em Munique.[46] O partido agora se reunia intermitentemente na sala dos fundos do Sterneckerbräu e outros restaurantes. Não passava, na melhor das hipóteses, de uma minúscula e sectária sociedade secreta. Na realidade, era pouco mais que uma *Stammtisch* politizada, uma reunião de frequentadores em um bar ou cervejaria onde as pessoas se pronunciavam sobre como a Alemanha havia sido desonrada e desabafavam suas frustrações contra os judeus. Nos piores dias, apenas cerca de vinte pessoas apareciam na reunião do partido. Mesmo em um bom dia, o comparecimento era apenas o dobro daquele número. Além disso, o funcionamento da "liderança do partido" não tinha nada em comum com a de uma organização política tradicional. Era semelhante à de um clube ou associação local. Ocasionalmente, Drexler conseguia atrair notáveis *völkisch* locais para falar em reuniões do partido.[47]

Ao completar sua leitura do panfleto de Drexler, Hitler deparou com a decisão de aceitar o convite do presidente do DAP local e se tornar ativo no partido. No entanto, antes que pudesse pensar mais a respeito, Hitler teve de sair da cama e embarcar em seu emprego diurno de realizar trabalhos de propaganda para Karl Mayr.

* * *

Como parte das suas funções, Hitler precisava tirar as tarefas demoradas das costas de Mayr. Alguns dias depois de Hitler ler o panfleto de Drexler, Mayr lhe encaminhou uma carta que recebera em Ulm de Adolf Gemlich, um antigo participante de um de seus cursos de propaganda. No bilhete explicativo, Mayr pedia a Hitler para compor uma resposta de uma a duas páginas. Gemlich, um protestante de 26 anos nascido na Pomerânia (no mesmo povoado que abrigara o hospital militar em que Hitler passara as últimas semanas da guerra), norte da Alemanha, perguntou a Mayr: "Qual é a atitude dos sociais-democratas no governo quanto aos judeus? Os judeus fazem parte da 'igualdade' de nações no manifesto socialista, ainda que devam ser considerados um perigo para a nação?"

Como ficou claro em Lechfeld, a indagação envolvia um tema com o qual Hitler, àquela altura, já se preocupava mais que a maioria. Quando se sentou para trabalhar, em 16 de setembro, colocou então toda a sua energia na elaboração da resposta a Gemlich, produzindo uma declaração muito mais longa do que tinha sido requisitado a escrever.

A carta é reveladora tanto pelo declarado como pelo não declarado. Hitler afirmou para Gemlich que, em geral, a maioria dos alemães era antissemita pelas razões erradas. Tal antissemitismo, ele opinou, era o resultado de encontros pessoais desfavoráveis que tinham com os judeus;

portanto, tendiam a tomar "as características de uma mera emoção". No entanto, continuou ele, aquele tipo de antissemitismo ignorava algo muito mais significativo, ou seja, o "pernicioso efeito que os judeus como um todo têm sobre nossa nação, consciente ou inconscientemente". Assim, ele clamava por um antissemitismo que não fosse baseado em emoções, mas em "percepções baseadas em fatos".

Hitler disse a Gemlich que os judeus agiam como "sanguessugas" dos povos entre os quais viviam. Afirmou também que "judeus são absolutamente uma raça, e não uma comunidade religiosa"; que os judeus adotavam o idioma dos países em que escolhiam para residir, mas de seus anfitriões nunca adotavam nada além disso. Devido a "mil anos de endogamia", escreveu Hitler, eles nunca se misturavam com as nações em que viviam.[48] Ignorante ou alheio à alta taxa de casamentos entre judeus e não judeus na Alemanha do pré-guerra,[49] Hitler argumentou que os judeus defendiam sua própria raça e suas características. Assim, eles eram "uma raça não alemã, estrangeira", vivendo entre os alemães, assim infectando a Alemanha com seu materialismo.

Hitler declarou que os "sentimentos" dos judeus e, mais ainda, seus "pensamentos e ambições" eram dominados por "sua dança em torno do bezerro de ouro", por cujo resultado "o judeu" se tornou um "sanguessuga de suas nações hospedeiras". Judeus faziam isso — e aqui ouvimos claros ecos de ideias expressas por Gottfried Feder — através do "poder do dinheiro, cujos juros fazem com que se multiplique sem esforço e infinitamente nas mãos dele. O dinheiro impõe aquele que é o mais perigoso de todos os jugos sobre o pescoço das nações, as quais têm muita dificuldade de perceber as consequências máximas e lamentáveis através da névoa dourada inicial".

Para Hitler, o materialismo judaico causava uma "tuberculose racial das nações" porque os judeus corrompiam o caráter de seus anfitriões. Essencialmente, ele sugeriu que, como resultado do comportamento "sanguessuga" dos judeus, as nações anfitriãs começavam a agir como os próprios judeus: "Ele [ou seja, o judeu] destrói [...] em uma nação o orgulho de si e de sua própria força através do ridículo e de uma indução descarada ao vício." Em vez de realizar *pogroms* inúteis contra os judeus, escreveu ele, os governos deveriam limitar os direitos dos judeus e, em última instância, removê-los por completo das nações que os abrigavam: "O antissemitismo por motivos puramente sentimentais encontrará sua expressão máxima na forma de *pogroms*. Mas o antissemitismo da razão deve resultar na aplicação da lei a fim de eliminar sistematicamente os privilégios mantidos pelos judeus. [...] Contudo, o objetivo máximo e inabalável do antissemitismo da razão deve ser a remoção total dos judeus."

Hitler concluiu que, para limitar os direitos dos judeus, a Alemanha precisava de um governo diferente, "um governo de força nacional, jamais um governo de impotência nacional". O futuro líder do Terceiro Reich postulava que uma "Renascença" da Alemanha só podia ser gerada por "esforços irrefreados de líderes patrióticos com um sentido interno de responsabilidade".[50] Em sua declaração, Hitler se opunha ao *establishment* católico da Baviera. No outono de 1919, o arcebispo de Munique, Michael von Faulhaber, alertou publicamente em um evento no Circus Krone, o maior oratório público de Munique, contra um "exagero dos direitos soberanos dos governantes e contra a idolatria do Estado absoluto".[51]

Era também em seu ódio ao internacionalismo que Hitler se colocava contra Faulhaber e o *establishment* católico de Munique. Para o arcebispo, não havia contradição em ser bávaro, alemão e internacionalista, como é evidente na carta que escreveu para Friedrich Fick, político do Partido Liberal Democrata Alemão (DDP) e autor de um estudo sobre o internacionalismo. "Gostaria de expressar meus mais sinceros agradecimentos por tão gentilmente enviar-me seu estudo sobre 'a proteção internacional contra a difamação e insultos entre os povos'. Estou muito contente de ver que você [...] defende a sinceridade entre os povos de uma forma tão abrangente e prática", afirmou Faulhaber em 7 de novembro de 1919, exatamente um ano após o dia seguinte ao início da revolução na Baviera. "A devastação causada por nações trocando difamações e a garantia de paz internacional inerente à veracidade mútua são em si mesmas razões boas o bastante para organizar um congresso internacional no qual discutir esse tema segundo as orientações dadas em seu estudo."[52]

Um século após sua composição, a carta de Hitler a Adolf Gemlich parece, na superfície, uma gélida premonição do Holocausto. Superficialmente, também parece refletir e representar o súbito aumento do antissemitismo em Munique em 1919.[53] No entanto, é mais provável que não se tratasse de nenhum dos dois.

Embora o antissemitismo de Hitler de setembro de 1919 não fosse original em caráter, e embora fosse expresso também por uma importante minoria de bávaros, especialmente no Exército,[54] ele não tomou a forma do modelo mais popular de antissemitismo — o ódio antibolchevique aos judeus — na Munique pós-revolucionária. Na verdade, seu antissemitismo era anticapitalista em caráter e dirigido contra o capitalismo financeiro.[55] Em novembro de 1919, a direção da polícia de Munique concluiria que o antissemitismo popular na cidade era alimentado pela "particular ascensão de judeus desde o início da revolução na República Soviética de Munique etc.", bem como por uma identificação de judeus com especulação e fraude, mas não fazia menção alguma sobre o capitalismo financeiro.[56]

Enquanto isso, o antibolchevismo simplesmente não aparecia na carta de Hitler, embora a indagação de Gemlich tenha sido explicitamente sobre as relações entre o socialismo e os judeus. O antissemitismo de Hitler, portanto, não foi impulsionado pela tempestade antissemita que se acumulou durante a revolução e a República Soviética de Munique.[57] Esta foi, em seu cerne, antibolchevique em caráter.[58] Ao contrário do sentimento antissemita de Hitler, indiscriminadamente dirigido contra todos os judeus, aquele era um antissemitismo em que ainda havia um lugar para os judeus, assim como havia no antissemitismo católico tradicional da Alta Baviera.[59] Na verdade, ainda permitia àqueles judeus, que eram a própria personificação do tipo de judeus odiados por Hitler, a se sentir à vontade em Munique. Claribel Cone, apesar de judia, norte-americana e extremamente rica, ainda gozava amplamente da vida em Munique e parece ter sido bem-tratada na cidade.

Médica e patologista na casa dos 50 anos que se tornara dama da sociedade e colecionadora de arte, Cone viveu em Munique de 1914 a 1917, e do fim da guerra até 1920. Sua vida naquela cidade era tão extravagante

ENFIM, UM NOVO LAR

que ela passava todo o seu tempo no hotel mais fino de Munique, o Regina Palast Hotel, onde exigia um quarto à parte apenas para armazenar alguns de seus pertences. Embora vivesse no hotel em que Karl Mayr e outros oficiais do Comando Militar Distrital 4 mantinham um escritório provavelmente frequentado por Hitler, os relatos de sua vida na Munique do pós-guerra eram tão positivos quanto os anteriores.[60]

Após a guerra, Cone teve de fazer planos de se mudar para os Estados Unidos devido a restrições a seu passaporte norte-americano. No entanto, a senhora estadunidense de cabelos quase brancos ainda gostava tanto de estar em Munique que, em 2 de setembro, dez dias antes do primeiro comparecimento de Hitler a uma reunião do DAP, escreveu para sua irmã: "Como de costume, criei uma raiz tão profunda no lugar onde por acaso estou vivendo que será preciso mais que cavalos para me remover." No início de dezembro, ela escreveria para a irmã em Baltimore: "Eu realmente não tenho dormido aqui — eu tenho 'erlebing' — uma palavra que eu mesma cunhei pois não há nenhuma palavra em inglês para descrever as Erlebnisse [experiências] que tenho vivido aqui nestes últimos cinco anos e meio de guerra."[61] E pouco antes do Natal, em 23 de dezembro, ela relataria à irmã que as coisas estavam se movendo na direção certa na Alemanha. Certamente não estava cega para a agitação política que Munique experimentara. No entanto, não havia sinais de alarme na carta sobre como ela — a encarnação viva de uma rica judia capitalista norte-americana — vinha sendo tratada:

> No geral, toda a Alemanha está gradualmente se acalmando de seus sintomas de ebulição para os fenômenos de um Estado que se aproxima mais da normalidade. Mas a evidência de convalescença ainda está lá — mais corretamente — na convalescença; as evidências da doença grave que ela sofreu ainda estão lá. Mas sua intenção é boa e finalmente se recuperará por completo, acredito.

A colecionadora de arte judia detalhou por que gostava tanto de estar na Alemanha: "São muitas qualidades excelentes. [...] Esta é uma nação de 'Dichter e Denker', [poetas e pensadores]. [...] A atmosfera, a cultura e a tradição do velho mundo ainda deixam suas marcas neste mundo prosaico, e à medida que a tempestade (a ebulição, para ser consistente) se tranquiliza, começo a sentir novamente o encanto de um mundo que tem como seu pano de fundo (devo dizer sua medula?) uma cultura que existia ou começou a existir antes de nascermos."[62]

Mesmo no antissemitismo de Ernst Pöhner, o chefe de polícia de Munique que se tornaria um membro proeminente do NSDAP, havia ainda espaço para que os judeus existissem no outono de 1919.[63] No antissemitismo de Hitler, porém, não havia nenhum; por não ser essencialmente antibolchevique em caráter, seu antissemitismo na época não apenas diferia do antissemitismo convencional de Munique, mas também era diferente de seu próprio antissemitismo antibolchevique da década de 1940. O antissemitismo do Hitler de setembro de 1919 também não era diretamente ligado à busca por *Lebensraum* — ou espaço vital — como posteriormente seria, embora o pressuposto em que se baseava a carta de Hitler a Gemlich era de que um mundo sem judeus seria um bom mundo.

A súbita conversão de Hitler no verão de 1919 para o antissemitismo radical não foi apenas uma consequência direta, mas uma função de sua missão de construir uma Alemanha resistente a choques externos e internos contra seu sistema. Isto é, embora o antissemitismo e o racismo formassem parte integrante da visão de mundo de Hitler, não eram seu ponto de partida; sua politização e sua ideia central contínua, fundadas no verão de 1919, eram o desejo de evitar outra derrota alemã e construir um Estado que facilitasse esse objetivo, e não tanto promover pura e simplesmente o antissemitismo e o racismo.[64]

A conversão antissemita de Hitler se baseou em duas ideias: primeiro, de que o capitalismo judaico, em termos semelhantes aos que Gottfried Feder lhe havia ensinado, era a maior fonte de fraqueza da Alemanha; e segundo, que os judeus formaram uma raça com imutáveis características perniciosas que precisava ser purgada da Alemanha de uma vez por todas. Na carta-resposta de Hitler para Gemlich, que Mayr enviou com um bilhete de apresentação de próprio punho, podemos ver uma aplicação racional de argumentos que se baseiam em crenças e princípios irracionais para a questão de como construir uma Alemanha que fosse segura para todos os tempos.[65]

ENFIM, UM NOVO LAR

Devido não em pequena medida à retórica biologizada e extremista de Hitler, seria tentador argumentar que, por volta de setembro de 1919, já estava claro em sua mente que ele queria remover cada judeu da Alemanha, mesmo que ainda não pudesse imaginar como.[66] Se esse foi realmente o caso, e se o antissemitismo de Hitler no início do pós-guerra foi compreendido na época pelas pessoas que o encontraram ao longo daquelas linhas, não se pode saber.

Entretanto, enquanto redigia a carta para Gemlich, Hitler também teve que decidir se aceitava ou não o convite de Anton Drexler para começar a trabalhar para o Partido dos Trabalhadores Alemães. Na ocasião, o soldado Hitler não decepcionou o presidente local do DAP. A lembrança da reunião do DAP de 12 de setembro e a leitura matutina do panfleto de Drexler ainda agitavam Hitler. Ele então decidiu aceitar o convite de Drexler para ir a uma reunião da direção do partido.

* * *

A reunião da direção do DAP da qual Hitler participou ocorreu, segundo o testemunho dos presentes, em algum momento entre os dias 16 e 19 de setembro em um restaurante de Munique. Na reunião, Hitler disse a Drexler que aceitaria o convite para começar a trabalhar para o partido e que se filiaria.[67]

Segundo relatos do próprio Hitler em *Mein Kampf*, ele não se filiou tão ansiosa e rapidamente quanto as evidências remanescentes sugerem. Ele alega ter hesitado sobre o partido, e retratou-se como um homem que só tomava grandes decisões como resultado de longa deliberação e como alguém em pleno comando de si mesmo e das pessoas ao redor. Com isso, Hitler se desviava do fato de que pulara no partido de cabeça, sem nenhuma garantia de desempenhar um papel importante nele. Hitler afirmou que, ao longo de vários dias, chegou à conclusão de que o próprio fato de que o partido era mal organizado e pequeno lhe permitiria dominá-lo e moldá-lo à sua própria imagem. Ele escreveu que, mesmo depois de participar da reunião da direção do partido, ainda refletiu por mais dois dias quanto à possibilidade de se filiar, antes de finalmente fazê-lo na sexta-feira, 26 de setembro de 1919.[68]

Não está totalmente claro quão grande era o DAP no momento em que Hitler se filiou. Quando o partido começou a atribuir números de adesão no início de fevereiro de 1920, eles começaram com "501" para mascarar o quanto a participação era lamentavelmente pequena. Hitler recebeu o número 555, indicando que seu número real de filiação era 55. Isso não significa que ele era, cronologicamente falando, o 55º membro do partido. Inicialmente, os números eram atribuídos em ordem alfabética segundo o sobrenome, e não pela data em que os membros aderiam. Anton Drexler, por exemplo, tornou-se o membro 526, apesar de ser fundador e presidente do DAP. Assim, Hitler era o 55º nome em uma lista alfabética de 168 membros do partido.[69]

As evidências que ainda restam sugerem que o número de membros na data em que Hitler se filiou se situava em algumas dezenas. No entanto, uma vez que ingressar após um grande número de pessoas não seria adequado à história de Hitler nos anos vindouros — segundo a qual ele ingressou ainda nos primórdios do partido e que foi ele, e ele apenas, quem ergueu o DAP —, ele afirmaria que se filiou ao partido como seu sétimo membro. Em *Mein Kampf*, escreveu que passou a fazer parte de um "partido de seis homens". Os propagandistas nazistas apagariam seu verdadeiro número de filiação, 555, da carteira original de Hitler, e o substituiriam com o número 7. Hitler não tirou esse número de filiação alternativo do nada. O número não se refere ao total de membros do partido, mas ao do comitê executivo. Ele aceitou o convite de Drexler para participar desse comitê, a Arbeitsausschuss, que agora incluía sete homens de fato. Legalmente, ele só se juntaria à direção no verão de 1921. Naturalmente, o currículo dado a Hitler, devido às necessidades identificadas por Drexler, foi o de propagandista.[70]

O que se revela na ânsia de Drexler para recrutar Hitler é uma crença de que o partido não tivera suficiente êxito em atrair novos membros. O que o DAP precisava era de alguém com suprema habilidade retórica e capacidade de propaganda. Por ora, não estava conseguindo uma plateia em Munique fora dos círculos sectários. O hebdomadário *Auf gut Deutsch*, de Dietrich Eckart, líder das ideias do partido naquele momento, continuou sendo uma publicação obscura. Como um antigo participante dos cursos de propaganda de Karl Mayr reclamou no início de outubro,

ENFIM, UM NOVO LAR 155

"É uma pena que sua circulação seja tão baixa. O que também é muito notável é como essas publicações circulam em silêncio quase total pela imprensa".[71]

Hitler era agora membro de um agrupamento político híbrido. Era um partido trabalhista e, ao mesmo tempo, um partido com apelo em todas as classes sociais. Pelo menos 35% de seus membros tinham origem na classe trabalhadora. No entanto, o número real de trabalhadores entre seus membros era consideravelmente maior. Esses 35%, por exemplo, não incluíam Anton Drexler nem seus colegas de trabalho das ferrovias de Donnersberger Brücke, que formavam o próprio núcleo e davam o tom do Partido dos Trabalhadores Alemães. Muito embora eles se identificassem como trabalhadores, e apesar de sua linha de trabalho colocá-los claramente no campo da classe trabalhadora, eles foram classificados, para propósitos estatísticos, como membros da classe média porque eram funcionários do Estado.[72] No entanto, no estudo do partido, nota-se que a autoidentificação dos membros e as tarefas que realizavam tiveram patente precedência sobre a forma como eram classificados segundo os meandros do direito trabalhista alemão.

Sem surpresa, o partido a que Hitler se filiou era esmagadoramente masculino. No entanto, 13,5% dos membros eram do sexo feminino, o que, relativamente falando, tornava o DAP inicial um partido muito mais feminino do que jamais seria após sua refundação, em 1925. Hitler, aos 30 anos, era ligeiramente mais jovem que a média dos membros. A idade média dos filiados era de 33 anos em 1919, o que ainda fazia do DAP um partido muito jovem, quase juvenil. No entanto, o que tornava o partido mais incomum era sua elevada quota de membros protestantes. Em 1919, 38,3% dos membros do DAP eram protestantes, em comparação com os 57% que eram católicos — em termos absolutos, havia, claro, uma maioria católica. Contudo, o que fazia de sua participação protestante tão surpreendente é que apenas cerca de 10% da população de Munique era protestante. Isso significa que um residente protestante de Munique era cerca de dez vezes mais propenso que um católico a se juntar ao novo partido de Hitler. Há também uma alta probabilidade de que o DAP fosse desproporcionalmente um partido de migrantes que, como Hitler, tinham feito de Munique sua casa.[73]

Hitler também era agora membro de um partido que, pelo seu próprio nome e pela participação em tempos de guerra de seu presidente em Munique, no Partido da Pátria, via-se como uma defesa contra a crescente onda de sectarismo — em outras palavras, a devoção exagerada aos interesses da Baviera — e separatismo bávaro. A ascensão do separatismo na Baviera tinha raízes profundas na história, mas fora alimentado primeiro pelo enorme crescimento do sentimento antiprussiano durante a guerra, depois pela indignação quanto à nova Constituição alemã elaborada durante o verão.

Aos olhos da maioria dos bávaros, a nova Constituição já não lhes permitia que fossem senhores em sua própria casa. Embora o número de separatistas que pressionava por uma ruptura definitiva entre a Baviera e o resto da nova Alemanha fosse considerável, um número ainda maior de bávaros desejava uma Constituição que estivesse na tradição da Constituição pré-guerra da Alemanha imperial. A Alemanha do pré-guerra e do pós-guerra se compunha de estados federais, mas ainda havia um mundo de diferença entre a Alemanha imperial e a República de Weimar. Uma delas era, claro, uma monarquia; a outra, uma República. No entanto, a forma de governo não era o que mais importava para os bávaros. A verdadeira questão era com quem estava a soberania.

Na Alemanha pré-guerra, na medida em que lhes importava, a Baviera e os outros estados alemães simplesmente somaram suas soberanias ao estabelecer o império alemão em 1870/1871, à exceção da Áustria. De acordo com essa conceituação de soberania, o novo império equivalia a um muro citadino erigido em torno de várias casas, uma delas sendo a Baviera. Em suma, os bávaros permaneciam senhores em sua própria casa — ao somar suas soberanias, o poder ficava delegado ao Reich, mas, em última análise, permanecia com os bávaros.

De acordo com a percepção de um grande número de bávaros, a Constituição alemã pós-guerra de 1919 era o extremo oposto do acordo constitucional pré-guerra. A soberania agora estava com o Reich, e apenas parte dela era delegada de volta à Baviera. Em outras palavras, já não havia uma casa bávara da qual os bávaros eram os senhores. Em vez disso, havia apenas uma casa alemã, onde os bávaros ocupavam apenas um quarto e na qual tinham de responder a seus senhores que viviam no andar de cima.[74]

ENFIM, UM NOVO LAR

O DAP, apesar de sua rejeição à Constituição alemã do pós-guerra em muitos outros aspectos, não tinha problema com essa concepção de uma nova Alemanha. Na verdade, o partido queria criar um Estado central alemão ainda mais forte que o estabelecido pela nova Constituição. Hitler era agora, portanto, membro de um partido que se colocava em aberta oposição ao *establishment* da Baviera e, possivelmente, dos pontos de vista da maioria dos bávaros em 1919. No entanto, aquilo estava bem para Hitler, pois uma firme crença na necessidade de estabelecer uma Alemanha unida — destruindo as casas outrora habitadas por estados alemães individuais e edificando então uma única casa alemã com paredes que suportassem qualquer um e qualquer coisa — era sua mais antiga crença política. Por isso, aderir a um partido que se opunha às visões tradicionais bávaras foi natural para Hitler, pois ele queria ajudar a mudar essas visões.

A rejeição a movimentos separatistas em qualquer território de língua alemã e um desejo de estabelecer uma Alemanha unida foram talvez as únicas políticas constantes que correram por toda a trajetória de Adolf Hitler, desde a adolescência até o dia de sua morte. De fato, quando foi enviado para a prisão pela primeira vez em sua vida, em 1922, não foi por causa de um ato antissemita. Ele seria condenado e sentenciado a uma pena de três meses de prisão (ele cumpriria apenas um mês e três dias) por interromper violentamente uma reunião política de Otto Ballerstedt, líder do separatista Bayernbund, a quem ele mandaria matar no rastro da Noite das Facas Longas, em 1934. Seu desdém pelo separatismo da Baviera também encontrou sua expressão no fato de que, de 1934 em diante, nenhuma instituição de estado da Baviera hasteou a bandeira bávara depois que Hitler declarou sua antipatia pela bandeira.[75]

Mesmo quando se fala de sua comitiva, em 30 de janeiro de 1942 — dez dias após a Conferência de Wannsee, que selou o destino dos judeus da Europa —, e ainda obcecado por Ballerstedt e a maneira como ele supostamente havia minado a unidade alemã, Hitler afirmaria que Ballerstedt fora seu maior adversário entre todos os oradores que já encontrara. Dois dias depois, mencionaria os separatistas como, supostamente, os únicos adversários políticos a quem ele havia perseguido sem qualquer leniência. Na Toca do Lobo, seu QG militar na Prússia

Oriental, ele diria à sua comitiva: "Dizimei todos aqueles que participaram do separatismo, como um aviso, para que soubessem que aquilo não é motivo de riso para nós. Tratei com leniência todos os outros."[76] No entanto, ele acreditava que, diferentemente dos separatistas, os ativistas de esquerda podiam ser reformados. No mês anterior, durante a noite de 28/29 de dezembro de 1941, ele declarou ter acreditado que, antes de tomar o poder, poderia ter convertido para sua causa até Ernst Togler, o último líder do grupo parlamentar do Partido Comunista da Alemanha — "Se ao menos eu tivesse conhecido esse homem dez anos antes!" Sobre Togler, diria que "era, em seu cerne, um homem inteligente". Hitler já havia manifestado ideias semelhantes em um discurso que proferira em 26 de fevereiro de 1923.[77]

* * *

Desde o momento em que o general von Möhl ordenou que ele trabalhasse diretamente para Karl Mayr, Hitler passou a fazer duas coisas: primeiro, tentar encontrar um novo lar para si; segundo, dar corpo às respostas que ele estava procurando para explicar a derrota da Alemanha na guerra e encontrar uma receita de como criar uma Alemanha nova e sustentável. No fim das contas, o Reichswehr se provou um lugar inóspito para Hitler; no entanto, forneceu-lhe um campo de treinamento para testar suas ideias políticas emergentes, assim como as técnicas de propaganda. E o rico cardápio de ideias heterogêneas ao qual ele foi exposto em seu trabalho no Reichswehr lhe permitiu escolher ingredientes para a nova Alemanha que pretendia cozinhar. Foi nesse contexto que Hitler desenvolveu um antissemitismo anticapitalista (em vez de predominantemente antibolchevique). Ele via o "espírito judaico" como o veneno que precisava ser extraído da Alemanha antes que ela pudesse erguer-se. De acordo com suas ideias políticas emergentes, o "espírito judaico" era o mais importante obstáculo que colocava em risco o futuro e a sobrevivência da Alemanha.

No entanto, foi só quando deparou com o DAP em seu trabalho para Karl Mayr que Hitler encontrou um novo lar, literal e politicamente. Lá estava um lugar em que ele de fato se encaixava. Nunca mais as chacotas

ENFIM, UM NOVO LAR

discretas às quais fora exposto durante a guerra quando expressara ideias políticas; nunca mais o medo de ser espancado por soldados pós-revolucionários. Lá estava um grupo de homens, e de algumas mulheres, que se entusiasmava com suas ideias políticas e o incentivavam. E lá estava um grupo de pessoas de mesma mentalidade que, como ele, estavam tentando descobrir a melhor forma de construir uma nova Alemanha que fosse definitivamente segura. O único problema que Hitler ainda enfrentava era que algumas pessoas do DAP, ao contrário de Anton Drexler, não pareciam nada satisfeitas com sua adesão e não estavam dispostas a lhe dar espaço.

6

Duas visões

(Outubro de 1919 a março de 1920)

K arl Harrer não partilhava do entusiasmo de Anton Drexler pelo novo recruta do partido. Como Hitler recordaria em 1929, "O presidente 'nacional' do DAP estava particular [e] fortemente convencido de que me faltava toda e qualquer habilidade retórica. Falta--me a calma necessária para a oratória pública. Ele estava convencido de que eu falava rápido demais. Que não pensava o bastante em minhas frases. Minha voz era muito barulhenta e, por fim, que eu movia constantemente minhas mãos".[1]

Harrer estava relutante em acolher Hitler no rebanho, principalmente porque sua visão para o Partido dos Trabalhadores Alemães (DAP) diferia nitidamente da visão de Drexler, um desentendimento que remontava aos dias de sua colaboração inicial durante a guerra. Seu conflito pós--guerra sobre o futuro do DAP determinaria as perspectivas de Hitler no partido. Harrer via Hitler como um arruaceiro que estaria deslocado no tipo de partido que ele planejava que o DAP fosse. Durante o outono e o inverno, Hitler seria testado para saber se podia cumprir até as altas expectativas que Drexler depositava nele.

Harrer sempre imaginou que o DAP se tornaria uma versão da classe trabalhista da Sociedade Thule, da qual era membro. Essa sociedade secreta, que combinava o interesse em bizarras ideias ocultistas nórdicas e místicas com ideias políticas *völkisch* e antissemitas, aceitava como afiliados unicamente pessoas de ascendência não judia. Seus membros acreditavam que Thule tinha sido um país nórdico pré-histórico, possivelmente na Islândia, ou uma espécie de Atlântida germânica, a casa dos primeiros germanos, cuja civilização havia desaparecido. O objetivo da sociedade era pesquisar e ressuscitar a cultura e as práticas religiosas de Thule, de modo a construir uma nova Alemanha.

A Sociedade Thule, cujo símbolo era uma suástica, foi ideia inicial de um aventureiro enviado a Munique na primavera de 1918 pela liderança da Ordem Germânica em Berlim (Germanenorden, outra sociedade secreta, antissemita e pangermânica, fundada em 1912), na crença de que as atividades da Ordem Germânica tinham experimentado um êxito insuficiente na capital da Baviera. Esse aventureiro era Adam Glauer, que chamava a si mesmo de Rudolf von Sebottendorff. Filho de um motorista de trem na Baixa Silésia, Sebottendorff passou muitos anos no Império Otomano, onde se tornou um cidadão otomano e, em 1913, lutou na Segunda Guerra Balcânica. Ele voltou para a Alemanha pouco antes da Primeira Guerra Mundial, mas, devido à cidadania otomana, não teve de servir as forças armadas alemãs durante a guerra.

A Sociedade Thule funcionava em Munique como uma organização de fachada para a Ordem Germânica, destinada a coordenar e dirigir atividades *völkisch* na cidade. Em seu auge, no início de 1919, tinha cerca de duzentos membros e realizava suas atividades a partir de salas alugadas de um clube de fuzileiros navais no sofisticado Hotel Vier Jahreszeiten. De modo a atingir um público tão amplo quanto possível, Sebottendorff comprou o *Münchener Beobachter*, um jornal até então insignificante, especializado em notícias locais e esportes, que Hitler supostamente começara a ler em Lechfeld. A sociedade também tentava mudar realidades na prática. Para cumprir tal finalidade, criou um grupo paramilitar em 10 de novembro de 1918.

Como o apelo da Sociedade Thule se limitava às classes altas e classes médias educadas, alguns de seus membros concluíram que uma segunda sociedade secreta tinha de ser criada sob sua tutela para atrair os trabalhadores. Foi por isso que Karl Harrer fez contato com Anton Drexler

DUAS VISÕES

e os dois homens se uniram para fundar o DAP como uma Sociedade Thule ao estilo da classe trabalhadora. Foi o mesmo ímpeto Thule que deu origem ao Partido Socialista Alemão, que ignorou Hitler no início de setembro.

Sebottendorff mais tarde diria que a Sociedade Thule — e não Hitler — deu à luz o Partido Nacional-Socialista dos Trabalhadores Alemães. Segundo Sebottendorff, a Sociedade forneceu ao DAP ideias políticas e uma estrutura organizacional.[2] A seus olhos, Hitler não foi mais que uma ferramenta talentosa nas mãos da Sociedade Thule. "Reconhecemos o mérito, a grandeza e a força de Adolf Hitler", Sebottendorff escreveria em 1933. No entanto, ele argumentou, o trabalho da Sociedade Thule foi o que "forjou as armas que Hitler pôde usar".[3] Há alguma verdade nas declarações de Sebottendorff. Harrer e a Sociedade Thule foram essenciais na fundação inicial do DAP. Além disso, vários futuros líderes nacional-socialistas eram assíduos frequentadores das reuniões da Thule, incluindo Anton Drexler, Dietrich Eckart, Rudolf Hess (futuro vice de Hitler), Hans Frank (jurista máximo de Hitler e administrador da Polônia ocupada), e Alfred Rosenberg (o futuro líder ideólogo do Partido Nazista).[4]

O papel da Sociedade Thule também importa na medida em que aponta para um esforço não católico e de fora da Alta Baviera no estabelecimento do futuro Partido Nazista. As origens de Sebottendorff, bem como dos importantes convidados do grupo, sugerem que a sociedade era desproporcionalmente frequentada por moradores de Munique que não eram nem católicos nem da Alta Baviera, e que apenas recentemente haviam feito da cidade seu lar adotivo. Rosenberg e Hess nasceram no exterior; Sebottendorff nascera no leste; Eckart, no Alto Palatinado, nordeste da Baviera; Frank vinha do estado de Baden, sudoeste alemão. Hess e Rosenberg eram protestantes; Eckart, filho de pai protestante e mãe católica que morreu quando ele ainda era criança; Frank era um católico tradicional; e Sebottendorff rompera com o cristianismo, sendo atraído para o ocultismo, as ideias esotéricas e certas vertentes do Islã durante seu período no Império Otomano. Além disso, Johannes Hering e Franz Dannehl, ambos cofundadores da Sociedade Thule, vinham respectivamente de Leipzig, na Saxônia, e da Turíngia. Da mesma forma, a maioria dos membros da Sociedade Thule executados como reféns nos últimos dias da República Soviética, no final de abril, eram de fora da Alta Baviera e não católicos. Aquilo que se dizia pejorativamente nos anos do pós-guerra sobre os líderes da revolução de Munique em 1918 e 1919 — ou seja, que eles eram *landfremde Elemente* (elementos estranhos à Baviera) — poderia igualmente ser aplicado à Sociedade Thule. Seus líderes eram, em origem, o reflexo direitista da liderança da República Soviética de Munique.[5]

Harrer imaginava que o DAP funcionaria como uma sociedade ou loja de certa forma secreta e exclusiva que, selecionando homens influentes entre os trabalhadores como membros, popularizariam ideias *völkisch* e antissemitas dentro das classes trabalhadoras ao longo do tempo. O comportamento destemperado de Hitler não tinha lugar em seu conceito de partido.

Poucas pessoas ficaram sabendo da sociedade antes da execução de alguns de seus membros nos últimos dias da República Soviética de Munique. Nem mesmo o ensaísta e professor Josef Hofmiller, um indivíduo bem conectado nos círculos conservadores, teve conhecimento da Sociedade Thule antes do fim da República Soviética. Em 7 de maio, em uma das últimas anotações em seus diários que sobreviveram, Hofmiller perguntou: "Sociedade Thule? O que é isso?"[6] No entanto, nos dias que se seguiram, quando as execuções estavam na mente de todos, a sociedade se tornou o assunto da cidade. Politicamente, quase da noite para o dia, ganhou legitimidade como defensora da Baviera contra extremistas de esquerda aos olhos de muitas pessoas que de outra forma teriam considerado o grupo nada além de uma bizarra organização "à margem". Por algum tempo, a Sociedade Thule pareceu estar em ascensão e, portanto, a visão de Harrer parecia viável.[7]

No entanto, no momento em que Hitler apareceu em cena, em setembro, Drexler e as pessoas próximas ao presidente local do DAP já haviam começado a ter dúvidas sobre a visão de Harrer para o partido, ou seja, uma sociedade secreta ao estilo Thule para as classes trabalhadoras. Por um lado, Drexler e seus associados eram homens que se mobilizavam, que provavelmente não apreciavam a ideia de serem reduzidos a ferramentas nas mãos da Sociedade Thule. Além disso, a fama e a importância

DUAS VISÕES

da sociedade na sequência do esmagamento da República Soviética de Munique foi pouco mais que um fenômeno de sete dias. Na verdade, o líder do grupo, o autointitulado aristocrata Rudolf von Sebottendorff, abandonou a cidade logo depois da queda da República. Após pouco mais de um ano, ele já estava farto de Munique.[8]

Ao longo do verão, a Sociedade Thule se tornou cada vez mais marginalizada na vida política de Munique. Sem dúvida, para os membros do DAP, o apoio da sociedade parecia cada vez menos importante.[9] Os membros da Sociedade Thule tiveram de perceber que muitos opositores à República Soviética se dispuseram a formar fileiras pelo ganho tático no momento, mas, uma vez que a República foi derrotada, eles não apoiariam ativamente a Thule a longo prazo. Além disso, era improvável que uma sociedade cujo próprio nome significava uma rejeição ao cristianismo pudesse lançar raízes profundas no *establishment* católico da Baviera. Sebottendorff e seus colegas batizaram a sociedade de "Thule" na crença de que a Islândia, antes de sua queda, funcionara como refúgio para os povos germânicos que resistiram à cristianização, no início da Idade Média.[10] Em suma, por volta do outono de 1919, a Sociedade Thule era apenas uma sombra de sua identidade anterior.

Em vez de partilhar da visão de Harrer do DAP como uma sociedade secreta, Drexler pressionava para acolher Hitler no partido como um efetivo divulgador vocal de sua propaganda; ou seja, queria usá-lo para apelar diretamente ao público. Drexler defendeu que Hitler fizesse seu primeiro discurso oficial para o DAP na reunião de outubro. Como Harrer se tornara débil dentro do partido devido à implosão da Sociedade Thule, Drexler impôs sua vontade. A única concessão que Harrer conseguiu garantir foi que Hitler não fosse o primeiro e principal orador, mas o segundo da noite.[11]

* * *

O discurso inaugural de Hitler para o DAP foi um sucesso instantâneo. Ocorreu na noite de 16 de outubro de 1919, logo após o discurso principal da reunião do partido na Hofbräukeller, uma das mais conhecidas cervejarias de Munique, localizada do outro lado do rio a partir do centro da cidade. Como o *Münchener Beobachter* noticiou alguns dias depois, Hitler falou com "palavras inflamadoras", argumentando em prol da "necessidade de se unir contra o inimigo comum das nações" — ou seja, os judeus — e exortando as pessoas a apoiarem "uma imprensa alemã, de modo que a nação aprenda as coisas sobre as quais os jornais judeus se calam".[12]

A bem-recebida estreia de Hitler provou que Drexler tinha razão, e o resultado foi que o novo recruta do partido se tornou um de seus oradores regulares. Hermann Esser, que, como Hitler, trabalhara para Mayr e agora com frequência comparecia a reuniões do DAP, logo percebeu que Hitler ultrapassava todos os demais em seus talentos como orador. Esser recordou um daqueles primeiros discursos: "Acredito que o efeito de Hitler já ali se baseava em uma circunstância repetidamente notada por mim mais tarde: pessoas da Áustria, austríacos nativos, geralmente têm mais talento para falar sem anotações do que os alemães do norte ou nós, bávaros." No entanto, de acordo com Esser, a herança austríaca de Hitler não era a única razão para seu sucesso como orador: "E ele também apresentou um bom senso de humor em algumas de suas observações; às vezes pode ser bastante irônico. Foi tudo isso que gerou um efeito sobre seus ouvintes." Além disso, Hitler parecia mais autêntico que os outros oradores. As pessoas achavam que havia algo especial nele que o tornava uma figura atraente. Viam "um soldado e alguém que passou fome", alguém que dava "a impressão de ser um pobre-diabo" e cujo uso da ironia tornava seus discursos especiais.[13]

Hitler voltou a falar em uma reunião do DAP em 13 de novembro, diante de um cenário de crescente agitação antissemita em Munique, com folhetos e panfletos antijudaicos sendo distribuídos ou jogados nas ruas. Dessa vez, o discurso foi sobre o Tratado de Versalhes. Hitler usou seu próprio sentimento de traição por Estados Unidos, Grã-Bretanha e França — que sentira desde o final da primavera ou começo do verão — para se conectar com sua plateia. Ele concluiu que "não há compreensão internacional, apenas engano; nenhuma reconciliação, somente violência". O que se seguiu, segundo um relatório da polícia sobre o evento, foi "um aplauso retumbante, muito repetido".[14]

Quinze dias depois, Hitler foi o quinto orador em outro evento do partido. Ele retornou ao tema da falsidade das promessas feitas no final da guerra sobre a autodeterminação dos povos, exigindo "o direito humano dos derrotados e enganados", e perguntando à sua plateia "Somos cidadãos ou somos cães?". No entanto, ele não vociferou somente contra as potências vencedoras da Primeira Guerra Mundial; também argumentou em prol do estabelecimento de um governo de tecnocratas. Sob risos de seus ouvintes, falou sobre Matthias Erzberger, o ministro das Finanças, nascido na cidade de Buttenhausen, Suábia. "Um homem que, embora seja o melhor professor da cidade de Buttenhausen, ainda pode ser o pior ministro das Finanças", disse Hitler, e exigiu: "Queremos especialistas em nosso governo, não incompetentes."[15]

Enquanto o outono dava lugar ao inverno, as reuniões do DAP aconteciam em locais extremamente frios por causa da proibição de aquecer salas de reuniões devido à aguda falta de combustível em Munique. No entanto, o envolvimento de Hitler já rendia frutos, pois o público em eventos do DAP começou a crescer.[16] Quando, em 10 de dezembro, ele caminhou até a frente do salão do restaurante Zum Deutschen Reich para discursar em uma reunião — de calça preta, camisa branca, gravata preta e um velho paletó gasto que os rumores diziam de ter sido presente de um mascate judeu na Viena do pré-guerra —, ele passou por trezentas pessoas. Era mais que dez vezes o tamanho das plateias que assistiram às reuniões do partido no verão anterior.[17]

Como em suas outras falas, Hitler buscava identificar as implicações daquilo que via como promessas wilsonianas vazias sobre o alvorecer de uma nova era nas relações internacionais. Ele apresentou três perguntas: "De quem é a culpa pela humilhação da Alemanha? O que é o direito? Pode haver direito sem direito? [Ou seja, pode haver justiça sem um sistema formal de justiça?]"

Para Hitler, a força era mais importante que o direito, uma crença sua que, naquela época, não era dirigida por um pensamento de darwinismo social. Na verdade, era alimentada pelo que ele via como uma percepção de que as promessas feitas pelos Estados Unidos para a Alemanha no final da guerra não contaram para nada quando postas à prova. Hitler disse: "Pudemos ver por nós mesmos no final da Guerra Mundial. A América do Norte se recusa a se juntar à Liga das Nações porque é poderosa o bastante por si só e não requer a ajuda de outros, e porque se sentiria limitada em sua liberdade de movimento."

A crença de Hitler de que "a força e o conhecimento de que temos auxiliares em formação fechada em nossa retaguarda decidem o que é certo" também se baseava em uma leitura da história dos séculos anteriores. Ele argumentava que o tratamento que a China deu ao Japão no século XIX, a posição da Grã-Bretanha quanto à Índia, a discriminação dos Estados Unidos contra imigrantes não brancos e a posição da Inglaterra quanto à Holanda no início da era moderna foram todos impulsionados pela força, não pela razão. Ele declarou que somente se alemães percebessem o que todo mundo já sabia — que não havia direito sem força — é que a Alemanha poderia sobreviver. Também afirmou que a Alemanha tinha de encontrar uma resposta para o problema dos estoques de alimentos insuficientes do país, que estava forçando seu povo a imigrar para o Império Britânico. A emigração era perniciosa, Hitler insistia, pois resultaria em que muitos dos seus melhores homens seriam perdidos, e a Alemanha seria enfraquecida e a Grã-Bretanha fortalecida em assuntos internacionais.

A ideia subjacente da fala de Hitler no frio salão do Zum Deutschen Reich se desdobrava em duas: primeiro, a Alemanha tinha de se reformular para sobreviver no palco global; segundo, tinha de perceber quais países sempre seriam seus inimigos e quais só desenvolveriam inimizade contra ela por conveniência. Hitler prosseguiu afirmando que havia dois tipos de inimigos: "O primeiro tipo inclui nossos inimigos eternos, a Inglaterra e os Estados Unidos. No segundo grupo estão as nações que desenvolveram inimizade contra nós, como consequência de suas próprias situações infelizes ou devido a outras circunstâncias."[18] Um dos países citados por Hitler como não sendo inimigo natural da Alemanha foi aquele que sofreria o maior número de baixas em sua luta contra os alemães na Segunda Guerra Mundial: a Rússia.

Internamente, Hitler escolheu culpar não o bolchevismo, mas o capitalismo financeiro judaico, tal como tinha feito em Lechfeld e em sua carta a Gemlich. "Nossa luta é contra o dinheiro. Só o trabalho nos ajudará, não o dinheiro. Devemos esmagar a escravidão dos juros. Nossa luta é contra as raças que representam o dinheiro."

DUAS VISÕES

Ele concluiu, portanto, que os alemães tinham de se levantar contra o capitalismo judaico e o mundo anglo-americano se quisessem tornar-se "um povo livre dentro de uma Alemanha livre".[19]

* * *

Apesar de Hitler se tornar cada vez mais ativo no DAP ao longo do outono de 1919, seu trabalho diário continuava a ser a realização de propaganda para o Comando Militar Distrital 4. Até o final de outubro, ele ainda serviu formalmente o 2º Regimento de Infantaria. Em 26 de outubro, foi transferido para o Schützenregiment 41, onde serviria como um "oficial de educação" ligado à equipe regimental. Como resultado de sua transferência, Hitler foi mandado mais uma vez para perto do coração de Munique e recebeu alojamento em um dos quartéis do Schützenregiment 41, o Quartel Türken, mesmo lugar onde ele teve de ser salvo de espancamento por Michael Keogh, o voluntário irlandês nas forças armadas alemãs.

Hitler agora tinha um posto do seu agrado. Ele só precisava sair de seu quartel para estar bem no coração do bairro artístico de Munique, em cujo centro estavam os museus de arte mais famosos da cidade, a Velha Pinakothek e a Nova Pinakothek. Quando permanecia no Quartel Türken, ele podia passar seu tempo na biblioteca do regimento, da qual ele era agora encarregado, e se envolver em seu passatempo favorito: a leitura.[20]

Quando saía do quartel em tarefas oficiais, Hitler às vezes falava a unidades militares em Munique. Em certa ocasião, ele foi enviado a Passau, na fronteira bávaro-austríaca, onde passara parte de sua infância, para falar aos soldados de um regimento com base naquela cidade. Em janeiro e fevereiro de 1920, também participou como orador em dois cursos de propaganda do tipo que ele próprio havia tomado no verão anterior, fazendo um discurso sobre "Partidos Políticos e o que Significam", bem como um de seus temas favoritos, "A Paz de Versalhes".[21]

O oficial que dirigia os dois cursos, que não era Karl Mayr, ficou tão entusiasmado pelo discurso inflamado de Hitler sobre Versalhes que o encarregou de produzir um panfleto que comparasse — e por isso o título — "A Paz Punitiva de Brest-Litovsk e a Paz de Reconciliação e

Entendimento Internacional de Versalhes". Hitler colocou toda a sua paixão na concepção do panfleto, demonstrando como, em sua opinião, o Tratado de Brest-Litovsk — o acordo de paz que a Alemanha impôs à Rússia no início de 1918 — tinha sido um tratado entre iguais. Ele procurou demonstrar que a Alemanha deixara a Rússia praticamente intacta e que retomou o comércio com ela imediatamente, e que renunciou a quase todas as demandas por indenizações. Em suma, Hitler apresentou Brest-Litovsk como um tratado alimentado por um desejo de promover "paz e amizade". Em contraste, ele descreveu o Tratado de Versalhes "como uma paz punitiva que não só roubou da Alemanha muitos de seus territórios essenciais, mas que continuaria a tratar a Alemanha como pária, tornando impossível uma recuperação material e social do país". [22]

Ao longo do final do outono de 1919 e do inverno que se seguiu, Hitler circulou entre o Quartel Türken, os escritórios do Comando Militar Distrital 4 e os locais em que o DAP e seu diretório se encontravam.[23] Suas atividades para o DAP e para o Exército se complementavam.

Karl Mayr claramente via o trabalho de Hitler para o DAP como um benefício aos interesses do comando distrital, como é evidente no apoio contínuo a seu protegido: primeiro, apoiou a decisão de Hitler de entrar para o partido.[24] Segundo, além do pagamento normal que Hitler continuou a receber do Exército, Mayr deu a Hitler — bem como a Esser, que também continuou a trabalhar para ele — um dinheiro extra do que parecia ser um fundo discricionário. A cada três ou quatro semanas, Mayr dava a cada um deles algo entre 10 e 20 marcos, em dinheiro, especialmente nos momentos em que, como analistas e, possivelmente, espiões, ambos reportavam diversas reuniões políticas noturnas. O próprio Mayr também compareceu ao discurso de Hitler para o DAP em 12 de novembro.[25]

Mas, apesar de Mayr ter inicialmente enviado Hitler ao DAP, foi o próprio Hitler quem tomou medidas ativas para entrar na política, estando já politizado no momento em que fez sua aparição no Partido dos Trabalhadores Alemães. Ou seja, Mayr claramente aprovava as decisões e ações de Hitler e procurava utilizá-las em benefício do Reichswehr, mas Hitler não entrou na política por instrução dele. Agora, quando Mayr tentava usá-lo como sua ferramenta, Hitler se tornava cada vez mais difícil de manejar. Na verdade, ele começou a se emancipar da influência de Mayr no final de 1919, enquanto tentava usar outras pessoas — possivelmente até o próprio Mayr — como seus próprios instrumentos. Embora levasse até março de 1921 para que Mayr percebesse por completo que Hitler não estava mais em seu bolso, já havia começado a ser substituído como mentor de Hitler por volta do fim de 1919.[26]

Seu novo mentor era o líder ideólogo do DAP, Dietrich Eckart, poeta, dramaturgo, boêmio e jornalista. De natureza jovial, era um homem inconstante, no entanto, com uma expressão de morsa, e viciado em morfina. Eckart era 21 anos mais velho que Hitler. Embora a maior parte de seus esforços fosse financeiramente malsucedida, sua adaptação dramática da peça em cinco atos de Henrik Ibsen, *Peer Gynt*, em 1921, trouxe-lhe fama repentina, sucesso e riqueza.

Nas palavras de Hermann Esser, do final de 1919 em diante, Hitler "mais ou menos reverenciava Eckart como seu amigo paternal, como de fato eu também fazia". De acordo com Esser, "Eckart desempenhava o papel do pai para a nossa família, e nós o honrávamos como tal". Por sua vez, Eckart posteriormente afirmaria que ficou instantaneamente impressionado com Hitler ao conhecê-lo: "Fui atraído pela sua maneira de ser, e logo percebi que ele era exatamente o homem certo para nosso jovem movimento." Para Eckart, impressionado com sua energia, Hitler era de longe o melhor orador do DAP. Ele o tratava como seu protegido favorito no partido. Quando Esser e Hitler se desentendiam, como ocasionalmente ocorria na época, Eckart agia como pacificador, mas também dizia a Esser, como este último recordou: "Não invente; ele é, de longe, seu superior."[27]

Como tantos outros nacional-socialistas do início, Eckart era um forasteiro para o coração católico do sul da Baviera que tinha sido atraído por Munique. Nascido e criado no norte da Baviera, ele passou muitos anos em Berlim antes de se mudar para Munique, em 1913, mesmo ano em que Hitler fez da capital bávara sua casa. Havia muitos paralelos nas vidas de Eckart e Hitler, apesar de sua diferença de idade. No fundo, ambos eram artistas, ambos provavelmente sofriam de depressão, ambos haviam experimentado dificuldades — Hitler em Viena, Eckart em Berlim — e as paixões de ambos estavam igualmente nas artes e na política. Ambos foram expostos a influências judaicas antes da guerra, sobre as quais mais tarde prefeririam manter silêncio.

Quando era um rapaz de 20 anos em Viena, Hitler tivera associados e conhecidos judeus em uma residência para homens da classe trabalhadora com quem ele se dava bem. Para Eckart, as influências judaicas eram ainda mais profundas que isso. As duas pessoas que ele mais admirava antes de conhecer Hitler eram judeus: Heinrich Heine e Otto Weininger. Heine, o grande poeta judeu-alemão, foi o herói da juventude de Eckart. A primeira publicação de Eckart foi uma edição de versos de Heine. Ainda em 1899, Eckart laureava a mais famosa figura literária judaica da Alemanha do século XIX como o gênio do país naquele século: "Se alguém toma em mente a totalidade dessa desolada época alemã — em todo o seu vazio —, nunca termina de se surpreender pela força do gênio com que um único homem de repente rompeu os grilhões ignominiosos [do povo] e levou seu espírito liberto a surpreendentes caminhos novos. Esse homem foi Heinrich Heine." Em 1893, Eckart até escreveu e publicou um poema que cantava os louvores de uma bela moça judia.[28]

Weininger tornou-se importante para Eckart no momento de sua conversão antissemita, nos primeiros anos do século XX. Weininger foi um judeu austríaco que se converteu ao protestantismo quando adulto, e publicou seu livro *Geschlecht und Charakter* (Sexo e Caráter) em 1903, pouco antes de seu suicídio, aos 23 anos. O tema central era a polaridade do masculino e do feminino dentro do indivíduo e do universo, caracterizando o princípio feminino com o judaísmo. Para Weininger, a principal característica do princípio feminino era seu materialismo e a ausência de uma alma e uma personalidade. Depois de ler o livro, Eckart começou a venerar como herói o escritor judeu do auto-ódio, anotando em seu caderno na época: "Se eu tenho o livro de Weininger na minha mão, também não tenho seu cérebro em minha mão? Não possuo eu mesmo o cérebro para ler nas entrelinhas de seus pensamentos? Ele não é meu? Não sou eu dele?"[29]

Apesar das primeiras influências judaicas, Hitler e Eckart já partilhavam da mesma retórica exterminadora quando se referiam a judeus na esteira da Primeira Guerra Mundial e da revolução. Em sua carta a

DUAS VISÕES

Gemlich, Hitler identificou como seu objetivo final "a total remoção dos judeus", e Eckart expressou, durante seu encontro inicial com Hitler, o desejo de colocar todos os judeus em um trem e levá-los até o Mar Vermelho.[30]

Eckart era de suma importância para Hitler não apenas por causa de sua influência política sobre ele, ou porque, provavelmente sob sua influência, Hitler começava a acreditar-se um ser superior. Ele também era de suma importância para Hitler por causa de sua vida fora da política, ou, melhor dizendo, sua vida nos limites da política e da artes. Foi através de Eckart que Hitler — que nunca conseguiu encontrar uma base na cena de artes de Munique por conta própria — foi apresentado a artistas de mesma mentalidade que formavam uma subcultura em uma cidade dominada por progressistas. Para Hitler, a apresentação mais importante que Eckart lhe fez foi Max Zaeper, um pintor de paisagens cujo objetivo era eliminar as influências judaicas da arte e que dirigia um salão de artistas de mesma opinião. Quando Eckart levou Hitler ao salão de Zaeper pela primeira vez, no outono de 1919, ele o apresentou como um especialista em arquitetura de origem na classe trabalhadora. Da cabeça aos pés, Hitler certamente pareceu um especialista desfavorecido aos outros participantes. Como um deles lembrou, Hitler apareceu no salão com "seus olhos cinzentos ligeiramente velados, com cabelos escuros e um bigode caído, e narinas notavelmente largas. Seu terno era escuro e puído, com calças velhas e desgastadas que se avolumavam na altura dos joelhos".[31]

Dietrich Eckart teria uma influência tão importante sobre Hitler que dedicaria a ele o segundo volume de *Mein Kampf*. No entanto, Hitler não mencionou Eckart no texto do livro, porque tentava se apresentar como um homem que se formara totalmente por conta própria. Em todo caso, apesar de omiti-lo em *Mein Kampf*, Hitler admitiria, em particular, que Eckart desempenhara um papel de mentor e professor. Durante a noite de 16/17 de janeiro, 1942, ele diria à sua comitiva no QG militar: "Todos nós avançamos desde aquele tempo, por isso não vemos o que [Eckart] era na época: uma estrela polar. Os escritos de todos os outros eram repletos de platitudes, mas, quando ele nos corrigia, quanta sagacidade! Eu era uma simples criança em termos de estilo."[32] Eckart de fato teria a mais forte influência sobre Hitler nos primeiros anos do partido.[33]

* * *

Em comparação ao ponto em que estava no verão de 1919, o DAP sofrera uma transformação fenomenal até o fim daquele ano. Contudo, mesmo naquele tempo, o partido se manteve como um agrupamento político bastante obscuro, como fica evidente, por exemplo, em seu destino entre os estudantes de Munique. Embora, nesse momento, muitos dos que apareciam em reuniões do DAP fossem estudantes universitários, a esmagadora maioria de seus colegas não mostrava qualquer interesse no partido e em suas atividades. Um estudante da Renânia passou o semestre do inverno de 1919/1920 na Universidade de Munique sem jamais participar de eventos do DAP. Ele era nada menos que Joseph Goebbels, que se tornaria o chefe de propaganda do Terceiro Reich. Não é o mesmo que dizer que os alunos como Goebbels eram todos apolíticos; eles apenas não tinham interesse no DAP.

Goebbels oscilava entre sua educação católica, contra a qual havia começado a se rebelar — apesar de ainda ter votado no Partido Popular da Baviera (BVP) quando estudante em Würzburg, em janeiro — e seus crescentes sentimentos socialistas, antimaterialistas, nacionalistas alemães e pró-Rússia. Enquanto vivia em Munique, ele trabalhou em um drama com o título *A luta da classe trabalhadora*, e se sentia intelectualmente próximo do poeta-escritor judeu Ernst Toller, um dos principais membros da República Soviética de Munique. O único lugar onde é factível que Goebbels tenha encontrado Hitler sem perceber era a ópera — ambos adoravam assistir às óperas de Wagner.[34]

Os sentimentos socialistas, antimaterialistas e nacionalistas de Goebbels e Hitler e do nascente DAP não estavam em mundos separados. Contudo, suas atitudes em relação ao antissemitismo estavam. O fervoroso antissemitismo do DAP provavelmente foi uma razão pela qual o partido não se tornou uma casa para estudantes como Goebbels. No início de 1919, ele escrevera a sua namorada Anka: "Você sabe que não sou particularmente atraído por esse antissemitismo exagerado. [...] Não poderia dizer que os judeus são meus amigos particulares, mas não acho que vamos nos livrar deles amaldiçoando ou polemizando, ou mesmo com *pogroms*, e, se isso fosse possível, seria muito ignóbil e desumano."[35] Contudo, apesar da contínua obscuridade do DAP, havia esperança no horizonte para o partido no inverno de 1919/1920, talvez mais bem resumida por um evento que ocorreu no dia 16 de janeiro de 1920. Naquele dia, o julgamento do conde Arco, o assassino de Kurt Eisner, finalmente chegou ao fim.

A sentença proferida naquele dia certamente não foi uma fonte de alegria na direita política, pois Arco foi condenado à morte. Como Goebbels testemunhou, houve tumulto na Universidade de Munique após a notícia sobre o veredito, resultando em fervorosos protestos pró-Arco por muitos estudantes. No entanto, a forma como até o promotor público elogiou Arco foi emblemática do quanto o clima político pendera para a direita nos meses anteriores, criando assim oportunidades para grupos e partidos da direita radical. Em sua avaliação de Arco, o promotor soava mais como advogado de defesa do que acusador: "Foi um patriotismo verdadeiro, profundo, intensamente enraizado, que motivou o réu." Ele acrescentou: "Se ao menos todos os nossos jovens fossem inspirados por um patriotismo tão ardoroso, teríamos esperança de poder olhar para o futuro da nossa pátria com corações alegres e confiança."[36]

Até o ministro da Justiça da Baviera, Ernst Müller-Meiningen, membro do liberal Partido Democrata Alemão (DDP), nutria simpatias pelo assassino de Eisner, e rapidamente comutou a sentença de morte — primeiro para prisão perpétua; posteriormente, para um período de quatro anos, que Arco serviu em uma confortável cela na fortaleza de Landsberg. Durante o julgamento, Arco conseguiu encantar metade de Munique. Elsa Bruckmann, por exemplo, considerava-o "particularmente agradável". A ex-princesa romena achava que "ele agiu por motivos *completamente* nobres". Bruckmann comentou que "todo mundo diz apenas o melhor sobre ele".[37]

O DAP não foi um beneficiário direto da guinada direitista na política bávara que alimentava as expressões de simpatia por Arco. As diferenças políticas e ideológicas entre ele e o partido eram no mínimo tão significativas quanto suas semelhanças,[38] pois Arco era um separatista bávaro e monarquista. Na verdade, a ala separatista, monarquista e autoritária do BVP foi a maior beneficiária imediata da inclinação da Baviera para a direita. De fato, mesmo quando Hitler chegou ao poder, existia profunda antipatia entre o assassino de Eisner e o partido do soldado que havia servido ao regime de Eisner. Em 1933, Arco seria levado sob "custódia protetora", por receio de que ele novamente se tornasse um assassino e alvejasse Hitler.[39]

No entanto, a guinada para a direita na política bávara também beneficiou o DAP. Todas as partes que tinham sido críticas a Eisner — e que agora ajudavam a conter possíveis tentativas da esquerda radical de tomar o poder — subiam na estima de grande número de apoiadores políticos conservadores e centristas. Em outras palavras, embora relativamente poucas pessoas apoiassem ativamente tais grupos políticos no início de 1920, e embora muitos objetivos políticos do DAP por vezes se confrontassem abertamente com os dos centristas e conservadores bávaros, o papel do DAP como parte de um baluarte antirrevolucionário lhe dava uma posição na política da Baviera. Esse papel, diferentemente do que ocorria no passado, dava ao partido o direito e a capacidade de ter uma plateia, sobre a qual o DAP se construiria nos meses e anos por vir.[40]

Além disso, no rastro da guerra, muitos conservadores da Alemanha, particularmente os jovens, chegaram à conclusão de que não havia volta para o antigo regime. Concluíram que os partidos e as organizações conservadoras do pré-guerra não conseguiam resolver a "questão social" — em outras palavras, as tensões sociais e de classe resultantes da industrialização. Da mesma forma, eles não tinham convicção de que o Partido Conservador Alemão (Deutschkonservative Partei) do pré-guerra, mesmo em sua forma renovada do pós-guerra, seria capaz de se tornar popular e atrair os trabalhadores. Embora o novo partido conservador proclamasse em seu nome que era do povo — Partido Popular Nacional Alemão (Deutschnationale Volkspartei, ou DNVP) —, os jovens conservadores da Alemanha, como Ulrich von Hassell, duvidavam que realmente pudesse chegar lá.

Hassell, genro de Alfred von Tirpitz, líder ultraconservador da Marinha do kaiser Wilhelm e figura de destaque no DNVP, publicara um manifesto, "Nós, Jovens Conservadores", em novembro de 1918, logo após o fim da guerra, defendendo que os conservadores e socialistas, e não os conservadores e liberais, encontrassem um terreno comum e se unissem. Como adversário do capitalismo internacional anglo-americano, ele não via chance de uma aliança política com os liberais. No entanto, como o jovem membro do DNVP afirmou em seu manifesto, ele acreditava que a cooperação entre socialistas e conservadores era possível e desejável, de modo a resolver a "questão social" e abraçar o futuro. Ele pensava que era a única maneira de assegurar a sobrevivência do conservadorismo em uma era de política de massas. Inicialmente, Hassell teve o Partido Social-Democrata (SPD) em mente ao elaborar sua visão de uma aliança conservadora-socialista, porém, poucos meses depois, desistiu do SPD.[41]

O pensamento subjacente à proposta de Hassell era parte de um realinhamento estratégico conservador mais amplo, a partir do qual, em última análise, os partidos coletivistas que eram originários tanto do socialismo como do nacionalismo se beneficiariam mais. Em outras palavras, o espírito que animava o manifesto de Hassell incitava os conservadores em toda a Alemanha a estar ao menos curiosos e abertos para partidos como o DAP. Eles eram vistos como partidos com potencial de apelo aos eleitores considerados fora do alcance dos partidos conservadores, mesmo quando os conservadores não compartilhavam de todos os objetivos políticos de tais partidos.

A curto prazo, a nova abertura dos conservadores era de uso limitado para o DAP enquanto só operava dentro da Baviera, pois externamente havia terreno muito mais fértil para que partidos como o DAP se expandissem. No restante do país, os conservadores tradicionais — entre eles o Partido Popular Nacional da Alemanha — acreditavam que, apesar de seus melhores esforços, dificilmente teriam sucesso em apelar diretamente à classe trabalhadora e à classe média baixa. É por isso que buscavam o apelo a essas classes entre os pequenos partidos da variante do DAP. No entanto, na Baviera, o DNVP — ou, para ser mais preciso, seu braço bávaro, o Mittelpartei — não era o principal partido conservador da Baviera, mas sim o BVP. Ao contrário do DNVP, era um partido popular, com apoio em diversas classes, e dominava o conservadorismo na região. Embora os políticos do BVP talvez vissem o DAP como um útil aliado antibolchevique, não sentiam que tinham de delegar a outros o apelo aos trabalhadores e às classes médias mais baixas. Pensavam que o BVP era perfeitamente capaz de fazê-lo por si. Portanto, um partido com um perfil como o do DAP provavelmente encontraria sua brecha fora da Baviera.[42]

No entanto, para benefício do DAP, uma minoria significativa de católicos bávaros começava a se sentir alienada pelo internacionalismo da Santa Sé e a democratização do BVP. Como resultado, passaram a se voltar tanto contra a Igreja católica como o BVP. Para eles, o DAP fornecia uma potencial nova casa política viável. Eram inspirados por artigos e panfletos de escritores católicos locais, como Franz Schrönghammer-Heimdal, amigo próximo de Dietrich Eckart, que logo se juntaria ao DAP. Schrönghammer-Heimdal propagava um catolicismo nacional, *völkisch*. Para ele, Jesus não era judeu, mas um ariano galileu de Nazaré. Em alguns dos artigos de Eckart, também havia ecos do tipo de catolicismo defendido por seu amigo.[43]

Os católicos de Munique que acreditavam no tipo de catolicismo nacional defendido por Schrönghammer-Heimdal já não se sentiam representados por Michael von Faulhaber. O arcebispo de Munique, ainda que não fosse amigo da nova ordem política, tinha como principal objetivo combater a restrição dos direitos da Igreja. No entanto, para desânimo de uma facção de católicos de extrema-direita, Faulhaber endossava a "paz" e o "entendimento entre as nações". Ele até começou a aceitar a democracia, desde que não fosse aplicada ao funcionamento interno da Igreja. Como disse em sua carta pastoral para a Quaresma de 1920: "As árvores da terra crescem para o alto, mas as estrelas do céu brilham sobre nós desde cima." Em outras palavras, ele acreditava que o domínio político sobre a terra deveria ser legitimado a partir de baixo — democraticamente —, enquanto a religião deveria ser governada pelo papa diretamente do paraíso.[44] A significativa minoria de bávaros católicos alienados por Faulhaber e o *establishment* católico forneceram, a curto e médio prazo, maior potencial de crescimento para o DAP.

DUAS VISÕES

Outra coisa que beneficiava o DAP era a contínua dificuldade e a fome que reinavam em Munique, em um cenário de retorno da gripe influenza à cidade. A situação estava tão ruim que Faulhaber e o papa Bento XV falavam sobre como a fome estava escrita nos rostos das crianças durante a visita do arcebispo de Munique a Roma em dezembro de 1919. Em 28 de dezembro, o papa então emitiu um apelo ao mundo para ajudar as crianças da Alemanha, enviando-lhes pão e amor.[45]

Finalmente, a razão mais importante para o futuro do DAP começar a parecer brilhante foi o resultado da luta de poder entre Drexler — o presidente do braço do partido em Munique — e Harrer, presidente nacional do partido, que veio à tona por volta do fim do ano. Depois que Harrer fracassou em manter Hitler fora do palco em outubro, ele ainda tentou recuperar a iniciativa. No entanto, lutava uma batalha perdida, pois Hitler e Drexler se uniram para minar, sempre que possível, a visão de Harrer de um partido ao estilo da Thule. Os dois conseguiram isolar Harrer dentro da executiva do DAP. Hitler argumentava que o partido tinha de atrair as massas o mais rápido possível, ao passo que Harrer continuava a argumentar firmemente que não deveria jogar para as massas.

Em 5 de janeiro de 1920, a luta pelo poder entre Harrer, Drexler e Hitler acabou, pois o líder "nacional" do DAP percebeu que estava encurralado em um canto do qual não seria capaz de escapar. Assim, Karl Harrer se retirou do partido. Ele nunca mais teria um papel de destaque em nenhum lugar, e morreria prematuramente, aos 35 anos, em 1926.

Com a renúncia de Harrer, a visão de um DAP ao estilo da Thule estava morta. Hitler e Drexler haviam prevalecido. Drexler agora tornava-se o presidente-geral do partido, ao passo que toda a resistência contra a inclusão de Hitler na executiva do DAP desapareceu. Como o mais talentoso propagandista do partido, Hitler agora era capaz de servir sem grande oposição pela liderança.[46]

* * *

Com Harrer fora de cena, Drexler e Hitler puderam tramar sem restrições para que o partido saísse à luz e deixasse de ser uma sociedade quase secreta. As primeiras tentativas de construir uma estrutura partidária profissional já estavam em andamento desde novembro, quando foram elaborados planos para imprimir formulários de inscrição, bem como os anúncios de eventos do DAP e seus estatutos.[47]

Além disso, em 15 de janeiro de 1920, o DAP estabeleceu seu primeiro escritório real. O Sterneckerbräu ofereceu o salão para o escritório, livre de custos, sob a condição de que o DAP realizasse sua reunião semanal regular dos membros do partido naquele mesmo local. A oferta também vinha com o entendimento de que as pessoas que se reunissem ou trabalhassem no escritório pediriam bebidas ou comida no restaurante. Hitler descreveu a nova sede posteriormente: "Era uma sala pequena, abobadada e escura, com painéis de madeira marrom, cerca de 5,5 metros de comprimento e quase 3 metros de largura. Em dias nublados, tudo ficava escuro. Nós animamos as paredes com cartazes anunciando nossas reuniões e penduramos nossa nova bandeira do partido pela primeira vez. Quando fazíamos uma reunião, ela era estirada sobre uma mesa — em suma, sempre se mantinha diante de nossos olhos."[48]

O escritório só podia ser acessado através de um beco estreito que corria por uma lateral do Sterneckerbräu. Quando Hitler e seus colaboradores tomaram posse do escritório, eles deslocaram todas as mesas para o lado, à exceção de uma, que foi posta no meio. Era em torno dessa mesa que a executiva se colocava durante as reuniões. Dispuseram uma mesa menor para o diretor (*Geschäftsführer*) ao lado da mesa de reunião, sobre a qual havia uma máquina de escrever doada por um membro do partido que dirigia uma papelaria e tabacaria na esquina. Uma velha caixa de charutos ficava do lado de fora, para arrecadar dinheiro.[49]

Desde a adesão de Hitler ao DAP, seus discursos funcionaram como força recrutadora de enorme sucesso. Em 1º de dezembro de 1919, Emil Maurice — um assistente de relojoeiro, 20 anos de idade, nascido perto do Mar do Norte e de ascendência huguenote, que se mudou para Munique durante a guerra e que viria a liderar a SA (a organização paramilitar do partido) em seus primeiros dias e por algum tempo seria um dos melhores amigos de Hitler — aderiu ao DAP como membro 594. Mesmo depois de 1945, ele afirmaria que foi o discurso de Hitler de 13 de novembro que fez dele um convertido.[50]

No ano-novo, a associação continuou a crescer conforme os esforços de Drexler e Hitler para construir uma estrutura partidária profissional começavam a dar frutos. Entre os novos recrutas de janeiro estava Hermann Esser. Logo, outros convertidos da esquerda se juntariam a ele. Um deles foi Sepp Dietrich, antigo chefe do conselho de soldados de uma unidade militar que posteriormente dirigiria a guarda pessoal de Hitler — a Leibstandarte-SS "Adolf Hitler" —, que se tornaria um general na Waffen-SS durante a Segunda Guerra Mundial. Julius Schreck, outro membro novo do DAP, que serviria a Hitler como motorista e assistente, tinha sido membro do Exército Vermelho durante os dias da República Soviética de Munique. Hitler estava bem ciente do passado de muitos dos novos recrutas. Como ele afirmaria em 30 de novembro de 1941, "Noventa por cento do meu partido na época era composto por esquerdistas". [51]

Um novo membro particularmente importante se juntou ao partido em 16 de janeiro de 1920: o capitão Ernst Röhm, futuro chefe da Sturmabteilung (SA), que chegou ao DAP vindo do outro lado do espectro político. Ele participou de uma reunião em 16 de janeiro devido a um sentimento de decepção com o conservador Partido Popular Nacional Alemão. Ficou tão entusiasmado com o DAP que se alistou na hora. Nos anos seguintes, Röhm usaria sua influência a fim de disponibilizar o dinheiro, os carros e as armas do Reichswehr para o DAP/NSDAP. Logo, Hitler e Röhm se tratariam mutuamente com o familiar *Du*, e Hitler se tornaria um visitante regular da família de Röhm, que frequentemente o convidava para jantar. Em fevereiro, o futuro vice-presidente do NSDAP, Oskar Körner, juntou-se ao partido depois de assistir a um discurso de Hitler. Como Emil Maurice, Körner era mais um protestante de fora da Alta Baviera que residia em Munique, onde administrava uma loja de brinquedos. Nascido na Silésia, na fronteira germano-polaca, o futuro vice-líder do partido fizera da capital bávara sua casa desde o fim da guerra.[52]

Ainda que as atividades de Hitler e Drexler na sequência da expulsão de Harrer começassem a compensar com rapidez, os dois homens não tinham intenção de construir o perfil do partido apenas gradualmente e recrutar novos membros um de cada vez. Em vez disso, queriam ir a público com uma grande entrada. Para esse fim, o comitê executivo elaborou um novo programa e se arriscou a alugar o Festsaal, o maior espaço de eventos dentro da Hofbräuhaus, a mais famosa cervejaria de Munique, em 24 de fevereiro de 1920. Tentar encher um salão que podia reunir até 2 mil pessoas era um risco enorme para um partido cujas reuniões, menos de meio ano antes, só atraíam algumas dezenas de pessoas.[53]

Os cartazes anunciando o evento começaram a ser colados com cinco ou seis dias de antecedência. Foi a primeira vez que o DAP colou cartazes em Munique. Enquanto isso, Drexler e Hitler estavam na nervosa expectativa de saber se sua aposta daria certo. Em *Mein Kampf*, Hitler refletiu sobre o risco que o partido assumiu: "Naquele tempo, eu mesmo tinha uma única ansiedade: o salão estará lotado ou vamos ter que falar para um salão vazio?" Ele acrescentou: "Eu esperava ansiosamente por aquela noite." Os anúncios do evento funcionaram, como Hitler relatou: "Às 19h30, aconteceria a abertura. Às 19h15, eu entrei no salão da Hofbrauhaus no *Platzl* em Munique e meu coração quase explodiu de alegria. A enorme sala, pois assim me pareceu no momento, estava transbordando de gente, ombro a ombro, uma massa totalizando quase 2 mil pessoas. E, acima de tudo, tinham vindo aquelas pessoas a quem queríamos apelar."

Em *Mein Kampf*, Hitler faria soar como se aquilo que havia lotado o local fosse o senso de expectativa quanto à forma que o novo programa do partido assumiria. Ele só mencionou, de passagem, que outro orador se dirigiu à multidão antes dele, sem sequer dar seu nome. Mas foi esse orador, e não qualquer curiosidade quanto à plataforma partidária do DAP, que atraiu a multidão. Na verdade, o cartaz vermelho colocado por toda a cidade não mencionara nem o programa do partido, nem Hitler. O cartaz anunciara somente que, naquela noite, Johannes Dingfelder — um médico, ativista *völkisch* e acima, de tudo, muito popular — falaria na Hofbräuhaus.[54]

A aparente tática do DAP, sendo ainda bastante obscuro e que dificilmente atrairia multidões com a promessa do lançamento do novo programa do partido, foi usar uma abordagem de "atrair e fisgar" para sua reunião no dia 24 de fevereiro. Eles usaram Dingfelder como isca para encher a Hofbräuhaus antes de expor o público reunido ao partido e a sua nova plataforma.

DUAS VISÕES

Uma vez que Dingfelder terminou seu discurso, foi Hitler, sendo o orador mais talentoso do partido, quem anunciou o programa. Apesar de sua rápida ascensão, naquele momento Hitler era, acima de tudo, o principal "vendedor" do DAP. Assim, embora fosse o apresentador do programa, parece improvável que Hitler tenha sido seu principal arquiteto. Na verdade, segundo Hermann Esser, que era próximo de Drexler e Hitler, este último "não teve nenhuma participação na redação da plataforma". De fato, é provável que o papel de Hitler na elaboração da plataforma do partido tenha sido limitado a ajudar Drexler a editar, aprimorar e reforçar seus pontos.[55] Se o próprio Hitler tivesse sido um dos principais autores, dadas as suas declarações sobre os judeus desde o verão anterior e sua forte ênfase sobre os judeus nas observações antes e após a divulgação do programa, teria havido um foco explícito sobre os judeus, o que não foi o caso.

O programa, que vinha na forma de uma lista de 25 pontos ou demandas, incluía vários itens com um apelo que transcendia partidos: a chamada para o estabelecimento de uma meritocracia, a exigência de que todos os cidadãos tivessem direitos e deveres iguais, bem como a demanda pelo desenvolvimento de auxílio para velhice e a proibição do trabalho infantil. Além disso, ele equilibrava demandas nacionalistas e socialistas.

Suas exigências nacionalistas incluíam o estabelecimento de uma "união de todos os alemães em uma Grande Alemanha com base no direito de autodeterminação nacional". Em outras palavras, a demanda era pela criação de um Estado que abrangesse a Áustria e todos os outros territórios de língua alemã fora da atual fronteira da Alemanha. Para tal fim, o programa clamava por uma revogação do Tratado de Versalhes. Também defendia o outorgamento de cidadania alemã apenas para alemães étnicos, a substituição do direito romano pela lei germânica e o fim da imigração de não alemães.[56]

As reivindicações socialistas do programa andavam de mãos dadas com seus outros pontos. Reiteravam todas as demandas que tinham sido características fundamentais do partido desde o primeiro dia; não eram apenas uma manobra tática e insincera para apelar aos trabalhadores.[57] Incluíam uma demanda pelo fim da "escravidão dos juros"; a abolição dos rendimentos não ganhos por trabalho; a perseguição a financistas da guerra e o confisco de seus bens; a nacionalização de empresas de truste (i.e., a dissolução dos monopólios através da estatização); reforma agrária; proibição da especulação imobiliária; a expropriação de terras para uso comum sem compensação; e introdução da pena de morte por usura e especulação.

O programa era profundamente antiliberal no sentido de que defendia o coletivismo e atacava o individualismo, argumentando, por exemplo, que o interesse comum deveria sempre vir antes do interesse individual. O último ponto do programa exigia "a criação de um forte poder central do Estado ao nível do Reich", de modo a colocar todos os outros pontos do programa em vigor. O DAP reafirmava seu desejo de anular o sectarismo bávaro e se definia em oposição às tradicionais políticas centristas e direitistas da Baviera. A plataforma também exigia a expansão territorial para além dos territórios habitados por pessoas de língua alemã. No entanto, ao contrário dos anos seguintes, não houve demandas para a anexação de territórios de língua não alemã na Europa. Em vez disso, a demanda era por territórios coloniais no exterior, "para alimentar nosso povo e resolver nossa população excedente".

Como observado, o programa do partido não se concentrava explícita e proeminentemente em judeus. Nas palavras de Hermann Esser, a "questão judaica" era tratada "de uma forma bastante restrita e com a máxima cautela". Claro, muitos dos pontos do programa eram impulsionados pelo antissemitismo do DAP.[58] No entanto, apenas dois dos 25 pontos mencionavam explicitamente os judeus: um focava nos próprios judeus; o outro atacava ideias que tinham caráter supostamente judaico, mas que podiam ser partilhadas por não judeus. Portanto, não está claro se a preocupação central do antissemitismo do partido eram os corpos judeus ou um "espírito judeu". O Ponto 4 estipulava que nenhum judeu podia receber cidadania alemã; o Ponto 24 demandava que "o espírito judaico-materialista dentro e fora de nós" fosse combatido.[59]

Em *Mein Kampf*, Hitler fez parecer que a apresentação da plataforma do partido tinha sido um enorme triunfo, descrevendo como os diversos comunistas e socialistas independentes que foram desafiar os oradores do evento tiveram um domínio inicial quando ele começou a dar suas observações introdutórias. Porém, segundo Hitler, uma vez que ele começou a ler o programa, os protestos de esquerda foram afogados pelo bramido e

DUAS VISÕES

pelo entusiástico apoio para as 25 demandas do partido: "E quando finalmente eu apresentei, ponto a ponto, os 25 pontos para as massas e pedi pessoalmente que pronunciassem seu julgamento sobre eles, um após o outro foram aceitos com mais e mais alegria, uma vez atrás da outra por unanimidade, e, assim que a última tese encontrou seu caminho para o coração da massa, fui confrontado por um salão cheio de pessoas unidas por uma nova convicção, uma nova fé, uma nova vontade."[60]

A propaganda nazista alegaria posteriormente que tudo que foi necessário para acabar com as "tentativas comunistas de interromper o evento" foi "um punhado de antigos companheiros de guerra de Hitler, que guardavam o local". Era parte da tentativa de apresentar o regimento de Hitler e, por extensão, todo o Exército alemão da Primeira Guerra como a *Volksgemeinschaft* (comunidade popular) que deu à luz o nacional-socialismo.[61] O próprio Hitler alegou em *Mein Kampf* que, quando o local esvaziou, no final da noite de 24 de fevereiro de 1920, "um fogo tinha sido aceso, e de suas chamas um dia surgiria a espada que haveria de recuperar a liberdade do Siegfried germânico e a vida da nação alemã". Ele acrescentou: "E lado a lado com a iminente ascensão, senti que ali caminhava a deusa da vingança inexorável pelo perjúrio do 9 de novembro de 1918. Assim, o salão lentamente se esvaziava. O movimento seguiu seu curso."[62]

A realidade do que aconteceu na esteira do discurso de Dingfelder foi bastante diferente. Os apoiadores da esquerda não foram silenciados e a apresentação do programa do partido por Hitler foi seguida por uma discussão acalorada. Quando os sociais-democratas e os comunistas presentes no evento finalmente se levantaram e deixaram o local, eles gritaram palavras de ordem ostensivamente em apoio da Internacional Comunista. Dingfelder foi informado ao entrar no Festsaal que pelo menos quatrocentos militantes de esquerda estavam presentes. Como Dingfelder viria a descobrir depois, um comunista ameaçou matar Hitler e o principal orador do evento pouco antes do evento.[63]

Os jornais que cobriram o comício não se focaram nem no programa do partido nem em Hitler nos dias que se seguiram ao 24 de fevereiro. O *Münchener Zeitung*, por exemplo, forneceu um relato detalhado do discurso de Dingfelder, mas mencionou apenas de passagem no último parágrafo que, "depois do discurso, Hitler, membro do comitê, expôs o programa do Partido dos Trabalhadores Alemães". A cobertura jornalística do evento também é reveladora, pois mostra quão pouco conhecido o DAP ainda era, para que os jornais se referissem a ele como o "recém-fundado Partido dos Trabalhadores Alemães", aparentemente alheios à sua existência havia mais de um ano. O *Münchner Neuesten Nachrichten* nem sequer mencionou Hitler pelo nome, relatando apenas que, durante a discussão que se seguiu à palestra de Dingfelder, "um orador expôs o programa do Partido dos Trabalhadores Alemães enquanto fazia ataques extremamente afiados a Erzberger, aos judeus, à usura e à especulação etc.".[64]

No entanto, apesar da apresentação do programa do partido não ter sido o grande evento que Drexler e Hitler tinham em mente, sua tática de "atrair e fisgar" foi um considerável sucesso: a tática de infiltrar seu orador sem aviso prévio havia funcionado. O DAP teve uma plataforma diante de 2 mil pessoas que foram para casa naquela noite e começaram a espalhar as notícias sobre o pujante desempenho de Hitler que elas acabavam de testemunhar. Na noite de 24 de fevereiro, na Hofbräuhaus, ficou claro que as coisas nunca seriam monótonas em um evento que apresentasse Hitler.

As reuniões que se seguiram, nas quais Hitler falou, atraíram plateias extraordinariamente grandes. Através de suas performances, a nova estrela do partido conseguiu sustentar o crescimento do interesse pelo DAP. Ao longo de 1920, entre 1.200 e 2.500 pessoas participariam de cada evento, em comparação com as poucas dezenas que haviam comparecido às reuniões do ano anterior.[65]

* * *

O primeiro evento de massa do DAP marcou o fim da disputa interna do partido sobre sua natureza e direção. O projeto de Harrer — um DAP ao estilo da Sociedade Thule, uma associação secreta dirigida por notáveis pangermânicos e que permaneceria nas sombras — foi completamente derrotado. A visão de Drexler e Hitler havia prevalecido. Tudo que restava a liquidar do projeto de Karl Harrer era o nome do

DUAS VISÕES

partido. Quando estabeleceu o partido com Drexler, Harrer rejeitara a sugestão de chamá-lo de Partido Socialista Nacional. Poucos dias depois de 24 de fevereiro, o DAP mudou seu nome para Nationalsozialistische Deutsche Arbeiterpartei (Partido Nacional-Socialista dos Trabalhadores Alemães, ou NSDAP). De acordo com o dentista Friedrich Krohn, um dos primeiros líderes do partido, a razão em mudar o nome foi tornar imediatamente claro para qualquer um que não se tratava de um partido de trabalhadores marxistas e internacionalistas. É curioso, no entanto, que o termo "nacional-socialista" não figurasse nenhuma vez no programa emitido em 24 de fevereiro. Legalmente, o partido só existiria de fato sob seu novo nome no final de setembro de 1920, quando a Nationalsozialistischer Deutscher Arbeiterverein (e.V.) (Associação de Trabalhadores Nacional-Socialistas) foi fundada.[66]

Hitler esteve no centro da disputa em sua família recém-adotada e, juntamente com Anton Drexler, saiu vitorioso da luta interna do partido. Quando Karl Mayr o enviou para participar da reunião do DAP de 12 de setembro de 1919, Hitler certamente não tinha nenhum plano no bolso para transformar o partido ao longo dos cinco meses seguintes nem para se beneficiar pessoalmente dessa transformação. No entanto, o sucesso na política raramente resulta da implementação passo a passo de um plano ou de uma estratégia de longo prazo. A arte da política costuma recompensar aqueles que têm um talento para logo reagir a situações imprevistas e explorá-las não só para sua própria vantagem, mas para a vantagem das ideias políticas que estão propagando. E era nisso que Hitler já começava a se destacar no início de 1920. Ele não era apenas uma marionete nas mãos do Reichswehr ou de notáveis da direita radical em Munique. Sim, eles o usaram. Contudo, Hitler também os usou. Com velocidade surpreendente, ele virou o jogo sobre as pessoas que o apoiaram pensando que ele seria um instrumento. Em geral, elas passaram um tempo considerável sem perceber a rapidez com que Hitler se emancipara.

Ao alinhar-se com Drexler, Hitler conseguiu empurrar Harrer para fora do DAP e matar seu projeto de partido ao estilo da Thule, contribuindo assim para fazer do partido uma força a ser reconhecida. No início ae 1920, o DAP já era um grupo com uma base, com direito de ser visto e ouvido, na política da Baviera. No processo, por volta da primavera de 1920, Hitler — que, pouco mais de um ano antes, ainda era visto como um estranho solitário — fez suas manobras com habilidade para passar de um recruta do partido a sua segunda figura mais importante e poderosa, perdendo apenas para o presidente do DAP, Anton Drexler.

Hitler estava ciente de que, em algum momento, ainda teria de se apoiar em Karl Harrer, na Sociedade Thule e nos notáveis pangermânicos que estavam por trás da sociedade para promover suas ideias e impulsionar sua fama. Portanto, depois que Harrer foi limado, Hitler ainda fazia gentilezas à Sociedade Thule e seus apoiadores. No entanto, nunca participava em pessoa das reuniões da Thule.[67] E se ressentiria profundamente de Harrer e de seus apoiadores pelo resto de sua vida. Hitler nunca esquecia. Ele parece nunca ter esquecido como Harrer o tratou e por isso nunca confiaria plenamente nos pangermânicos de Munique que dirigiam a Sociedade Thule. Hitler sempre expressava a preocupação de que eles poderiam tentar usá-lo como instrumento, como era evidente em suas interações mornas com o principal notável *völkisch* pangermânico de Munique, o editor Julius Friedrich Lehmann. Hitler se tornara senhor de seu próprio destino.[68]

Os diferentes elementos das ideias políticas de Hitler em desenvolvimento não eram originais. Ele os usou para construir algo que talvez não fosse 100% novidade, mas que era distinto mesmo assim. Nos discursos e nas intervenções de Hitler desse período, vemos ecos de suas visões pangermânicas — dirigidas a reunir todos os alemães étnicos sob o mesmo teto — que já existiam durante a guerra, combinadas e reconfiguradas por sua busca do início do verão de 1919 por construir uma Alemanha que fosse definitivamente segura. Ele exigia a unificação da Alemanha e da Áustria, implorava à plateia que detivesse a emigração alemã, atacava o Tratado de Versalhes e continuava alertando contra o capitalismo judaico internacionalista.[69] Ao longo do caminho e junto com Anton Drexler, ele transformou o DAP: de um partido cujo foco estava sobre os trabalhadores alemães em um que sublinhava o nacional-socialismo.

No entanto, enquanto elaborava políticas sobre como construir uma Alemanha que nunca mais perdesse uma guerra, Hitler ainda era um nazista bastante incompleto. Ele ainda não se concentrava prioritariamente no bolchevismo ou no "espaço vital" no leste, e não viria a fazê-lo por algum tempo mais. Sua persistente falta de interesse no bolchevismo é curiosa, muito mais quando comparada ao contínuo e enraizado medo do bolchevismo entre os bávaros. Em 17 de fevereiro de 1920, o príncipe Georg von Bayern, neto do falecido príncipe regente Leopold da Baviera, afirmou em uma carta ao arcebispo de Munique, Michael von Faulhaber, que "um avanço dos exércitos bolcheviques da Rússia sobre a Europa Central é iminente". Mais adiante naquele mês, Faulhaber escreveu ao príncipe Wilhelm von Hohenzollern-Sigmaringen, líder deposto de um dos menores estados da Alemanha imperial, que o povo em Munique acreditava que Repúblicas soviéticas se estabeleceriam em Salzburgo, Innsbruck e Viena em março. Na verdade, um espião que fora plantado dentro do Partido Comunista da Alemanha (KPD) relatou cinco dias antes: "De acordo com declarações feitas por membros do KPD, revoltas são esperadas nas próximas semanas, resultantes da mais próxima cooperação possível com a Rússia." O espião também informou sobre uma reunião secreta de aproximadamente cem membros do KPD da seção Gärtnerviertel de Munique, afirmando: "O estado de espírito revolucionário geral está muito confiante na vitória, na expectativa de ações iminentes tanto da direita como da esquerda; da esquerda com a ajuda do Exército Vermelho russo."[70]

No início de 1920, ainda não era evidente quão profundo era o antissemitismo de Hitler. Embora, sem dúvida, ele já fosse profundamente antissemita naquele momento, ainda não estava definido se sua retórica antissemita extrema e biologizada era metafórica ou se tinha um sentido literal. Sua preocupação central era como reagir ao poder ocidental e ao capitalismo ocidental. Ele sempre se demoraria em explicações de como a Alemanha tinha de fazer frente à França.[71] No entanto, sua verdadeira preocupação era o poder britânico e norte-americano, e o capitalismo anglo-americano.

7

Uma ferramenta de 2.500 anos

(Março a agosto de 1920)

Quando Hitler embarcou em um avião pela primeira vez na vida, em 16 de março de 1920, ele parecia prestes a participar de um baile de máscaras, usando uma barba falsa e uma mistura de trajes civis e militares. No entanto, ele estava em uma missão secreta. Karl Mayr pedira a Dietrich Eckart e Hitler que voassem a Berlim e fizessem contato com Wolfgang Kapp, um político nascido em Nova York e ativista da ala radical do conservador Partido Popular Nacional Alemão.[1]

Desde o fim da guerra, a direita radical na Alemanha muitas vezes não reagiu à altura. Ela acalentava pouquíssimos pensamentos positivos quanto ao novo sistema político liberal parlamentar. No entanto, em várias ocasiões, ajudou tanto os governos nacionais como os estaduais a responder aos desafios da esquerda radical, como durante a revolta espartaquista de janeiro de 1919 em Berlim e a República Soviética em Munique. Em 1918 e 1919, as tentativas da direita radical de derrubar a democracia parlamentar tinham sido malfeitas na melhor das hipóteses. No entanto, à medida que o descontentamento crescia entre seus adeptos, a direita radical mudava do modo reativo ao proativo. No início de 1920, Kapp e uma série de coconspiradores já tramavam para derrubar o governo nacional em Berlim, eliminar a democracia liberal e evitar a iminente redução das forças armadas em 75%. Em 13 de março, as tropas regulares e milícias sob o comando do general Walther von Lüttwitz ocuparam Berlim com o objetivo de estabelecer uma ditadura militar sob liderança de Kapp.[2]

Quando Eckart, o falso barbado Hitler e seu piloto decolaram de uma pista em Augsburgo em um avião aberto, Eckart fingia ser um comerciante de papel e Hitler seu contador, ambos a caminho de fazer negócios na capital alemã. Sua verdadeira missão era estabelecer uma linha direta de comunicação entre os golpistas de Berlim e Mayr.[3]

No dia do golpe, um emissário dos golpistas chegou a Munique e foi encontrar o general Arnold von Möhl, chefe de fato das forças armadas da Baviera. Como lembrou Hermann Esser, Möhl "instantaneamente chamou seu braço direito político para participar da conversa. Era o capitão Mayr". No entanto, o general rapidamente rejeitou o pedido do emissário dos golpistas para apoiar o golpe. O emissário então tentou a sorte com Mayr, sentindo que ele seria mais receptivo. Nas palavras de Esser, Mayr era "o único [...] com conhecimento preciso sobre os planos do povo em Berlim", e expressou sua vontade de ajudar a levar o golpe para a Baviera.[4]

Mas como, para seu desânimo, Mayr logo deve ter percebido, a maioria do círculo interno de oficiais próximos a Möhl era morna quanto ao golpe de Kapp. Assim, Mayr decidiu agir pelas costas de Möhl e tomar as rédeas em suas próprias mãos. Para esse fim, ele se aliou a Dietrich Eckart, com a intenção de ter Eckart para ajudá-lo a coordenar as atividades pró-golpe na Baviera. Ao perceber que nenhuma comunicação regular direta era possível com os golpistas em Berlim, Mayr decidiu enviar Eckart e Hitler em sua missão secreta.[5]

Eckart era uma escolha óbvia para o trabalho, pois ele e Kapp se conheciam desde que Kapp viu, e apreciou, uma das peças de Eckart em 1916. Kapp concluiu na época que a obra de Eckart precisava ser amplamente difundida, de modo a promover um "despertar da vida nacional". No inverno de 1918-1919, Kapp doou mil marcos para Eckart, depois que o dramaturgo lançou sua revista semanal *Auf gut Deutsch*. Agradecendo a Kapp por sua doação, Eckart escreveu: "O que mais me anima é a certeza que você me dá de que estou cumprindo meu papel no espírito certo, e o estou cumprindo em seu espírito." Além disso, algumas semanas antes do golpe, Eckart se encontrou com Kapp em Berlim.[6]

É difícil saber o que Hitler achava que seria capaz de realizar em Berlim enquanto seu avião rumava para o norte e ele, devido a seu medo de altura, não parava de vomitar sobre as colinas arborizadas do norte da Baviera e da Alemanha Central.[7] Já não se pode estabelecer se, enquanto o vento gélido soprava em seu rosto acima do território alemão, Hitler acreditava que estava usando Mayr para promover seus próprios objetivos e ambições ou se estava sendo usado por ele.

Independentemente de quem estava usando quem, Mayr, Hitler e Eckart falharam miseravelmente em adquirir um sentido realista do grau de apoio de que gozavam os golpistas em Berlim, em Munique e no resto da Alemanha. Abarrotar a Hofbräuhaus era uma coisa; avaliar adequadamente a situação política em Munique e Berlim e derrubar um governo eram coisas completamente diferentes, bem fora da capacidade dos três coconspiradores.

As coisas deram errado praticamente desde o princípio. As experiências de Hitler durante o primeiro voo de sua vida foram de tal sorte que ele levaria anos até embarcar novamente em um avião. Para começar, o avião nem chegou a Berlim. Acima das planícies ao sul da cidade, a aeronave de repente ficou sem combustível. Isso exigiu um pouso na cidade de Jüterbog, onde uma multidão de esquerdistas hostis logo cercou Hitler, Eckart e seu piloto. No entanto, os três homens conseguiram se livrar da situação na base da conversa, o que lhes permitiu continuar seu caminho para a capital alemã.[8]

Quando finalmente chegaram a Berlim, a tentativa de golpe de Kapp já estava em processo de colapsar. A maioria dos funcionários públicos se recusava a apoiar os golpistas. Além disso, muitos conservadores que teriam sido fundamentais para o sucesso do golpe decidiram continuar em cima do muro. Ulrich von Hassell, por exemplo, que na época servia como diplomata na Embaixada alemã em Roma e que estava "reservado" para ser ministro das Relações Exteriores pelos golpistas, decidiu ficar em Roma para esperar o desenrolar dos acontecimentos. Uma vez que o golpe fracassou, ele simplesmente continuou servindo a República de Weimar.[9] A extrema-direita superestimara seu poder e o nível de apoio de que gozava.

A viagem de Hitler e Eckart a Berlim resultou em um fiasco completo, exceto pelo fato de que a jornada aproximou os dois homens. Eles tentaram retornar assim que possível, mas foram detidos pela chuva no dia 17 de março e tiveram de esperar mais um dia até que pudessem voar de volta para Munique.[10]

* * *

Karl Mayr fracassou em disseminar o *putsch* de Kapp para a Baviera. No entanto, a tentativa de golpe provocou uma mudança de maré política no estado mais ao sul da Alemanha. Em 13 de março, Möhl não só ignorou o emissário dos golpistas; ele também declarou publicamente seu apoio ao governo. No entanto, por volta do anoitecer, um número crescente de oficiais colocava pressão sobre ele para que não ficasse de lado. O general, por sua vez, colocou pressão sobre o governo da Baviera para declarar um estado de emergência e transferir o poder temporariamente para suas mãos.

Möhl travava um jogo muito diferente de Mayr. Sendo um monarquista bávaro (mas não um secessionista), seu objetivo sem dúvida era explorar a crise como uma oportunidade de fazer dos bávaros os senhores de sua própria casa novamente sem fraturar a Alemanha, bem como criar um governo liderado pelo Partido Popular da Baviera. Mayr e Eckart, em contraste, queriam ficar do lado dos golpistas em Berlim.

Em uma dramática reunião do gabinete bávaro em que Möhl estava presente, ele foi dotado de poderes de emergência, tornando-se assim o comissário de estado (*Staatskommissar*). No entanto, a decisão tomada pelo gabinete rompeu o governo de coalizão entre o Partido Social-Democrata (SPD), o Partido Popular da Baviera (BVP) e o liberal Partido Democrata Alemão (DDP) que existira desde o maio anterior. Embora todos os ministros social-democratas — à exceção do presidente-ministro, Johannes Hoffmann — houvessem votado a favor de passar poderes de emergência para Möhl, na crença de que isso impediria a propagação do *putsch* de Kapp para a Baviera, os ministros do SPD concluíram que sua posição no governo se tornara insustentável e todos entregaram sua renúncia no mesmo dia.

Os acontecimentos da noite de 13/14 de março de 1920 foram o gatilho, mas não a causa principal, da dissolução do governo de coalizão entre o SPD e seus dois parceiros burgueses. Desde que o governo de coalizão foi formado, o SPD e o BVP se confrontavam quase constantemente sobre as políticas, em particular sobre o papel da Igreja católica nas escolas. De qualquer forma, era improvável que o BVP aceitasse indefinidamente seu papel como sócio minoritário do SPD, quando na verdade o BVP era o maior partido no Parlamento, detentor de cinco assentos a mais que os sociais-democratas. A concessão de poderes de emergência para Möhl foi a gota d'água que provocou a ruptura do governo.

Möhl não tinha interesse em guardar o poder para si. Sua escolha preferida era entregá-lo ao BVP, que queria manter o SPD no governo, embora como sócio minoritário — agora um ponto duvidoso. Enquanto isso, era improvável que a escolha óbvia para chefiar um governo liderado pelo BVP, Georg Heim, obtivesse a maioria no Parlamento devido às suas fortes opiniões separatistas bávaras. Assim, o BVP decidiu apresentar um tecnocrata como presidente-ministro, Gustav von Kahr, presidente do distrito da Alta Baviera. Sua nomeação foi confirmada dois dias depois, em 16 de março, no Parlamento.[11]

A mudança de governo na Baviera não foi um golpe de Estado. A mudança de governo tampouco constituiu o divisor de águas que trouxe uma nova liderança para andar de mãos dadas com os nacional-socialistas rumo ao abismo e fazer de Munique a "Capital do Movimento [Nacional-Socialista]" — como o Partido Nacional-Socialista dos Trabalhadores Alemães (NSDAP) se referiria a Munique uma vez que chegasse ao poder.[12] Depois de apenas dois dias, em 16 de março, o estado de emergência terminou. Sob comando do general von Möhl, os militares entregaram o poder de volta ao governo civil — no mesmo dia em que Mayr enviou Hitler e Eckart para Berlim a fim de ajudar a estabelecer uma ditadura militar lá.

O novo governo da Baviera, apoiado pelo BVP, o Partido Popular Alemão (liberal e nacionalista) e pela Liga dos Camponeses, comandava a maioria no Parlamento. Além disso, ao ser eleito ministro-presidente, Kahr declarou: "Naturalmente, hei de respeitar as constituições do Reich e do Estado."[13] A diferença entre o que aconteceu em Munique e o que houve em Berlim é sintetizada pelas visões de futuro concorrentes de Möhl e de Mayr. Ambos desejavam uma Alemanha mais conservadora e autoritária. No entanto, a visão de Möhl era uma visão conservadora bávara, ao passo que a de Mayr era nacionalista alemã. Um deles favorecia — ao menos em 1920 — um caminho constitucional, ao passo que o outro defendia a instituição de uma ditadura militar.

Em todo caso, o estabelecimento do novo governo da Baviera constituiu um forte movimento para a direita. Ele também forneceu ao NSDAP um novo raio de esperança, apesar do fracasso de Hitler e Eckart em Berlim. Kahr começou a transformar a Baviera em uma *Ordnungszelle* (célula de ordem) em que as *Einwohnerwehren* — as milícias locais criadas no rastro da derrota da República Soviética — ganharam proeminência. Com a bênção da Igreja católica — que via as milícias, nas palavras do núncio papal Eugenio Pacelli, como "a principal proteção contra o bolchevismo" —, o governo de Kahr tentaria impedir o desmembramento das *Einwohnerwehren*, uma exigência das potências vitoriosas da Primeira Guerra Mundial. Além disso, a *Ordnungszelle* de Kahr ofereceria refúgio a extremistas de direita de toda a Alemanha, incluindo alguns dos líderes do *putsch* de Kapp. Alguns deles terminariam por configurar a "Organização Cônsul", o grupo militante que, nos anos posteriores, assassinaria dois ministros do governo, Matthias Erzberger e Walther Rathenau. Em particular, o presidente da polícia de Munique, Ernst Pöhner, um migrante protestante do extremo nordeste da Baviera, apoiaria e protegeria os extremistas de direita que enxameavam a Baviera, emitindo, por exemplo, passaportes falsos para eles.[14]

Apesar do pequeno ganho eleitoral de partidos solidamente direitistas, as eleições bávaras de 6 de junho de 1920 produziram um governo ainda mais decididamente conservador. Mais uma vez dirigido por Kahr, ele se baseava no apoio dos partidos de seu governo anterior, bem como no apoio do braço bávaro do Partido Popular Nacional Alemão, de direita.[15] Ao contrário do SPD, que perdeu metade de seus eleitores para a esquerda radical, o BVP, embora profundamente dividido em sua abordagem da democracia parlamentar e da República, manteve seu

UMA FERRAMENTA DE 2.500 ANOS   197

terreno. Como resultado, o BVP se tornou o partido natural do governo na Baviera, até seu poder ser removido à força, em 1933 e, mesmo então, resistiu mais contra os nazistas do que qualquer outro governo estadual no país. Ao longo dos anos da República de Weimar, ao contrário dos partidos conservadores no resto da Alemanha, o BVP conseguiria manter os moderados e os direitistas dentro de seu rebanho.

Em todo caso, os governos liderados pelo BVP proporcionariam refúgios seguros para grupos de direita, em certa medida por simpatia genuína por eles de parte de pessoas da ala de direita do BVP. Mais importante, assim como os líderes do BVP haviam explorado o *putsch* de Kapp para trazer o poder de volta à Baviera e assumir o controle do governo, os sucessivos governos bávaros liderados pelo BVP usariam grupos de extrema-direita — incluindo aqueles cujos maiores objetivos políticos tinham pouco em comum com os do BVP — como ferramentas que eles achavam que podiam utilizar para devolver ainda mais poder à Baviera, tudo para fazer dos bávaros os senhores de sua própria casa novamente.

Para obter essa vantagem tática, o governo de Kahr forneceu solo fértil para que grupos radicais de direita pudessem crescer. Na sequência dos acontecimentos de meados de março de 1920, tanto a direita moderada como a radical se colocaram, portanto, em ascensão na Baviera. Mas, curiosamente, durante os meses seguintes, o NSDAP não seria um dos principais beneficiários da ascensão da direita na região.

O fracasso do *putsch* de Kapp não era a única decepção que aguardava Hitler em março de 1920. No último dia do mês — depois de 68 meses no Exército —, ele foi finalmente desmobilizado, forçado a terminar seu serviço nas forças armadas que ele tanto apreciara desde seu ingresso voluntário em 1914. Recebeu um conjunto de roupas, consistindo de um quepe militar, uma jaqueta de uniforme, um par de calças, roupas íntimas, uma camisa, um casaco e sapatos, assim como 50 marcos em dinheiro, e foi posto para fora.

A razão mais provável para Hitler ter deixado o Exército é que o confronto de Karl Mayr com Möhl — bem como o voo de Hitler em nome de Mayr no mesmo dia em que Möhl entregou o poder de volta ao governo bávaro civil — tirou de Hitler um apoiador influente em um momento crucial. Quando as decisões tiveram de ser tomadas no final de março sobre quem seria desligado na dissolução planejada do Comando Militar Distrital 4, o soldado Hitler, como protegido de Mayr, foi uma escolha óbvia.[16]

* * *

Com a saída do Exército, e pela primeira vez em mais de cinco anos, Hitler teve de se virar sozinho. Quando precisou deixar seus aposentos nos quartéis militares, um membro de sua nova família adotiva o ajudou a encontrar um novo lar. Josef Berchtold, o proprietário da loja de artigos de papelaria e tabaco que havia doado uma máquina de escrever para o comitê executivo do NSDAP (e que por um breve tempo dirigiria a SS em 1926), encontrou para Hitler um quarto sublocado por certa Frau Reichert na rua em que também ele e seus pais viviam, a Thierschstrasse. Hitler agora instalara-se em um bairro pequeno-burguês perto do rio Isar, a uma curta distância da cidade velha de Munique. Sem suas tarefas diárias no Exército, ele tinha que encontrar uma nova estrutura para preencher os seus dias.

Seu quarto retangular e estreito ficava no extremo sul do corredor do apartamento de Frau Reichert em um edifício na Thierschstrasse 41, cuja fachada apresentava um nicho que abrigava uma estátua desgastada da Virgem Maria. O mobiliário de virada do século do quarto de Hitler era de um tipo barato e simples: ao lado da janela havia uma cama em que ele se deitava tarde e da qual se levantava mais tarde ainda. A cama era muito grande para o canto onde estava e a cabeceira cobria parcialmente a janela. Havia uma cômoda e um guarda-roupa, bem como uma pia sem acesso à água corrente. No meio do quarto de piso de linóleo havia um sofá e uma mesa de forma oval, onde ele lia os jornais do dia diante do café da manhã. Próximo à hora do almoço, Hitler saía de seu quarto, descia as escadas rangentes para a rua e caminhava até o escritório do partido no Sterneckerbräu para comer ali mesmo, em um dos restaurantes baratos nas proximidades, ou em uma cantina de sopa onde os almoços, feitos principalmente de legumes e nabo, ocasionalmente acrescidos de pequenos pedaços de carne, estavam disponíveis por 30 pfennigs. Ele então passava toda a tarde,

UMA FERRAMENTA DE 2.500 ANOS

até o início da noite, em reuniões. Quase da noite para o dia, Hitler se tornou um político profissional. Na verdade, ele era o único político profissional do NSDAP naquele momento, pois era o único membro sem trabalho diurno e que, portanto, podia dedicar todo o seu tempo às atividades partidárias. Tecnicamente, Hitler era o primeiro oficial de propaganda (*I. Werbeobmann*) do partido.[17]

Embora agora pudesse dedicar todo o seu tempo e todos os seus talentos ao NSDAP, Hitler logo teve de perceber que ele e o partido não estavam correndo de um sucesso ao outro, apesar do solo fértil que o novo governo fornecia para grupos de direita. A primavera e o verão de 1920 foram, na verdade, um tempo de decepções para o NSDAP. Por duas vezes durante esse período, em maio e julho de 1920, o Parlamento debateu o papel dos judeus na Baviera e contemplou sua deportação da Europa Oriental para fora da Baviera, e, mesmo assim, o NSDAP não foi mencionado sequer uma vez nos debates parlamentares. Embora Hitler fizesse desse tópico o tema de alguns de seus discursos e fosse ruidosamente aplaudido pela plateia por sua exigência de expulsão imediata dos judeus da Alemanha, sua demanda raramente ecoava fora dos locais onde ele falava.[18]

No movimentado mercado da política de direita na Baviera, o NSDAP não conseguia notoriedade nem mesmo com sua marca registrada — o antissemitismo. Ainda que, no verão de 1920, o partido conseguisse encher os maiores salões das cervejarias de Munique, ainda não era visto como uma grande força a ser reconhecida. Nessa altura, o NSDAP já era grande e expressivo demais para voltar à estratégia de Harrer — de distribuir influência como uma sociedade quase secreta —, mesmo que assim desejasse. No entanto, não era grande o suficiente e não estava nem perto de ser expressivo o suficiente para conseguir fazer diferença.

Em julho, depois de concluir que os eventos recentes demonstravam que o NSDAP não era forte o bastante para se sustentar nas próprias pernas, Anton Drexler propôs que o partido considerasse uma fusão com outros grupos, em especial o Partido Socialista Alemão (DSP). Assim como em seu impasse com Harrer, Hitler discordou fortemente da estratégia de Drexler. E, assim como com Harrer, ele prevaleceu. Sem dúvida, devido em grande medida à maneira como tinha sido rejeitado pelo DSP quando quis se filiar ao partido, Hitler não tinha nenhum desejo de se unir às mesmas pessoas que o haviam rejeitado no passado. Em vez de se fundir com outro partido, o NSDAP entrou em uma associação nacional-socialista "solta" e, com efeito, não vinculante com o Partido Socialista Alemão e com dois grupos nacional-socialistas da Áustria e da Boêmia.[19]

No entanto, o triunfo de Hitler corria o risco de ser uma vitória oca, a menos que o NSDAP conseguisse causar comoção com seus tópicos centrais de forma que o partido não pudesse mais ser ignorado no Parlamento. Com seu extraordinário talento como orador, Hitler parece ter visto no momento de crise do NSDAP uma oportunidade para si mesmo, que ele aproveitou com toda a força. Entre os membros mais altos do partido, só ele tinha as habilidades necessárias para apresentar um argumento de forma que atraísse a atenção no mercado movimentado da política de direita em Munique. Aquilo que dizia, tanto como a forma como apresentava, fazia com que ele se destacasse. Foi, portanto, no rastro do fracasso do NSDAP em se fazer ouvir nos debates parlamentares sobre antissemitismo que na quarta-feira, 13 de agosto, Hitler fez um discurso programático sobre antissemitismo diante de uma plateia de mais de 2 mil pessoas no grande salão da Hofbräuhaus. O discurso indagava: "Por que somos antissemitas?"

Embora o antissemitismo já integrasse a emergente visão de mundo de Hitler desde o verão de 1919, apenas dois de seus discursos anteriores a 1920 haviam girado explicitamente em torno do antissemitismo como foco único. Seu discurso de 13 de agosto provavelmente resultava de uma percepção de que havia mais a ser feito para transmitir sua mensagem para o público.

Hitler falou por mais de 2 horas durante o evento da noite de quarta na Hofbräuhaus. Da primeira à última frase, ele tentou transmitir a mensagem de que o NSDAP não era um partido antissemita qualquer. Em seu discurso de abertura, corajosamente proclamou que seu partido estava "à frente" do movimento antissemita na Alemanha. Aparentemente sem esforço, Hitler mantinha seu público encantado. Ele foi interrompido 58 vezes por aplausos, até mesmo gritos de "bravo". Seu discurso era inundado de piadas cheias de escárnio, sarcasmo e ironia, intercaladas com ocasionais piadas secas ou autodepreciativas. O público gargalhou quando ele declarou que a Bíblia não era exatamente obra de um antissemita, bem como ao dizer "Sempre estamos buscando formas de fazer alguma coisa; e quando os alemães não encontram nada para fazer, pelo menos vão quebrar as cabeças uns dos outros".[20]

Assim como no passado, a mensagem antissemita que Hitler apresentou naquela noite combinava o antissemitismo anticapitalista com a judeofobia racial. Seu tema central era a advertência de que o capitalismo judaico internacional estava no processo de destruir a Alemanha e o resto do mundo; que os judeus eram egoístas, trabalhando apenas para si mesmos, não pelo bem comum. Por isso, ele postulou, os judeus eram incapazes de formar um Estado próprio, e tinham de viver parasitariamente de sugar o sangue de outros povos. Dessa forma, disse ele, os judeus não faziam nada além de destruir Estados, a fim de governá-los. Para Hitler, "o materialismo e a cobiça" judaica eram a antítese do verdadeiro socialismo. Ele reiterou as ideias de Gottfried Feder sobre finanças judaicas, sem mencioná-lo nominalmente. E definiu a Grã-Bretanha como "aquela outra judiaria".

O resumo do argumento de Hitler era que os judeus estavam enfraquecendo a Alemanha na medida em que provocavam um "rebaixamento do nível racial". O povo, portanto, enfrentava a escolha de "libertar-se do visitante indesejado ou perecer". A preocupação política central de Hitler desde os dias de sua politização no ano anterior — i.e., como construir uma Alemanha maior, para jamais perder uma grande guerra e sobreviver para sempre no sistema internacional emergente — transpareceu durante todo o seu discurso.

Hitler também atacou as atitudes bávaras conservadoras tradicionais com relação ao judaísmo, criticando o mais importante jornal de Munique, o *Münchner Neueste Nachrichten*, por dar voz aos judeus da cidade em suas páginas. Não por acaso, o novo editor-chefe do jornal não era outro senão o colaborador de Mayr, Fritz Gerlich, um oponente do antissemitismo. E, assim como nos primeiros pronunciamentos antissemitas de Hitler, em 1919, o antissemitismo antibolchevique era apenas um adendo em seu discurso. Ele não tratava os comunistas internacionalistas como atores em si, mas os apresentava, bem como ao próprio Karl Marx, como atores judeus oportunistas nas mãos de uma plutocracia judaica internacional composta por investidores e altos financistas.

Naquela noite, Hitler essencialmente estendeu as mãos aos antigos espartaquistas. É provável que tenha sido um reflexo de suas próprias atividades à esquerda durante a revolução em Munique, mas impossível de provar (ou refutar, na verdade). Ele argumentou que mesmo os "ferozes espartaquistas" eram, na realidade, de boa índole e apenas tinham sido enganados por judeus internacionalistas.[21] Foi uma opinião que expressou publicamente não só para fins táticos. Ele afirmaria praticamente as mesmas coisas de forma privada pelo resto de sua vida. Por exemplo, em 2 de agosto de 1941, ele diria à sua comitiva interna no QG militar: "Não vou censurar nenhuma pessoa simples por ter sido comunista. É motivo de censura somente para um intelectual." Ele também dizia que "no geral, percebo nossos comunistas mil vezes mais agradáveis" que alguns dos aristocratas que colaborariam com ele por algum tempo.[22]

Em todo o seu discurso de 13 de agosto, Hitler não mencionou o termo "bolchevismo" em nenhum momento.[23] Apenas durante a discussão que se seguiu, quando os adversários políticos o desafiaram diretamente ao invocar a situação na Rússia, ele finalmente o pronunciou. No entanto, só o fez para dizer aos críticos que eles "não têm a menor ideia sobre todo o sistema do bolchevismo", pois falhavam em perceber que o objetivo não era melhorar a situação do povo, mas destruir as raças em nome dos capitalistas judeus internacionalistas. No anticapitalismo e no emergente antibolchevismo de Hitler, em 1919 e 1920, havia uma clara hierarquia: ele argumentava que o bolchevismo estava nas mãos de capitalistas judeus internacionalistas residentes na Grã-Bretanha, nos Estados Unidos e na França, enquadrando, portanto, o antissemitismo antibolchevique como um importante meio para um fim maior.[24]

* * *

Uma característica recorrente dos discursos de Hitler, e não apenas no de 13 de agosto, era uma forma biologizada de antissemitismo que ele já havia sugerido em sua carta a Adolf Gemlich: o uso de terminologia médica para descrever a influência supostamente prejudicial dos judeus. Em um discurso de 7 de agosto de 1920, ele disse: "Não pense que é possível combater uma doença sem matar a causa, sem exterminar o bacilo. E não pense que é possível combater a tuberculose racial sem cuidar para que a nação esteja livre da causa de sua tuberculose racial." Os judeus, portanto, tinham de ser combatidos sem qualquer concessão: "O efeito dos judeus não passará e o envenenamento da nação não terminará até que a causa, o judeu, seja removida de nosso meio."[25]

Desde esse discurso sobre judeus, em 1920, havia uma linha direta com as declarações biologizadas de Hitler sobre os judeus quando o Holocausto já estava em curso no início dos anos 1940. Em julho de 1941, quando um SS Einsatzgruppen — as unidades móveis de extermínio da SS que operavam na retaguarda de unidades regulares do Exército durante a invasão da União Soviética — massacrou comunidades judaicas inteiras, ele expressaria a mesma ideia. "Eu me sinto o Robert Koch da política", diria Hitler à sua comitiva em seu QG militar. "Ele descobriu o bacilo da tuberculose e abriu novos caminhos para a ciência médica. Eu descobri que o judeu é o bacilo e o fermento de toda decomposição social."[26]

As expressões antissemitas de Hitler não eram particularmente originais.[27] Embora suas opiniões diferissem do antissemitismo tradicional bávaro, elas eram, mesmo assim, costuradas a partir de ideias expressas por outros extremistas da Baviera e de outros locais. No entanto, a verdadeira questão não é se a linguagem antissemita de Hitler era original, mas se tinha o mesmo significado para ele que tinha para outros que usavam linguagem semelhante.

Além disso, a questão é: por que o ostensivo antissemitismo de Hitler surgiu no verão de 1919? Ligar seu antissemitismo à sua experiência "damascena", em julho de 1919, e identificar influências antissemitas às quais foi exposto naquele momento não explica por completo por que seu recém-descoberto antissemitismo se tornou uma ferramenta tão poderosa e abrangente para ele entender o mundo e explicá-lo aos outros.

Para entender o antissemitismo extremo de Hitler e seu legado para o resto de sua vida, uma comparação entre a forma de seu antissemitismo e de outras pessoas na Munique pós-Versalhes será de uso limitado. Para compreender por que o antissemitismo se tornou tão atraente para Hitler, é preciso entender por que, para tantas pessoas na Europa pós-Primeira Guerra, incluindo Hitler, o antissemitismo se tornou o prisma através do qual ver e explicar todos os males do mundo. Além disso, é necessário estudar se as pessoas usavam formas extremas de antissemitismo como uma metáfora para compreender o mundo ou se elas entendiam seu antissemitismo em um sentido literal.

Afirmar simplesmente que o antissemitismo é o ódio mais antigo do mundo e é irracional em caráter esconde tanto quanto revela.[28] Por que as pessoas invocam um sentimento tão irracional em determinados momentos, e não em outros? Por que o antissemitismo toma formas tão diversas? E por que, em casos de tensão social entre judeus e não judeus — não apenas na Munique do pós-guerra, mas na história da civilização ocidental em geral, incluindo no presente — a hostilidade antijudaica tende a assumir uma forma grosseiramente desproporcional ao ato ou fenômeno social que a aciona?

A história das relações sociais entre judeus e não judeus ao longo dos últimos dois milênios e meio não demonstrou uma hostilidade constante, linear e imutável em relação aos judeus. A resiliência do antissemitismo e sua capacidade de atravessar fronteiras culturais, religiosas, políticas, econômicas e geográficas e persistir de geração em geração reside no fato de que se trata de uma poderosa ferramenta para discutir e tentar extrair sentido dos problemas do mundo durante determinados períodos. Ele foi empregado primeiramente no Egito Antigo e posteriormente se tornou uma característica definidora da raiz da tradição ocidental.

Ao produzir novas ondas de pensamento antijudaico, as sucessivas gerações de antissemitas não estavam reagindo a práticas sociais judaicas. Ao contrário, elas reformulavam expressões anteriores de ideias antissemitas como estruturas em que podiam inserir as questões de seu próprio mundo e, assim, dar sentido a elas.[29] É essa tradição que Hitler e outros europeus invocavam para dar sentido à crise revolucionária mundial do final dos anos 1910 e início dos anos 1920. E foi para essa

UMA FERRAMENTA DE 2.500 ANOS

tradição que Adolf Hitler se voltou para dar sentido às origens do mal histórico em geral[30] e da fraqueza da Alemanha em particular. É por isso que o antissemitismo se tornou tão atraente como força motivadora para Hitler e inúmeras outras pessoas ao guiar e transformar eventos em um momento de intensa crise nacional.

No entanto, a forma como o antissemitismo operava como fornecedor de orientação na Alemanha após a Primeira Guerra Mundial variava. Para algumas pessoas, era literal em caráter e se traduzia em ação direta contra os judeus; para outros, era metafórico; e para outros ainda, seu núcleo era literal, mas algumas de suas expressões mais extremas eram metafóricas. Examinar essas possibilidades nos ajudará a determinar como Hitler entendia sua própria judeofobia, e como os outros a interpretavam.

Não foi apenas o ódio antijudaico tradicional de Munique que tomou a forma de antissemitismo antibolchevique após a queda da República Soviética — ou seja, que não era universalmente dirigido contra todos os judeus. Nos casos em que o antissemitismo procurava explicar o mundo, mas era de tipo metafórico, não era sempre intencionalmente dirigido contra todas as pessoas de origem judaica. Um bom exemplo disso é o antissemitismo de Houston Stewart Chamberlain, que é de extrema importância, pois há fortes ecos de obras suas nos discursos e escritos de Hitler, que viria a identificar o autor britânico como uma grande influência.[31]

O antissemitismo do genro inglês de Richard Wagner foi mais notoriamente expresso em seu livro de 1899 *Die Grundlagen des 19. Jahrhunderts* (Os Fundamentos do Século XIX), um tratado em dois volumes sobre o nexo entre raça e desenvolvimento cultural, que o editor de Chamberlain, Hugo Bruckmann — marido da empobrecida princesa romena Elsa —, o inspirara a escrever. O trabalho tinha por objetivo compreender o século que chegava ao fim, de modo a ajudar as pessoas a encontrar terreno firme e orientação no novo século.[32]

Embora a categoria central de Chamberlain fosse "raça", sua preocupação principal era com o judaísmo, não com os judeus. Para Chamberlain, a raça não era de fato uma categoria biológica. Em vez disso, ele defendia que a criação de uma nova raça "pura" permitiria que a civilização avançasse. Para Chamberlain, o novo tipo de raça seria definido por uma adesão comum a um conjunto de ideias, não por características biológicas comuns. Ele não teve, portanto, nenhum problema em dedicar seu *Grundlagen* a Julius Wiesner, um cientista vienense de origem judaica. Além disso, um famoso dramaturgo-escritor, Karl Kraus, um judeu assimilado, não sionista e convertido ao catolicismo, derramou-se em elogios ao *Grundlagen*, e não acreditava que o antissemitismo racial de Chamberlain se destinava a judeus assimilados ou convertidos como ele.[33]

De fato, como deixou claro em uma carta a Hugo Bruckmann, Chamberlain pensava que "o judeu é inteiramente um produto artificial". Em sua carta datada de 7 de agosto de 1898, o genro de Wagner argumentou que "é possível ser judeu sem ser judeu; e que não é preciso ser necessariamente um 'judeu' enquanto se é judaico". Chamberlain não pensava realmente que os judeus — isto é, as pessoas reais — eram o verdadeiro problema: "A verdade é que o 'perigo judeu' é muito mais profundo, e o judeu não é de fato responsável por isso; nós mesmos o criamos e nós devemos superá-lo."[34] Em outras palavras, para Chamberlain, ser judeu significava aderir a um conjunto de ideias que podiam infundir judeus e não judeus da mesma forma. Seu objetivo final era limpar o mundo daquelas ideias supostamente prejudiciais.

O antissemitismo de Otto Weininger, a pessoa mais admirada por Dietrich Eckart, o mentor de Hitler, era muito semelhante ao de Chamberlain. Para Weininger, o judaísmo era uma mentalidade que rejeitava ideias transcendentais e enaltecia o materialismo. Segundo Weininger, o judaísmo era uma constituição psicológica inerente a toda a humanidade e que atingia sua expressão mais alta no judeu como um tipo ideal. Ele pregava que todas as pessoas tinham de lutar contra o judaísmo em si mesmas, alertando que a civilização ocidental estava se tornando cada vez mais judaica em espírito na era moderna.[35]

Em suma, Chamberlain e Weininger — os dois pensadores que tiveram a maior influência, ou pelo menos uma das maiores, no desenvolvimento do antissemitismo de Hitler e de seu mentor — entendiam seu próprio antissemitismo como uma rejeição a um determinado conjunto de ideias. Chamberlain não era a única pessoa a ver seu antissemitismo racial como metafórico em caráter. Muitas pessoas que eram ou se tor-

UMA FERRAMENTA DE 2.500 ANOS

nariam próximas de Hitler partilhavam dessas visões. E era justamente porque percebiam o antissemitismo de Chamberlain como de caráter metafórico que elas o apreciavam.

Por exemplo, Hugo Bruckmann — que foi apresentado a Chamberlain por um amigo judeu do autor, o maestro Hermann Levi, morador de Bayreuth — foi arrebatado pelo livro de Chamberlain, bem como sua esposa Elsa. Quando de sua publicação, a sra. Bruckmann escreveu em seu diário: "Leia 'Fundamentos do século XIX' de Chamberlain, estou *realmente impressionada* pelo conteúdo e forma; não acho nenhum outro livro interessante depois deste."[36] O antissemitismo metafórico de Chamberlain era do gosto de Elsa, uma vez que não criava qualquer conflito com suas amizades continuadas com sua amiga íntima Yella e muitos outros judeus.

Sua interação com os judeus naquele tempo e pelo resto de sua vida é de extrema importância não apenas devido à amizade de seu marido com Chamberlain, mas porque, a partir de meados da década de 1920 até a década de 1940, Elsa e Hitler seriam tão próximos que Elsa seria quase uma figura materna para ele. Sua interação com os judeus, portanto, lança luz sobre as interações entre judeus e gentios em alguns dos círculos sociais mais íntimos de Hitler e, por extensão, em como as pessoas próximas observavam o caráter do próprio antissemitismo de Hitler e como a percepção delas sobre as atitudes de Hitler em relação aos judeus mudou ao longo dos anos.

Elsa Bruckmann e Gabriele "Yella" von Oppenheimer se tornaram amigas íntimas desde o momento em que se conheceram, em 1893, quando Elsa, então ainda uma princesa empobrecida, passou várias semanas no Palais dos Tedesco, uma família judaica da classe alta vienense. Nos anos seguintes à Primeira Guerra Mundial, a relação das duas mulheres era tão próxima quanto humanamente possível em se tratando de pessoas vivendo em cidades diferentes. Por exemplo, em 1921 e 1922, Elsa e seu marido passaram mais de duas semanas com os Oppenheimer em sua propriedade nos Alpes austríacos.[37]

Elsa Bruckmann continuava a admirar os escritos do autor favorito de seu esposo. Em 31 de dezembro de 1921, ela escreveria uma carta ao poeta austríaco nacionalista Max Mell na qual partilhava seus pensamentos sobre o recém-publicado e profundamente antissemita *Mensch und Gott* (Homem e Deus), de Chamberlain: "Não estou surpresa de que *Mensch und Gott* de Ch. tenha causado uma profunda impressão em você: é um livro muito sério e muito pessoal; um verdadeiro compromisso com coisas essenciais!"[38]

Elsa Bruckmann era também próxima do escritor judeu Karl Wolfskehl e sua esposa, Hanna. Em 1913, Hanna declarou que ela e o marido "a amamos [i.e., Elsa] muito". As três paixões de Karl eram o misticismo, o colecionismo (em particular, livros antigos, bengalas e elefantes em qualquer forma) e o sionismo. Antes da virada do século, até conheceu Theodor Herzl, o pai do sionismo moderno. Ele também era amigo de Martin Buber, possivelmente o mais famoso filósofo sionista do século XX. Wolfskehl também estava envolvido com o grupo sionista local de Munique e, em 1903, cobriu o Congresso Sionista Basle (Uganda) para um jornal de Munique. Mesmo assim, primeiro ele se considerava alemão, depois judeu. Wolfskehl tinha pouco interesse em sionismo político; na verdade, ele via no sionismo a fonte de uma renovação cultural e espiritual do judaísmo.[39] Possivelmente, a razão pela qual Elsa Bruckmann e Karl Wolfskehl puderam ser amigos foi que o antissemitismo dela e o sionismo dele, ainda que reais e profundos, eram metafóricos acima de tudo.

Elsa continuaria aderindo a seu antissemitismo do início dos anos 1920 mesmo depois de desenvolver uma relação maternal com Hitler. Assim, os dois Bruckmann ficariam chocados com a tempestade antissemita que se formou em 1938, assim como Karl Alexander von Müller, o historiador que fora uma grande influência sobre Hitler durante seu curso de propaganda e que era próximo do casal. Os três fizeram uma especial objeção à perseguição dos judeus no rastro da Kristallnacht, como informaram a seu amigo em comum, Ulrich von Hassell, em uma visita à sua casa em Ebenhausen, sul de Munique. Hassell escreveria em seu diário, em 27 de novembro de 1938: "Seu horror [ou seja, dos Bruckmann, bem como de Müller e de sua esposa] quanto à descarada perseguição aos judeus é tão grande como o de todas as pessoas decentes. Até os mais fiéis nacional-socialistas que vivem [na cidade de] Dachau,

UMA FERRAMENTA DE 2.500 ANOS

e que até agora estavam 'firmes com ele', estão, segundo Bruckmann, completamente arrasados depois de testemunhar a diabólica barbárie da SS atormentando os infelizes judeus que foram detidos."[40]

Em maio e junho de 1942, Elsa Bruckmann interviria várias vezes com as autoridades nazistas para tentar impedir a deportação de Yella, para que ela finalmente tivesse autorização a permanecer pelo resto da vida com seu neto Hermann no castelo de Wartenburg, na Áustria. Em novembro, a dramaturga judia Elsa Bernstein conseguiu evitar ser deportada de Theresienstadt para um campo de extermínio na Polônia apenas ao mencionar sua relação próxima com Elsa Bruckmann e a cunhada de Chamberlain, Winifred Wagner (Bernstein sobreviveria ao Holocausto).[41]

O antissemitismo de Chamberlain, Bruckmann e muitos outros era, portanto, dirigido acima de tudo às ideias que eles consideravam judaicas, não aos judeus. A pergunta que surge é, naturalmente, considerando os ecos de Chamberlain nos escritos e discursos de Hitler, e a própria identificação de Chamberlain por Hitler como fonte de inspiração: as pessoas percebiam o antissemitismo de Hitler da mesma forma que viam Chamberlain? Em outras palavras, elas o percebiam como essencialmente metafórico em caráter? E como Hitler percebia seu próprio antissemitismo?

O antissemitismo metafórico de Chamberlain e de pessoas como Elsa Bruckmann, bem como o de 2.500 anos de intermitente pensamento antijudaico, fornecia quadros de referência através dos quais as pessoas na Munique do pós-guerra mediam o antissemitismo de Hitler. Sem surpresa, muitos naquela época, assim como nos anos por vir, frequentemente viam a linguagem antissemita exterminadora, biologizada e extrema de Hitler como não sendo de caráter literal.

De certa forma, precisamente devido à sua objeção ao antissemitismo de explosões emocionais e *pogroms*, e sua insistência em que combatia o judaísmo como um todo, tanto para salvar a Alemanha como para melhorar o mundo, Hitler se colocava na tradição do antissemitismo de Chamberlain, ao menos em aparência, bem como do pensamento antijudaico dos 2.500 anos anteriores. Durante o Holocausto, é claro, seu antissemitismo exterminador, biologizado, de tudo ou nada, foi tudo menos metafórico em caráter. No entanto, da perspectiva de 1920, não estava claro se ele já havia cruzado esse limite naquele ano.

É perfeitamente plausível que, desde o início, Hitler interpretasse de maneira literal seu antissemitismo de extermínio e biologizado; ou seja, desde o segundo semestre de 1919. Em outras palavras, é impossível negar que, ao contrário de muitos outros, Hitler de fato acreditava que o sangue judeu infiltrava parasitas na sociedade alemã. Nesse caso, talvez ele já tivesse alguma solução final de genocídio judaico em mente. Seja qual for o caso, a lógica em desenvolvimento no início do antissemitismo pós-guerra de Hitler, independentemente de ele já percebê-la ou não, evidentemente já apontava para o genocídio.[42]

Em todo caso, é igualmente e talvez mais plausível argumentar que Hitler no início falava de forma metafórica, ou, mais provavelmente, que ele mesmo ainda não havia chegado a uma conclusão completa sobre seu antissemitismo — ou seja, se era literal ou metafórico. Em seus discursos, Hitler às vezes parecia concordar com a crença de Chamberlain de que alguém pode ser judeu sem ser judeu e que o objetivo final antissemita era lutar contra o espírito judaico. Como orador convidado em um evento da Federação Völkisch de Proteção e Enfrentamento Alemão, ele disse, em 7 de janeiro de 1920, sob os aplausos de seu público, que "O maior vilão não é o judeu, mas aquele que se torna disponível para o judeu", acrescentando: "Nós combatemos o judeu porque ele impede a luta contra o capitalismo. Nós infligimos nossa grande miséria em geral por nós mesmos."[43]

Em última instância, é impossível saber se Hitler entendia seu próprio antissemitismo racial, biologizado, de tudo ou nada, como sendo de tipo literal ou metafórico em 1920, porque ninguém pode fazer uma investigação dentro da cabeça de Hitler. Nenhum grau de engenho pode superar completamente esse obstáculo. Mesmo que viessem à tona novos documentos, produzidos pelo próprio Hitler ou com suas palavras registradas, o dilema é este: devido ao fato de que ele constantemente se reinventava e era um notório mentiroso, que dizia o que acreditava que as pessoas queriam ouvir, nunca poderemos saber, acima de qualquer dúvida, quando Hitler dizia a verdade e quando mentia. Assim, tudo o que podemos fazer é explicar por que algumas proposições sobre suas intenções e seus pensamentos internos são mais plausíveis que outras, bem como examinar seus padrões de comportamento real e extrapolar conclusões quanto à forma como sua mente trabalhava e quais eram suas intenções.

Uma forma possível de testar se, em 1920, Hitler interpretava como literal ou metafórico seu antissemitismo biologizado, racial e extremista é observar como ele lidava com os judeus que conhecia pessoalmente. O mais provável é que, se interpretava literalmente seu próprio tipo de antissemitismo, agisse com intransigência em relação a eles.

Em seu discurso de 13 de agosto de 1920, Hitler argumentou que não se deveria tentar distinguir, entre indivíduos judeus, se eram bons ou maus. Ele disse que até os judeus que aparentavam ser boas pessoas com suas ações destruiriam o Estado de qualquer jeito, uma vez que estava em sua natureza, independentemente de suas intenções.[44] Da mesma forma, no início dos anos 1940, ele declararia categoricamente que, ao perseguir os judeus, nenhuma exceção deveria ser feita, por mais duro que fosse em alguns casos. Na noite de 1º/2 de dezembro de 1941, enquanto o processo industrial de matança de judeus era posto em marcha, ele afirmaria em seu QG militar: "Nossa legislação de raça causa grande sofrimento para os indivíduos, é verdade, mas não se deve basear sua avaliação no destino de indivíduos."[45] No entanto, isso foi precisamente o que o próprio Hitler fez em diversas ocasiões.

Uma das exceções que Hitler fez foi para Emil Maurice, quando, em meados dos anos 1930, Heinrich Himmler tentou expulsar Maurice da SS e do partido devido à sua ascendência judaica. Hitler desautorizou Himmler e também fez questão de oferecer seu próprio apartamento para a recepção de casamento de Maurice em 1935, dando-lhe uma considerável quantidade de dinheiro como presente, bem como concedendo-lhe dispensa especial para permanecer no partido e na SS.

Os dois se tornaram próximos logo depois que Maurice aderiu ao DAP, em fins de 1919. Maurice era uma das poucas pessoas autorizadas a tratar Hitler com o informal *Du*. Nas inúmeras brigas nas cervejarias e ruas de Munique, ele era um dos mais brutais entre os primeiros nacional-socialistas. Em reconhecimento a esses talentos, em 1921 Hitler faria dele o chefe da SA. Maurice serviria como adjunto de sua guarda pessoal — a "Stosstrupp Hitler" — em 1923 e viria a se tornar um dos fundadores da SS. Por algum tempo, serviria também como motorista de Hitler e, quando os dois homens foram presos em Landsberg, após o golpe fracassado de 1923, Maurice passaria a auxiliar de Hitler.

Não está inteiramente claro quando Maurice e Hitler descobriram o bisavô judeu de Maurice. De acordo com algumas alegações, os rumores sobre sua herança judaica já vinham circulando desde 1919, ao passo que, de acordo com outros relatos, a descoberta veio muito mais tarde. Considerando seu longo serviço para Hitler e o partido, em certo nível não foi particularmente surpreendente que ele recebesse proteção, ainda que o número dois da SS tivesse, segundo a lógica do regime hitlerista, um oitavo de sangue judeu.

No entanto, em outro nível, a decisão de Hitler foi surpreendente, pois sua intercessão em favor de Maurice viria depois de uma longa, profunda e amarga desavença entre os dois, decorrente da incapacidade de Hitler de lidar com o fato de que sua sobrinha Geli Raubal e Maurice se apaixonaram. No momento em que o ajudou contra Himmler, teria sido mais fácil para Hitler não se reconectar com Maurice nem protegê-lo. E, no entanto, ele não só concederia dispensa especial a Maurice e desafiaria Himmler, como também visitaria Maurice e sua esposa em seu apartamento.

O apoio de Hitler a Maurice é revelador sobre a natureza de seu antissemitismo por outra razão: em 1939, com a eclosão da guerra, ele subitamente interrompeu todo contato com Maurice. Também se recusou a vê-lo quando Maurice solicitou sua presença no final de 1941.[46] Essa mudança repentina de postura da parte de Hitler é tão significativa quanto seu apoio inicial. Se tivesse continuado a interagir e apoiar Maurice ao longo da Segunda Guerra Mundial, seria perdoável subestimar a importância do fato de que Hitler anteriormente apoiara um colaborador próximo cujo bisavô era judeu. No entanto, a mudança de Hitler quando começou a guerra sugere que a herança judaica de Maurice se tornou importante assim que tomou conhecimento dela. Seu realinhamento em relação a Maurice durante meados dos anos 1930 indica que foi parte de uma mudança de atitude mais ampla de sua parte. Isso levanta a questão

UMA FERRAMENTA DE 2.500 ANOS 213

de saber se o antissemitismo radical e biologizado de Hitler teria sido metafórico de início, tornando-se literal depois, apenas às vésperas da Segunda Guerra Mundial. No entanto, a partir de aproximadamente 1922, seu comportamento sugere fortemente que o genocídio já era sua "solução final" preferida para o desafio sobre o que fazer com os judeus da Europa. Sua interação com indivíduos como Maurice aponta que, enquanto Hitler pensou que era impraticável implementar uma "solução final" genocida, ele esteve disposto a ajudar os judeus de quem gostava pessoalmente. Acreditando por muitos anos que não tinha escolha a não ser aceitar soluções alternativas não genocidas para purgar a Alemanha da influência judaica, fazia sentido proteger alguns judeus de quem ele ou seus associados eram próximos.

Hitler também se esforçou para ajudar Eduard Bloch, o médico judeu de sua falecida mãe, e seu próprio médico desde a infância. Ele vivia em Linz, na Áustria. Depois da invasão alemã à Áustria, em 1938, Hitler concederia a Bloch um *Sonderstatus*, um status especial, o que permitiria ao médico continuar vivendo na cidade, mais ou menos ileso.[47] Como no caso de Maurice, já que não via Bloch havia tantos anos, teria sido mais fácil abster-se, em vez de protegê-lo.

A uma série de judeus veteranos do regimento de Hitler da Primeira Guerra Mundial também foi pessoalmente permitido emigrar.[48] Além disso, a esposa do estudioso de geopolítica Karl Haushofer tinha pai judeu, o que não parece ter incomodado Hitler quando ele procurou Haushofer em busca de ajuda para desenvolver suas ideias de geopolítica e "espaço vital". Também não parece tê-lo incomodado que Rudolf Hess, seu assessor mais próximo a partir de meados da década de 1920, fosse próximo do pai de Haushofer — que ele via quase como uma figura paterna — e amigo do filho. Na verdade, Hitler admitiria a Hess que tinha dúvidas sobre seu antissemitismo. Como Hess escreveria para Karl Haushofer, em 11 de junho de 1924, quando Hitler e ele foram encarcerados na fortaleza de Landsberg, ele percebeu que as crenças de Hitler eram muito menos diretas do que tinha imaginado: "Eu não imaginaria, por exemplo, que ele chegou à sua posição atual sobre a questão judaica somente após graves lutas internas. Era repetidamente acossado por dúvidas de que podia, afinal, estar errado."[49] A carta de Hess sugere que

Hitler se sentira inicialmente inseguro quanto à natureza de seu antissemitismo biologizado, racial, extremista, que talvez tenha atravessado uma gradual metamorfose do antissemitismo metafísico até um antissemitismo literal e potencialmente genocida entre 1919 e meados de 1920.

Também é difícil saber como interpretar um episódio que ocorreria em 1930, depois que o sobrinho metade irlandês de Hitler, William Patrick, mudou-se para Berlim. Frustrado pelo que percebia como um tratamento frio por parte de seu tio, William ameaçou revelar segredos da família à imprensa, a menos que recebesse um emprego melhor e mais privilégios. O evento levou Hitler a pedir sigilosamente a seu advogado, Hans Frank, para investigar alegações de que ele tinha ascendência judaica.[50] Hoje está claro que os rumores de que o avô paterno de Hitler era judeu, bem como de que sua família descendia de judeus húngaros ou boêmios, são infundados. No entanto, o ponto importante aqui não é se Hitler era de origem judaica ou não, pelo contrário. A questão é que Hitler se sentiu compelido a pedir que Hans Frank investigasse os rumores, o que sugere que, por certo período, ele não teve certeza se eram verdadeiros.

* * *

Por volta do verão de 1920, havia poucos indícios de que Hitler estava totalmente decidido sobre a natureza de seu antissemitismo, ou que havia formulado o xeque-mate antijudaico de sua preferência. Nessa época, ele usava o antissemitismo como uma ferramenta para dar sentido aos males do mundo, em uma tradição que tinha sido inventada 2.500 anos antes, às margens do rio Nilo.

A retórica extrema de seu crescente antissemitismo tem que ser vista no contexto das dificuldades que Hitler e o NSDAP enfrentavam na primavera de 1920. Em um momento em que o partido simplesmente não conseguia fazer-se ouvir adequadamente, Hitler tinha de encontrar uma maneira de dar destaque a si mesmo e ao NSDAP no movimentado mercado da política de direita na Baviera. Seu tipo particular de antissemitismo tornou-se assim o instrumento para se distinguir dos muitos outros oradores e políticos antissemitas de Munique.

Hitler conseguiu causar comoção na cidade oferecendo uma variante mais radical e coesa do familiar antissemitismo extremista. Quanto mais apresentava sua posição como uma proposição de tudo ou nada, quanto mais insistia que qualquer concessão seria espúria e seu antissemitismo se expressava de forma mais extrema, mais ele aumentava sua chance de ser ouvido e de consolidar sua versão de antissemitismo em meio ao movimentado mercado da política de direita em Munique. Foi, portanto, um desejo de ser ouvido e de se distinguir que alimentou a radicalização de seu antissemitismo. Na época, sua meta para o NSDAP não era obter o apoio da maioria; era simplesmente que o partido se distinguisse mais que seus concorrentes da extrema-direita. Para tanto, ele parece ter ajustado sua retórica antissemita através de um método de tentativa e erro, desenvolvendo ainda mais ideias e slogans que recebiam mais aplausos do público receptivo — e a maior quantidade de vaias da esquerda —, estabelecendo, assim, um ciclo de radicalização da retórica antissemita, que se autoalimentava.

Logo Hitler encontraria uma maneira de se apresentar ainda mais efetivamente para ampliar seu apelo.

8

Gênio

(Agosto a dezembro de 1920)

No início do outono de 1920, Wolfgang Kapp era uma peça de museu, mas Karl Mayr ainda se agarrava a ele. Em 24 de setembro de 1920, o antigo superior militar de Hitler se sentou para escrever ao fracassado golpista: "Vamos continuar nosso trabalho. Vamos criar uma organização de radicalismo nacional — um princípio, aliás, que não tem nada a ver com o bolchevismo nacional." Mayr também queria garantir que Kapp soubesse a identidade do homem que tentara enviar em março, em vão: "Certo Herr Hitler, por exemplo, tornou-se uma força motriz." Mayr salientou que ele estava "em contato diário" com Hitler "havia mais de quinze meses".[1]

Mayr, é claro, exagerou um bocado a frequência de seu contato com Hitler, com um objetivo de autopromoção. No novo papel que havia assumido no mês anterior, ele tratava de se apresentar como mais importante do que realmente era. No momento em que compôs sua carta para Kapp, Mayr já não estava no Exército; havia deixado o Reichswehr no início de julho. É provável que isso não tenha ocorrido voluntariamente, mas que tenha sido retirado como resultado da insubordinação que manifestara para com o general Arnold von Möhl.[2] Na verdade, a pressão para que ele saísse provavelmente não tinha vindo apenas de Möhl.

A estrela de Mayr começara a perder o brilho ainda em março — não está claro se foi porque seu trabalho de propaganda foi considerado ineficaz[3] ou devido a divergências políticas entre ele e os outros. Seja qual for a razão, a oposição a Mayr crescera enormemente na esteira do fracassado *putsch* de Kapp. Em 25 de março de 1920, um de seus adversários no Exército em Munique escreveu para o ministro da Defesa do Reich, Otto Gessler, para queixar-se de Mayr. O autor da carta era Georg Dehn, que dirigira a Divisão Civil do Quartel-General de Recrutamento do Reichswehr em Munique e que agora era secretário-geral da seção bávara do liberal Partido Democrata Alemão (DDP), uma das legendas que compunham o governo bávaro na época. Dehn alertara o ministro sobre oficiais de Munique que não eram confiáveis e que estavam prontos para minar a Constituição. Os piores entre esses oficiais, Dehn argumentou, eram aqueles dedicados à "propaganda militar", principalmente Karl Mayr e o conde Karl von Bothmer.[4]

A carta de Dehn é informativa não apenas por esclarecer a saída de Mayr do Exército, mas também para a compreensão do caráter dos homens do Comando Militar Distrital 4 em Munique. Ele dá mais um testemunho da heterogeneidade política do Exército de Munique: Dehn informava Gessler de que o corpo de oficiais estava dividido entre dois grupos — aqueles que, como Mayr, haviam apoiado o golpe, e outros que talvez não fossem republicanos de coração, mas que aceitavam servir a República de Weimar.[5] O próprio Dehn era a prova viva da heterogeneidade do Reichswehr em Munique: um oficial, judeu de nascimento, convertido ao protestantismo. Durante a guerra, o oficial e arqueólogo judeu servira no regimento de Hitler, onde estabeleceu uma amizade com Fritz Wiedemann, oficial comandante de Hitler. Perto do fim da guerra, e assim como Mayr, ele serviu no Império Otomano. Internado no final da guerra na Turquia com malária, Dehn voltou à Alemanha na primavera de 1919. No rastro da queda da República Soviética de Munique, ele então começou a dirigir a Divisão Civil do QG de Recrutamento do Reichswehr naquela cidade.

Dehn continuava sendo respeitado no corpo de oficiais de Munique, apesar de sua posição de destaque no DDP e sua herança judaica, como é evidente pelo fato de que ele foi um dos oito membros do regimento de Hitler na Primeira Guerra Mundial cujas memórias de guerra foram publicadas em novembro de 1920 pela revista quinzenal *Das Bayerland*. Dehn também seria um dos autores da história oficial do regimento de Hitler, publicada em 1932. Ele sobreviveria ao Holocausto por sair da Alemanha quando ainda era possível e se estabelecer em Quito, capital do Equador.[6] O fato de que um militar judeu e oficial do liberal Partido Democrata Alemão foi encarregado de dirigir o gabinete de recrutamento do Exército em Munique ao mesmo tempo que Hitler servia sob comando de Mayr é um lembrete da relativa heterogeneidade do Reichswehr pós--revolucionário na capital da Baviera e, portanto, da impossibilidade de Hitler ter sido apenas uma soma das partes individuais do Reichswehr pós-revolucionário em Munique.

Uma vez que havia perdido crédito no Exército em Munique e, portanto, abandonado o Reichswehr, Mayr estava em busca de um novo lar. No entanto, não buscava apenas um grupo que o aceitasse. Mayr estava à procura de uma organização que acreditava poder dirigir. Não era de sua personalidade ser um seguidor. Como revelado na maneira que recrutava e ensinava seus propagandistas, Mayr não queria ser orquestrado; na verdade, ele mesmo queria ser o maestro. Ao deixar o Exército, ele então cortou todos os laços restantes com o Partido Popular da Baviera (BVP) e pouco depois ingressou no Partido Nacional-Socialista dos Trabalhadores Alemães (NSDAP). O exagero de Mayr na carta para Kahr sobre a frequência de suas interações com Hitler tem que ser visto nesse contexto. Na carta, Mayr tentou transmitir a mensagem de que, desde que entrara para o NSDAP, ele vinha comandando o show, escrevendo: "Tenho andado ocupado desde julho na tentativa de fortalecer o movimento. Eu organizei alguns jovens muito capazes."[7]

O projeto de Mayr era que o NSDAP se tornasse, sob sua influência, uma espécie de nova Nationalsozialer Verein (Associação Nacional Social), que existira por volta da virada do século com o objetivo de atrair a classe trabalhadora para o campo nacional liberal. Para tanto, a associação tentara abordar o descontentamento social, desencadeado pela crescente desigualdade então reinante na Alemanha.

No entanto, logo depois de escrever para Kapp, Mayr percebeu que sua crença de que podia dirigir o NSDAP da mesma forma como havia orquestrado a propaganda para o Exército era ilusória. Logo ele começou a compreender o que já estava em curso havia algum tempo, mas que ele falhara em perceber ou aceitar: Hitler se emancipara de Mayr e não tinha mais nenhum interesse em ser seu fantoche. Segundo Hermann Esser, que, assim como Hitler, trabalhara para Mayr e depois ingressou no Partido Nazista, Mayr, para sua grande decepção, percebeu "que Hitler não estava disposto a trabalhar para ele". Mayr teve de concluir que, embora Hitler tentasse usá-lo como um auxiliar, seu ex-pupilo não estava disposto a ser influenciado. Mayr aprendeu da maneira mais difícil que, contrariamente às suas intenções, o NSDAP não era um produto do Reichswehr nem dele mesmo. Sua crescente compreensão de que os altos membros do partido se recusavam a ser orquestrados por ele culminaria em sua decisão, em março de 1921, de deixar o NSDAP. Depois disso, nunca mais encontraria Hitler.[8]

A gradual percepção de Karl Mayr quanto à sua incapacidade de moldar o NSDAP de acordo com seus desejos estava lado a lado com o desencanto político com os objetivos políticos do partido. O problema não era apenas que o NSDAP rejeitava suas metas políticas. Na verdade, Mayr começava a ter dúvidas sobre suas próprias ideias direitistas. Como resultado, começou a se mover para o centro político, terminando nos braços da social-democracia (SPD). Daí em diante, tentaria minar Hitler e o NSDAP nas páginas do jornal pró-SPD *Münchener Post*, colaborando estreitamente com o ex-líder do SPD na Baviera, Erhard Auer, e entregando-lhe informações sobre a direita política.[9]

O deslocamento de Mayr para a esquerda fazia dele um traidor aos olhos de muitos oficiais que, assim, começaram a difamá-lo. Eles falavam com desprezo sobre o capitão Mayr, "um homem pequeno, de aparência muito fraca, escuro, preto", com "um nariz de forma claramente dinárica", no qual eles então divisaram traços judeus. Daquele momento em diante, começariam a se referir ao ex-mentor de Hitler como "Mayr-Kohn". Em 1923, Mayr se rotularia como um "republicano da razão" — em outras palavras, um convertido político cuja cabeça, mas não todo o coração, estava com a República. No ano seguinte, ele deixaria de ser apenas um "republicano da razão" e ingressaria no SPD, assim como na Reichsbanner, a associação dos veteranos pró-republicanos e filiados ao SPD. Na Reichsbanner, finalmente encontrou um grupo disposto a ser orquestrado por ele. No final dos anos 1920, o antigo mentor de Hitler escrevia regularmente para *Das Reichsbanner: Zeitung des Reichsbanner Schwarz-Rot-Gold*, o órgão semanal da organização. Mayr se tornaria próximo da liderança nacional da Reichsbanner e seria o vice-editor geral da revista da associação. Em todas as suas atividades, seria um fervoroso opositor e crítico do NSDAP. Mayr também atuaria como força motriz por trás dos esforços de reconciliação de veteranos da Reichsbanner com associações de veteranos franceses, cujo resultado foi sua nomeação como membro honorário de uma delas, a Fédération Nationale.[10]

Em 1933, por temer a ira de seu antigo propagandista que agora ocupava a chancelaria do Reich, Mayr fugiria para a França, onde passara dois meses antes da Primeira Guerra Mundial, em 1913, em preparação para um exame de qualificação como intérprete de francês-alemão. Junto com sua esposa, Steffi, uma artista gráfica, ele viveria em um subúrbio de Paris, ganhando a vida como professor de alemão. Após a queda da França, em 1940, ele seria preso, internado no sul do país e depois detido no porão do Gabinete Principal de Segurança do Reich em Berlim, até ser transferido para campos de concentração — primeiro para o campo de Sachsenhausen, depois para Buchenwald. Lá, o oficial que havia aberto a caixa de Pandora em 1919 seria forçado a trabalhar na fábrica de munições Gustloff em Weimar, uma fábrica gerida pela SS. Uma bomba britânica o mataria durante um ataque aéreo em 9 de fevereiro de 1945.[11]

* * *

Uma das razões pelas quais Hitler não queria ser orquestrado por Mayr era de ordem pragmática: ele estava começando a explorar o anseio popular alemão por um novo tipo de líder, um líder que fosse um gênio, o que lhe permitia apresentar-se de forma mais eficaz e, assim, ampliar seu apelo. No entanto, Karl Mayr era uma pedra no caminho de sua tentativa de nadar naquela corrente.

A preocupação com o gênio no pensamento ocidental começara com um debate dentro da cena artística francesa em fins do século XVII. Pensadores discutiam se, com a ajuda de gênios capazes de inventar novas formas de expressão artística mais adequadas ao momento presente, seria possível superar o que os antigos mestres haviam criado. No século XVIII, o desejo pelo gênio avançara para o mundo social. Uma nova classe média esclarecida agora acreditava que gênios seriam capazes de ajudá-la em sua busca por hegemonia cultural, autonomia pessoal e emancipação contra o poder da velha ordem. Os gênios, pensava-se, tinham uma capacidade superior para a originalidade e a criatividade, e assim eram capazes de quebrar os moldes do passado. Enquanto todo mundo se perdia em torno dos problemas, os gênios forneceriam respostas inteiramente novas ou até mesmo reformulariam radicalmente as perguntas a serem feitas.

Segundo esse pensamento, um gênio é alguém que não tem de ser ensinado a alcançar autonomia pessoal e criatividade, nem a ser um líder. Gênios têm qualidades inatas com as quais nascem e que desenvolvem e percebem quando crescem. As conotações do termo alemão *Bildung* são um reflexo dessa crença germânica nas qualidades inatas que as pessoas apresentam. Em contraste com o termo inglês *education*, que se baseia na ideia de que o indivíduo seja retirado da ignorância por outros, a palavra *Bildung* expressa uma crença na capacidade de autoformação dos indivíduos. Portanto, os gênios são a forma perfeita e pura de indivíduos com o dom inato para a originalidade e criatividade. Em suma, os gênios têm um deus vivendo dentro de si. E, como tal, não têm que aderir a convenções comuns de discurso público ou mesmo lógica. Gênios criam algo novo que será para benefício de todos e que eles não têm de justificar; gênios só têm de proclamá-lo. Também não há necessidade de que os gênios façam concessões, pois acreditava-se que concessões enfraqueciam aquilo que os gênios criavam. Além disso, não há necessidade de que os gênios respeitem as regras, nem mesmo as regras recebidas da moral, porque estão criando novas regras e princípios de moralidade que redefinem o que é bom e o que é mau. Como Nietzsche colocou em sua obra mais seminal, *Assim falou Zaratustra*: "Que nada em absoluto é bom e mau — esta é a sua criação."

Nos séculos XVIII e XIX, o termo *gênio* era mais comumente aplicado aos artistas. Como a originalidade e a transgressão de convenções são a própria essência do gênio, havia um desejo pelo tipo de artista que fosse um *enfant terrible*, e que, como resultado desse anseio, podia fazer praticamente qualquer coisa sem sofrer consequências. No início do

GÊNIO

século XX, o desejo entusiasmado pelo gênio se tornou tão difundido e tão institucionalizado nas escolas alemãs que as classes médias instruídas celebravam Goethe e Schiller — as duas figuras de proa do fim do século XVIII e início do século XIX na literatura, na poesia e na dramaturgia alemãs — como ícones de genialidade. Enquanto isso, Houston Stewart Chamberlain celebrava Wagner como o mais notável "gênio" do século XIX.[12]

Chamberlain louvava seu sogro como um artista original que definiu um século — em outras palavras, como alguém cuja influência transcendia o mundo da arte e entrava no da política, da teoria social e da filosofia. Não é nenhuma surpresa que, na década de 1920, de modo a superar sua derrota, o desejo do gênio por parte dos alemães se traduziu no desejo de um tipo decididamente novo de político e líder, um que fosse um gênio e, portanto, verdadeiramente talentoso, genuíno, novo e original. Um tal gênio seria não um político, mas um artista de coração que, como Chamberlain colocava, não faria política, mas *Staatskunst*. *Staatskunst* trata da condução dos assuntos do Estado como uma atividade artística criativa e original. Acreditava-se que os gênios tinham a capacidade única de ver e compreender a arquitetura do mundo escondida atrás de falsas fachadas, bem como a capacidade de despir as falsas aparências do mundo.

Na Alemanha pós-Primeira Guerra Mundial, o anseio por líderes que fossem gênios não se limitava à extrema-direita política nem ao espectro social tradicional conservador, antirrepublicano, do slogan "queremos nosso kaiser Wilhelm de volta". A classe média progressista, pró-republicana e otimista tinha esse desejo também, pois membros daquela classe buscavam novas figuras que emergissem de baixo, já que, segundo o pensamento da época, o *pedigree* de uma pessoa não desempenhava nenhum papel na criação do gênio. Em outras palavras, o anseio pelo gênio era alimentado por um desejo participativo e emancipatório de que ele viesse de baixo, baseando-se na crença dos séculos XVII e XVIII na existência de indivíduos com qualidades superiores inatas que não podiam ser herdadas nem ensinadas. A classe média pró-republicana da Alemanha via naquele elemento emancipatório e participativo do gênio um facilitador da democratização dirigida contra a velha ordem.

Assim, não foi um desejo por um Wilhelm III, mas por um tipo de líder inteiramente novo, que dirigiu o desejo de diversos partidos por um líder político novo, criativo e original, que fosse um gênio. Tanto os amigos como os inimigos do antigo regime zombavam dos políticos que se baseavam nos modelos fornecidos por líderes do pré-guerra como "epígonos", como cópias pobres e insossas. Mesmo muitas pessoas na direita acreditavam que não havia volta ao passado. Talvez o passado tivesse sido glorioso, mas o passado era o passado e o futuro exigia novas respostas, mesmo que fosse um futuro inspirado no passado. Não havia, é claro, consenso quanto ao que esse futuro poderia ser. No entanto, havia quase um consenso de que os gênios ajudariam a liderar o caminho para esse futuro.

Foi esse anseio pansocial por gênios que abriu uma janela de oportunidade para Hitler, pois a forma como ele conseguia apresentar-se aderia intimamente às expectativas políticas e culturais sobre um "gênio" como um salvador quase divino. Assim, não foi o fracasso em romper com a ordem política wilhelmina pré-1918 que criou as condições que deram origem a Hitler; em vez disso, foi a ruptura radical com aquela ordem que, ainda que não tornasse inevitável a ascensão do nacional-socialismo, criou uma abertura pronta para Hitler explorar.[13] Uma vez que a crença comum era de que os gênios eram criados por natureza, e não cultivo, Hitler não podia ser visto como um produto de Karl Mayr, nem de qualquer outra pessoa, aliás. Em vez disso, ele tinha de se apresentar como alguém que se formou inteiramente sem qualquer influência exterior.

Dito isso, é seguro supor que o mentor de Hitler, Dietrich Eckart, o encorajava a se ver como um gênio. O herói de Eckart, Otto Weininger, criara uma dicotomia entre o gênio e os judeus, considerando "gênio" a mais alta expressão de masculinidade e um mundo não materialista, ao passo que via os judeus como a forma mais pura de feminilidade. Para Eckart, o objetivo dos gênios era purgar o mundo da influência supostamente nociva do judaísmo.[14]

É difícil estabelecer a data exata em que Adolf Hitler começou a se ver como um gênio ou a apresentar-se como um. Proclamar abertamente "Eu sou um gênio" teria feito dele uma fonte de ridículo. Tais proclamações também teriam sido menos eficazes do que deixar que seus propagandistas o descrevessem como um "gênio".

Ele de fato abordou o tema em um discurso ainda em 17 de abril de 1920, quando declarou: "O que precisamos é de um ditador que também seja um gênio, se um dia quisermos nos elevar novamente no mundo." Ele só indicaria abertamente que se via como esse gênio muito mais tarde. Em *Mein Kampf*, ele se referia repetidas vezes ao gênio de uma maneira que implicava claramente que estava falando de si mesmo. Além disso, em 1943, ele comentaria com um de seus secretários que a razão pela qual havia decidido não ter filhos foi porque a vida para os filhos de gênios era sempre difícil.[15]

É plausível que, quando fez seu discurso em 17 de abril, Hitler se imaginava argumentando em favor de outra pessoa, quem quer que fosse. No entanto, é ainda mais plausível e provável que, através do próprio ato de convocar um gênio para resgatar a Alemanha, Hitler percebesse que esse líder e ditador poderia e deveria ser ele mesmo.

A questão do gênio é que aqueles que o incorporam são figuras não estabelecidas, que surgem aparentemente do nada. Em 17 de abril, Hitler obviamente não argumentava em prol de uma figura tradicional para se tornar o salvador da Alemanha. Além disso, ele mesmo tinha todas as características normalmente associadas com o gênio: era um homem sem *pedigree*, sem um alto grau de educação formal, um artista de coração, mas com paixão pela política. Não desejava imitar e reconstruir um mundo perdido e destruído, mas criar uma Alemanha inteiramente nova e invencível que suportasse os choques contra seu sistema em todos os tempos vindouros. Da mesma forma, se apresentava como um pensador independente, dinâmico. Preferia falar *para* as pessoas, e não *com* as pessoas, e tratar a política não como uma atividade deliberativa, mas como um ato de performance — em suma, proclamar, em vez de se relacionar.

De fato, desde sua adesão ao DAP/NSDAP, Hitler fizera o máximo para se certificar de que nem seu partido nem ele mesmo ficariam em segundo plano em relação a mais ninguém. Quer fosse em sua luta com o antigo presidente nacional do DAP, Karl Harrer, ou em sua rejeição por fusões com outros grupos ao longo de 1920, Hitler deixou claro que acreditava firmemente que o DAP/NSDAP deveria liderar em vez de ser conduzido. Assim, é difícil ver como ele se percebia como alguém que apenas clamava por outra pessoa quando convocava um gênio para resgatar a Alemanha, pois gênios só podiam vir de baixo; ele não permitiria que o DAP/NSDAP estivesse em segundo lugar, atrás de outro grupo; e ele reunia todas as características que as pessoas tipicamente associavam aos gênios na época.

É difícil dizer se Hitler primeiramente convocou um gênio e ditador para resgatar a Alemanha e, ao fazê-lo, chegou à conclusão de que na verdade estava falando de alguém como ele próprio; ou se primeiro percebeu que cumpria todos os critérios de um gênio e depois usou essa percepção como ferramenta para argumentar em seu próprio favor. Da mesma forma, é impossível dizer se Hitler realmente começou a acreditar que era um gênio (embora seu padrão subsequente de comportamento sugira que foi o caso) ou se começou a se apresentar como um gênio apenas pelo benefício tático. Em qualquer caso, o clamor inicial de Hitler por um gênio e ditador sugere que seu objetivo declarado de ser o propagandista de uma nova Alemanha era uma manobra necessária em um momento em que afirmar-se a si próprio como esse gênio teria parecido ridículo.

Hitler também estava explorando a ideia popularizada por Houston Stewart Chamberlain de que, para a Alemanha e outros países teutônicos viverem em liberdade e autonomia, a raça teutônica precisava avançar como uma "raça pura" — baseada não essencialmente na realidade biológica, mas que ainda precisava ser formada através de um ato de autocriação.[16] A lógica inerente do clamor de Chamberlain era de que apenas um gênio seria capaz de realizar tal ato. Além disso, ao colocar-se em uma tradição de gênio, Hitler — quaisquer que fossem suas verdadeiras intenções — se inseria no legado de como os gênios vinham sendo percebidos. Isso pode explicar como pessoas que não eram antissemitas radicais ficavam fascinadas por Hitler e o apoiavam, da mesma maneira que admiravam Chamberlain e o celebravam como um gênio, mesmo quando não levavam tão a sério alguns de seus argumentos.

Uma das razões para Chamberlain ter tanto sucesso como autor era que se esperava que um gênio fosse um *enfant terrible*. Ele dizia um monte de coisas ultrajantes em seu livro que, aos olhos de muitos, não depreciavam seu núcleo supostamente original e positivo. Theodore Roosevelt, ao revisar o *Grundlagen* de Chamberlain, fez forte objeção ao antissemitismo do autor, mas mesmo assim observou que o mundo podia aprender com Chamberlain sobre o estado do mundo e o futuro das nações teutônicas.[17] Essa tradição de ver gênios como diletantes brilhantes e criativos governaria a maneira como muitas pessoas reagiriam a Hitler nos anos vindouros. As pessoas acreditavam que os gênios, ao criar algo novo, ocasionalmente se entusiasmavam demais, e como resultado diziam coisas que não tinham de ser levadas a sério ou literalmente, e que não deveriam se distrair da substância de sua criação.

* * *

Independentemente de quando Hitler começou a se ver como um gênio, ele apresentou seus discursos de 1920 de uma forma que aderia às expectativas de como um novo líder genial agiria, apresentando-se como um artista convertido em político, mais que um político de carreira ou um líder nascido em privilégio.

Hitler seguiu uma pista de Wagner, seu artista favorito em todos os tempos. Na verdade, a influência artística que Wagner exerceu sobre as apresentações de Hitler foi muito mais importante que o impacto de suas ideias políticas sobre o pensamento de Hitler. Por exemplo, as concepções de Hitler e Wagner quanto ao antissemitismo eram mais diferentes que semelhantes. Em vez de focar sobre o antissemitismo de Wagner, Hitler se inspirava na forma como suas óperas, que via sempre que possível, eram encenadas como *Gesamtkunstwerke*, criações artísticas que sintetizavam através de sua interação o som, a imagem, a palavra e o espaço para criar espetáculos repletos de encantadora harmonia. Eventualmente, Hitler colaboraria com arquitetos, iluminadores, cineastas e muitos outros para criar os espetáculos imortalizados nos filmes de Leni Riefenstahl do comício do partido em Nuremberg, em 1934, e das Olimpíadas de 1936, que continham efeitos como a fusão da imagem e da voz de Hitler, a apresentação de dezenas de milhares de apoiadores diante dele e o uso de cúpulas de luz. Por ora, no entanto, Hitler encenava seus discursos como espetáculos orais.[18] Isso era incomum no mundo visual do sul da Baviera católica, com suas tradições locais de espetáculos centrados em representações da Sagrada Família e dos santos, bem como as fachadas de casas e igrejas barrocas. Até o verão de 1923, Hitler havia se recusado terminantemente a ser fotografado.

Com sua priorização da palavra acima da imagem em seus primeiros anos, bem como sua *Bilderverbot* (proibição de imagens), Hitler se apoiava em uma tradição protestante que remontava à Reforma e à destruição de grande parte do interior das igrejas anteriormente católicas. O culto ao gênio também era em essência um fenômeno protestante. Mas os discursos de Hitler não eram o equivalente aos sermões sinceros em igrejas protestantes despojadas de quase todos os ornamentos. Em vez disso, eram espetáculos orais em que os locais onde os discursos eram proferidos, os cartazes colados por toda a cidade para anunciar os eventos e toda a atmosfera em que ocorriam eram tão importantes quanto a própria voz de Hitler. Em outras palavras, apesar de sua *Bilderverbot*, Hitler rapidamente dominou o uso da imagética para apoiar e realçar seu desempenho oral.

Ele, por exemplo, raramente falava ao ar livre, pois percebia que tinha muito mais facilidade em preencher espaços interiores com sua voz. Em locais fechados, podia controlar a forma como o som viajava, e podia controlar todo o resto também; criar harmonia a partir de sua voz, do espaço e do visual, tudo com o objetivo de produzir uma experiência coletiva impactante.[19]

A forma como suas falas eram anunciadas por toda a Munique também eram coreografadas cuidadosamente. Os grandes cartazes vermelhos que o partido colocava nas colunas especiais de publicidade, populares em cidades alemãs naquela época, chamavam imediatamente atenção das pessoas. Mais tarde, Hitler afirmaria que havia optado pelo vermelho porque "é a [cor] que mais agita e a mais propensa a indignar e provocar nossos adversários, tornando-nos assim notáveis e memoráveis para eles de uma maneira ou de outra".[20]

Os espetáculos orais de Hitler eram diferentes dos habituais eventos políticos de Munique. Como resultado, as pessoas começaram a afluir para seus discursos — entre elas, muitas pertencentes ao crescente número de descontentes e desiludidos. Eram pessoas politicamente em cima do muro, indecisas quanto a participar de um movimento político de protesto e a que movimento ingressar. O desafio para qualquer grupo político era atrair a atenção de potenciais apoiadores em um mercado político confuso, veloz e fragmentado. E foram os discursos de

Hitler — e a maneira como ele os encenava — que conseguiram realizar exatamente isso. Não é preciso dizer que nem todos os desiludidos que compareciam aos discursos de Hitler se convertiam à causa do NSDAP. No entanto, um crescente número tomava essa decisão e se juntava às fileiras de apoiadores do partido. Os discursos de Hitler de 1920 deram impulso ao NSDAP e o transformaram em um movimento de protesto social significativo.

Com sua voz, Hitler podia atrair e manter a atenção de grandes multidões. Em 1920, ele já havia se aperfeiçoado; os dias do solitário ligeiramente desajeitado mas benquisto da Primeira Guerra Mundial estavam terminados. Em sua vida particular, Hitler tendia a falar baixo — no palco, entretanto, sua voz se transformava em outra coisa. Embora um ferrenho oponente, Konrad Heiden, que assistia a esses discursos no início de 1920, considerava a voz de Hitler "algo inesperado. Entre aqueles ombros modestos, estreitos, o homem tinha pulmões. Sua voz era o epítome do poder, da firmeza, do comando e da vontade. Mesmo quando calma, era um trovão gutural; quando agitada, bradava como uma sirene anunciando perigo inexorável. Era o primeiro rugido da natureza inanimada, e no entanto acompanhada por flexíveis semitons humanos de amabilidade, ira ou desprezo". Como se recordava Ilse Pröhl, futura esposa de Rudolf Hess, sobre o primeiro discurso de Hitler a que ela assistiu em 1920: "Havia apenas cerca de quarenta ou sessenta pessoas lá. Mas tínhamos a impressão de que ele falava para toda a Alemanha."[21]

Em outras localidades do país, talvez fosse mais difícil para Hitler atrair o mesmo tipo de atenção que recebia no sul da Baviera. Como colocou um antigo biógrafo de Hitler, Ernst Deuerlein — um francônio de nascença que passara muitos anos de sua vida adulta em Munique —, "uma língua ágil" era uma qualidade muito admirada no sul da Baviera. "A capacidade de 'dizer a um homem como as coisas são' goza de um apreço especial no coração da Baviera. Quanto mais entusiasmado um orador, mais respeitado ele será entre seus contemporâneos", escreveu Deuerlein. "O povo tem um forte traço barroco, uma admiração pela diversão robusta e pela comédia rústica. O fato de que ali estava um simples soldado que sabia como falar sobre coisas que normalmente seriam tratadas pelas autoridades foi uma sensação."[22]

As habilidades performáticas de Hitler eram muito importantes para o NSDAP porque tais eventos na Munique do pós-guerra funcionavam como espaços para expressar convicções políticas e encontrar entretenimento para uma geração sem acesso às conveniências da mídia eletrônica. As pessoas assistiam a eventos políticos nas cervejarias de Munique para escapar do tédio de estar em casa olhando pela janela. O talento de Hitler como orador e *performer* oferecia a promessa de que o NSDAP seria o beneficiário de qualquer consolidação futura entre a direita radical de Munique, em uma situação em que era difícil distinguir as diferenças políticas menores entre os vários grupos de dissidentes de direita da cidade. De fato, para esse fim, Hitler colocou a maior parte de sua energia em fazer a maior quantidade possível de discursos em 1920.

Naquele ano, ele foi o orador principal de 21 eventos do DAP/NSDAP em Munique, muitos dos quais aconteceriam não apenas na Hofbräuhaus, mas também nos salões de algumas outras cervejarias da cidade — incluindo a Bürgerbräu, a Münchner Kindlkeller, a Wagnerbräu, e a Hackerbräu — e atraiu audiências que variavam entre oitocentas e 3,5 mil pessoas. O evento mais popular do ano foi sobre um tema que estava no coração da politização e da radicalização de Hitler. Foi um protesto realizado na Münchner Kindlkeller contra as condições de paz do Tratado de Versalhes; em particular, a perda da região de Eupen-Malmedy, na Alemanha Ocidental, para a Bélgica e a ameaça de também perder a Alta Silésia no leste. O evento atraiu entre 3 mil e 3,5 mil pessoas. Hitler também contribuiu pelo menos para sete debates que se seguiram aos discursos em reuniões de outros grupos políticos em Munique. Além disso, realizou dezesseis discursos fora da cidade.[23]

Os índices de comparecimento aos discursos de Hitler forneciam apenas um sentido limitado de seu grau de popularidade, pois os eventos também atraíam adversários políticos em grande número, que tentavam provocá-lo. É, portanto, impossível quantificar o apoio que Hitler recebia em 1920. No entanto, o próprio fato de que ele atraía numerosos apoiadores e inimigos é uma medida perfeita de sua notoriedade sempre crescente. Isso era utilizado por Hitler, pois canalizava uma atenção pública para o NSDAP que, de outra forma, talvez fluísse para outros grupos políticos com ideias políticas comparáveis.

Seus compromissos como orador eram extremamente desgastantes. Ele falava nos eventos, que começavam às 19h30 ou 20h, por 2 ou 3 horas, às vezes até mais, sem qualquer microfone ou alto-falante, em locais com acústica geralmente pobre. De início, Hitler nem mesmo falava com base em anotações; foi só em 1921/1922 que ele começou a trazer notas estruturadas para seus eventos orais. Depois de uma ou duas horas falando, ele geralmente começava a sentir-se fisicamente fraco. Fazer discursos com tanta frequência tinha um preço para seu corpo. A comida ainda era relativamente escassa em Munique — como resultado, Hitler, assim como a maioria das pessoas na cidade, com frequência funcionava com o estômago apenas parcialmente cheio. Para atravessar suas maratonas de eventos e ter um impulso de energia antes de começar a falar, ele muitas vezes misturava um ovo cru com açúcar em um recipiente de metal cilíndrico, e engolia a mistura imediatamente antes do discurso.

Uma das razões para Hitler fazer discursos tão longos era pragmática: ele queria ter certeza de que os eventos do partido nos quais falava seriam de caráter mais performático que discursivo. Ele desejava falar para as pessoas, não com elas. A tradição na época era que os eventos com oradores apresentassem um discurso seguido de longos debates. Hitler pensava que os debates não traziam nenhum benefício porque podiam perder o controle, causando escândalo. Portanto, ele fazia questão de falar o máximo possível para que restasse pouco tempo para o debate entre o final de seus discursos e a hora de fechar, às 23h.

Ao final de seus discursos, Hitler ainda se conservava em um estado alterado por algum tempo e se misturava com seus colaboradores mais próximos para se acalmar. Depois de horas falando, ele ficava faminto. Se a reunião terminava antes das 23h, o círculo interno de membros do partido caminhava para a Sterneckerbräu para jantar lá. Caso contrário, todos iam para a casa de algum correligionário e lá permaneciam até tarde da noite, coisa que era mais fácil para Hitler que para seus companheiros, que, ao contrário dele, tinham empregos normais durante o dia e não podiam, como ele, dormir até tarde. Quando se juntava apenas com os membros do NSDAP de quem era próximo, ele relaxava. Como um deles recordou, "Hitler gostava de se divertir, rir, e mostrava seu máximo contentamento dando tapas nos joelhos". Da mesma forma, Ilse Pröhl, a futura esposa de Rudolf Hess, lembrava: "Quando nos sentávamos com Hitler, nós ríamos juntos, fazíamos piadas juntos. Estávamos muito juntos, ele gostava de rir."

Durante os eventos do NSDAP e seus jantares tarde da noite, os hábitos alimentares de Hitler combinavam com os das pessoas ao redor. Embora nunca fumasse, na época ainda comia carne e bebia álcool, ao contrário do período posterior. Seu prato favorito era Tiroler Gröstl, uma fritada de batatas, carne e ovos que ele consumia com cerveja escura, que sempre preferia à cerveja clara ou de trigo. Ao longo de uma noite, durante o evento oratório e depois, Hitler bebia cerca de 1,5 litro de cerveja. No entanto, bebia ao longo de várias horas, e a cerveja que consumia era fraca devido à escassez continuada de alimentos em Munique.[24] Mesmo assim, a droga de Hitler não era o álcool — era o ato de falar. Como concluiu um relatório de inteligência dos EUA em 1942, com base em entrevistas com pessoas que conheciam Hitler intimamente, "Ele provavelmente só se sente feliz e descansado depois de falar quase ao ponto de desmaiar de exaustão".[25]

Na segunda metade de 1920, os discursos e a política já se haviam tornado tudo para Hitler. Agora era mais que um trabalho. Era um chamado, que se tornou o combustível de sua vida. Uma vez que, por longos períodos, ele se mostrou incapaz de manter relações humanas entre iguais ou de preencher seus dias trabalhando em uma profissão normal — em suma, como era incapaz de viver o tipo de vida desfrutado por quase todos os outros —, Hitler de fato não tinha mais nada para dar estrutura e significado à sua vida. Como Konrad Heiden argumentou, "Os outros tinham amigos, uma esposa, uma profissão; ele tinha apenas as massas para conversar".[26]

Portanto, a progressiva radicalização de Hitler não foi motivada puramente por táticas políticas inteligentes. Em outras palavras, não foi impulsionada apenas por uma tentativa de se distinguir na arena movimentada da política de direita em Munique. Também houve um elemento pessoal. Assim como um toxicômano faz qualquer coisa para se apossar da substância que é a fonte de seu prazer, poderíamos argumentar que Hitler se viciou nas reações que recebia durante seus discursos, que alimentavam seu desejo por mais. Devido ao fato de que recebia as maiores reações através das ideias mais ultrajantes e extremas que expressava, ele repetiria, enfatizaria e desenvolveria ainda mais essas ideias em discursos posteriores.

A interação dialética entre Hitler e sua plateia não passava despercebida por seus colegas. Como lembrou Hermann Esser, "A princípio, Hitler apelava para as massas inconscientemente, e, depois, conscientemente. Mas, na realidade, foram as massas que o moldaram". Ainda segundo Esser, "[Hitler] tinha um tino para [as tendências]; ele as sentia onde quer que fosse, e, por isso, a massa foi quem o modelou; havia uma interação aqui [entre Hitler e seus ouvintes]".[27]

Fiel às convenções daquilo que fazia um gênio — a crença em um indivíduo que tinha intuições originais sobre a natureza do mundo e que projetava uma arquitetura para um mundo melhor —, Hitler, segundo Esser, não fornecia um comentário atual sobre os acontecimentos políticos diários em seus discursos. Em vez disso, o que ele dizia tomava a forma de proclamações sobre a natureza das coisas.[28]

O padrão comum de seus discursos era abordar problemas historicamente. Para ele, as questões de segurança nacional, de dar sentido à situação presente da Alemanha e de encontrar respostas só podiam ser compreendidas e respondidas historicamente. Para Hitler, a história era o fator decisivo na autocompreensão nacional e no entendimento dos rivais e aliados, bem como uma fonte incessante de analogias esclarecedoras. A história era a memória dos Estados e também um objeto de estudo para entender as regras da arte de governar e os assuntos internacionais. Era um meio de discernir as leis do desenvolvimento humano. Hitler sempre pensou, e sempre pensaria, historicamente. Como orador e como político, e, posteriormente, como ditador, Hitler foi antes e acima de tudo um homem de história.[29]

A teoria de Hitler, de que a história modela a política e o estadismo, derivava de sua noção de gênio. O objetivo de transformar a história não é copiar e repetir o passado, mas agir como uma fonte de inspiração para criar algo novo. Em outras palavras, ele via a utilidade da história para compreender o presente e definir os desafios futuros. Quando, posteriormente, pendurou pinturas de Frederico, o Grande, e instalou bustos de

Bismarck no quartel-general do partido ou na chancelaria do Reich, não era para indicar que queria ser Bismarck ou Frederico, o Grande, mas que se sentia inspirado por eles. O mesmo era verdade para seu ponto de vista sobre Oliver Cromwell, o líder da Commonwealth republicana na Guerra Civil Inglesa do século XVII. Embora não reconhecesse publicamente a influência de Cromwell, Hitler afirmaria em conversas particulares que se inspirava no inglês, admirando-o como um ditador autoproclamado, o criador da Marinha Real e um oponente do parlamentarismo, do voto universal, do comunismo e do catolicismo romano.[30]

Os discursos de Hitler de 1920 seguiram um padrão comum que se definia por sua abordagem à história: ele apresentava o passado glorioso da Alemanha para depois pintar um retrato de seu miserável presente. Então apresentava as razões, segundo as via, para a antiga Alemanha ter se tornado a atual, prosseguindo então para definir remédios para combater aquela degeneração e concluir prometendo esperança para o futuro.[31]

Assim, Hitler não se definia apenas por aquilo a que se opunha, nem seus objetivos eram limitados à busca de vingança; tampouco era um niilista.[32] Significativamente, seus discursos estavam cheios de metáforas bacteriológicas, e não — como era tão popular em outros âmbitos da direita política alemã — de referências sobre como uma Alemanha vitoriosa tinha sido apunhalada pelas costas bem como o herói Siegfried, que mata dragões no épico medieval *A canção dos Nibelungos*, foi traiçoeiramente morto por sua nêmese, Hagen von Tronje.[33] Embora seja possível vingar-se de uma facada nas costas, é impossível fazer o mesmo contra bactérias. Combater as bactérias que levavam à degeneração de um corpo, ou metaforicamente de um Estado e de uma sociedade, não requeria vingança. Em vez disso, Hitler apresentava a noção de que, ao destruir as bactérias que levaram o país à miséria, a Alemanha se recuperaria e, posteriormente, seria resistente a novas infecções, e capaz de viver uma vida boa e autodeterminada. Portanto, Hitler pregava a destruição como um meio para alcançar um fim, sempre definindo os objetivos finais em termos positivos. Era essa promessa do "sol da liberdade" que tornaria Hitler atraente para uma geração de jovens alemães idealistas que alcançaram a idade adulta entre os anos 1920 e 1940.[34]

Combater as forças destrutivas do presente e construir um futuro melhor e esperançoso eram dois lados da mesma moeda, não apenas para Hitler, mas também para muitos de seus colegas nacional-socialistas. Gottfried Feder, por exemplo, não só protestava contra o que via como as forças destrutivas do judaísmo e do mercado financeiro, mas também oferecia a visão de uma "nova cidade", como o protótipo de um modo de vida alemão que se tornaria o núcleo para uma nova Alemanha. Seu objetivo era estabelecer novas cidades de aproximadamente 20 mil habitantes em todo o país, que por sua vez seriam compostas de células de aproximadamente 3,5 mil habitantes. Feder argumentava que cidades como essas evitariam as desvantagens da vida na cidade grande, como a pobreza infantil, um elevado número de acidentes de trânsito e a propagação da doença e da miséria.[35]

O tema recorrente dos discursos de Hitler em 1920 era que a Alemanha seria capaz de viver sob o "sol da liberdade" novamente apenas se a solidariedade nacional e uma crença em suas próprias capacidades fossem reforçadas. Além disso, aquele futuro dourado só poderia ser alcançado se o separatismo bávaro fosse combatido, se um Estado de trabalhadores sem classes fosse estabelecido, se as condições de paz do Tratado de Versalhes fossem desfeitas, e as altas finanças e a "escravidão dos juros" fossem destruídas. Hitler voltaria constantemente ao mesmo tema: a necessidade de extrair lições do poder da Grã-Bretanha e da América para a Alemanha. O ódio de Hitler pelo mundo anglo-americano foi parte integrante de sua politização e radicalização na Munique pós-Versalhes. Era um sentimento que jogava bem para suas plateias por ser amplamente partilhado por outros grupos de extrema-direita de Munique. Um orador da Federação Alemã Völkisch pela Proteção e Enfrentamento vociferou em um evento realizado em 7 de janeiro de 1920 — um evento que também contou com Hitler como orador convidado — contra "os grandes bancos e bilionários judeus, como Morgan (EUA) e Rothschild (Inglaterra), que formavam uma sociedade secreta". O orador alegou que "o último desejo de Morgan mostra claramente sua crença de que a Alemanha deve ser destruída para que a América se mantenha competitiva".[36]

* * *

Como resultado da crescente popularidade e notoriedade de Hitler, o NSDAP começou a atrair a atenção para além de Munique, uma situação que ele tentou explorar. Em 1920, ele falou um total de onze vezes em lugares fora dos limites da cidade, mas ainda dentro da órbita de Munique, em uma tentativa de fortalecer o perfil da legenda na região e facilitar o estabelecimento de ramos do NSDAP para além da capital bávara. Ao fazê-lo, Hitler tornou-se essencialmente um caixeiro-viajante para o partido.[37]

O primeiro ramo do NSDAP fora de Munique foi estabelecido na vizinha Rosenheim. Em 18 de abril de 1920, Theodor Lauböck, uma autoridade local da empresa ferroviária nacional, a Reichsbahn, estabeleceu um escritório local do NSDAP que inicialmente incluiu quatorze membros. Assim como foi o caso com o escritório original do DAP em Munique, os funcionários ferroviários dominavam o partido em Rosenheim. Hitler e Lauböck instantaneamente se deram bem. Hitler passou a viajar com frequência para Rosenheim para visitar Theodor, sua esposa Dora e seus filhos, ou os Lauböck viajavam a Munique e se encontravam com Hitler em uma das cervejarias da cidade. Quando viajava, Hitler lhes mandava cartões-postais.[38]

A única vez que Hitler falou longe de sua base no primeiro semestre de 1920 foi como orador convidado em uma reunião da Federação Alemã Völkisch pela Proteção e Enfrentamento em Stuttgart, em 7 de maio. No entanto, na segunda metade de 1920, começou a se dirigir a plateias fora do sul da Baviera. Por exemplo, cruzou a fronteira sul da Alemanha para a campanha eleitoral nacional da Áustria. Durante essa viagem, que durou de 29 de setembro a 9 de outubro, Hitler fez um total de quatro discursos durante a campanha. No sentido eleitoral, a viagem para o país de seu nascimento foi um completo fracasso: apenas 24.015 pessoas em toda a Áustria votaram nos nacional-socialistas. Durante a viagem e durante visitas subsequentes ao país nos anos seguintes, Hitler se aproximou do líder nacional-socialista austríaco, Walter Riehl. Embora Riehl posteriormente alegasse ter desempenhado o papel de João Batista para o messias Hitler,[39] é difícil ver como ele teria exercido alguma grande influência durante as viagens curtas e esparsas de Hitler para a Áustria.

A reta final da turnê austríaca de discursos de Hitler também o levou a Viena, a cidade que ele odiaria pelo resto de sua vida como o lugar de suas maiores humilhações.[40] Enquanto esteve lá, decidiu que poderia aproveitar a ocasião para visitar alguém que não vira por muitos anos. Dirigiu-se a um pequeno apartamento e tocou a campainha.

Quando a moradora do apartamento — uma mulher solteira de 24 anos, com os cabelos pretos atados em um coque, balconista de uma instituição de seguro público — abriu a porta, ela não reconheceu imediatamente o homem diante dela. Havia doze longos anos que não o via, desde que sua mãe faleceu de câncer de mama, quando ela ainda era criança. Portanto, levou um tempo para perceber que o estranho na porta era seu irmão, Adolf. "Fiquei tão surpresa que permaneci ali plantada, olhando para ele", diria Paula Hitler mais tarde sobre aquele reencontro.[41]

Assim como para o irmão, formar relações pessoais com outras pessoas não era fácil para Paula. O irmão e a irmã haviam passado muitos anos solitariamente. No entanto, ao contrário de Adolf, ela tentara manter contato com ele. Ainda em 1910 e 1911, escreveu para ele em Viena várias vezes, mas nunca recebeu qualquer resposta. Em 1920, Paula nem sabia se ele ainda estava vivo. Ela então experimentou uma mistura de emoções com seu súbito reaparecimento. "Disse-lhe que as coisas teriam sido mais fáceis para mim se eu tivesse contado com um irmão", recordou-se sobre a ocasião. No entanto, Adolf Hitler conseguiu encantar sua irmã caçula, dizendo: "Mas eu mesmo não tinha nada. Como poderia ajudá-la?" Depois a levou para um dia de compras em Viena, dando-lhe uma roupa nova. Com o tempo, os sentimentos amargos de Paula foram postos de lado pela perspectiva de não ser mais uma solitária solteira: "Meu irmão foi quase um presente do céu. Eu já estava acostumada a estar sozinha no mundo."[42] Durante sua visita a Viena, Hitler também encontrou sua meia-irmã Angela, que na época era gerente da cafeteria da comunidade estudantil judaica da Universidade de Viena.

A crença de Paula de que ela finalmente havia recuperado seu irmão seria realidade apenas em parte. Hitler manteria contato com ela nos anos seguintes, mas esses contatos seriam poucos e espaçados. Muitos anos depois, em 1957, Paula disse isto sobre o relacionamento de Adolf com ela e com sua meia-irmã entre 1920 e a morte de Hitler, em 1945:

"A seus olhos, nós irmãs tínhamos demasiados ciúmes de nosso irmão. Ele preferia se cercar de estranhos a quem podia pagar por seus serviços."[43]

Adolf Hitler tinha menos interesse ainda em seu meio-irmão Alois do que tinha em suas irmãs. Alois emigrara para a Inglaterra antes da guerra, casou-se com uma irlandesa e teve um filho com ela — o sobrinho, William, que ameaçou revelar os segredos da família Hitler na década de 1930 — antes de abandoná-los. Ele então se mudou para a Alemanha e se casou novamente, ou seja, tecnicamente um bígamo. O registro de prisioneiro de Hitler na fortaleza de Landsberg, para onde seria levado na esteira de seu golpe fracassado de novembro de 1923, sugere que nem mesmo admitia a existência de seu meio-irmão, pois o registro se refere apenas às suas irmãs em Viena.[44]

Em 1921, um ano depois de Adolf visitar Paula e Angela em Viena, Alois, que não o encontrava fazia mais de vinte anos, leria a respeito dele nos jornais. Hete, sua segunda esposa, encorajaria Alois a entrar em contato com seu meio-irmão. Finalmente, Alois cedeu, escrevendo para o escritório do escrivão da cidade de Munique para pedir o endereço de Adolf e enviar uma carta. No entanto, Adolf não lhe responderia diretamente, pedindo em vez disso à sua meia-irmã Angela para responder a Alois em seu nome.[45] Ele claramente não tinha interesse algum no meio-irmão.

A relação de Hitler com seus três irmãos é reveladora. Expõe tanto sua personalidade como a gênese de suas ideias políticas. Os únicos membros da família em quem ele mostraria interesse genuíno por algum tempo seriam Angela e, de uma forma bastante doentia, sua filha Geli.

As razões por trás da falta de interesse de Hitler na maior parte de sua família e sua incapacidade de formar relacionamentos de longo prazo encontram-se no mundo da psicologia e em sua formação mental. Qualquer que seja sua origem, elas apontam para o núcleo de sua personalidade. No entanto, apesar de sua incapacidade de formar relacionamentos genuínos duradouros com outras pessoas, ele era um animal social. Apesar de ter sido um solitário em vários momentos de sua vida, Hitler nunca foi um ermitão. Seu padrão de comportamento ao longo dos anos revela um homem que precisava de pessoas à sua volta, bem como da aprovação dos outros.

Hitler era um homem em constante busca de uma nova família substituta e de companhia humana. As pessoas que o conheciam bem diriam à inteligência dos EUA na década de 1940: "Ele vai para a cama o mais tarde possível e, quando seus últimos amigos o deixam exausto às 2 ou 3 da manhã, ou mesmo mais tarde, é quase como se ele tivesse medo de ficar sozinho."[46] No entanto, a tragédia de Hitler era que ele só podia funcionar em relações verticais e hierárquicas — como um seguidor, como fizera no QG regimental de sua unidade militar durante a guerra, ou no topo de uma hierarquia. Era incapaz de ter interações humanas horizontais, ou seja, entre seus pares. Do mesmo modo, não era capaz de manter relações interpessoais íntimas por longos períodos de tempo.

Sua incapacidade de formar relações horizontais e sustentar relações humanas próximas juntamente com sua necessidade de aprovação e contato social tiveram um impacto direto sobre seu estilo de liderança. Elas impossibilitavam qualquer deliberação colaborativa que visasse lidar com desafios políticos e resolver problemas de estadismo. Assim como Hitler não queria se envolver com sua plateia nos debates após o fim de seus discursos, tampouco estaria disposto a lidar — e era incapaz de aceitar — a política como a arte das concessões e da negociação. O único tipo de política que Hitler tinha capacidade de fazer era a do espetáculo, com ele como ator principal.

A categórica indisposição e a incapacidade de Hitler para as concessões não se expressavam apenas em seu comportamento pessoal, mas também se tornaram um mantra de seus discursos. Por exemplo, em 27 de abril, ele disse em meio a "ruidosos aplausos" em uma reunião do NSDAP naquela noite na Hofbräuhaus: "Finalmente é hora de assumir a luta contra essa raça. Não podem ocorrer mais concessões, porque isso seria fatal para nós mesmos."[47]

O estilo sectário da política de Hitler, segundo a qual todas as concessões genuínas eram insalubres, não era apenas uma expressão de seus pontos de vista políticos radicais. Também era um reflexo de sua personalidade, pois qualquer concessão que não fosse apenas de natureza tática tinha de basear-se em aceitar a parte oposta como igual, coisa que Hitler não conseguia fazer. Assim, na arena política, ele só poderia funcionar como líder de um grupo sectário funcionando fora do processo político constitucional ou como um ditador dentro de uma estrutura formal.[48]

A razão pela qual os antecedentes familiares de Adolf lançam luz sobre a gênese de suas ideias políticas é que os quatro irmãos Hitler exibiam preferências políticas muito diferentes, e divergiam também sobre outras coisas. Assim, a politização e a radicalização de Hitler não foram o resultado quase inevitável da educação na casa dos Hitler. Em primeiro lugar, suas duas irmãs abraçaram Viena, ao passo que o desagrado de Adolf pela cosmopolita cidade habsburga era tanto pessoal como político. Paula amaria Viena por toda a sua vida. Mais importante, Paula era uma devota do catolicismo, e continuaria sendo profundamente religiosa até o dia de sua morte, ao passo que Adolf provavelmente rompeu com a religião no momento em que entrou para a política. Além disso, em 1920, ao contrário de sua meia-irmã Angela, ele teria sido a pessoa mais improvável para dirigir um restaurante estudantil judeu. Por fim, seu meio-irmão Alois fora defensor da monarquia dos Habsburgo, enquanto o ponto inicial do desenvolvimento político de Adolf tinha sido uma ferrenha rejeição ao Império Habsburgo.[49]

Sendo assim, os irmãos Hitler não levaram vidas paralelas ao desenvolver suas convicções políticas. Houve apenas um caminho muito indireto desde a formação de Adolf ao político em ascensão de 1920. O que sua relação com seus irmãos deixa claro é que, diferentemente de tantas outras chegadas ao poder ou ditaduras, o nepotismo não desempenhou um papel proeminente no caso de Adolf Hitler.

* * *

Em dezembro de 1920, Hitler podia avaliar, em retrospecto, os doze meses que o tiraram da obscuridade junto com o DAP/NSDAP e o catapultaram para a fama local. No início daquele ano, ele já era alguém forte o suficiente para empurrar o presidente do partido para fora; no entanto, ainda estava muito abaixo de Anton Drexler. Agora, próximo do final do ano, ele era a estrela do partido, e não Drexler. O NSDAP se parecia cada vez mais o partido não de Drexler, mas o de Hitler.

Embora continuasse insistindo que era apenas o propagandista do partido,[50] a marginalização de Karl Mayr por sua parte e, mais importante, seu clamor por um gênio e ditador para resgatar a Alemanha sugerem que Hitler não era sincero ao afirmar que só estava argumentando em favor de outro. Como certamente não estava fazendo a promoção de nenhuma figura estabelecida, as opções restantes são que ele já se via como aquele gênio ou logo chegaria à conclusão de que se encaixava no papel.

Já foi dito que, ao final de 1920, Drexler oferecera a Hitler a presidência do partido, que este último recusou. Se for verdade, sua recusa não deve ser vista como um suporte para a ideia de que Hitler só se via como um propagandista para outra pessoa e não tinha ambição própria.[51] Se aceitasse o cargo naquela época, teria sido apanhado na rédea curta do comitê executivo. Nem o estilo de liderança de um gênio nem a personalidade de Hitler o habilitavam para uma liderança através de trabalho em equipe, especialmente não no caso de um comitê no qual alguns membros guardavam — como se tornaria aparente em 1921 — sérias dúvidas sobre sua personalidade e suas ideias de liderança. Se a presidência do NSDAP realmente lhe foi oferecida, deve ter parecido um cálice envenenado para Hitler. Para se tornar o tipo de líder que era um gênio e que sua personalidade lhe permitia ser, ele tinha de esperar que uma situação surgisse para que pudesse ser um líder em seus próprios termos.

9

A guinada de Hitler para o leste

(Dezembro de 1920 a julho de 1921)

Em 16 de dezembro de 1920, Hitler tinha problemas mais imediatos a enfrentar do que descobrir a melhor forma de lidar com seus irmãos ou organizar o futuro a longo prazo do Partido Nacional-Socialista dos Trabalhadores Alemães (NSDAP). Naquela noite, chegou a Hitler, Hermann Esser e Oskar Körner (futuro vice-presidente do partido) a informação de que era iminente a venda para o conde Karl von Bothmer e seus asseclas do *Völkischer Beobachter*, como era então chamado o *Münchener Beobachter* de Rudolf von Sebottendorff.[1] Era uma notícia realmente muito ruim para o NSDAP.

Por algum tempo, Sebottendorff, ex-presidente da Sociedade Thule, tentara desesperadamente vender o jornal e sua editora, a Eher Verlag, que estava profundamente no vermelho. No verão de 1920, as coisas chegaram ao ponto de o ex-presidente da Thule, um arraigado antissemita, tentar até mesmo vender o jornal para a Associação Central de Cidadãos Alemães de Fé Judaica.[2]

Enquanto ainda estava nas mãos de Sebottendorff e seus associados, o jornal era um órgão do Partido Socialista Alemão (DSP), embora também fosse favoravelmente predisposto a outros partidos *völkisch*.[3] Apesar da situação não ser ideal para o NSDAP, pois a legenda vinha concentrando seus esforços em ganhar os direitistas radicais de Munique, ao menos o jornal lhe dava cobertura positiva. Se, no entanto, o *Völkischer Beobachter* fosse tomado por Bothmer, que codirigira o curso de propaganda de Hitler em 1919, o jornal se tornaria um órgão das metas separatistas bávaras. Portanto, já não apoiaria o NSDAP e, mais provavelmente, terminaria por atacá-lo.

As 24 horas seguintes demonstraram o talento extraordinário de Hitler para virar do avesso uma crise que ele não tinha previsto e sair dela fortalecido e vitorioso. Na noite de 16 de dezembro, o NSDAP não tinha um jornal; o partido enfrentava o risco de que o periódico que lhe era mais simpático se voltasse contra ele; e o NSDAP certamente não tinha fundos para comprar um jornal. Na noite seguinte, o partido de Hitler teria seu próprio quinzenal e, assim, seu próprio porta-voz, o que tornaria muito mais fácil para o NSDAP se fazer ouvir e se beneficiar de qualquer consolidação futura da direita radical em Munique.

Nas primeiras horas de 17 de dezembro, Hitler, Esser e Körner correram por toda a cidade até o oeste de Munique para ver Anton Drexler, o presidente do NSDAP, chegando a seu apartamento às 2 da manhã. Durante as várias horas seguintes, eles tramaram como assumir o *Völkischer Beobachter*. Então, enquanto ainda estava escuro, os quatro se dirigiram para o norte, pelas ruas estreitas do bairro operário de Drexler até as elegantes ruas de Nymphenburg, onde tiraram um irritado Dietrich Eckart de sua cama às 7h.

Uma vez que Eckart percebeu por que Drexler, Hitler, Esser e Körner estavam à sua porta, ele entrou em ação. O partido tinha que levantar 120 mil marcos até a tarde para conseguir vencer Bothmer na compra do *Völkischer Beobachter*. Mas a legenda não tinha doadores ricos a quem recorrer. A única pessoa baseada em Munique disposta a doar dinheiro para o NSDAP conseguir comprar o jornal era Wilhelm Gutberlet, um médico e migrante protestante de Hesse, no norte rural, que se filiara ao partido no mês anterior. Ele tinha uma participação de 10 mil marcos no jornal e em outubro oferecera a Drexler metade dessa participação de graça.[4]

A única maneira para o NSDAP levantar logo os fundos necessários era Eckart hipotecar sua propriedade e suas posses, o que cobriria metade do valor, e que buscasse seu amigo Gottfried Grandel em Augsburgo para fornecer um empréstimo do restante. Recorrer a um banco não parece ter sido uma opção considerada viável, provavelmente porque não conseguiriam o empréstimo tão rapidamente. Além disso, para um grupo de homens obcecados com a oposição à escravidão dos juros, contrair uma dívida com um banco não era a escolha mais desejável. Drexler e Eckart então foram ver o general Franz Ritter von Epp. Na primavera de 1919, o general criara o Freikorps Epp, sua própria milícia, uma das mais brutais, quando as forças "brancas" puseram fim à República Soviética. Posteriormente, a unidade de Epp foi incorporada ao Reichswehr em Munique, onde ele representava o extremo reacionário do espectro político.

A abordagem a Epp foi um sucesso: Drexler e Eckart conseguiram um empréstimo de 60 mil marcos de fundos do Reichswehr disponíveis para Epp, assegurados pela propriedade e pelos bens de Eckart como garantia.[5] Não há registro algum da conversa, mas os argumentos de Drexler e Eckart provavelmente se concentraram em evitar que o *Völkischer Beobachter* caísse nas mãos dos separatistas, em vez de apresentar um argumento positivo em prol do NSDAP.

Enquanto isso, Hitler partiu de trem para a Suábia para procurar Grandel, que era dono de uma fábrica de produtos químicos em Augsburgo e fundara uma filial do NSDAP na cidade em agosto. Ele retornou rapidamente com uma garantia de empréstimo no bolso, no valor restante necessário para comprar o jornal.

Com Hitler de volta a Munique, estava tudo pronto para comprar o *Völkischer Beobachter*. No escritório de um tabelião, o negócio foi então selado.[6] Como resultado da capacidade de Hitler de tomar decisões na noite anterior e de reagir rapidamente às novas situações, o NSDAP, ou, mais precisamente, a Associação Nacional-Socialista de Trabalhadores, agora tinha seu próprio jornal e estava na *pole position* para se tornar líder da direita radical em Munique.

* * *

Como se revela na dificuldade que os membros mais altos do NSDAP encontraram na captação rápida de recursos, as portas para a camada superior de Munique ainda permaneciam fechadas para Hitler. Só uma vez, em 1920, ele conseguiu ter acesso ao *establishment* da cidade, graças a seu interesse pelas artes, não à política. O seu interesse por cenografia operística lhe rendeu um convite para a mansão de Clemens von Franckenstein, o antigo intendente-geral do Teatro Real de Munique. No entanto, como seu amigo Friedrich Reck recordou, Franckenstein viria a se arrepender de ter feito o convite.

Ao chegar à mansão de Franckenstein, Reck, filho de um político conservador prussiano que fizera de Munique seu lar, foi informado pelo mordomo que alguém havia imposto sua presença uma hora mais cedo. Após adentrar a sala de paredes de mármore repletas de tapeçarias onde as pessoas se reuniam, encontrou aquele alguém — Adolf Hitler. "Ele foi a uma casa onde nunca estivera antes usando polainas, um chapéu frouxo de abas largas e carregando um chicote de montaria", Reck registrou em seu diário na ocasião. "Havia um collie também." Hitler parecia totalmente deslocado. Reck se lembrava de "um caubói sentado nos degraus de um altar barroco em culotes de couro, esporas, e com uma Colt a seu lado". Segundo Friedrich Reck, "Hitler se sentou ali, o estereótipo de um serviçal — naquela época ele era mais magro, e parecia um pouco esfaimado —, impressionado e, ao mesmo tempo, constrangido pela presença de um verdadeiro Herr Baron vivo; fascinado e não exatamente ousando sentar-se totalmente em sua cadeira, mas empoleirado na metade, mais ou menos, de seus quadris estreitos; não se importando em absoluto com a grande quantidade de ironia fina e elegante do que seu anfitrião lhe dizia, mas reagindo avidamente às palavras, como um cão sobre pedaços de carne crua". Por todo o tempo, Hitler continuou a açoitar "as botas continuamente com seu chicote".

Então Hitler entrou em ação. Ele se lançou "em um discurso. Falou e falou, sem parar. Ele pregava. Atirou-se sobre nós como um capelão de divisão do Exército. Nós não o contradissemos em nada, nem nos aventuramos a divergir de forma alguma, mas ele começou a gritar para nós. Os servos achavam que estávamos sendo atacados e correram para nos defender".

Não surpreende que o autor não tenha ficado impressionado com Hitler, pois Reck vivia com sua amante judia na época. Todos os demais na reunião também ficaram desapontados com a presença de Hitler.

A GUINADA DE HITLER PARA O LESTE   247

"Quando ele foi embora", escreveu Reck, "nós nos sentamos em silêncio, confusos e em nada divertidos. Havia um sentimento de tristeza, como quando você de repente descobre que está partilhando uma cabine de trem com um psicótico. Ficamos sentados por um longo tempo e ninguém falou. Finalmente, Clé [i.e., Clemens von Franckenstein] ficou de pé, abriu uma das enormes janelas e deixou entrar na sala o ar da primavera, cálido com o *föhn* [como é chamado o vento sul no sul da Baviera]. Não que nosso sombrio convidado estivesse sujo, e que houvesse empestado a sala da maneira que tantas vezes acontece em uma aldeia bávara. Mas o ar fresco ajudou a dissipar a sensação de opressão. Não foi como se um corpo impuro houvesse adentrado a sala, mas algo mais: a essência impura de uma monstruosidade."[7]

Embora os governantes da Baviera tenham criado em 1920 as condições que permitiram que Hitler e o NSDAP prosperassem, por ora o mundo social dos ricos e influentes permanecia inacessível para Hitler.[8] Como resume o comportamento de Hitler na casa de Franckenstein, ele era um desajustado na sociedade das classes altas de Munique, alguém que fracassava em se conectar com os membros do *establishment* da cidade. A relutância desse estrato em abrir as portas para Hitler criou um grande desafio financeiro para ele e o partido. Embora o NSDAP tivesse conseguido comprar o *Völkischer Beobachter*, os problemas financeiros não haviam desaparecido. Quando se tratava de conseguir doações generosas, Munique continuava a ser um terreno proibitivo para Hitler e o NSDAP.

Na verdade, as preocupações financeiras da legenda haviam aumentado. O NSDAP não apenas tinha de captar fundos para pagar os empréstimos que recebera para comprar o jornal e a Eher Verlag, mas agora também era responsável pelas enormes dívidas que a editora acumulara antes de sua venda. E ainda era preciso levantar fundos para a administração diária do partido, bem como para sustentar Hitler.

Nos meses vindouros, o NSDAP obteria a maior parte de seu dinheiro na forma de doações de 10 marcos de cada um de seus membros de todos os níveis. No entanto, para irritação de Gottfried Grandel, o partido nunca levantou fundos suficientes para pagar a dívida com ele. No verão de 1921, Rudolf Hess diria a seu primo Milly que, enquanto filiados com recursos extremamente limitados eram generosos em doar dinheiro ao NSDAP, a legenda fracassava totalmente em garantir grandes doações. Por algum tempo mais, o próprio Hitler muitas vezes teria de se apoiar financeira e materialmente na boa vontade de pessoas com recursos limitados, tais como Anna Schweyer, uma vizinha sua dona de uma mercearia em Thierschstrasse, ou seu vizinho Otto Gahr e sua esposa Karoline, que lhe doavam ovos regularmente.[9]

No rastro da compra do *Völkischer Beobachter*, Hitler e Eckart certamente solicitaram apoio de indivíduos abastados. No entanto, em Munique, os dois simplesmente não foram muito longe. De acordo com Hermann Esser, Adolf Dresler, que se filiou em 1921, e uma mulher que trabalhava na sede do partido, o NSDAP em seus primeiros anos recebeu apoio financeiro considerável no sul da Baviera apenas de um pequeno número de indivíduos, principalmente um médico, um editor, um empresário e um dentista. Presumivelmente, o médico era Wilhelm Gutberlet, o migrante protestante do norte de Hesse; é provável que o empresário tenha sido Gottfried Grandel, de Augsburgo; o editor quase certamente era Julius Friedrich Lehmann; ao passo que o dentista era Friedrich Krohn, que anteriormente vivera na Alsácia e na Suíça, e só se mudou para o sul da Baviera em 1917. Posteriormente, certa Fräulein Doernberg, sobre quem só se sabe que era amiga de uma médica de Munique; uma baronesa báltica que vivia em Munique (provavelmente a viúva de Friedrich Wilhelm von Seydlitz, um dos membros da Sociedade Thule executado nos últimos dias da República Soviética); e um primo de Dietrich Eckart que vivia fora da cidade — estes todos livremente também doavam dinheiro ao NSDAP. Hitler também teve de contar com a boa vontade de Johannes Dingfelder, o médico que foi o principal orador na noite em que o partido anunciou sua plataforma, e certo Herr Voll, o proprietário de uma papelaria de Munique. Por vezes, o partido ficava tão apertado de dinheiro que Herr Voll batia de casa em casa entre seus amigos e conhecidos para pedir doações, enquanto Hitler esperava no apartamento de seu benfeitor até as primeiras horas da manhã, aguardando que Voll retornasse com dinheiro suficiente para publicar a próxima edição do *Völkischer Beobachter*.[10]

Devido à dificuldade em levantar fundos na cidade, Eckart e Hitler viajaram de volta a Berlim logo após a compra do *Völkischer Beobachter*.

O *"putsch* de Ludendorff" se torna o *"putsch* de Hitler": Hitler astutamente usa seu julgamento para alcançar na derrota aquilo que não conseguira realizar anteriormente: estabelecer-se como uma figura nacional proeminente.

GERD HEIDEMANN, FOTOARCHIV HOFFMANN, HAMBURGO

A linha férrea que levava a Auschwitz: a estrada de Landsberg para Auschwitz era longa, mas menos sinuosa do que comumente se acredita.

ROBERT JAN VAN PELT, TORONTO

A interpretação de Hitler como Alberich, por Lewis Rubenstein: por mais impressionante que seja, esta imagem do pérfido anão do Ciclo do Anel de Wagner, no Centro de Estudos Europeus de Harvard, erra na interpretação de Hitler ao reduzi-lo a um oportunista para quem nada importava além da cobiça por poder e dominação.

THOMAS WEBER, ABERDEEN

Nacional-socialistas se preparando para a tentativa de golpe em 9 de novembro de 1923: nenhuma foto de Hitler foi tirada na ocasião.

GERD HEIDEMANN, FOTOARCHIV HOFFMANN, HAMBURGO

Hitler inventa seu próprio passado: o fato de que nenhuma foto de Hitler foi feita durante o golpe permitiu que os propagandistas nazistas apresentassem seu comportamento como mais proeminente e heroico do que foi.

GERD HEIDEMANN, FOTOARCHIV HOFFMANN, HAMBURGO

Todos os olhos em Ludendorff: foto do julgamento na sequência do golpe fracassado, que ficou originalmente conhecido como o "*putsch* de Ludendorff" ou, no máximo, como "o *putsch* de Ludendorff-Hitler", e Hitler foi reconhecido como o homem parado à sombra de Ludendorff.

GERD HEIDEMANN, FOTOARCHIV HOFFMANN, HAMBURGO

Um homem sem rosto: esta fotografia desfocada de Hitler em tempos de guerra, curiosamente incluída na história oficial de sua unidade regimental, em 1932, é quase um insulto. A nebulosidade da foto é simbólica da personalidade política ainda flutuante de Hitler. Durante a guerra, ele ainda não tinha as crenças nem a personalidade do homem que escreveu *Mein Kampf*.

Fridolin Solleder (org.), Vier Jahre Westfront: Geschichte des Regiments List R.I.R. 16 (Munique, 1932); fotógrafo: Korbinian Rutz

Uma engrenagem na roda da revolução: Hitler no campo de prisioneiros de guerra de Traunstein, durante o inverno de 1918-1919, onde realizava suas atividades no centro de distribuição de roupas. Ele serviu ao novo regime revolucionário de esquerda tão dedicadamente quanto servira a seus senhores de tempos de guerra.

Stadtarchiv Traunstein

O local onde Kurt Eisner, líder revolucionário judeu da Bavária, foi assassinado em 21 de fevereiro de 1919: sua morte resultou em polarização política e na derrocada do gradualismo político reformista moderado em Munique.

GERD HEIDEMANN, FOTOARCHIV HOFFMANN, HAMBURGO

O momento damasceno de Hitler — a Assinatura do Tratado de Versalhes e sua posterior ratificação: a aceitação do tratado por parte da Alemanha foi um sinal da compreensão tardia de Hitler de que a Alemanha havia perdido a guerra. Duas perguntas o atormentariam até a sua morte: por que a Alemanha perdeu a guerra? E como a Alemanha deveria remodelar-se para sobreviver em um mundo em rápida transformação?

ADMINISTRAÇÃO DOS ARQUIVOS E REGISTROS NACIONAIS DOS ESTADOS UNIDOS, COLLEGE PARK, MD

Campo de Lechfeld: Hitler apresentava seu trabalho como propagandista de Mayr em Lechfeld e em outros lugares como um sucesso absoluto. A realidade não poderia ter sido mais diferente: ele não conseguiu sequer permissão de se aproximar dos soldados a quem tinha de falar.

THOMAS WEBER, ABERDEEN

O salvador de Hitler, Georg König, pseudônimo de Michael Keogh, um voluntário irlandês nas forças alemãs: Keogh resgatou Hitler de ser espancado pelos soldados a quem ele discursou no Quartel Türken, de Munique.

KEVIN KEOGH, DUBLIN

Dietrich Eckart, mentor de longa data de Hitler: este mal reconhecia a influência de Eckart, pois tentava apresentar-se como um homem completamente autodidata e um gênio.

GERD HEIDEMANN, FOTOARCHIV HOFFMANN, HAMBURGO

Alfred Rosenberg, um dos principais conselheiros de Hitler: embora pessoas próximas a Hitler se referissem a Rosenberg como um "poste desnutrido" por sua personalidade fria, inexpressiva e sarcástica, sua influência sobre Hitler foi enorme. Sob Rosenberg e Eckart, ele fez a transição do ódio antijudaico predominantemente anticapitalista ao antissemitismo conspiratório, acreditando que o bolchevismo era uma trama de financistas judeus.

GERD HEIDEMANN, FOTOARCHIV HOFFMANN, HAMBURGO

A SA, durante o comício do partido, em 1923: as camisas marrons só foram adotadas em meados da década de 1920. Inicialmente, os membros da SA usavam uniformes improvisados.

GERD HEIDEMANN, FOTOARCHIV HOFFMANN, HAMBURGO

Ativista nacional-socialista no norte da Bavária no início de 1923: devido à deterioração da crise política da Alemanha, os nacional-socialistas viviam na expectativa de uma iminente revolução nacional.

GERD HEIDEMANN, FOTOARCHIV HOFFMANN, HAMBURGO

"Que aparência Hitler tem?": uma vez que não existia nenhuma foto pública de Hitler devido à sua recusa em ser fotografado, a revista satírica alemã *Simplicissimus* especulou, em 1923, sobre sua aparência.

SIMPLICISSIMUS

Viktor von Koerber (à direita), autor do primeiro livro de Hitler, ao lado do general Erich Ludendorff.

UNIVERSIDADE DE WITWATERSRAND, ARQUIVO DE PESQUISA DE DOCUMENTOS HISTÓRICOS, JOANESBURGO

O primeiro livro de Hitler: ele percebeu que não seria capaz de liderar uma revolução nacional se ninguém conhecesse sua aparência e suas convicções. Assim, escreveu um esboço autobiográfico e o vendeu sob o nome de Koerber como uma biografia.

Eva Weig, Konstanz

Nasce um ícone: no fim do verão de 1923, Hitler mandou fazer retratos de si e os distribuiu como cartões-postais.

Gerd Heidemann, Fotoarchiv Hoffmann, Hamburgo

A GUINADA DE HITLER PARA O LESTE

Devido a seu tempo na capital alemã antes da guerra, Eckart tinha contatos muito melhores em Berlim do que em Munique. Lá, ao contrário da capital da Baviera, ele pôde abrir as portas para as casas de alguns entre os ricos e poderosos. Nos meses e anos vindouros, ele e Hitler voltariam a Berlim com bastante frequência para continuar a levantar as quantias que não eram capazes de obter em Munique. Os dois parecem ter sido particularmente bem-sucedidos nesses esforços com figuras importantes de uma das principais organizações ultranacionalistas da Alemanha, a Liga Pangermânica. Além disso, em 1923, eles receberiam uma grande doação de Richard Franck, um negociante de café com base em Berlim.[11]

Durante uma de suas primeiras visitas a Berlim, Eckart apresentou Hitler a Helene e Edwin Bechstein, os donos da fabricante de pianos de mesmo nome. Os simpatizantes pangermânicos se tornariam dois dos mais leais apoiadores de Hitler nos anos vindouros. Foi através deles que Hitler teve sua primeira entrada na sociedade de classe alta. Toda vez que viajava para Berlim, ele visitava os Bechstein em sua elegante mansão do século XVIII, em Berlim-Mitte. Com eles, e especialmente com Helene, falava de outras coisas além da política. Durante o chá, conversavam sobre seu amor comum por Wagner e sobre a vida em geral. Com o tempo, Helene começaria a tratar Hitler como um filho, em vez de um visitante político. Em 1924, ela diria à polícia: "Eu gostaria que Hitler fosse meu filho." Ainda que a política raramente estivesse no centro de suas conversas, os Bechstein com frequência abriam seus cofres para dar dinheiro ao NSDAP e ao próprio Hitler.[12]

De volta a Munique, Eckart continuava a apresentar Hitler a pessoas que julgava que seriam do interesse dele. No entanto, ao contrário de Berlim, aqueles que Eckart apresentou a Hitler em Munique pertenciam predominantemente à cena artística conservadora da cidade. Por exemplo, Eckart o reuniu com o fotógrafo Heinrich Hoffmann, aquele cuja foto do cortejo fúnebre de Eisner talvez exiba Hitler. Não é possível saber se Eckart já havia apresentado Hoffmann e Hitler anteriormente, ou se foi apenas em 1923. Seja qual for o caso, em 1923 os dois começaram a se tornar próximos, tanto que seria no ateliê de Hoffmann que Hitler conheceria Eva Braun, sua amante e futura esposa, que trabalhava para o fotógrafo. Uma das muitas coisas que os dois homens tinham em comum era que ambos se dispuseram a servir a senhores de ambos os lados do espectro político. Muitas das fotos que Hoffmann fizera de Eisner e de outros líderes revolucionários foram parar em um livro intitulado *Ein Jahr bayerische Revolution im Bilde* (Um Ano de Revolução na Baviera em Fotos), com uma tiragem de 120 mil exemplares, publicado em 1919.[13]

* * *

Como Hitler não conseguiu abrir seu caminho para as casas dos ricos e influentes da capital da Baviera até 1921, sua rota para o sucesso contornou os salões da alta sociedade de Munique, atravessando, em vez disso, os salões enfumaçados das cervejarias e dos restaurantes da cidade. E com o *Völkischer Beobachter*, o NSDAP agora podia levar a mensagem diretamente às casas de seus simpatizantes.

Uma das mudanças visíveis e imediatas na linha editorial do *Völkischer Beobachter* depois de se tornar o veículo quinzenal oficial do NSDAP foi sua abordagem dos assuntos turcos. Anteriormente, ele não tomara muito interesse na Ásia Menor. Na verdade, o jornal noticiara negativamente o estado de coisas na Anatólia, embora — ou talvez porque — seu proprietário anterior, Rudolf von Sebottendorff, fosse cidadão otomano.[14] Com a compra do jornal pelo NSDAP, tudo isso mudou da noite para o dia e a Turquia se tornou um tema de tanto destaque como já tinha sido em jornais e revistas de outros lugares em todo o espectro político alemão.

Os assuntos turcos estavam muito presentes nas mentes dos alemães no rastro da Primeira Guerra Mundial. Embora a opinião pública de liberais e esquerdistas debatesse acaloradamente o destino dos armênios nas mãos das autoridades otomanas durante a guerra — que resultou em até 1,5 milhão de mortes —, a Turquia era de grande importância para direitistas por um motivo diferente: eles admiravam e se inspiravam na recusa turca em aceitar os termos punitivos do Tratado de Sèvres — o tratado de paz entre as potências vitoriosas da Primeira Guerra Mundial e o Império Otomano —, pois o percebiam da mesma forma que viam o Tratado de Versalhes. Eles também admiravam a audácia exibida pelo novo líder da Turquia, Mustafa Kemal Atatürk, e seu emergente movimento político em relação à ocupação aliada no país, e defendiam que os alemães se inspirassem em Atatürk quanto à melhor forma de reagir às potências vencedoras da Primeira Guerra.[15]

Agora que o NSDAP dispunha do *Völkischer Beobachter*, o jornal começou a celebrar o "heroísmo" da Turquia e a apresentar o país como um modelo tanto por desafiar as potências vitoriosas da Primeira Guerra Mundial como por criar um Estado com o qual os alemães tinham muito a aprender. Por exemplo, em 6 de fevereiro de 1921, o jornal declarou: "Hoje, os turcos são a nação mais jovial. A nação alemã um dia não terá outra escolha senão recorrer também aos métodos turcos."[16]

A Turquia interessava aos primeiros nacional-socialistas não apenas por causa das ações kemalistas no rastro da guerra, mas também porque um número surpreendente de pessoas que se moviam dentro da órbita do partido — incluindo Karl Mayr, antigo mentor de Hitler, e Rudolf von Sebottendorff — tinham uma experiência recente e em primeira mão da Turquia. O mais elevado nacional-socialista com experiência pessoal na Ásia Menor era Max Erwin von Scheubner-Richter, que servira como vice-cônsul alemão em Erzurum, na Anatólia Oriental, durante a guerra. Enquanto servia em Erzurum, ele testemunhara a limpeza étnica, com consequências genocidas, dos armênios. Ficou tão chocado com o que testemunhou que enviou telegramas urgentes para a Embaixada alemã em Constantinopla, na esperança de reverter políticas antiarmênias.[17]

Cinco anos depois de testemunhar o sofrimento dos armênios, Scheubner-Richter foi apresentado a Hitler. Logo após seu primeiro encontro no final de 1920, os dois homens se aproximaram. Posteriormente, Scheubner-Richter seria talvez o mais importante assessor de política externa de Hitler. Apesar de ter entrado em cena mais ou menos no momento em que o partido adquiriu o *Völkischer Beoebachter* e começou a apresentar a Turquia como fonte de inspiração para a Alemanha, as experiências negativas de Scheubner-Richter em Erzurum faziam dele uma fonte improvável para a admiração exibida pelos primeiros nacional-socialistas em relação aos turcos. Em vez disso, ele foi muito mais importante em aconselhar Adolf Hitler sobre assuntos russos quando o interesse de Hitler se deslocou para o leste, em 1920 e 1921.

A preocupação de Scheubner-Richter com assuntos russos era pessoal. Nascido Max Erwin Richter, em Riga, cinco anos antes do nascimento de Hitler, ele cresceu entre alemães bálticos em um momento em que os alemães étnicos haviam dominado os escalões superiores do serviço civil e militar da Rússia imperial. Sua experiência em crescer como um alemão báltico no império tsarista em um momento de crescente agitação social e política dominaria sua vida e suas ações até o dia de sua morte. Nesse sentido, o futuro assessor de política externa de Hitler era um produto típico das províncias bálticas do império tsarista tardio. Mas, fora isso, havia poucas coisas típicas acerca de Max Richter. Na verdade, além da aparência — ele era quase careca e tinha um bigode —, não havia nada comum a respeito do assessor de política externa de Hitler. Ele era um aventureiro ousado, cheio de força de vontade e ambição.

Em 1905, Richter combateu em uma unidade de cossacos contra os revolucionários durante a Revolução Russa daquele ano. Logo depois, emigrou para a Alemanha, fixando-se em Munique em 1910. Um ano mais tarde, em 1911, Max Erwin Richter se transformou em Max Erwin von Scheubner-Richter ao se casar com uma aristocrata com mais que o dobro de sua idade, Mathilde von Scheubner. Para adquirir o nome e tornar-se ele próprio um aristocrata, Max convenceu a tia de sua esposa a adotá-lo legalmente em 1912. Durante a Primeira Guerra Mundial, Scheubner-Richter foi voluntário no Exército da Baviera, assim como Hitler. Depois de uma temporada na frente ocidental, ele foi transferido para o Império Otomano, onde, apesar de não ser um diplomata, foi empregado como vice-cônsul para Erzurum.

Posteriormente, na sequência de uma missão secreta a cavalo para a Mesopotâmia e a Pérsia, e um curto período como oficial de inteligência na frente ocidental, Scheubner-Richter foi enviado pela seção política do Estado-Maior do Exército em uma missão especial para Estocolmo, a fim de iniciar contatos com grupos antibolcheviques no império tsarista. Seu trabalho para o chefe do Estado-Maior o aproximou do homem mais poderoso da Alemanha depois do kaiser Wilhelm, o general Erich Ludendorff, que fez de Scheubner-Richter seu protegido.

Perto do fim da guerra, Scheubner-Richter foi encarregado de criar um serviço secreto antibolchevique no Báltico ocupado pelos alemães. No início de 1919, sua vida quase chegou a um fim prematuro quando as forças bolcheviques o prenderam na Letônia durante a guerra civil que se seguiu na região e um tribunal revolucionário o condenou à morte. Foi

A GUINADA DE HITLER PARA O LESTE 253

somente através da pressão que o Ministério do Exterior alemão exerceu sobre os líderes bolcheviques letões que a pena de morte foi cancelada e ele foi autorizado a retornar à Alemanha. Scheubner-Richter então se estabeleceu em Berlim, movendo-se em círculos *völkisch*, bem como de alemães bálticos e de emigrados russos "brancos", participando por fim do *putsch* de Kapp.[18]

Após o fracasso do golpe, Scheubner-Richter — bem como diversos outros alemães bálticos e emigrados russos "brancos", muitos dos quais eram aristocratas, antigos funcionários de alto escalão e militares — juntou-se ao êxodo para a Baviera, onde o governo bávaro de Gustav von Kahr lhes forneceu refúgio. Munique agora se tornava o centro para emigrados monarquistas na Alemanha. No seu auge, em 1921, a população de emigrados "brancos" em Munique alcançou 1.105 membros. O número de emigrados alemães bálticos como Scheubner-Richter também crescia rapidamente. Em 1923, cerca de 530 alemães bálticos fariam de Munique seu lar adotivo.

Na capital da Baviera, Scheubner-Richter intensificou as atividades destinadas a restabelecer a monarquia na Rússia e na Alemanha. A partir de meados de junho até o final de outubro de 1920, ele liderou uma missão para a península da Crimeia, na crença equivocada de que as tropas "brancas" ainda estavam em ascensão na região. No final de outubro, ele retornara a Munique. Lá se aproximou de outros membros de sua fraternidade estudantil de Riga, a Rubenia, que, como ele, haviam migrado para a capital da Baviera. Um deles era Alfred Rosenberg, que naquele momento já era filiado e membro proeminente no NSDAP, que viria a ser um dos principais ideólogos do partido. Foi Rosenberg quem apresentou Scheubner-Richter a Hitler em novembro de 1920.[19]

Logo após seu primeiro encontro, Scheubner-Richter assistiu a um discurso de Hitler. Impressionado tanto pela fala como pela reunião, o aventureiro alemão báltico se juntou ao partido logo depois e começou a orientá-lo na mesma época em que, com cada vez mais frequência, Hitler falava sobre a Rússia. No entanto, a influência de Scheubner-Richter sobre Hitler ainda estava no futuro, pois ele não foi responsável pela guinada inicial de Hitler para o leste. Na verdade, os discursos de Hitler já eram repletos de referências à Rússia no momento em que Scheubner-Richter o ouviu pela primeira vez. Por exemplo, em 19 de novembro de 1920, Hitler declarou que a União Soviética era incapaz de alimentar até seu próprio povo, apesar de ser um Estado agrário, "enquanto os bolcheviques governarem sob o domínio judaico". Ele disse à plateia que Moscou, Viena e Berlim estavam sob controle judaico, concluindo que a reconstrução não ocorreria em nenhum desses lugares porque os judeus eram servos do capital internacional.[20]

Àquela altura, o crescente interesse de Hitler no leste já estava em marcha havia algum tempo. Segundo um relatório da polícia, em seu discurso de 27 de abril de 1920, na Hofbräuhaus, ele "falou sobre a Rússia, destruída economicamente, sobre a jornada de trabalho de 12 horas, o açoite judaico, o assassinato em massa da *intelligentsia* etc., o que lhe rendeu fartos aplausos". Em meados de 1920, Hitler já começava a ver a Rússia como um aliado natural da Alemanha contra o poder do mundo anglo-americano. Sendo profundamente antiocidental, mas ainda não antioriental, ele disse à sua plateia em 21 de julho de 1920: "A nossa salvação nunca virá do Ocidente. Devemos buscar uma aliança [o termo alemão *Allianz* denota, na verdade, algo mais forte que uma aliança] com a Rússia nacionalista e antissemita. Não com a Soviética [...] que é onde o judeu governa [...] Uma Internacional de Moscou não nos apoiará. Pelo contrário, nos escravizará eternamente." Uma semana depois, ele levantou a possibilidade de uma aliança com a Rússia, "se o judaísmo for deposto [de lá]".[21]

Os discursos de Hitler agora apresentavam um interesse crescente não só no leste, mas também no antissemitismo antibolchevique. Contudo, ao contrário, por exemplo, do príncipe Georg von Bayern e do arcebispo de Munique Michael von Faulhaber, Hitler não era impulsionado principalmente pelo medo de uma invasão bolchevique. Seu interesse crescente na Rússia era de natureza completamente diferente. Era alimentado por considerações geopolíticas que remontavam ao início de sua politização e radicalização, bem como por seu objetivo de criar uma Alemanha forte o suficiente, interna e externamente, para sobreviver de forma sustentável em um mundo em rápida mudança. A guinada de seus interesses não foi de uma preocupação com um antissemitismo anticapitalista para um antibolchevique. Na verdade, ela se deu partindo de um foco na economia nacional como chave para reformar a Alemanha até um foco

A GUINADA DE HITLER PARA O LESTE 255

em considerações geopolíticas.

Segundo o pensamento de Hitler, era preciso uma "unificação" (*Anschluss*) com a Rússia, porque Hitler naquele momento pensava que a Alemanha não podia sobreviver por conta própria. Ele concluiu que, para ser fortes o suficiente de modo a estar em pé de igualdade com a Grã-Bretanha e os Estados Unidos — i.e., os inimigos "absolutos" da Alemanha —, Rússia e Alemanha tinham de se tornar aliadas e parceiras. A preocupação máxima de Hitler era com o poder anglo-americano, não bolchevique. No entanto, por ora, a solução de Hitler para criar uma Alemanha tão forte como os impérios mais poderosos do mundo não era conquistar novos territórios. Seu objetivo não era adquirir *Lebensraum*, "espaço vital", mas unir forças com a Rússia.

A implicação da afirmação de Hitler em seu discurso de 21 de julho de 1920 era que, com uma aliança permanente e duradoura com a Rússia, a Alemanha ganharia fronteiras orientais seguras; teria acesso aos alimentos e recursos naturais do Reno ao oceano Pacífico; e o poderio militar, político e econômico combinado de uma Rússia e uma Alemanha unidas seria de tal dimensão que estaria em pé de igualdade com o Império Britânico e os Estados Unidos.

Os judeus supostamente bolcheviques da Rússia eram uma preocupação para Hitler, não porque temesse uma invasão bolchevique iminente, mas porque, em sua mente, eles estavam a caminho de estabelecer uma aliança russo-alemã. E embora seu antissemitismo fosse antibolchevique no sentido de que ele igualava o judaísmo ao bolchevismo, a hierarquia dentro do antissemitismo de Hitler permanecia intacta: seu antibolchevismo sendo de importância secundária diante de seu anticapitalismo. O foco de seu antissemitismo estava agora em apresentar o bolchevismo como uma conspiração de financistas judeus, não exatamente nos alertas ao estilo de Gottfried Feder — contra a escravidão dos juros. Como Hitler deixou claro em seu discurso de 19 de novembro de 1920, ele acreditava que os judeus bolcheviques não passavam de servos do capital internacional. Para Hitler, o antissemitismo antibolchevique continuava a ser uma função de seu antissemitismo anticapitalista, embora agora invocasse o bolchevismo com mais frequência do que anteriormente. Ao contrário do que ocorria no passado, ele agora se concentrava mais em como os banqueiros judeus usavam o bolchevismo como uma ferramenta para controlar e neutralizar as classes trabalhadoras, e não tanto na forma como exploravam as pessoas através de cobrança de juros.

A mudança do olhar de Hitler para o leste e sua percepção do antissemitismo antibolchevique como algo mais sério ocorreram no momento em que Alfred Rosenberg e Dietrich Eckart se tornaram importantes em sua vida. Rosenberg, antigo veterano e colega de Scheubner-Richter da fraternidade Rubenia, seria um dos principais ideólogos do partido. Hitler diria dele em 1922: "É o único homem a quem eu sempre dou ouvidos. É um pensador."[22]

Embora Scheubner-Richter e Rosenberg de modo geral compartilhassem uma visão política comum, o último, ao contrário do primeiro, certamente não era um aventureiro ousado. Inclusive muitos outros nacional-socialistas achavam Rosenberg impossível e destituído de qualquer encanto. Nos anos seguintes, pelas costas de Rosenberg e de Hitler, o pessoal da comitiva de Hitler compararia Rosenberg a um "poste desnutrido" devido a seu rosto pálido e inexpressivo, e sua personalidade fria, sem vida e sarcástica, bem como sua aparente incapacidade de apreciar a beleza e as coisas mais agradáveis na vida; seus outros observadores mencionaram um "bloco de gelo" e "um homem sem emoções, frio como a ponta do focinho de um cachorro", cujos "olhos claros e sem brilho miravam em nossa direção mas não se fixavam, como se nem estivéssemos ali".[23]

Alemão báltico de ascendência alemã, estoniana, letã e huguenote, Alfred Rosenberg — que crescera como súdito do tsar Nicolau II e estudou em Moscou durante a guerra, onde também vivenciou o governo bolchevique — deixou a Rússia em 1918. Depois de uma temporada em Berlim, ele fez de Munique seu lar.[24] No entanto, levaria algum tempo até que se encaixasse bem no sul da Alemanha, pois falava alemão com um forte sotaque russo. Mesmo na época em que Rosenberg já trabalhava para o *Völkischer Beobachter*, Hermann Esser precisava editar seus artigos porque seu alemão não era idiomático.[25] Como tantas outras figuras importantes dos primeiros anos do nacional-socialismo em Munique, Rosenberg era protestante e não vinha da Alta Baviera.

Ele conheceu Hitler já no outono de 1919 e logo depois se filiou ao

NSDAP. Em poucos meses, Rosenberg estava desempenhando um papel importante no partido, embora não pudesse oferecer nenhum apoio material, tendo perdido tudo quando imigrou para a Alemanha. Uma vez em Munique, ele foi obrigado a se sustentar em cantinas de sopa às quais tinha de levar sua própria colher, e morou de graça, em um acordo através de uma comissão de refugiados, com um médico militar aposentado.[26]

Rosenberg teve importância para o NSDAP devido a sua influência intelectual sobre Hitler. Se podemos acreditar no testemunho de Helene e Ernst Hanfstaengl, que se tornaram próximos de Hitler no inverno de 1922/1923, Hitler, pelo menos inicialmente, colocava grande fé em Rosenberg e se voltava para ele em especial sobre as questões relativas ao bolchevismo, arianismo e teutonismo. Segundo Ernst Hanfstaengl, o desejo de Hitler de pôr em prática seu programa antissemita "a qualquer custo" foi resultado da influência de Rosenberg.[27]

A principal preocupação de Rosenberg era o antibolchevismo antissemita. Na verdade, em seu primeiro discurso político, proferido quando ainda estava na Estônia, na véspera de sua partida para a Alemanha, ele tratou do nexo que via entre o marxismo e o judaísmo. Para Rosenberg, o bolchevismo russo não era um movimento de eslavos, mas sim de nômades asiáticos primitivos e violentos liderados por judeus. No entanto, embora invocasse o bolchevismo supostamente judaico com mais frequência, Rosenberg acreditava também que aquele estava ligado intrinsecamente ao capitalismo judaico. Para ele, o bolchevismo e o capitalismo financeiro judaico andavam de mãos dadas. Em 1º de maio de 1921, ele escreveu para o *Völkischer Beobachter* que a "bolsa de valores judaica se uniu com a revolução judaica".[28]

Rosenberg acreditava na existência de uma conspiração judaica, afirmando que líderes judeus bolcheviques respondiam a financistas judeus. Em seu livro de 1922 *Pest in Russland!* (Peste na Rússia!), ele argumentou que os capitalistas financeiros judeus eram quem realmente dava as cartas na Rússia: "Se entendemos o capitalismo como a exploração de alta potência das massas por uma minoria muito pequena, logo nunca houve na história um Estado capitalista maior que o governo soviético judeu desde os dias de outubro de 1917." Ele também acreditava que o presidente Woodrow Wilson era apenas um fantoche nas mãos de banqueiros judeus — que ele também achava que dirigiam as bolsas de valores de Nova York, Londres e Paris —, bem como os líderes bolcheviques na Rússia. De acordo com Rosenberg, os líderes judeus, reunidos em lojas maçônicas, estavam tramando a dominação do mundo. Ele via influências judaicas em toda parte, acreditando que o espírito judaico era onipresente. Em um panfleto de sua autoria de 1923, ele convocava a humanidade a se libertar da "judificação do mundo".[29]

Foi essa forma de antissemitismo conspiratório — uma que, no que dizia respeito a Rosenberg, não tinha caráter exterminatório,[30] mas que representava o bolchevismo como domínio dos capitalistas financeiros — que permitiu a Hitler integrar o antibolchevismo mais plenamente em sua própria forma inicialmente anticapitalista de antissemitismo.[31]

Ainda que isso fosse mudar posteriormente, Rosenberg ainda expressava sentimentos pró-Rússia nos primeiros anos de sua interação com Hitler. Em 21 de fevereiro de 1921, Rosenberg publicou um artigo no *Auf gut Deutsch* argumentando que "russos e alemães são os povos mais nobres da Europa; [...] Eles serão dependentes uns dos outros, não só política mas culturalmente também".[32]

Outras ideias que tiveram origem na Rússia tsarista por vezes alcançavam Hitler de maneira indireta, através de Dietrich Eckart, fortemente influenciado pelos muitos contatos pessoais que formara desde que os primeiros emigrados russos "brancos" apareceram em Munique. Já em março de 1919, ele declarou no *Auf gut Deutsch* que "a política alemã quase não tem outra escolha além de entrar em uma aliança com a nova Rússia após a eliminação do regime bolchevique". Em fevereiro de 1920, ele afirmou que o povo russo, oprimido pelos bolcheviques judeus, era um aliado natural da Alemanha. "Que Alemanha e Rússia são dependentes uma da outra não está aberto a nenhuma dúvida", escreveu Eckart, salientando a necessidade de que os alemães fizessem conexões com o "povo russo" e o apoiasse contra o "atual regime judaico" da Rússia.[33]

Assim como muitas outras pessoas na direita *völkisch* na Alemanha, *Os protocolos dos sábios de Sião* — um relato forjado sobre uma organização internacional conspiratória dedicada ao estabelecimento de um governo judaico mundial — também teve influência sobre Eckart. No entanto, a obra quase não teve impacto na Alemanha antes e ao longo da guerra. Contudo, na sequência da guerra, quando os emigrados russos levaram cópias para a Alemanha, os textos foram traduzidos para o idioma local e rapidamente ganharam notoriedade nos círculos de direita.[34]

É difícil medir o papel de Alfred Rosenberg e Dietrich Eckart na guinada de Hitler para o leste. A virada certamente começou a ocorrer no momento em que os alemães bálticos e os emigrados russos "brancos" apareceram pela primeira vez em Munique. No entanto, é difícil dizer se o aparecimento em cena de Rosenberg e outros foi a raiz dessa virada de Hitler para o leste e em direção ao antissemitismo antibolchevique; ou se seu interesse em Rosenberg e, posteriormente, em Scheubner-Richter foi um efeito da mudança em seu pensamento em relação ao leste. Em outras palavras, é difícil dizer se uma transferência cultural de ideias se apoiou na migração de Rosenberg e outros emigrados da Rússia para a Baviera ou se a evolução de ideias da direita radical na Rússia e no sul da Baviera ocorreram concomitantemente. Em suma, é difícil medir se houve raízes especificamente russas no nacional-socialismo e no pensamento de Hitler.

O que torna quase impossível determinar se a mudança para o tipo de antissemitismo conspiratório associado a Rosenberg e os russos de direita foi obra de Rosenberg e seus associados é o fato de que suas ideias não eram novas nem se limitavam à Rússia. Tais sentimentos, expressos após a Primeira Guerra Mundial, já existiam anteriormente e viajaram de país a país antes da guerra. Assim, é possível encontrar encarnações próprias do antissemitismo na Alemanha muito semelhantes às da direita russa. No entanto, no caso de Hitler, é difícil chegar a alguma outra conclusão além de dizer que foi a partir de Rosenberg e outros, entre o influxo de alemães Bálticos e russos "brancos", que Hitler foi exposto proeminentemente às ideias antissemíticas conspiratórias extremas.

E, mais importante, foi através desses imigrantes que Hitler testemunhou, bem diante de seus olhos, a existência de um grupo simbiótico russo-alemão, que lhe proporcionou inspiração na busca para encontrar uma resposta para o desafio de como criar uma Alemanha que nunca mais perderia uma grande guerra. Na época, ele não exibia nenhum sentimento antieslavo aparente; seu racismo ainda assumia uma forma bastante seletiva. Ele parece ter sido mais influenciado pelo legado da relação íntima dos conservadores alemães e russos que remontava aos dias de Catarina, a Grande, uma alemã que governou a Rússia no final do século XVIII, do que pelo sentimento antieslavo que encontrou na Viena do pré-guerra.

Hitler dificilmente se voltaria de forma tão visível para Rosenberg e Scheubner-Richter se as ideias de ambos não complementassem ideias preexistentes suas. Da mesma forma, os dois homens dificilmente continuariam a ser tratados como elementos de extrema importância para Hitler se ele já houvesse desenvolvido previamente suas ideias sobre o leste e sobre os judeus orientais.

A influência russa sobre Hitler importava na medida em que ele encontrou alemães bálticos e "brancos" russos e suas ideias num momento em que tentava refinar e revisar a resposta que encontrara em 1919 para a questão de como construir uma Alemanha sustentável. Sua experiência em primeira mão com a íntima colaboração russo-alemã em Munique e a transferência cultural de ideias conspiratórias antibolcheviques da Rússia para a Alemanha alimentaram sua virada para o leste e seu crescente interesse no antissemitismo antibolchevique. Nesse sentido, houve um forte elemento russo na evolução de Hitler e do nacional-socialismo.

* * *

Em Rosenberg e Eckart, Hitler encontrou conselheiros que apresentaram as bases intelectuais para a colaboração russo-alemã como facilitadora de um renascimento da Alemanha e da Rússia, e que destacaram a importância do antissemitismo antibolchevique. Em Scheubner-Richter, Hitler tinha um conselheiro que, ao contrário de Rosenberg e Eckart, era um homem de ação, que não apenas planejava mas também implementava políticas. Portanto, foi a partir de Scheubner-Richter que ele viu as ideias defendidas por Rosenberg e Eckart traduzidas em realidade; e Scheubner-Richter ajudou Hitler a traduzir suas próprias ideias em ação, uma habilidade importante para qualquer aspirante a líder, mas de particular importância para Hitler porque ele dava imenso valor à força de vontade e à ação. Em seu discurso de 1º de janeiro de 1921, por exemplo, ele disse:

A GUINADA DE HITLER PARA O LESTE   261

Esta luta não será liderada pelas maiorias ganhas por partidos nas eleições parlamentares, mas pela única maioria que, desde que existiu sobre esta terra, moldou a sorte dos Estados e dos povos: a maioria da força e da vontade maior e da energia; libertar essa força sem preocupação com o número de pessoas mortas como consequência. Ser um verdadeiro alemão hoje não significa ser um sonhador, mas um revolucionário, significa não estar satisfeito com meras conclusões científicas, mas assumir essas conclusões com uma vontade apaixonada por transformar palavras em ações.[35]

Após seu retorno da península da Crimeia, não muito antes de seu primeiro encontro com Hitler, Scheubner-Richter estabeleceu a Aufbau (Reconstrução), um grupo secreto, com sede em Munique, de alemães e emigrados "brancos" que seria muito ativo no final de 1920 e no primeiro semestre de 1921. Dirigido quase igualmente contra o bolchevismo, os judeus, a República de Weimar, a Grã-Bretanha, os Estados Unidos e a França, seu objetivo era derrubar o regime bolchevique na Rússia e fazer do grão-príncipe Kirill Romanov o líder de uma nova monarquia pró--alemã. De modo mais geral, os objetivos da Aufbau eram restabelecer a monarquia tanto na Rússia como na Alemanha, e derrotar a dominação judaica.

Tecnicamente, Scheubner-Richter era o primeiro-secretário da Auf-bau, porém, na verdade, ele era o líder do grupo. Seu segundo em coman-do era Max Amann, sargento do QG regimental de Hitler na Primeira Guerra Mundial. Hitler logo recrutaria Amann como diretor-executivo do NSDAP. Assim, as duas pessoas que efetivamente dirigiam a Aufbau eram também líderes nacional-socialistas e próximas a Hitler.

No entanto, os quadros de membros do NSDAP e da Aufbau eram fundamentalmente diferentes, em especial porque alguns membros do partido poderiam ter se unido à Aufbau. Os membros da Aufbau tinham de financiar as atividades destinadas a derrubar o regime soviético e, assim, precisavam pagar 100 mil marcos para se filiar, e outros 20 mil marcos em taxas anuais. Devido ao sigilo do grupo e à escassa docu-mentação remanescente, pouco se sabe sobre seu quadro de membros. Era formalmente dirigido pelo barão Theodor von Cramer-Klett, que canalizava para a Aufbau o dinheiro de vários negócios de sua família. Seu vice-presidente era Vladimir Biskupski, um antigo general russo de alta patente. Vários outros militares e funcionários "brancos" que se mudaram para Munique na esteira do *putsch* de Kapp eram membros também, incluindo Fyodor Vinberg, que, enquanto ainda em Berlim, reeditou *Os protocolos dos sábios de Sião*. Vinberg também editou um jornal russo em Munique, *Luch Sveta* (Um Raio de Luz), no qual argumentava que os judeus e maçons representavam o mal porque buscavam destruir o cristianismo e dominar o mundo.[36]

Scheubner-Richter não só apresentou Hitler à Aufbau e aos exilados russos; em março de 1921, ele o apresentaria à pessoa que, intencionalmente ou não, facilitaria a ascensão de Hitler à proeminência nacional: o general Erich Ludendorff, o mais poderoso líder militar da Alemanha na segunda metade da Primeira Guerra Mundial.

Durante a revolução alemã de 1918/1919, Ludendorff deixou a Alemanha sob disfarce e, o mais silenciosamente possível, mudou-se para a Suécia, que lhe forneceu um refúgio seguro. Após seu posterior retorno, ele foi implicado no *putsch* de Kapp. No verão de 1920, juntou-se ao êxodo de extremistas de direita para Munique, onde sua irmã mais nova vivia. A capital da Baviera era, a um só tempo, acolhedora e proibitiva: o *establishment* político conservador da Baviera forneceu um refúgio seguro para Ludendorff, da mesma forma que acolheu outros extremistas de direita do norte da Alemanha, mas esse mesmo *establishment* reverenciava o arqui-inimigo de Ludendorff, Rupprecht da Baviera. Uma vez na Baviera, ele se voltou a seu protegido Max Erwin von Scheubner-Richter, que se tornou o principal planejador de suas atividades. Scheubner-Richter também apresentou Ludendorff aos membros da Aufbau, bem como a Adolf Hitler. Uma vez que, em 1921, Scheubner-Richter estava trabalhando intimamente com Ludendorff e Hitler, foi através dele que uma aliança fatal seria estabelecida entre o outrora mais poderoso general da Alemanha e Hitler.[37]

Essa aliança seria impulsionada por uma percepção mútua de que precisavam um do outro. Hitler necessitava de um líder nacionalista proeminente com projeção nacional que o tomasse sob sua asa e o ajudasse

A GUINADA DE HITLER PARA O LESTE 263

a se tornar, também, um líder nacional. Em contrapartida, Ludendorff veria em Hitler um jovem enérgico e grande orador, capaz de apelar a pessoas além de seu próprio alcance.

Mas, por ora, a formação dessa aliança ainda estava no futuro. No primeiro semestre de 1921, para consolidar e aumentar o séquito do NSDAP em Munique e no sul da Baviera, Hitler intensificou ainda mais suas aparições públicas. Em seus discursos, tentava ser tão provocativo quanto possível, buscando encontrar os limites do que era legalmente permitido fazer e dizer. Tanto que, em 24 de fevereiro de 1921, um ano exato do dia seguinte ao anúncio da plataforma do partido por Hitler na Hofbräuhaus, Rudolf Hess expressou para sua mãe a surpresa de que "Hitler ainda não está na prisão". No início de julho, Hess escreveu para sua prima Milly que Hitler fazia um espetáculo em prol do ganho político, contrastando a persona que o povo assistia durante os discursos com o Hitler com quem ele lidava no resto do tempo: "O tom de Hitler em seus discursos não é para todos os gostos. No entanto, ele leva as massas a um ponto em que elas dão ouvidos, e voltam. É preciso adaptar as ferramentas ao material, e H[itler] consegue modificar a forma como fala. Eu gosto especialmente de ouvi-lo falar sobre arte." No início do ano, ele já havia dito a Milly que "aquele homem de aparência rude é internamente suave, o que fica evidente na forma amável como ele lida com crianças e por sua compaixão pelos animais".[38]

Todo o alarido que Hitler fez em 1920 e no início de 1921 e a compra do *Völkischer Beobachter* compensaram de forma espetacular: o número de membros do NSDAP aumentou em dez vezes entre o início e o final de 1920. Em meados de 1921, mais mil membros foram adicionados, elevando o número de filiados para aproximadamente 3,2 mil. Com o início da propagação do partido pelo sul da Baviera, o NSDAP estava lentamente mudando de rosto. Ainda era uma legenda predominantemente urbana, mas, ao final de 1920, quase um em cada quatro membros era de outros lugares além de Munique. Com a disseminação para fora de Munique, houve um pequeno aumento no número de membros da classe média. E houve uma ligeira diminuição na participação de protestantes, devido à população protestante total ser ainda menor no sul da Baviera, fora de

Munique. De qualquer modo, os protestantes ainda continuavam muito representados no NSDAP — mais que um em cada três membros. E, em sua autoimagem, o NSDAP também continuou como um partido que apelava com sucesso aos trabalhadores. Como Rudolf Hess escreveu para a prima Milly, "Mais da metade de todos os membros é de trabalhadores manuais, o que é uma parte muito maior que em todos os outros partidos não marxistas. O futuro da Alemanha depende principalmente de podermos conduzir o trabalhador ao ideal nacional. Nesse sentido, eu vejo mais sucesso nesse movimento — é por isso que luto entre suas fileiras".[39]

O partido ainda permanecia um tanto heterogêneo politicamente, pois muitas pessoas na capital da Baviera ainda tentavam encontrar solo firme no mundo do pós-guerra e ainda tinham convicções políticas flutuantes. Heinrich Grassl, de 40 e poucos anos, por exemplo, era simultaneamente um membro do NSDAP e do liberal DDP. Ele só deixaria o NSDAP depois de o partido ser tomado por Hitler.[40]

Comparado com a população de Munique em geral, o quadro de membros do partido de Hitler ainda era minúsculo. Bem menos que 0,5% da população de Munique se afiliara ao partido no verão de 1921. No entanto, apesar de seus problemas iniciais em 1920 para transmitir sua mensagem política, o NSDAP finalmente conseguiu, em meados de 1921, tornar-se o principal beneficiário da consolidação da direita radical fragmentada.

Indiscutivelmente, houve duas razões principais para o sucesso do NSDAP em sair por cima após a consolidação. Uma delas foi que o partido tomou seu próprio caminho, recusando-se a ficar em segundo plano para outros e a unir forças com parceiros iguais. A outra foi que o partido se apresentou melhor e de forma mais extravagante e atraente que seus concorrentes. A pessoa responsável por tudo isso foi, acima de tudo, Adolf Hitler.

* * *

Nos quase dois anos que se passaram desde sua súbita epifania política na véspera do seu curso de propaganda com Karl Mayr, Hitler tentou encontrar respostas sobre como a Alemanha deveria ser remodelada para sobreviver a um mundo em rápida mudança. Ele não via seu papel apenas como um fornecedor de conselhos práticos ou de ajuda para apresentar o trabalho dos outros de uma forma mais atraente. Em vez disso, da forma esperada de um "gênio", ele buscava oferecer revelações sobre a arquitetura oculta do mundo e da natureza das coisas, apresentando-as como um novo testamento para uma nova Alemanha. Proclamando-as em linguagem quase religiosa, ele afirmava que essas medidas eram necessárias para a libertação da miséria do passado e do presente.

Mein Kampf, assim como os escritos e proclamações seguintes dos propagandistas de Hitler, faria parecer que o novo testamento de uma nova Alemanha tinha sido revelado a Hitler desde o início, em seus anos como estudante e como artista pobre em Viena. A crença de que esse "novo testamento" chegou a ele de uma forma "pré-embalada", durante a revolução ou em seu rastro, ganhou popularidade mais recentemente. Diz-se que Hitler apenas se apropriou daquele "novo testamento" já pronto, fingindo ser revelação sua, quando na verdade ele apenas mudou o rótulo em um "testamento" escrito por outros, e o explorou pelo resto da vida.

Enquanto elaborava o "novo testamento" da Alemanha, é óbvio que plagiou outros abundantemente, mas não se limitou a produzir uma cópia idêntica das ideias das pessoas à sua volta, nem invariavelmente permaneceu fiel a elas. Ele selecionou e escolheu, entre a rica palheta de pensamentos à sua disposição, como pintar, apagar e redesenhar sua visão para a Alemanha. Essa visão se tornou a fonte não de um "novo testamento", mas de várias encarnações concorrentes e alteradas do mesmo. Hitler era surpreendentemente flexível em mudar seu "novo testamento" quando suas ideias pareciam insuficientes para explicar o mundo.

Inicialmente, ele focou em fornecer uma acusação macroeconômica contra o capitalismo e o financismo ocidental. Naquele tempo, a raça só tinha importância para ele na medida em que lhe permitia criar um dualismo entre um "espírito" judaico e outro não judaico, o que determinaria se um país teria um futuro brilhante ou se seria empurrado para um caminho de declínio terminal e morte. O que se seguiu não foi apenas uma guinada para o leste, mas também do poder macroeconômico para o poder geopolítico como meio de compreender e explicar o mundo.

Como resultado, Hitler procurou estabelecer uma aliança permanente com a Rússia (tratando o país como vizinho oriental da Alemanha e, portanto, ignorando a própria existência da Polônia), de modo a colocar a Rússia e a Alemanha por todo o tempo em pé de igualdade com o mundo anglo-americano. Ao longo do caminho, o antissemitismo antibolchevique conspiratório se tornou mais importante do que tinha sido anteriormente. No entanto, a hierarquia de seu antissemitismo permanecia intacta no sentido de que ele ainda via o antissemitismo antibolchevique como uma função do antissemitismo anticapitalista.

Ao escrever e reescrever rascunhos de seu "novo testamento", o destino de Hitler se transformou espetacularmente. No verão de 1919, ele era um simples e talentoso propagandista, porém em dificuldades, para o Reichswehr em Munique. No início do verão de 1921, já era o segundo em comando de um partido que era o assunto da cidade. Em sua ascensão à proeminência no NSDAP, ele desafiou o caminho habitual para o poder dentro dos partidos políticos, um caminho tipicamente repleto de acordos de bastidores, concessões e traição. Em vez disso, a obsessão popular pelo gênio na época permitiu que um homem com uma vontade implacável de poder e um talento para reagir a acontecimentos imprevistos se catapultasse quase até o topo. Além disso, o estilo de política de Hitler, carismático e performático mais que discursivo, era ideal para um partido dissidente que queria fazer-se ouvir em uma cidade em que muitos grupos competitivos existiam na extrema-direita da política.

Hitler agora enfrentava um novo problema: ao longo do caminho de transformar o destino do NSDAP, ele fez muitos inimigos, não apenas fora da legenda, mas também internamente. No início do verão de 1921, seus inimigos dentro do partido já conspiravam contra ele, e ele enfrentava uma ameaça iminente. Estavam em jogo tanto seu destino pessoal como seu sucesso político e seu "novo testamento".

PARTE III

MESSIAS

10

O Mussolini bávaro

(Julho de 1921 a dezembro de 1922)

"Adolf Hitler: Traidor?" foi o título de um panfleto anônimo que certo número de membros do Partido Nacional-Socialista dos Trabalhadores Alemães (NSDAP) imprimiu e distribuiu no verão de 1921. O panfleto, cujo objetivo era destruir Hitler e sua posição na política, era tão contundente quanto qualquer crítica que a esquerda política já lhe tinha feito. Foi acusado de ser dirigido por "homens sinistros nas sombras em Berlim". Também sugeria que ele era uma marionete nas mãos de conspiradores judeus que o haviam implantado para dividir o partido e enfraquecê-lo por dentro. Além disso, apresentava Hitler como um megalomaníaco incapaz de aceitar outros como seus iguais e o criticava por se exaltar e se irritar a cada vez que alguém lhe perguntava sobre seu passado. Hitler também foi rotulado como um simpatizante do kaiser Karl, o último imperador da Áustria, o que era uma acusação particularmente bizarra, dado seu longo histórico de oposição à Casa de Habsburgo. Enquanto isso, Hermann Esser, que continuava a ser um dos colaboradores mais próximos de Hitler, foi acusado de ser um espião social-democrata.[1]

A impressão do panfleto anti-Hitler marcou a escalada de uma luta que já vinha fermentando dentro do partido por meses. Em seu cerne estava o desacordo sobre a direção futura do NSDAP, bem como sobre o papel que Hitler deveria desempenhar nele. A distribuição do folheto também marcou o fim de um gradual desentendimento entre Drexler e Hitler sobre a futura estratégia do partido. Enquanto Hitler apoiava um caminho revolucionário, violento, Drexler defendia um caminho legalista, parlamentar. Ainda assim, na primavera, Drexler apoiou uma fusão com outros grupos nacional-socialistas da Alemanha, da Áustria e da Tchecoslováquia, e continuou defendendo uma estreita cooperação com o Partido Socialista Alemão (que desprezara a tentativa de Hitler de se filiar). Em contraste, Hitler se opunha ferozmente a qualquer movimento desse tipo, acreditando firmemente que o NSDAP deveria seguir seu próprio caminho.[2]

A luta entre os dois homens chegou a um impasse em julho de 1921, quando, pelas costas de Hitler, Drexler atraiu Otto Dickel, líder do Deutsche Werkgemeinschaft, um grupo *völkisch* com sede em Augsburgo, e o convidou para falar em Munique. Naquela época, Hitler estava em uma viagem prolongada de captação de fundos em Berlim. (Não é possível saber se Hitler deixou Munique por várias semanas para demonstrar que o partido não seria capaz de funcionar sem ele.)[3]

Dickel, um professor nascido em Hesse que, quando adulto, fez da Baviera seu lar adotivo, era o autor de um livro que clamava por um renascimento do Ocidente diante do resto do mundo. Seu argumento era baseado em uma combinação de nacionalismo, socialismo econômico e antissemitismo. O toque popular de Dickel assegurou que seu discurso em Munique fosse um sucesso imediato, cujo resultado foi que Drexler o convidou a se tornar um orador regular para o NSDAP. Enquanto isso, Drexler aceitou o convite para ir a Augsburgo em 10 de julho para tratar com Dickel e os líderes do Partido Socialista Alemão, com base em Nuremberg, sobre uma futura cooperação entre o NSDAP, o Deutsche Werkgemeinschaft e o Partido Socialista Alemão.[4]

Quando Esser contatou Hitler em Berlim e falou sobre o que vinha acontecendo em Munique e a iminente reunião de Drexler em Augsburgo, Hitler correu para invadi-la. Sua aparição na reunião foi um fiasco. Dickel desmontou o programa do partido ponto por ponto e criticou o nome da legenda como enganoso e pesado, enquanto Hitler não parava de interrompê-lo — tudo em vão, já que os membros executivos do

O MUSSOLINI BÁVARO

NSDAP presentes ficaram impressionados com a visão e as qualidades de liderança de Dickel, e não apoiaram Hitler. Este último saiu intempestivamente da reunião, e deixou o partido no dia seguinte.[5]

Não está totalmente claro se Hitler saiu do partido na crença de que tudo estava perdido para ele no NSDAP, ou se foi nada mais que uma manobra e um astuto blefe. Quaisquer que fossem suas intenções, ele emergiu triunfante da crise que se desencadeou com sua saída. Sem Hitler, o partido perdeu o rumo. Dickel simplesmente não foi capaz de ocupar seu lugar. A crise revelou que, desde que se filiara, no outono de 1919, Hitler aos poucos se convertera em seu verdadeiro líder. Assim, no verão de 1921, finalmente surgiu uma situação que lhe permitiu agarrar o poder em seus próprios termos.

No rastro da saída de Hitler, seu mentor, Dietrich Eckart, fez campanha em favor dele, o que resultou em uma guinada completa da parte de Drexler e dos outros membros do comitê executivo, que mandaram Eckart a Hitler para incitá-lo a voltar. Em resposta, Hitler enviou para os executivos do NSDAP uma lista de exigências que tinham de ser atendidas antes de seu retorno. Não mediu nenhuma palavra. Ele aguardava receber, como disse, "o cargo de primeiro presidente com poderes ditatoriais". Outra de suas condições era que a sede permanecesse em Munique em definitivo, e que não houvesse nenhuma mudança de nome da legenda ou de sua plataforma nos seis anos seguintes. Também exigiu que os tratos do NSDAP com Dickel fossem rompidos imediatamente.[6]

Em 29 de julho, Drexler apresentou as demandas de Hitler e colocou-as em votação numa reunião extraordinária. Devido à completa guinada de Drexler quanto a defendê-lo, o dia se transformou em um triunfo para Hitler. Dos 554 membros presentes, apenas um votou a favor da proposta. Hitler era agora, finalmente, o novo líder do NSDAP. Drexler foi nomeado como presidente honorário vitalício.

A sucessão de Drexler para Hitler marcou mais que uma troca da guarda e significou mais que uma mudança nas políticas. Embora anteriormente o partido rejeitasse a democracia parlamentar, ao mesmo tempo que defendia a democracia interna, a democracia estava agora morta no NSDAP.[7] Quando antes o *Parteileitung* (literalmente, a liderança do partido) funcionava como um comitê executivo em que o presidente era o primeiro entre iguais, o líder agora estava acima do *Parteileitung* e tinha, como Hitler exigira, poderes ditatoriais.[8] Um ano e meio depois de enxotar Karl Harrer, cofundador do NSDAP, Hitler também conseguiu reduzir a posição de outro fundador. Ao eliminar ou reduzir cada filiado que estava em posição mais alta ou que disputava o poder com ele, Hitler exibia uma habilidade maquiavélica notável para a manipulação política. Mais tarde, astuciosamente cooptaria muitos desses rivais para apoiá-lo.[9]

Hitler era agora o líder e ditador do NSDAP, com carta branca para remodelá-lo de acordo com seus desejos. Ele tirou Otto Dickel do partido. Max Amann, seu antigo superior do Regimento List, a unidade de Hitler durante a guerra, foi encarregado das finanças e da gestão interna, com vistas a impor ao partido o mesmo tipo de estrutura organizacional do seu antigo QG militar — a única configuração organizacional que ele já havia conhecido na prática. Hitler disse a Amann que precisava dele urgentemente porque a equipe anterior fora incompetente e o perigo de uma revolução bolchevique era iminente.[10]

Foi nesse ponto que se reforçou a posição daqueles que, como Hitler, tinham histórico militar e que sempre se alinharam com ele. O mesmo valeu para seus apoiadores que lamentavam ter sido jovens demais na época de servir na guerra. Para fortalecê-los, uma divisão eufemisticamente chamada de "Seção de Ginástica e Esportes" foi criada como uma organização paramilitar própria e leal a Hitler; logo seria renomeada como Sturmabteilung (Seção Tempestade) — ou SA. A maioria dos primeiros membros da SA tinha menos de 25 anos, e quase todos estavam abaixo da casa dos 30. A recém-criada SA então aumentava o caráter jovem do NSDAP, particularmente em comparação com outros partidos da direita política.[11]

Como resultado da dominação de Hitler, o NSDAP se rompeu. Diversos membros saíram em oposição à direção para a qual seu novo líder estava tentando levar o NSDAP. Por iniciativa de Josef Berchtold, que ajudara Hitler a encontrar alojamento na Thierschstrasse, eles criaram a "Associação Nacional-Socialista Livre". No entanto, travavam uma batalha perdida: já no ano seguinte, o novo grupo estava tão fraco que Berchtold voltaria a se filiar ao NSDAP, àquela altura sob controle firme de Hitler.[12]

Gottfried Grandel, amigo de Eckart em Augsburgo, cujo empréstimo permitira ao NSDAP adquirir o *Völkischer Beobachter*, também travava uma luta inútil. Alarmado com o triunfo de Hitler, escreveu para Eckart: "Aprecio e valorizo Hitler, mas seu esforço pelo poder total me preocupa." Ele acrescentou: "Vai terminar mal se ele não mudar suas maneiras e permitir que outros partilhem o poder. Precisamos ter em mente que a violência e o nepotismo espantam os melhores companheiros e paralisam as melhores forças, e, ao fazê-lo, capacitam os elementos menos desejáveis." Grandel pediu a Eckart que colocasse Hitler na linha.[13] No entanto, Eckart não tinha intenção de fazê-lo, pois o poeta dramaturgo começava a ver em Hitler a personificação do personagem principal de seu maior sucesso, *Peer Gynt*.

A peça de Eckart era uma adaptação do drama original de Henrik Ibsen, no qual o protagonista epônimo deixava sua terra natal norueguesa com o objetivo de se tornar "rei do mundo". Na peça de Ibsen, Gynt é egoísta e enganoso, e arruína tanto sua alma como seu corpo antes de voltar para casa na miséria e na vergonha. No entanto, na versão de Eckart, Peer Gynt é um protagonista cujas transgressões são heroicas porque ele desafia o mundo dos ogros, que, segundo Eckart, simbolizam o judaísmo. Devido aos nobres objetivos de suas ações, Gynt retorna à pureza e à inocência da juventude na cena final da peça de Eckart. Essa nova concepção do personagem foi influenciada por Otto Weininger, que também escrevera sobre Peer Gynt. Trata-se de um Peer Gynt que é um gênio antissemita cujo objetivo é purgar do mundo a influência do feminino e, portanto, do judaísmo.[14]

A mensagem de Eckart a Hitler era que, ao aspirar a tornar-se o Peer Gynt da Alemanha, ele não tinha que questionar o emprego de violência e a transgressão às normas existentes. Esse tipo de transgressão se justificava pelo objetivo a que servia, e, no fim das contas, tudo seria perdoado. Na introdução à edição de *Peer Gynt* com a qual presenteou Hitler — que se tornara líder do NSDAP havia menos de dois meses —, em cuja dedicatória manuscrita podia-se ler "querido amigo Adolf Hitler" —, Eckart escreveu: "A ideia de [Gynt] se tornar o rei do mundo não deve ser tomada literalmente como a 'Vontade de Potência'. Por trás dela está uma crença espiritual de que, no fim, ele será perdoado por todos os seus pecados."[15] Como salientou em sua introdução, a missão de Peer Gynt e da Alemanha como um todo era exterminar os ogros do mundo: "[É pela] natureza alemã, que significa, no sentido mais amplo, a capacidade para o autossacrifício, que o mundo vai curar e encontrar o caminho de volta para o puro e o divino, mas apenas depois de uma sangrenta guerra de aniquilação contra o exército unido dos 'ogros'; em outras palavras, contra a serpente de Midgard que circunda a terra, a encarnação reptiliana da mentira."[16]

Hitler estava mais que satisfeito em se tornar o Peer Gynt da vida real na Alemanha. Para remodelar sua imagem pública segundo essa ideia, ele instalou seus homens de confiança no *Völkischer Beobachter*. Eckart se tornou o editor-chefe, e Rosenberg, seu vice, enquanto Hermann Esser trabalhava diretamente sob comando deles como editor responsável pelo layout da publicação. Com os homens de Hitler firmemente no controle do jornal do NSDAP, bem como de sua editora, eles imediatamente embarcaram na construção de uma imagem de Hitler como muito mais que o presidente de um partido — como alguém divino, o escolhido. Rosenberg e outros começaram a retratar Hitler como um messias; Rosenberg também o rotulava como o "líder da Alemanha" nas páginas do *Völkischer Beobachter*. Enquanto isso, em novembro de 1922, o *Traunsteiner Wochenblatt*, um semanário da cidade em que Hitler servira no inverno de 1918/1919, ansiava pelo tempo "em que as massas o elevarão como seu líder, e lhe devotarão sua fidelidade na desventura e na bonança".[17]

Uma vez que Hitler aceitou ser representado como um messias, e uma vez que em 1922 os jornais bávaros começaram a se referir a ele como "o Mussolini Bávaro", enquanto Hermann Esser fazia o mesmo publicamente em eventos do NSDAP,[18] não seria plausível argumentar que, na época, Hitler continuava a se ver meramente como alguém que fazia campanha em prol de outra pessoa.

* * *

Certamente, Hitler não havia planejado cuidadosamente seu domínio do NSDAP da maneira como aconteceu. Contudo, ele não era um ator ao estilo *prima donna*, frustrado, passivo, que de vez em quando tinha ataques de raiva e que se tornou líder de um partido quase por acidente.[19] Seu talento político estava na definição de metas em termos muito amplos e em sua capacidade de esperar que emergissem as situações que lhe permitissem aproximar-se de realizar esses objetivos. A ampla natureza de suas metas permitia-lhe um grande grau de flexibilidade na exploração e na reação às oportunidades que surgiam. Além disso, ele tinha um raro talento político instintivo para saber quando apostar tudo em uma cartada.

Já não tem tanta importância Hitler muitas vezes não ter previsto totalmente os acontecimentos políticos aos quais reagiria. Ele não precisava disso, pois seu instinto e seu treinamento o haviam equipado com uma capacidade suprema de tomar decisões e formular políticas com base em informações incompletas. Em outras palavras, seu talento estava em como aperfeiçoara sua capacidade de reagir ao inesperado e de lidar com o desconhecido quando tinha várias opções de ação. A tendência de Hitler a abordar os problemas historicamente o ajudava nisso, pois sua abordagem geral para a arte da política era observar as tendências históricas e tomá-las como o motor determinante de suas ações.

Com base em suas amplas convicções sobre a natureza da realidade e sobre as tendências históricas, Hitler começava a dominar o problema da conjectura na política, a arte de ser capaz de projetar para além do conhecido. Diferentemente do primeiro semestre de 1919, ele agora sabia como lidar com a mais difícil das tarefas na política, a incerteza em torno de escolhas, e, portanto, como agir sem certeza com base em sua avaliação de qualquer situação dada. Em outras palavras, Hitler tinha uma capacidade para atuar em situações de grande incerteza, com um tino para a decisão certa.[20] É por isso que sua preferência por definir metas em termos amplos, em vez de um planejamento e uma estratégia detalhada, não era um problema para ele, mas uma bênção. Isso lhe proporcionava máxima flexibilidade para transformar situações inesperadas e não planejadas em vantagem. Devido a seu modo reativo de política (e não apesar dele), combinado a seu talento para projetar para além do conhecido em face de informações incompletas, Hitler se tornou um operador político de grande sucesso.

Hitler também desenvolveu um sentido superior de *timing* na política. Instintivamente, ele sabia que, ao planejar demais e agir muito cedo e inflexivelmente, você fracassa; e se esperar muito tempo e não responder rapidamente aos eventos, você se torna prisioneiro deles. Sua abordagem para a política, e a chave para seu sucesso como político e posteriormente como estadista, talvez seja possível resumir na resposta que ele daria ao grão-almirante Erich Raeder, em 23 de maio de 1939, quando perguntado sobre seus planos: ele respondeu que havia três tipos de segredos sobre seus planos futuros. O primeiro era o segredo que ele contaria se não houvesse ninguém por perto; o segundo, o segredo que guardava para si mesmo; enquanto "o terceiro é o problema do futuro, no qual eu não penso até o fim".

Hitler também tinha o hábito de dizer aos membros de sua comitiva que muitos problemas não precisavam ser resolvidos antes da hora, afirmando: "Quando o momento está maduro, o assunto será resolvido de uma maneira ou de outra."[21]

A importância das conversas de Hitler com Raeder e membros de sua comitiva é que revelam que ele definia problemas e suas soluções apenas em termos gerais e deixava as soluções para o futuro, mesmo que o problema fosse como tomar o controle do partido ou, por exemplo, como resolver grandes questões políticas. Aqui temos, em poucas palavras, a razão por que é impossível traçar uma linha direta entre as amplas metas políticas de Hitler, como definidas no início dos anos 1920, e a realização de muitas daquelas metas no início dos anos 1940. Elas representam precisamente o tipo de "problemas do futuro" que Hitler deixava de lado para pensar somente quando e se fosse necessário enfrentá-los.

A "questão judaica" era, então, um "problema do futuro", que ele ainda não podia resolver? Uma possibilidade é de que a guerra mundial e o genocídio estivessem "apenas" entre uma variedade de potenciais futuros que podiam decorrer das ideias emergentes que Hitler abraçava no início dos anos 1920. Com base nessa possibilidade, o que Hitler faria sobre a "questão judaica", e quando, dependeria da estrutura caótica do Terceiro Reich; da radicalização cumulativa nas décadas de 1930 e 1940 de políticas nacional-socialistas;[22] da situação internacional emergente; e das iniciativas dos tomadores de decisão do segundo e do terceiro nível, que se inspirariam nos grandes objetivos políticos de Hitler definidos no início dos anos 1920. Outra possibilidade, porém, é que a questão judaica fosse de tanta importância para Hitler que constituía uma questão de um tipo diferente — uma que ele não adiaria até os anos 1930 e 1940 para descobrir sua "solução final" preferida.[23]

Tirando essa questão, não pode haver dúvida de que, na maioria das áreas políticas, Hitler não se dedicava a grandes planejamentos de antemão. De fato, em um de seus monólogos no quartel-general durante a Segunda Guerra Mundial, ele reconheceu que muitas vezes as coisas evoluíam de uma forma que ele aprovava, mas que não havia planejado conscientemente com antecipação. Em 31 de janeiro de 1942, por exemplo, ele explicou que criou a SA e a SS pouco a pouco, sem saber da existência de grupos fascistas paramilitares italianos, e ficou surpreso ao ver que eles haviam evoluído de forma semelhante:

> Nenhuma dessas coisas nasceu de uma visão de longo prazo! A SS evoluiu de pequenos grupos de sete ou oito homens: Os mais ousados eram reunidos em um esquadrão! Tudo isso aconteceu de forma realmente bastante involuntária, e tomou um caminho que corresponde exatamente ao que aconteceu na Itália.

Hitler acrescentou que o próprio Mussolini agiu de forma semelhante: "Il Duce me disse certa vez: Führer, quando comecei a luta contra o bolchevismo, eu não tinha ideia de como tudo isso aconteceria."[24]

No NSDAP, Hitler usava seus novos poderes ditatoriais para reduzir a influência de qualquer grupo que já tentara usá-lo apenas como uma ferramenta para promover seus próprios interesses. Ele guardaria rancor contra essas pessoas até o dia de sua morte. E continuaria a vê-las como futuros adversários em potencial à sua autoridade. No entanto, ele só as expulsava do partido, como no caso de Dickel, quando não havia perspectiva de transformá-las em suas ferramentas. Com mais frequência, como fizera no caso de Drexler, Hitler colocava as pessoas em posições com pouco ou nenhum poder real, o que lhes permitia salvar as aparências.

Era mais frequente que ele continuasse a tratar todos com delicadeza, mesmo com quem tinha relações deterioradas ou contra quem guardava rancor, pois não gostava de confrontar gente que outrora lhe fora familiar. Em março de 1935, o editor Julius Friedrich Lehmann, sem perceber o quanto se afastara de Hitler, censuraria o líder do NSDAP em uma carta escrita em seu leito de morte — e aparentemente jamais entregue ao destinatário — pelo fato de que "seu coração é demasiado suave e bom para com os antigos companheiros, mesmo quando eles fracassam". Da mesma forma, Franz Pfeffer von Salomon, que dirigiria a SA na segunda metade da década de 1920, observou que "Hitler não se afastava de ninguém quando ia jogá-los fora. 'Não consigo', dizia ele, e deixava que outros se encarregassem dessas coisas quando eram inevitáveis — ele tinha certo "complexo de lealdade".[25]

Em vários casos, a relutância de Hitler em purgar seu séquito à maneira de Stalin lhe custaria um preço. Por exemplo, Fritz Wiedemann, seu comandante na Primeira Guerra Mundial e que serviria como um dos assessores de Hitler durante os anos de paz do Terceiro Reich, viria a oferecer seus serviços à inteligência britânica e às autoridades norte-americanas depois de Hitler romper com ele. Não foi por falta de tentativa da parte de Wiedemann que sua traição (no auge dos triunfos da Alemanha em 1940 e 1941) fracassou em derrubar Hitler; na verdade, foi porque os britânicos e norte-americanos não aceitaram sua oferta.[26]

Na maioria dos casos, manter a porta aberta ajudava Hitler. Isso lhe permitia abordar as pessoas quando precisava de sua ajuda. Foi particularmente o caso com os pangermânicos e os membros da Sociedade Thule — em outras palavras, com aqueles que tinham apoiado o projeto de Karl Harrer de um partido como uma sociedade secreta, em detrimento da própria visão opositora de Hitler.

Assim, depois de se tornar líder do NSDAP, ele continuou viajando a Berlim para levantar fundos dos apoiadores pangermânicos locais. Ficou mais que satisfeito de aceitar o dinheiro de Lehmann. Tirando isso, Hitler mantinha distância dele, embora o editor fizesse esforços repetidos por apoiá-lo. Hitler era muito menos interessado em Lehmann que a contrapartida; no entanto, devido à sua continuada delicadeza em relação a ele, é fácil superestimar a importância de pessoas como Lehmann para Hitler.[27]

Era o mesmo tipo de polidez enganosa que exibia em relação à baronesa Lily von Abegg, que resultaria na aristocrata doando sua casa em Munique ao NSDAP, muito embora Hitler continuasse a falar acidamente sobre ela pelas costas. "Seu marido pulou no lago Königssee, o que não é surpreendente", diria Hitler a seus companheiros no QG militar em 5 de fevereiro de 1942. "Eu teria feito o mesmo! Ela só teve dois admiradores, um deles morreu e outro ficou louco!"[28]

* * *

Julius Friedrich Lehmann era a força motriz mais importante da Liga Pangermânica em Munique, e também foi um dos membros mais importantes da Sociedade Thule durante seu apogeu. Nascido de pais alemães em Zurique, em 1864, e detentor de cidadania suíça em sua juventude, Lehmann, um dos muitos protestantes não bávaros que fizeram de Munique seu lar e que passaram a apoiar o nascente DAP/NSDAP, estabeleceu sua própria editora na capital bávara. Depois, em março de 1920, uniu-se ao partido, continuando ao mesmo tempo como membro do Partido Popular Nacional Alemão, conservador.[29]

A reação morna de Hitler para com Lehmann certamente não era resultado de seus pontos de vista diferentes sobre o antissemitismo, pois, em sua ferocidade, a atitude do editor em relação aos judeus se equiparava facilmente à judeofobia de Hitler. Até a mulher de Lehmann, Melanie, apesar de seus próprios pontos de vista nacionalistas, ficava consternada com a obsessão de seu marido com o antissemitismo. Em 11 de setembro de 1919, ela escreveu em seu diário que só leu, "por dever, um livro contra os judeus — *Judas Schuldbuch* [O Livro da Culpa e da Dívida de Judá]" —, acrescentando: "Julius trabalha tanto na área antissemita. Acho horríveis essas diatribes unilaterais. Vejo que, sim, o poder excessivo do judaísmo deve ser controlado, de modo que sua posição dominante na imprensa não destrua o nosso povo, mas eu simplesmente não posso suportar isso, e contradiz meu mais profundo sentido de justiça fazer dos judeus responsáveis pela nossa miséria atual e por tudo o que foi provocado pela nossa fraqueza alemã e falta de patriotismo e orgulho nacional. [...]

É difícil para mim e Julius que, no que diz respeito a essa questão, não estejamos em completo acordo. Ele investe com toda a unilateralidade e a indiferença da vanguarda contra o inimigo."[30]

Lehmann — cuja editora era especializada em medicina, higiene racial, teoria racial, antissemitismo, bem como assuntos navais e militares — certamente pensava que os livros que publicava seriam de grande interesse para Hitler. Os quase 1.200 livros remanescentes da biblioteca particular de Hitler (que em 1945 continha cerca de 16 mil títulos), guardados hoje na Biblioteca do Congresso em Washington, DC, incluem quatro livros que Lehmann publicou antes de 1924 com dedicatórias manuscritas para Hitler. É impossível dizer o número total de livros que Lehmann enviou a Hitler antes daquele ano. No entanto, os exemplares restantes de livros que Lehmann deu a ele, assim como outros que Hitler comprou por conta própria ou que lhe foram dados por outras pessoas, revelam as preferências de leitura de Hitler entre o final da Primeira Guerra Mundial e sua tentativa de golpe de novembro de 1923, e assim lançam luz na evolução de suas ideias políticas.[31]

Hitler enviava regularmente bilhetes educados, mas superficiais, para Lehmann, agradecendo os livros que recebia, porém mantendo distância. Em meados de 1920, ele ainda se dirigia a Lehman de uma maneira formal como "Sehr verehrter Herr Lehmann!".[32] Ao que parece, ele guardava em seu quarto na Thierschstrasse a maioria dos livros que Lehmann e outras pessoas lhe enviavam sem lê-los. Na verdade, a maioria desses livros que recebera de presente antes de 1923 não têm marcas nem parecem ter sido lidos extensivamente. Dos quatro livros sobreviventes enviados por Lehmann, apenas as primeiras trinta páginas do compêndio de memórias de veteranos austríacos da Primeira Guerra Mundial, de Hugo Kerchnawe, têm indícios visíveis de uso, embora os três outros livros sejam de natureza mais política e incluam a mais famosa publicação sobre teoria racial escrita em alemão no século XX, *Rassenkunde des deutschen Volkes,* de Hans Günther (Ciência Racial do Povo Alemão). Quando Hitler lia itens enviados por Lehmann, era mais provável que fossem memórias de guerra e calendários navais que livros sobre teoria radical. Hitler lhe escreveu em 1931: "Meus sinceros agradecimentos por me enviar os últimos lançamentos de sua editora, alguns dos quais li com grande interesse. As compilações estatísticas são sempre de valor especial para mim, como neste caso, o 'Manual da Força Aérea'."[33]

A única vez que Hitler parece ter escrito uma carta longa para Lehmann foi quando, em 13 de abril de 1931, acreditando estar sob ataque da Liga Pangermânica, esperava que o editor pudesse intervir em seu favor. "Se eu me voltar contra as atividades da Liga Pangermânica ou sua imprensa, então será feito pela simples razão de que não estou disposto a me sentar diante de uma mesa com essas forças no futuro, que me trairiam na primeira oportunidade conveniente e favorável e de maneira tão desonrosa." Ele acrescentaria: "Mas ainda tenho uma pequena esperança de que, mesmo na Liga Pangermânica, talvez ainda haja alguns poucos homens capazes de duvidar da exatidão, da utilidade e da decência do *Deutsche Zeitung* [o jornal da Liga Pangermânica]."[34]

Durante a década de 1930, embora Lehmann e Hitler vivessem na mesma cidade, e apesar de seu partido estar quase sempre sem dinheiro na época, Hitler não teve interesse no convívio com o homem que foi, possivelmente, seu maior patrocinador em Munique nos primeiros anos do NSDAP. Ao escrever uma carta para Hitler em seu leito de morte, em 12 de março de 1935, Lehmann se referiu a um encontro pessoal que os dois tiveram em 1923, em termos que indicam que as interações pessoais entre eles tinham sido eventos incomuns: "Há doze anos recebi uma visita sua à minha editora, e eu usei a oportunidade para apelar a você em pessoa."[35] A dificuldade de Hitler em encontrar regularmente o mais importante editor de livros sobre teoria racial de direita de Munique seria muito estranha se não fosse o desdém de Hitler para com as pessoas que ele associava, com ou sem razão, ao projeto de partido de Harrer. No entanto, sua tentativa de manter Lehmann distante talvez tenha uma razão diferente.

Curiosamente, antes de escrever *Mein Kampf*, Hitler nunca exibira qualquer interesse verdadeiro em teoria racial. Para ele, a raça só era de interesse como uma ferramenta para criar uma antítese entre judeus e "arianos". Isso lhe permitia falar sobre a influência nociva dos judeus na disseminação do capitalismo financeiro e do bolchevismo da mesma forma que Chamberlain falava de raça. Hitler não mostrava muito interesse nas raças "negra" ou "amarela".[36]

Ao contrário das edições posteriores do *Rassenkunde des deutschen Volkes* de Hans Günther, que estão entre os livros remanescentes de Hitler na Biblioteca do Congresso, a edição de 1923 do livro de Günther, dada a Hitler por Lehmann, não tinha indícios visíveis de ter sido extensivamente manuseado.[37] Günther, um estudioso de literatura de Freiburg, no sudoeste da Alemanha, que se tornou antropólogo social, publicou originalmente o *Rassenkunde* no ano anterior. O livro, que inclui mais de quinhentas ilustrações, estabelece em detalhes gráficos uma hierarquia racial encimada por uma raça nórdica, e atribui características e traços corporais para cada raça. No futuro, as ideias de Günther deixariam uma marca profunda tanto em Hitler como nas políticas relativas à "pureza racial" implementadas pelo Terceiro Reich, incluindo aquelas que resultaram no Holocausto. No entanto, em 1923, apesar de a obra de Günther ter entrado em uma lista de 41 livros enumerados como recomendações de leitura no verso do cartão de sócio do NSDAP[38] — um aceno aos membros do partido obcecados por ideias raciais —, seu impacto sobre Hitler foi limitado. Em um momento em que Hitler defendia uma aliança com monarquistas russos e partilhava de uma crença em uma tradição ariana que abria espaço para tradições gregas e romanas, para ele as ideias de Günther tinham um apelo limitado.

* * *

Hitler exibia ainda menos interesse em obras sobre ocultismo e misticismo nórdico. Às vezes, seus apoiadores lhe davam livros ocultistas ou outros títulos em que rabiscavam dedicatórias que continham referências ao ocultismo. Por exemplo, para seu aniversário em 1921, Babette Steininger, uma médica especializada em doenças pulmonares e uma das primeiras afiliadas do NSDAP, presenteou-o com uma cópia do *Nationalismus* (Nacionalismo) do autor bengali Rabindranath Tagore, no qual ela escrevera "Logare, wodan wigiponar. Para Herr Adolf Hitler, meu querido irmão Armanos". Ao referir-se a Hitler como seu "irmão Armanos", ela se alinhava com o ocultista austríaco Guido von List.[39]

Não podemos saber o quanto Hitler leu do livro de Tagore. No entanto, a página do livro que discute "o problema da raça" foi claramente lida, uma vez que apresenta um pequeno buraco que foi reparado e coberto de novo. Independentemente do que Hitler entendeu do debate do escritor bengali sobre raça, o fato de Steininger dar o livro a Hitler indica que as pessoas que o conheceram pessoalmente em 1921 não o associavam com o racismo de Günther naquele momento. "Desde o início da nossa história, porém, a Índia sempre viu claramente seu problema — o problema racial", escreveu Rabindranath Tagore. Para Tagore, diferentes raças tinham de encontrar uma maneira de viver umas com as outras. "[A Índia] tem buscado que diferentes raças coexistam, para reter as diferenças reais onde elas existem, e, no entanto, encontrar um terreno comum. Esse terreno comum foi descoberto por nossos homens santos reverenciados, como Nanak, Kabir, Chaitanya e outros, que pregavam a unicidade de Deus para todas as raças da Índia."[40]

Além de um livro publicado em 1921 como parte de uma série sobre alquimia, cabala (pensamento esotérico judaico), maçonaria, bruxas e demônios, Hitler ganhou um bom número de títulos sobre ideias ocultistas e outras de entusiastas do passado pré-histórico germânico.[41] No entanto, ele não se interessava pelo estudo das runas e dos cultos pagãos pré-históricos, nem ansiava por um renascimento do passado ancestral germânico. Hitler acreditava, pelo menos inicialmente, no arianismo, não em uma tradição especificamente nórdica. Seu arianismo implicava na crença numa superioridade europeia que, como mencionado anteriormente, era construída em tradições helenísticas e romanas. Sua rejeição aos cultos nórdicos era também estética, pois artisticamente ele também se via nas tradições da Grécia e de Roma.[42] Hitler amava a arte renascentista e adorava as óperas de Verdi quase tanto quanto adorava as de Wagner.[43]

Em *Mein Kampf*, ele atacaria as pessoas interessadas em ocultismo e misticismo: "No geral, naquela época e também posteriormente, tive de alertar uma vez após outra aqueles acadêmicos errantes do folclore alemão, cujas realizações positivas sempre redundam em nada, mas cuja arrogância dificilmente poderia ser superada." Seu ataque contra os obcecados com a Alemanha pré-histórica tem de ser lido como um ataque total à Sociedade Thule e àqueles que tentaram implementar um projeto ao estilo da Thule na construção do DAP/NSDAP: "Assim como um empresário que, na atividade de quarenta anos, arruinou metodicamente uma grande empresa é pouco adequado para ser o fundador de uma nova, da mesma maneira um Matusalém folclórico (que, ao mesmo tempo, estragou uma grande ideia e a levou à calcificação) é pouco adequado para a liderança de um movimento novo e jovial!" Hitler continuava:

> A característica da maioria dessas naturezas é que abundam no velho heroísmo germânico, deleitam-se com o passado obscuro — os machados de pedra, a lança e o escudo —, mas em natureza são os maiores covardes imagináveis. Pois as mesmas pessoas que brandem antigas espadas germânicas, cuidadosamente imitadas com latão, e vestem uma pele de urso preparada com chifres de touro cobrindo suas cabeças barbadas, sempre pregam para o presente apenas a luta com armas espirituais, e fogem rapidamente à vista de qualquer arruaceiro comunista. A posteridade terá pouco motivo para glorificar sua existência heroica em um novo épico.[44]

O interesse de Hitler no passado germânico era altamente seletivo e de caráter histórico em vez de quase religioso. Em *Mein Kampf*, ele celebraria "a democracia germânica", isto é, a eleição de um líder com poder supremo, acima da democracia parlamentar, de estilo ocidental.[45]

* * *

Apesar do interesse limitado de Hitler em alguns dos livros que recebera, ele era, no entanto, um leitor voraz. Sua paixão desde a infância, na Áustria rural, tinha sido a leitura. Não se interessava por ficção, preferindo história, assuntos militares, arte, arquitetura, tecnologia e engenharia, filosofia em certa medida e, acima de tudo, artigos de enciclopédia. Como Esser colocou, o principal interesse de leitura de Hitler estava "na história política contemporânea daquele tempo. [...] Na verdade, nada de escritos de natureza ideológica, mas relatos históricos. Por exemplo, ele nunca lidou com escritos dos sociorrevolucionários, Marx, Engels e assim por diante". Além disso, "Gosta muito de ler obras históricas. Todas as obras sobre Frederico, o Grande, ele comprou por si mesmo, e depois sobre o príncipe Eugen. Em seguida, qualquer coisa sobre a história militar da Primeira Guerra Mundial. [...] Também acredito que ele tinha [Leopold

O MUSSOLINI BÁVARO

von] Ranke. E Schopenhauer". Hitler também tentava ler tudo que podia sobre Wagner. O testemunho de Esser confirma que, antes de 1923, o interesse dele em racismo e darwinismo social havia sido limitado: "Ele também não tinha lido Charles Darwin. Só nos últimos tempos se familiarizaria com Darwin. Isso tudo veio depois de 1923. Até então, tudo era material histórico. História militar, e outras coisas históricas."[46]

Os livros da biblioteca particular de Hitler alocados na Biblioteca do Congresso, publicados antes de sua entrada no DAP e que ele provavelmente comprou por conta própria, confirmam que seus principais interesses estavam na história e na arte. Eles incluem uma história da Revolução Francesa, uma história das fortificações de Estrasburgo, um livro sobre o envolvimento alemão com o Renascimento na Itália, plantas arquitetônicas para o Teatro Municipal de Cracóvia, um guia de arte para Bruxelas, e um compêndio de desenhos de Bismarck. Além disso, havia um livro, publicado em 1900 e hoje em posse da Universidade de Brown, sobre a história de Traunstein no século XIX, que presumivelmente ele comprou, no inverno de 1918/19, durante sua passagem pela cidade.[47] Dos livros localizados na Biblioteca do Congresso, o compêndio de desenhos parece ter sido o mais lido, enquanto muitos exemplares sobre ocultismo e teoria racial que Hitler ganhou entre sua entrada na política em 1923 parecem ter sido arquivados sem leitura.[48]

Enquanto isso, seu ânimo antibritânico inicial também encontrou sua expressão em outro de seus livros, *Englands Schuldbuch der Weltversklavung in 77 Gedichten* (As Dívidas e a Culpa da Inglaterra: Escravidão Global em 77 Poemas), de Adolar Erdmann, publicado em 1919. Outro indicativo de sua preferência por livros de história e assuntos do momento reside no fato de que, entre 1919 e 1921, ele tomou emprestado vários livros sobre história, política e pensamento social e antissemitismo de uma biblioteca de direita em Munique. Também pegou de empréstimo livros de seus colegas, inclinando-se para os livros de história sobre a Revolução Francesa e Frederico, o Grande.[49]

Hitler raramente lia um livro do começo ao fim. Em vez de tentar compreender um texto em seus próprios termos e em toda a sua complexidade, ele folheava obras de filosofia e pensamento político, procurando confirmar suas ideias em evolução, e novas inspirações ou frases que expressassem suas ideias de uma maneira melhor do que ele fazia antes.[50] Sua mente era de um autodidata curioso. É tentador zombar do modo como Hitler lia, embora sua técnica seja igualmente comum entre pessoas com ideias políticas mais suaves.

Qual era o efeito e a função de seu estilo de leitura? Acima de tudo, funcionava para confirmar suas ideias preexistentes. Sua leitura era conduzida por um viés de confirmação. Ele abria e fechava livros em busca de ideias que ratificassem suas crenças, ignorando ou desvalorizando a relevância de ideias contraditórias. Isso explica por que Hitler, bem como as pessoas no extremo oposto do espectro político, recorriam às obras de Immanuel Kant, Friedrich Nietzsche e outros filósofos[51] para justificar visões de mundo concorrentes que tinham pouco ou nada em comum. E por isso é tão difícil medir a respectiva importância para Hitler das influências impressas às quais ele foi exposto. Embora seja razoavelmente fácil encontrar os ecos das obras de vários escritores e pensadores em seus discursos e escritos, é muito mais difícil distinguir as influências que genuinamente moldaram Hitler daquelas a que ele se voltou posteriormente em busca de sanção.

No entanto, é demasiado simplista ver apenas um viés de confirmação em sua leitura. Na realidade, um limitado diálogo socrático ocorria entre Hitler e as ideias com as quais ele se envolvia. Embora bloqueasse a maioria das evidências contraditórias enquanto lia, Hitler mesmo assim deparava com novas ideias que, inicialmente, armazenava no fundo da mente. Quando (e se) o contexto político no qual ele operava se transformava, às vezes voltava àquelas ideias em busca de inspiração sobre a melhor forma de reagir à nova situação. Em 1924/25, isso aconteceria com os escritos de Hans Günther sobre raça no exato momento em que a natureza do racismo de Hitler mudava fundamentalmente.

Como revela um livro que ele ganhou em meados de abril de 1923, por volta da primavera daquele ano, Hitler ainda acreditava que uma aliança entre alemães e eslavos russos resolveria o problema estratégico da Alemanha e, portanto, não exibia aquele tipo de racismo contra eslavos que se tornaria tão importante para ele posteriormente na década de 1920. Ademais, Hitler acreditava que tal aliança combateria o que via como a influência nociva dos judeus. Como indica a dedicatória inscrita em 10 de abril pelo próprio autor do livro, Nikolai Snessarev, ele havia conhecido Hitler recentemente. Snessarev, um ex-jornalista de 67 anos que trabalhou para o jornal nacionalista russo *Novoe vremya*, era ex-membro da Duma do município de São Petersburgo. Em exílio, ele se tornou um dos principais apoiadores do grão-duque Kirill, o pretendente ao trono russo que vivia em Coburgo.

O livro que Snessarev deu a Hitler, *Die Zwangsjacke* (A camisa de Força), declarava que "o fascismo oferece a primeira possibilidade realista para a civilização europeia salvar-se de sua queda iminente". No entanto, Snessarev argumentava que não restava tempo para esperar pelo triunfo do fascismo em toda a Europa, escrevendo que, a curto prazo, só uma aliança entre Alemanha e Rússia poderia salvar a Europa: "Alemanha Unificada e Rússia Unificada. Não é este o início da realização do maior e mais humano sonho do nosso tempo: a unificação dos dois povos mais jovens porém mais vitais do velho mundo?"[52]

O relacionamento entre Hitler e Nikolai Snessarev era apenas o mais recente capítulo da tentativa de Hitler, Scheubner-Richter e outros nacional-socialistas de forjar uma aliança permanente com monarquistas nacionalistas russos na defesa contra "a Internacional comunista e dourado-judaica". Vladimir Biskupski, copresidente da Aufbau, bem como líder da Liga Militar Popular Pan-Russa, via em Hitler um admirável "homem forte" e desenvolveu laços estreitos com ele. Além disso, Fyodor Vinberg, o russo ativista "branco" da Aufbau que republicara *Os protocolos dos sábios de Sião* depois de sua chegada à Alemanha, realizou várias longas reuniões, bem como debates pessoais com Hitler no verão e no outono de 1922. Enquanto isso, Hitler apoiou a reivindicação do grão-duque Kirill ao trono russo no outono de 1922, e recebeu em troca grandes somas de dinheiro.[53] Hitler, seus colegas e o grão-duque Kirill se tornaram tão próximos que a mulher de Kirill, a grã-duquesa Victoria Feodorovna, ficou na casa de Scheubner-Richter na noite do *putsch* de Hitler em novembro de 1923.[54]

Hitler também continuava a falar publicamente sobre a Rússia em termos elogiosos. Em seu discurso de 4 de agosto de 1921, ele disse: "A guerra terminou de forma especialmente trágica para dois países: Alemanha e Rússia. Em vez de entrar em uma aliança natural com o outro, ambos os Estados concluíram alianças espúrias em seu detrimento."

No ano seguinte, um dia depois de seu aniversário de 33 anos, ele clamava aos russos que se "livrem de seus algozes" (ou seja, os judeus), e depois a Alemanha poderia "se aproximar" dos russos.[55]

Quanto mais tempo Hitler passava sob a influência de Scheubner-Richter e quanto maiores suas interações com monarquistas russos, mais ele falava sobre a necessidade de combater a ameaça do bolchevismo. Um artigo de primeira página no *Völkischer Beobachter*, publicado em 19 de julho de 1922 e assinado pela "liderança do partido", apresentava o NSDAP como envolvido em uma luta antibolchevique. "A Alemanha está correndo em direção ao bolchevismo a passos de gigante", dizia. A liderança do partido sob Hitler afirmava que os alemães tinham de perceber que "é preciso lutar agora, se queremos viver". Eles apresentavam a luta contra o "bolchevismo judeu" como um combate de vida ou morte,[56] semelhante à maneira como Dietrich Eckart clamava que Peer Gynt e os alemães lutassem até a morte contra os ogros do mundo.

A mudança de Hitler para o antissemitismo conspiratório sob a influência de Eckart, Rosenberg, Scheubner-Richter e outros emigrados da Rússia tsarista recebeu mais combustível em 1922, com a publicação da tradução alemã de *O judeu internacional* de Henry Ford. Publicado originalmente em inglês, em quatro volumes, entre 1920 e 1922, o livro foi escrito pelo industrial norte-americano que criou a empresa automobilística Ford. Seus pensamentos eram alimentados tanto pelas tradições ocidentais de antissemitismo como por ideias russas de uma conspiração mundial judaica. Tais ideias expressas por Ford não difeririam significativamente daquelas a que Hitler já tinha sido exposto anteriormente. No entanto, o livro de Henry Ford foi importante porque forneceu a Hitler uma confirmação, vinda do coração da América, de uma ideia que estava fermentando em sua mente desde o primeiro dia de sua politização e radicalização, e que foi refinada pelas influências de Rosenberg, Scheubner-Richter e Eckart — ou seja, que o capitalismo financeiro judaico constituía o cerne do problema central enfrentado pelo mundo. Ademais, que financistas judeus estavam por trás de uma conspiração global, da qual o bolchevismo judaico era uma parte, para subjugar o mundo. Henry Ford tornou-se assim um ícone antissemita para Hitler.

Como o *New York Times* informou, em dezembro de 1922, "A parede ao lado da mesa no escritório particular de Hitler está decorada com uma grande imagem de Henry Ford". O jornal também informou que a antecâmara do escritório estava cheia de exemplares da tradução alemã de *O judeu internacional*. No ano seguinte, Hitler diria a um jornalista do *Chicago Tribune*, ao ser perguntado sobre seus pensamentos a respeito de uma possível candidatura de Ford à presidência dos Estados Unidos, que ele desejava poder enviar algumas das suas tropas da SA para Chicago e outras grandes cidades dos EUA para ajudar Ford em sua campanha eleitoral. Mesmo durante a Segunda Guerra Mundial, Hitler ainda fazia referência à obra de Henry Ford sobre o antissemitismo em seus monólogos no QG militar.[57]

Na época em que Henry Ford tornou-se importante para ele e quando desejava beneficiar-se do apoio norte-americano, Hitler começou a suavizar e esconder parte de seu antiamericanismo, observado, por exemplo, em um de seus discursos: "Se Wilson não fosse um vigarista, não acabaria presidente da América." Quando, em 1923, o NSDAP preparou uma coleção de discursos de Hitler para publicação em livro, a referência à América foi retirada. Agora se lia: "Se Wilson não fosse um vigarista, não acabaria presidente de uma democracia." Dez anos mais tarde, quando o livro foi reeditado, a citação foi eliminada do discurso por completo.[58]

* * *

No outono de 1922, as coisas estavam indo muito bem para Hitler e o NSDAP. Ele era o líder incontestável. Sob sua liderança, o partido se espalhou por todo o sul do país e começou a fazer incursões na Alemanha Central e outras regiões do país. Ele viveu um triunfo especialmente grande em outubro, quando Julius Streicher, um dos cofundadores do Partido Socialista Alemão, que tinha um enorme séquito em Nuremberg na Francônia, mudou de lado e se juntou ao NSDAP. Streicher trouxe tantos novos membros consigo que o número de filiados ao partido dobrou.[59]

Ao abrandar seu antiamericanismo, ao fazer concessões táticas e ao atrair — em vez de destruir — aqueles a quem afastara ou cujas ideias ele julgava tediosas e inúteis, Hitler começou a ampliar seu apelo. Por todo o tempo, ele continuou a trabalhar em prol do estabelecimento de uma aliança russo-alemã permanente. E as coisas pareciam estar seguindo seu caminho. Dois dias depois de Streicher juntar forças com Hitler, Benito Mussolini iniciou sua "marcha sobre Roma". Após uma semana, ele era o primeiro-ministro italiano. Havia uma sensação de animada expectativa entre os apoiadores de Hitler de que, se Mussolini tinha conseguido levar o fascismo ao poder na Itália, Hitler logo seria capaz de fazer o mesmo na Baviera.

No entanto, o NSDAP ainda não havia conseguido resolver seus problemas financeiros; Munique continuava sendo um lugar bastante difícil para levantar grandes doações para Hitler e seu partido. Mesmo que a situação política geral fosse propícia para o crescimento do NSDAP, um sentimento de frustração reinava na direção partidária devido ao fracasso em persuadir um número suficientemente grande de pessoas abastadas em Munique a dar apoio e recursos necessários para o partido prosperar. Portanto, Hitler e o círculo interno do NSDAP se voltaram para a medida desesperada de tentar captar recursos no exterior, na esperança de capitalizar sobre o fato de que Rudolf Hess estava passando o semestre de inverno de 1922/1923 em Zurique e começava a conviver regularmente com Ulrich "Ully" Wille na Villa Schönberg, a grande mansão de Wille, em que Richard Wagner vivera na década de 1850, e que ficava a uma curta distância do centro da cidade de Zurique e do lago Zurique.

Wille era um oficial influente e uma figura da direita política na Suíça. Era irmão da fotógrafa Renée Schwarzenbach-Wille, filho de Ulrich Wille, que comandou o Exército suíço na Primeira Guerra Mundial, e amigo do mentor de Hess, Karl Haushofer. Ully Wille repetidamente apoiara grupos ultraconservadores e da direita radical na Alemanha, forjando laços com Heinrich Class, antigo líder da Liga Pangermânica, e Alfred von Tirpitz, cuja esposa tinha laços com a mulher de Wille, bem como com outros membros do Partido Popular Nacional Alemão.[60]

Tendo perdido a maior parte de seu dinheiro em títulos de guerra alemães durante o conflito, Wille não estava em posição de ajudar a aliviar as preocupações financeiras do movimento de Hitler. Contudo, sua irmã Renée era casada com Alfred Schwarzenbach, um rico empresário que fizera fortuna na indústria da seda. Assim, Hess organizou para que

O MUSSOLINI BÁVARO

Dietrich Eckart e Emil Gansser — um farmacêutico de Berlim que era o principal arrecadador de fundos do partido no exterior e que, como tantos outros entre os primeiros líderes nacional-socialistas, era protestante[61] — fossem para a Suíça falar com Renée e seu marido em sua propriedade, nos arredores de Zurique, no dia 1º de novembro de 1922.

Não há registro detalhado dessa visita.[62] Porém, como Gansser e Eckart voltariam a Zurique um ano mais tarde para uma nova visita e, naquela ocasião, levando consigo o próprio Hitler, é uma aposta segura afirmar que a reunião com os Schwarzenbach compensou bastante para os nacional-socialistas em termos de finanças.

As assinaturas dos três visitantes no livro de visitas da propriedade Schwarzenbach de 1922 explica por que a liderança do NSDAP acreditava que precisava urgentemente de fundos extras. Hess e Gansser simplesmente assinaram seus nomes, mas Eckart escreveu sua "Sturmlied" (Canção da Tempestade), que convocava a todos, os vivos e os mortos, para a vingança contra os inimigos da Alemanha, com sua famosa última linha: "Alemanha, desperta!" Significativamente, ele acrescentou à canção a frase "No ano da decisão, 1922".[63] Eckart e seus pares da liderança do NSDAP claramente viviam na expectativa de uma iminente tomada de poder na Baviera ao estilo italiano, que então se espalharia para o resto da Alemanha, liderada pelo "Mussolini da Baviera", Adolf Hitler.

11

A garota alemã de Nova York

(Inverno de 1922 ao verão de 1923)

Quando passou o Natal de 1922, ficou claro que, ao contrário das expectativas de Dietrich Eckart expressas no livro de visitas dos Schwarzenbach, 1922 não seria o "ano da decisão". No entanto, no ano-novo, embora sem provocar uma transformação política, ocorreu um evento de extrema importância para Adolf Hitler porque lhe forneceu uma casa longe de casa. E esse evento revelaria quem abriria suas portas para ele em Munique e quem apenas o via, na melhor das hipóteses, como uma ferramenta política com a qual promover seus próprios interesses.

O evento ocorreu em um dia do início de 1923, quando Hitler tomou um bonde que saiu de Schwabing, o bairro artístico de Munique, para o centro da cidade. No bonde, ele deparou com Ernst Hanfstaengl, um negociante teuto-americano de reproduções de arte e formado em Harvard que, em 1921, se mudou para a Alemanha, e com sua esposa, Helene. Ernst Hanfstaengl estava animado pela oportunidade de apresentar Helene a Hitler. O homem de Harvard havia encontrado o líder do NSDAP pela primeira vez depois de um discurso que ele fizera em novembro, e ali se apresentou a Hitler. Hanfstaengl foi totalmente arrebatado pelo magistral comando daquela voz e de um soberbo uso de insinuações, humor e ironias durante o discurso. Ao voltar para casa, Hanfstaengl não falava sobre nada mais que seu encontro com Hitler, derramando-se para a esposa a respeito daquele "jovem sério e magnético". Desde então, ele e Hitler tinham-se encontrado algumas vezes.[1] Helene convidou ansiosamente o objeto do fascínio de seu marido para visitar seu apartamento na Gentzstrasse 1 para um almoço ou jantar quando fosse conveniente.

Hitler ficou muito feliz em aceitar esse convite. A partir de sua primeira visita à casa dos Hanfstaengl, onde ele imediatamente se sentiu em casa, Hitler passou a visitar o apartamento quase todos os dias.[2] A própria frequência de visitas de Hitler à casa sublocada de três quartos fornece um vislumbre do que vinha faltando em sua vida. No início de 1923, ele havia encontrado um lar político, mas, fora isso, ainda era a pessoa isolada que tinha sido em 1919 e que tentava desesperadamente encontrar uma família substituta em Munique.

Se tivesse encontrado um "lar" anteriormente, e se as classes média e alta da cidade houvessem aberto as portas para ele, a transição de Hitler em se tornar parte da vida dos Hanfstaengl sem dúvida teria sido mais gradual. Mas ele não havia encontrado nem o tipo de casa onde podia apenas ser ele mesmo, nem as interações sociais genuínas com as classes média e alta de Munique. O único outro lar "adotivo" que encontrara fora o de Hermine Hoffmann, a idosa viúva de um professor e antigo membro do partido que vivia no subúrbio, a quem Hitler visitava com frequência e a quem ele se referia como sua "Mutterl", o afetuoso diminutivo do sul da Alemanha para *mãe*.[3]

Apesar da fama posterior de Ernst Hanfstaengl, em decorrência dos livros e artigos que ele escreveria sobre seu tempo com Hitler, sua esposa teve importância emocional muito maior nessa amizade. Ao longo de suas visitas, Hitler se sentiu atraído pela loura de 29 anos de idade, esbelta e alta — mais alta que o próprio Hitler —, que se via como "uma garota alemã de Nova York". Para Hitler, ela era, como posteriormente se recordaria, "tão bela que, a seu lado, todo o resto simplesmente desaparecia". Para Helene, o líder do NSDAP era um "homem cálido" que, como ela se lembraria mais tarde em sua vida, "tinha o forte hábito de arregalar seus grandes olhos azuis e usá-los".[4]

Nascidos e criados em Nova York, os pais alemães de Helene sempre falaram alemão com ela. Embora ela insistisse que seus sentimentos eram os "de uma alemã, não de uma estadunidense", tinha uma identidade mista.

Helene dizia que às vezes pensava em alemão e, em outras, em inglês. Para todos em Munique, ela era simplesmente "a Amerikanerin" (a mulher norte-americana). Era, portanto, com "a Amerikanerin" — alguém que, como Hitler, era uma alemã de fora e que também tinha feito de Munique sua casa sem realmente pertencer ao local —, que Hitler se sentia à vontade. Sexualmente atraído por Helene ou não, o fato é que o apartamento dela passou a ser seu lar em Munique.

Enquanto Helene preparava almoços para Hitler na cozinha que ela e o marido haviam erguido por trás de uma parede improvisada no hall do apartamento, ou enquanto ele dissolvia cubos de chocolate em seu café preto, Hitler e Helene passaram a se conhecer bem. Às vezes, ele falava com ela sobre seus planos para o futuro do partido e da Alemanha. Ou simplesmente se sentava com calma em um canto, enquanto lia ou tomava notas. Em outras ocasiões, ele relatava incidentes de seu passado de uma forma realista, revelando seu talento e amor pelo teatro; ou simplesmente brincava com o filho de 2 anos de Helene, Egon, a quem ele logo se tornou muito dedicado, afagando e mostrando afeto ao menino. Toda vez que ele visitava o apartamento, Egon corria para a porta para recepcionar o "tio Dolf".[5]

Para Helene, Hitler não era o orador e a estrela em ascensão de um partido político, mas "um jovem magro, tímido, com um olhar distante em seus olhos muito azuis", que se vestia com certo desleixo com as camisas brancas baratas, as gravatas pretas, um terno azul-escuro puído, com um colete de couro marrom descombinado e sapatos pretos baratos, que fora de seu apartamento usava um "sobretudo bege, muito estragado pelo uso" e "um chapéu cinzento, velho e frouxo". Essa era uma caracterização que seria imediatamente reconhecível para outras mulheres que encontraram Hitler de maneira privada. Nas palavras de Ilse Pröhl, a futura esposa de Rudolf Hess que também descreveu Hitler como "tímido", "ele era muito, muito educado; era seu lado austríaco".[6]

Em uma de suas muitas conversas, Hitler admitiu para Helene que, quando criança, queria ser padre: colocava o avental de sua mãe, como uma batina, subia em um banquinho na cozinha e fingia fazer um longo sermão. Possivelmente sem se dar conta, revelava para Helene Hanfstaengl não só que já encontrava sua vontade de falar às multidões em sua mais tenra infância, mas que, acima de tudo, preferia falar para as pessoas, mais que com as pessoas. Aparentemente, desde uma idade precoce, ele percebia a conexão com os outros como um processo de mão única. Como Helene observou, mesmo quando só ela e o marido estavam por perto e Hitler falava, ele andava de um lado para o outro. Parecia-lhe que o "corpo [de Hitler] tinha de se mover de acordo com seus pensamentos — quanto mais intenso seu discurso se tornava, mais rapidamente ele se movia".[7]

Hitler contou a Helene sobre seu relacionamento com seus pais, mas nunca mencionou seus irmãos, nem mesmo sua existência. E ele apenas ocasionalmente falava sobre seu tempo antes da mudança para Viena. Diferentemente de quando estava com as pessoas no partido, ele não se irritava quando ela lhe perguntava sobre seu passado. No entanto, embora gostasse de falar sobre sua adolescência na Áustria e sobre sua vida desde que chegou a Munique, Hitler não falava realmente com ela sobre suas experiências em Viena. As únicas referências ao seu tempo na capital austríaca ocorriam em seus frequentes ataques contra os judeus da cidade. Em 1971, ela observou: "Ele era realmente muito fechado para dizer o que realmente fez [em Viena]." Helene acreditava que algo pessoal talvez tenha acontecido com Hitler, pelo que ele culpava os judeus, e que não podia ou não queria falar a respeito: "Ele construiu aquilo — aquele ódio. Muitas vezes, eu o ouvia delirar sobre os judeus — algo absolutamente pessoal, não apenas uma coisa política."[8]

Helene Hanfstaengl muito possivelmente estava certa. Não era apenas que Hitler não queria falar com ninguém sobre seus anos de Viena, mas ele também sempre citava datas diferentes para sua chegada à cidade. Todas as evidências sugerem que ele não esteve em Munique antes de 1913. No entanto, em um artigo para o *Völkischer Beobachter* de 12 de abril de 1922, ele alegou ter mudado de Viena para Munique em 1912. Fez a mesma afirmação durante seu julgamento após o golpe fracassado de 1923.[9]

Hitler não apenas cometeu o mesmo erro duas vezes, mas também, em um breve esboço biográfico que incluiu em uma carta escrita em 1921 para Emil Gansser, o principal arrecadador de fundos do partido no exterior, ele fez uma afirmação idêntica. E faria o mesmo em 1925, para

A GAROTA ALEMÃ DE NOVA YORK

autoridades austríacas, ao pedir para ser liberado da cidadania austríaca.[10] Nunca foi explicado de forma conclusiva por que Hitler deliberadamente datava sua chegada a Munique com um ano de antecedência.

Embora Helene fosse emocionalmente mais próxima de Hitler que seu marido, Ernst também se tornou cada vez mais importante ao longo de 1923. Ele o apresentou às canções de futebol universitário de Harvard, que Hitler adorava. Segundo Ernst, o "Sieg Heil" utilizado posteriormente em todos os comícios nazistas e reuniões políticas era uma cópia direta da técnica usada por líderes de torcida do futebol americano. Além disso, Ernst Hanfstaengl ofereceu seu conhecimento empresarial e suas experiências da América ao movimento de Hitler. Por exemplo, Ernst tomou interesse particular no *Völkischer Beobachter* e convenceu Hitler a ampliar o formato do jornal para o tamanho de página norte-americano.[11]

Nem seu histórico de família em Munique, onde ele vivera quando criança e adolescente, nem o tempo passado do outro lado do Atlântico faziam de Ernst um convertido quase inevitável e natural ao movimento de Hitler. Seus pais, que tinham sido amigos de Mark Twain, compartilhavam uma visão de mundo cosmopolita.[12] A razão pela qual ele foi atraído por Hitler tinha pouco a ver com sentimentos de culpa por ter ficado nos Estados Unidos durante a Primeira Guerra Mundial, ou com um desejo de compensar a perda de seu irmão na guerra.[13] Na verdade, Ernst Hanfstaengl se sentia em casa na América. Ele era casado com uma "garota alemã de Nova York", passara a década anterior mesclado à alta sociedade estadunidense e era meio norte-americano por nascimento, por parte de mãe. Além disso, seu outro irmão, Edgar, que perdera um irmão na guerra assim como Ernst, fora um dos membros fundadores do braço do Partido Democrático Alemão (liberal) em Munique após a guerra.

Em Harvard, "Hanfy", como era conhecido na época, tinha sido o centro da vida social da universidade, encantando e divertindo seus colegas e as famílias com suas histórias espirituosas e engraçadas, e suas apresentações musicais, que lhe rendiam convites para seus lares, incluindo um para a Casa Branca, graças à sua amizade com o colega de classe Theodore Roosevelt Jr. Ao deixar Harvard, ele assumiu a filial norte-americana da empresa de reproduções de arte da família na Quinta Avenida.

Houve um tempo, em 1917 e 1918, em que Hanfstaengl realmente não poderia ter trocado os Estados Unidos pela Alemanha, mesmo que desejasse. Na época, após a entrada do país na Primeira Guerra Mundial e devido aos laços alemães de sua família, o negócio de arte na Quinta Avenida foi confiscado e posteriormente vendido. E, no entanto, mesmo depois de terminado o conflito, Hanfstaengl não voltou para a Alemanha assim que se tornou legalmente possível.

Durante sua presença continuada na América depois da guerra, Hanfstaengl não exibiu culpa por ter ficado no lado ocidental do oceano Atlântico, e não há nenhum sinal de que ele acreditava ter traído o irmão morto em combate. Em lugar de voltar correndo para a Alemanha, Ernst Hanfstaengl estabeleceu um novo e próspero negócio próprio na 57th Street, bem em frente ao Carnegie Hall. Na Manhattan do pós-guerra, ele se beneficiou em servir os ricos, famosos e poderosos da América, incluindo Charlie Chaplin, J.P. Morgan Jr. e a filha do presidente Woodrow Wilson, e em fazer suas refeições no Harvard Club com Franklin D. Roosevelt, o candidato a vice-presidente em 1920, entre outros. Foi apenas três anos depois da guerra que Hanfstaengl finalmente decidiu voltar para a Alemanha.

Em suma, havia poucas coisas na história recente de Hanfstaengl e de sua família que o colocavam em um caminho para os braços de Hitler. Além disso, em vez de se distanciar da política, dos ideais e das instituições norte-americanas, socialmente ele era o mais próximo possível do *establishment* político estadunidense do Partido Republicano e do Partido Democrata — embora tivesse preferência pelo primeiro.

De volta a Munique, em vez de se comprometer a vingar a morte de seu irmão na guerra, estudou história e trabalhou em um roteiro de filme com Rudolf Kommer, escritor judeu do Leste Europeu, a quem ele conhecia de seu tempo em Nova York e que, como ele, voltara para a Europa e agora vivia no sul da Baviera.[14] É óbvio que Hanfstaengl não teria começado a se associar a Hitler se considerasse o cerne de suas ideias profundamente repugnante. Mas, a julgar por seu histórico, seu caráter e sua personalidade, ele parece ter sido atraído pelo movimento de Hitler acima de tudo porque lhe oferecia emoção e aventura em uma cidade e uma classe política que provavelmente lhe pareciam uma aldeia paroquial após seus anos em Harvard e na cidade de Nova York.

O papel histórico de Hanfstaengl também não reside em abrir as portas da alta sociedade de Munique para Hitler, pois sua capacidade para tanto no *establishment* da cidade era limitada. Ele mesmo formava parte apenas marginalmente, como é evidente pelo fato de que, após mais de uma década na América, ele falava alemão com um sotaque americanizado.[15] E ele tampouco podia se voltar para seu irmão liberal do Partido Democrata Alemão e pedir que ele orquestrasse uma apresentação à alta sociedade de Munique. Em vez disso, Ernst Hanfstaengl ajudou Hitler a ganhar acesso a uma pequena comunidade norte-americana e teuto-americana na cidade, organizando encontros com homens como William Bayard Hale e o pintor teuto-americano Wilhelm Funk. Como Hanfstaengl, Hale era um homem de Harvard, e tinha sido correspondente europeu para a editora Hearst. Depois de seu trabalho como propagandista alemão durante a guerra, Hale foi banido dos Estados Unidos e, portanto, passou a viver aposentado no Hotel Bayerischer Hof, em Munique. Foi no salão de Wilhelm Funk que, segundo Ernst Hanfstaengl, Adolf Hitler conheceu o príncipe Guidotto Henckel von Donnersmarck, um aristocrata da Alta Silésia, filho de mãe russa. Um dos mais ricos homens da Alemanha, cuja residência de família se encontrava na parte da Silésia perdida para a Polônia, agora vivia em Rottach-Egern, em Tegernsee, no sopé dos Alpes.[16]

A única família notável a quem Hanfstaengl parece ter apresentado Hitler foi a de Friedrich August von Kaulbach, o antigo diretor da Academia de Arte de Munique e um pintor bem conhecido que morreu em 1920. Nem a viúva de Kaulbach, Frida, era natural da Baviera. Dinamarquesa de Copenhagen, ela viajava o mundo como uma virtuose do violino, e depois de se apaixonar por Kaulbach, que tinha 21 anos a mais que ela, Fride fez de Munique seu lar. Em 1925, uma de suas filhas, Mathilde von Kaulbach, casou-se com Max Beckmann, que, aos olhos dos nacional--socialistas, se tornaria o epítome de um produtor de arte "degenerada".

Apesar dos melhores esforços de seu amigo, Hitler permaneceu amplamente excluído da vida social das classes alta e média alta de Munique,[17] e assim fracassou em angariar novos patronos ricos entre a alta sociedade em 1923.[18]

Enquanto isso, a família Hanfstaengl tornou-se o centro social para certo número de parceiros de Hitler que, como ele e os Hanfstaengl, não haviam nascido na Alemanha ou tinham vivido no exterior por muitos anos. Helene logo se tornou particularmente próxima da noiva de Hermann Göring, que conheceu Hitler em outubro de 1922 e se tornou a esposa do chefe da SA em dezembro. A sueca Carin Göring, cuja mãe era irlandesa e que também tinha ancestrais alemães pelo lado do pai, passava muitas horas na companhia da "garota alemã de Nova York", quer fosse no apartamento dos Hanfstaengl, quer fosse na presença de seus respectivos maridos na sala de beber e fumar abaixo do salão de jantar (acessível através de um alçapão no chão) na casa de Göring, em um subúrbio de Munique.[19]

É surpreendente que, nos primeiros anos do NSDAP, o teuto-austríaco Hitler se mesclasse com tantos alemães étnicos que haviam crescido no exterior, misturando-se com teuto-americanos, suíço-germânicos, teuto-russos e até mesmo um teuto-egípcio. Ele era admirado por muitas pessoas de origens humildes de Munique, que sentiam que tinham sido vítimas de mudança social ou econômica, por protestantes que viviam na cidade, por católicos que queriam romper com o internacionalismo de sua igreja e por jovens estudantes idealistas. Enquanto isso, o *establishment* bávaro via nele nada além de uma ferramenta talentosa que esperava poder usar para mudar as disposições constitucionais em favor da Baviera. Não previram que Hitler viraria a mesa sobre eles.

* * *

Hitler preferia a companhia de sua família recém-adotada à sua família verdadeira. Por isso, no final de abril de 1923, ele não ficou nada animado com a visita iminente de sua irmã Paula a Munique. Embora ela tivesse deixado a Áustria pela primeira vez em sua vida para vê-lo, Hitler fez tudo que pôde para minimizar o tempo que teria de passar com ela. Convenientemente, não havia espaço em seu quarto na Thierschstrasse para instalá-la. Então perguntou a Maria Hirtreiter, a quem ele conhecia desde que a proprietária de papelaria de 50 anos de idade se filiara ao partido não muito depois dele, se Paula podia ficar com ela durante a estadia em Munique.[20]

Embora Hitler não se interessasse muito pela visita de sua irmã, ele percebeu que isso lhe dava um pretexto perfeito para visitar Dietrich Eckart, que estava escondido nos Alpes da Baviera. A fuga de seu mentor para as montanhas foi necessária em virtude da publicação de um poema calunioso sobre Friedrich Ebert, o presidente alemão. O poema garantiu para Eckart um mandado de prisão da Suprema Corte, a Staatsgerichtshof für das Deutsche Reich, baseada em Leipzig. Desde sua fuga de Munique, Eckart estava escondido no alto das montanhas próximas a Berchtesgaden, na fronteira da Alemanha com a Áustria, a poucos quilômetros ao sul de Salzburgo, sob um nome falso: dr. Hoffmann.

Hitler então sugeriu à irmã, que não sabia sobre seus motivos ocultos, que fizessem uma viagem para as montanhas. Quando os irmãos partiram para o sul, em 23 de abril de 1923, em direção aos Alpes no conversível vermelho que Hitler tinha na época, Hirtreiter, cujo trabalho era acompanhar Paula e Christian Weber como ajudante e motorista de Hitler, foi com eles. Uma vez em Berchtesgaden, os dois homens deixaram as mulheres explorando e desfrutando do resort, dizendo-lhes que tinham uma reunião à qual comparecer nas montanhas e voltariam em questão de dias.

Hitler e Weber então subiram a montanha. Como o primeiro lembrou em 1942, ele reclamou com Weber sobre a escalada: "Você acha que eu vou subir os Himalaias, que de repente me transformei em uma cabra montesa?" Mas eles logo chegaram à pequena aldeia de Obersalzberg, um lugarejo de fazendas, pousadas e casas de veraneio dos abastados. Eles caminharam para a Pension Moritz, onde Eckart estava hospedado sob nome falso. Hitler bateu à porta do quarto de Eckart, chamando por "Diedi". Eckart atendeu usando roupão, animado com a visão de seu amigo e protegido.[21]

A visita de Hitler a Eckart no alto das montanhas sobre Berchtesgaden, que durou alguns dias, foi sua apresentação a Obersalzberg, que se tornaria seu refúgio alpino, um lugar que se tornaria o seu favorito, onde ele se recolheria antes de tomar grandes decisões quando no poder. Posteriormente, ele diria: "Foi realmente através de Dietrich Eckart que acabei por lá."[22] A viagem de Hitler para ver Eckart — bem como suas visitas aos Hanfstaengl — também dá testemunho sobre quem realmente tinha importância em sua vida: não sua verdadeira família, mas o homem a quem ele considerava uma figura paterna e a "garota alemã de Nova York"; em contrapartida, quando teve a oportunidade de passar algum tempo com a própria irmã, ele a abandonou. E, para aumentar o insulto, ele usou Paula para conseguir ver a pessoa com quem ele de fato queria passar seu tempo, Dietrich Eckart.[23]

Nessa época, Hitler se sentia o mais próximo que já esteve de Eckart. E, no entanto, o relacionamento dos dois estava passando por uma grande transformação. Hitler havia recentemente substituído Eckart por Alfred Rosenberg como editor-chefe do *Völkischer Beobachter*, o que significou que Rosenberg se tornava o principal ideólogo do NSDAP.[24] A demoção de Eckart foi consequência, em primeiro lugar, da percepção por parte de Hitler de que ele simplesmente não estava à altura da tarefa de administrar um negócio no dia a dia. Em 1941, Hitler diria: "Eu jamais teria dado a ele um grande jornal para dirigir. [...] Um dia haveria publicação, no dia seguinte não." Contudo, Hitler ainda falava dele com admiração e acrescentava que, no que dizia respeito à administração de um grande jornal, "Eu tampouco seria capaz de fazê-lo; tive a sorte de ter algumas pessoas que sabem como. Dietrich Eckart também não poderia ter dirigido a Reichskulturkammer [Câmara de Cultura do Reich], mas suas realizações são eternas! Seria como se eu tentasse administrar uma fazenda! Eu não seria capaz de fazê-lo."[25]

No entanto, tensões emergiram entre Hitler e Eckart durante uma das visitas posteriores de Hitler às montanhas naquele verão, pois cada um achava que o outro havia feito papel de tolo por causa de uma mulher. Segundo Eckart, Hitler estava passando vergonha por não conseguir esconder o quanto gostava da esposa de 1,80 m do dono da pousada. Na presença dela, seu rosto se tornava vermelho, a respiração ficava curta e seus olhos brilhavam, e ele andava nervosamente de um lado para o outro ou se exibia para ela como um pré-adolescente. De sua parte, e claramente irritado com a desaprovação de Eckart, Hitler zombava dele pelas costas por ter se tornado "um velho pessimista" e "um fraco senil, que se apaixonou por essa moça, Annerl, trinta anos mais jovem que ele". Hitler também ficava muito irritado porque Eckart o reprovava por

A GAROTA ALEMÃ DE NOVA YORK

se apresentar politicamente como um "messias" e se comparar a Jesus Cristo, e ficava furioso quando seu mentor duvidava de que um golpe bávaro de sucesso podia se transformar em uma revolução nacional de êxito. Eckart declarou: "Suponha que tenhamos sucesso em tomar Munique por um golpe; Munique não é Berlim. Não levaria a nada além de fracasso final." A resposta de Hitler foi: "Você fala da falta de apoio — isso não é motivo para hesitar, quando a hora é propícia. Marchemos, e os apoiadores se encontrarão."[26]

Devido à falta de confiabilidade de Eckart em questões operacionais e sem dúvida por seu aborrecimento temporário com ele, Hitler começou a tentar dirigir o partido sem sua ajuda direta. Voltou-se, por exemplo, para o comerciante de café berlinense Richard Franck, na esperança de assim obter ajuda para melhorar seu decepcionante histórico de captação de fundos em Munique. O empresário de Berlim colocou Hitler em contato com Alfred Kuhlo, o chefe da Federação Bávara de Industriais. No entanto, Hitler não conseguiu encontrar um terreno comum com os industriais que Kuhlo convocou para apresentá-lo, devido às posições antimaçônicas e antissemitas do NSDAP. Ao ouvir suas condições para um empréstimo de juros baixos, Hitler respondeu "Fiquem com seu dinheiro!" e saiu da sala. Como lembrou em 1942, "Eu não tinha ideia de que eram todos maçons! Quantas vezes depois tive de ouvir as pessoas me dizendo: Bem, se ao menos você parasse com toda essa agitação antijudaica."[27]

Fracassando em garantir os fundos necessários em Munique, Hitler mais uma vez tentou fazer uso de Eckart como operador político enquanto os dois homens e seus colegas continuavam vivendo na expectativa de uma crise política que pudessem explorar para orquestrar uma tomada da Baviera e da Alemanha ao estilo de Mussolini. Hitler e Emil Gansser, portanto, levaram Eckart consigo em uma viagem para Zurique, em agosto de 1923, na esperança de que a família Wille pudesse ajudar o partido novamente e na crença de que a presença de Eckart faria diferença na empreitada.

Embora Ully Wille reunisse algumas dezenas de empresários suíços, membros da colônia alemã, bem como militares suíços de direita para conhecer o líder do NSDAP na Villa Schönberg, em 30 de agosto, a fala de Hitler para esse público e sua reunião, no dia seguinte, com os pais de Wille foram ambas um fiasco. Hitler, Eckart e Gansser tiveram de retornar à Baviera de mãos vazias.[28]

Muito provavelmente, a missão de Hitler para a Suíça fracassou devido ao insuficiente terreno político comum entre ele e os associados de seu anfitrião suíço. No entanto, Hitler e Gansser culparam o comportamento de Eckart na noite alta e sua falta de traquejo social. Como Gansser colocou: "As pessoas aqui estariam quase ganhas para a nova ideia se Dietrich Eckart não tivesse bebido demais na madrugada e não houvesse batido com o punho na mesa e agido feito um elefante em uma loja de porcelana. Esses métodos bávaros não têm lugar aqui."[29]

A derrota na Suíça reforçou a crença de Hitler de que, enquanto operador político, Eckart se tornara um fardo. No entanto, não o tratou da mesma maneira que tratara outros que se puseram em seu caminho. Karl Harrer foi descartado. Anton Drexler foi afastado enquanto continuava sendo tratado com polidez superficial. Entretanto, Dietrich Eckart foi apenas removido de questões operacionais por necessidade, devido a seu alcoolismo e sua desorganização. Contudo, emocional e intelectualmente, Hitler continuava próximo dele, apesar de seu desentendimento do verão, e continuou a visitá-lo nas montanhas naquele ano. Além disso, a maneira como Hitler falaria sobre Eckart durante a Segunda Guerra Mundial revela que seu relacionamento não era de natureza apenas política. Também havia uma conexão emocional que nunca tinha sido o caso entre Hitler e sua irmã. Durante a noite de 16/17 de janeiro de 1942, Hitler recordaria: "As coisas eram tão agradáveis na casa de Dietrich Eckart quando eu o visitava em Franz-Joseph-Strasse."[30]

* * *

A crise política na Alemanha havia tomado uma curva acentuada para pior desde o tempo em que Eckart escrevera no livro de visitas dos Schwarzenbach, em dezembro de 1922, que o "ano da decisão" havia chegado. Em janeiro, tropas francesas e belgas ocuparam o distrito de Ruhr, no coração industrial da Alemanha, devido à preocupação de que o país parasse de fazer os pagamentos de reparação. A ação saiu totalmente pela culatra, pois a ocupação estrangeira do distrito endureceu a determinação alemã de desafiar franceses e belgas. O que se seguiu foram condições semelhantes a uma guerra civil, que duraram vários meses. Durante todo o tempo, o governo imprimiu mais e mais dinheiro para fazer seus pagamentos de reparação e tentar consertar a economia doméstica, inadvertidamente produzindo hiperinflação. No verão, a economia alemã e sua moeda já estavam em queda livre.

Ao tramar a melhor forma de beneficiar a si mesmo e a seu partido com o agravamento da crise política, Hitler se voltava cada vez menos para outras pessoas em busca de conselhos em questões operacionais e táticas, confiando cada vez mais em seu instinto, bem como em seu estudo de história. Embora continuasse a evitar um estilo de política baseado na arte das concessões e dos acordos, ele ficava perfeitamente satisfeito em fazer concessões táticas insinceras. Em outras palavras, estava disposto a fazer e dizer o que fosse preciso para alcançar seus objetivos políticos. Uma concessão para ele nunca era genuína, mas sempre um meio para um fim. Devido à sua visão de mundo maniqueísta, sua personalidade extremista e à natureza de seus objetivos políticos finais, ao contrário de outros políticos, Hitler nunca se contentava em manter seus compromissos. Seu objetivo final era uma transformação total da Alemanha. Como considerava que essa transformação era uma questão de vida ou morte, qualquer concessão podia ser apenas de natureza tática e temporária para ele.

Taticamente, Hitler tinha um talento impressionante para se apresentar de uma forma que fazia com que pessoas com visões políticas opostas às dele acreditassem que ele as apoiava. Por exemplo, os monarquistas achavam que, no fundo do coração, ele era um monarquista, enquanto republicanos pensavam que ele era realmente republicano por convicção. O fato de que entre os livros remanescentes da biblioteca particular de Hitler havia uma cópia muito rabiscada de uma publicação sobre a monarquia socialista como o Estado do futuro sugeriria que ele realmente estava tentando descobrir qual seria o futuro papel, se haveria algum, a ser desempenhado pelas monarquias. No entanto, não expressava publicamente sua opinião sobre a questão, porém, como Hermann Esser recordou, permanecia vago a respeito de suas preferências. Assim Hitler permitia que os monarquistas acreditassem que os ajudaria a trazer a monarquia de volta, enquanto outros pensavam que os auxiliaria a estabelecer um Estado socialista e nacionalista. Ele afirmou em um discurso em 27 de abril de 1920: "A escolha agora não é entre uma monarquia e uma República, mas devemos ir apenas pela forma de Estado, que em qualquer situação é o melhor para o povo."[31]

Essa estranha mistura de declarações ousadas e vagas, tanto no início de 1920 como posteriormente, sempre deixaria em aberto a questão de saber o que era uma afirmação genuína ou tática de sua parte. Isso permitiria que as pessoas projetassem suas próprias ideias sobre ele. Hitler conseguia tornar-se uma tela sobre a qual todos podiam desenhar a imagem que faziam dele. Como resultado, pessoas de ideias e convicções díspares o apoiavam, mesmo que as imagens que tinham dele variassem radicalmente. Isso lhe possibilitaria ascender nos anos seguintes. Uma vez no poder, haveria uma cortina de fumaça atrás da qual ele poderia perseguir metas que muitas vezes eram de caráter diverso daquelas que as pessoas achavam estar alimentando ao apoiá-lo. Em suma, ele conseguia se apresentar de maneira a garantir que todos tivessem seu próprio Hitler; isso proporcionou, por exemplo, que tanto os monarquistas como seus adversários vissem Hitler como um dos seus, o que o fortalecia para buscar seus próprios objetivos políticos.

Em 1923, era de extrema importância para Hitler não antagonizar os monarquistas. O NSDAP era pequeno demais sozinho para ser algo além de uma casca ou estrutura organizacional de um movimento de protesto. Além disso, o partido tinha que contar com a boa vontade dos monarquistas bávaros e outros do *establishment* político para evitar ser banido, como já tinha acontecido recentemente na Prússia e em Hesse. Se seu partido queria explorar a situação política em rápida deterioração na Alemanha e liderar uma revolução nacional, Hitler precisava tentar, por algum tempo, acoplar o NSDAP a outro movimento político muito mais forte. Posteriormente, ele deveria jogar os líderes desse movimento uns contra os outros e, ao fazê-lo, sobrepujá-los e eliminá-los, da mesma maneira que conseguiu remover Harrer e Drexler da liderança de seu próprio partido. A escolha óbvia para Hitler era avançar ao poder montado nas costas dos conservadores bávaros e prussianos.

Unir forças com aqueles monarquistas que eram separatistas bávaros radicais e oponentes de uma Alemanha unida era, naturalmente, uma contradição para ele. Colaborar com os conservadores, que sonhavam com o restabelecimento de uma monarquia bávara que permaneceria dentro do rebanho de uma Alemanha mais nacionalista, era taticamente aceitável, no entanto. Como lembrou Esser, Hitler só não os desafiava pela simples razão de que queria obter o apoio das ligas patrióticas que operavam na Baviera. Essas ligas eram verdadeiras organizações paramilitares secretas, destinadas a contornar tanto os termos do Tratado de Versalhes como a dissolução do Exército bávaro criado na esteira da revolução pós-guerra na Baviera.[32]

Obter o apoio dos conservadores da Baviera e do norte da Alemanha seria um desafio monumental, não menos porque o *establishment* da Baviera era profundamente dividido em suas atitudes em relação ao NSDAP. Para conquistar esse *establishment* como um colaborador, Hitler teria então de se apresentar como alguém que, por dever patriótico, faria o que eles predicavam. Uma vez que a esmagadora maioria dos membros do *establishment* bávaro ainda tinha ao menos simpatias monárquicas, Hitler teve de fazer certo malabarismo para não aparecer como um oponente da monarquia.[33] Até onde eles percebiam, o futuro da monarquia bávara ainda estava em suspenso. Apesar da morte de Ludwig III, no final de 1921, era esperado que seu filho, Rupprecht von Bayern, terminasse por se proclamar rei uma vez que as circunstâncias políticas estivessem ajustadas, pois, tecnicamente, Ludwig nunca abdicou.[34]

O que ajudava Hitler era que um número crescente de homens do *establishment* político da Baviera, incluindo muitos daqueles que não haviam desistido da democracia, erroneamente achavam que podiam usar o líder do NSDAP como um peão em seu próprio jogo. O conde Hugo von Lerchenfeld, que substituiu Gustav von Kahr como ministro-presidente da Baviera em setembro de 1921, apoiava firmemente a democracia parlamentar. Na verdade, o conde Lerchenfeld estava disposto a formar um governo de coalizão do Partido Popular da Baviera (BVP) e do Partido Social-Democrata (SPD). O eventual fracasso em formar uma aliança não se deveu a qualquer divergência insuperável sobre a democracia. Na verdade, até onde o BVP percebia, foi resultado da indisposição do SPD em aceitar que a soberania deveria ficar, em primeiro lugar, com a Baviera.[35] Quando, um ano depois, o governo de Lerchenfeld desmoronou, um governo mais conservador se formou sob mais um tecnocrata, Eugen Ritter von Knilling. No entanto, a principal preocupação do governo de Knilling era trazer o poder de volta à Baviera, não abolir a democracia, e para isso o governo estava preparado para usar Hitler, se necessário.

Como revelado pela visita de um diplomata norte-americano a Munique, em novembro de 1922, os políticos e tecnocratas bávaros na época acreditavam que Hitler não passava de um peão útil em seu jogo. O capitão Truman Smith, adido militar assistente da Embaixada dos EUA em Berlim, foi instruído durante sua viagem exploratória a Munique a ganhar uma impressão em primeira mão "deste homem H[itler]", mas o objetivo do *establishment* político da Baviera não era abolir a Constituição. Pelo contrário, era "rever a Constituição de Weimar, de modo a dar ao Estado [bávaro] mais independência" e assim devolver a Alemanha ao tipo de sistema federal que existira antes da guerra.[36]

Os oficiais com quem Truman Smith se reuniu explicaram que, essencialmente, o *establishment* da Baviera tinha ideais e objetivos muito diferentes daqueles dos nacional-socialistas, e que apoiar Hitler não era, portanto, mais que um meio para atingir um fim. Além disso, os oficiais no Ministério das Relações Exteriores da Baviera informaram Smith de que, embora os nacional-socialistas fossem hostis ao governo bávaro, alguns de seus objetivos podiam ser canalizados para benefício do *establishment* da Baviera. Smith também foi informado de que os nacional-socialistas podiam ser usados para afastar os trabalhadores da extrema-esquerda e, assim, contê-la.

Smith — que, enquanto esteve em Munique, participou de um comício nacional-socialista em que Hitler berrou "Morte aos judeus" em meio a aplausos frenéticos — também foi informado de que "Hitler não era tão radical quanto seus discursos faziam pensar". Um dos oficiais do Ministério do Exterior da Baviera que o adido conheceu era da opinião de que "nos bastidores, [os nacional-socialistas] são pessoas razoáveis, que ladram mais alto do que mordem". Max Erwin von Scheubner-Richter, por sua vez, informou Smith de que "Hitler fechou um compromisso secreto com o governo, tratando do que o partido podia e não podia fazer dentro da Baviera".[37]

Como revelado pelas informações fornecidas a Smith, o engano de Hitler funcionou incrivelmente bem por algum tempo. No entanto, ele ainda enfrentava dois grandes desafios: ainda precisava demonstrar que podia jogar os membros do *establishment* bávaro uns contra os outros e, assim, sobrepujá-los com a mesma facilidade com que os convencera de que eram eles, na verdade, que o estavam usando. Além disso, ele tinha que lidar com a importante e poderosa minoria das figuras do *establishment* a quem ele não havia conseguido convencer de que era seu peão.

O ministro do Interior da Baviera, Franz Xaver Schweyer, via constantemente em Hitler um perigo grave e incontrolável. Ainda na primavera de 1922, Schweyer contemplara tomar medidas decisivas contra o líder do NSDAP. Em 17 de março de 1922, convidou os líderes do BVP, do conservador Mittelpartei, do liberal Partido Democrata Alemão, dos Sociais-Democratas Independentes e dos Sociais-Democratas para uma reunião para debater sobre Hitler. No encontro, Schweyer reclamou em seu dialeto suábio do banditismo dos apoiadores de Hitler nas ruas de Munique. Hitler, disse ele, se comportava "como se fosse o dono da capital bávara, quando na verdade era um indivíduo apátrida". Schweyer então compartilhou com a assembleia de líderes partidários a notícia de que estava considerando expulsar Hitler da Baviera.[38] Num momento em que o apoio de Helene Hanfstaengl, "a garota alemã de Nova York", era mais provável que os dos membros do *establishment* local de Munique, a ação de Schweyer representava uma grave ameaça para Hitler. Ele enfrentava o risco agudo de que sua carreira política desmoronasse como um castelo de cartas.

12

O primeiro livro de Hitler

(Verão ao outono de 1923)

Finalmente, Hitler soube dos planos do ministro do interior, Franz Xaver Schweyer, de expulsá-lo do país. A ameaça de prisão iminente e deportação o abalou tanto que ele não voltou para seu quarto na Thierschstrasse por alguns dias, escondendo-se no apartamento de seu guarda-costas, Ulrich Graf. No final, porém, Hitler foi poupado de ser enviado de volta para a Áustria devido ao apoio que recebeu de um lado inesperado: o líder dos sociais-democratas, Erhard Auer. O rival político liberal de Hitler derrubou a proposta de Schweyer, argumentando que expulsar da Baviera o líder do Partido Nacional-Socialista dos Trabalhadores Alemães (NSDAP) seria antidemocrático, e que, em última instância, Hitler era uma figura muito insignificante para representar algum perigo. Ironicamente, a tentativa de Hitler de tramar sua ascensão ao poder logo receberia outra tábua de salvação, graças ao trágico erro de cálculo dos sociais-democratas a seu respeito, mais que ao apoio da "Célula de Ordem" criada pelo BVP e seus aliados em 1920.[1]

Em face da adversidade, Hitler não desistiu. Em vez de baixar a cabeça, ele intensificou seus esforços para sair por cima da crise política que se agravava. Durante o verão e o outono de 1923, procuraria por formas de aperfeiçoar sua arte de modo ainda mais eficaz do que vinha sendo o caso. Após um balanço de onde se encontrava no momento, concluiu que tinha de mudar suas táticas radicalmente para que ele, e não outra pessoa, liderasse uma revolução nacional quando chegasse a hora. É revelador perceber como sua ambição e sua megalomania haviam crescido em 1923 e que, mesmo depois de escapar por um triz da deportação como ativista político apátrida, ele ainda acreditasse que poderia e deveria liderar um movimento nacional revolucionário e nacionalista. Também é ilustrativo que, àquela altura, seus talentos políticos estavam suficientemente desenvolvidos para lhe permitir avaliar de forma autocrítica o que saíra errado e que o levara às raias da deportação, e, assim, aprender com seus erros operacionais e táticos.

Uma fonte de inspiração sobre a forma de avançar foi um artigo que apareceu na edição de 1º de setembro do *Heimatland*, o jornal das *Einwohnerwehren* (milícias populares) de Munique. O artigo encorajava seus leitores a se inspirar, não apenas na Itália, mas também na Turquia, a respeito de como realizar um golpe nacionalista com sucesso. Escrito por Hans Tröbst, um oficial de 31 anos que passara os doze anos anteriores no serviço militar — primeiro no Exército regular, depois nos Freikorps, e posteriormente nas forças kemalistas durante a Guerra de Independência Turca —, o artigo expunha para a Alemanha as lições da reação da Turquia ao Tratado de Sèvres. A Turquia, assim como a Alemanha, ficara no lado derrotado da Primeira Guerra Mundial e, no verão de 1919, foi forçada a assinar o tratado em Sèvres, nos arredores de Paris, que era tão punitivo como aquele que a Alemanha teve de assinar mais ou menos na mesma ocasião em Versalhes. Contudo, ao contrário do governo alemão, a liderança kemalista turca posteriormente se recusou a implementar o tratado.

Como os editores do *Heimatland* argumentaram em seu endosso editorial ao artigo de Tröbst, a Alemanha deveria tomar nota da resposta kemalista para o acordo pós-Primeira Guerra Mundial: "O destino da Turquia é muito semelhante ao nosso; da Turquia, podemos aprender como poderíamos ter feito melhor as coisas. Se queremos ser livres, não teremos escolha a não ser imitar, de uma maneira ou de outra, o exemplo da Turquia." Tröbst retornara à Alemanha no início do mês anterior. Em vez de voltar a sua Weimar natal na Alemanha Central, ele partiu para Munique para ficar com seu irmão por um tempo. Na capital da Baviera,

O PRIMEIRO LIVRO DE HITLER 313

ele se reuniu com o general Erich Ludendorff, que então já coordenava muitas das atividades ultranacionalistas da cidade. Com Ludendorff, ele projetava escrever uma série de seis artigos para o *Heimatland* que exporia as lições turcas para a Alemanha.[2]

As ideias apresentadas no artigo de 1º de setembro claramente ressoavam com as ideias que o próprio Hitler expressara em um discurso de novembro de 1922, quando falava sobre os exemplos que Atatürk e Mussolini haviam estabelecido para a Alemanha.[3] Ao ler o texto, Hitler ficou muito ansioso para conhecer seu autor. Fritz Lauböck, secretário de Hitler e filho do fundador do primeiro braço do NSDAP nos arredores de Munique, escreveu então a Tröbst em 7 de setembro de 1923: "Um dia, nós também teremos que fazer o que vocês experimentaram na Turquia, a fim de nos tornarmos livres." Também informava que Hitler desejava encontrar-se com ele na semana seguinte, durante uma hora, nos escritórios do *Völkischer Beobachter*, na Schellingstrasse.

Hitler não queria ter apenas uma conversa geral com Hans Tröbst; ele desejava obter ideias detalhadas e conhecer práticas sobre como realizar um golpe bem-sucedido, o que explica por que ele queria que os líderes da SA (Sturmabteilung) estivessem presentes na reunião. Na missiva, Lauböck ainda enfatizou quão importante era para Hitler falar diretamente com um participante dos "eventos na Turquia". Para grande decepção de Tröbst, a reunião proposta não ocorreu, pois ele já havia deixado Munique para ir ao norte da Alemanha quando Lauböck lhe enviou a carta.[4]

* * *

Apesar do cancelamento de seu encontro com Hitler, os artigos de Tröbst são altamente significativos. Não apenas revelam algumas das fontes de inspiração de Hitler durante o outono de 1923, enquanto ele tentava descobrir a melhor forma de se lançar ao poder, como também são da maior importância por lançar luz sobre a gênese do Holocausto, uma vez que outro dos artigos de Tröbst, publicado em 15 de outubro de 1923, estabelecia as lições para uma "purificação nacional" da Alemanha com base nos métodos turcos, como no genocídio armênio de 1915:

De mãos dadas com o estabelecimento de uma frente unida deve haver uma purificação nacional. Com relação a isso, as circunstâncias eram as mesmas na Ásia Menor como aqui. Os sanguessugas e parasitas no organismo nacional turco eram os gregos e armênios. Eles tinham de ser erradicados e tornados inofensivos; caso contrário, toda a luta por liberdade estaria em perigo. Medidas suaves — como a história sempre demonstrou — não servem nesses casos. E a consideração pelos tais elementos "estabelecidos de longa data" ou "decentes", ou quaisquer que sejam as frases feitas, seria fundamentalmente errada, porque o resultado seria concessão, e a concessão é o começo do fim. [...] Quase todos aqueles de origem estrangeira [*Fremdstämmige*] na área do combate tiveram de morrer; seu número não é estimado muito baixo se colocado em 500 mil. [...] Os turcos têm fornecido a prova de que a purificação de uma nação de seus elementos estrangeiros em grande escala é possível. [A Turquia] Não seria [realmente] uma nação se fosse incapaz de lidar com as dificuldades econômicas momentâneas resultantes desse expurgo em massa![5]

Curiosamente, embora este artigo de Tröbst estipulasse um plano de como a Alemanha podia se livrar de seus próprios "sanguessugas e parasitas" — que todo mundo teria entendido como referência aos judeus da Alemanha —, Hitler não assumiu publicamente essa sugestão pouco velada de que os judeus da Alemanha tinham de encontrar o mesmo destino que os armênios na Primeira Guerra Mundial.

Na verdade, no único momento anterior conhecido em que Hitler mencionou os armênios — durante uma conversa com um de seus patronos, Eduard August Scharrer, no final de dezembro de 1922 —, ele não profetizou de forma alguma que os judeus teriam o mesmo destino, apesar da referência estar dentro do contexto de uma ameaça que ele fez aos próprios judeus. Na verdade, Hitler comparou o destino da Alemanha com o dos armênios, argumentando que os judeus estavam cada vez mais ganhando o controle sobre a Alemanha. Segundo ele, o país seguiria o caminho dos armênios e se tornaria uma nação indefesa em declínio, a menos que os alemães se defendessem contra os judeus:

O PRIMEIRO LIVRO DE HITLER

A questão judaica precisa ser resolvida à maneira de Frederico, o Grande, que fez uso dos judeus onde pôde lucrar com eles e os removeu onde eles podiam ser prejudiciais. [...] Terá de haver uma solução para a questão judaica. Seria melhor para ambos os lados se fosse uma solução governada pela razão. Falhando isso, haverá apenas duas alternativas: ou o povo alemão passará a assemelhar--se a um povo como os armênios ou os levantinos; ou haverá um conflito sangrento.[6]

Foi só em 1939, às vésperas da Segunda Guerra Mundial, quando Hitler estava tentando descobrir como remover os povos dos territórios ao leste que tinha a intenção de conquistar, que ele adotou a proposta armênia de Tröbst de 1923. Em 22 de agosto de 1939, quando os líderes das forças armadas, totalizando aproximadamente cinquenta generais e outros oficiais de alta patente, foram convocados ao seu retiro alpino para saber os iminentes planos de Hitler para o conflito armado, ele se referiu ao destino dos armênios durante a Primeira Guerra Mundial:[7]

E assim para o presente, só no leste eu coloquei minhas formações de caveiras a postos com a ordem de enviar para a morte incansavelmente e sem compaixão muitas mulheres e crianças de origem e língua polaca. Só assim podemos ganhar o espaço vital de que necessitamos. Quem afinal ainda fala hoje sobre a destruição dos armênios? [...] A Polônia será despovoada e ocupada por alemães. Meu pacto com os poloneses foi meramente concebido como um ganho de tempo. Quanto ao resto, senhores, o destino da Rússia será exatamente o mesmo como estou agora levando a cabo no caso da Polônia. Após a morte de Stalin — ele é um homem muito doente —, vamos quebrar a União Soviética. Depois começará a aurora do domínio alemão sobre a Terra.[8]

O argumento de Hitler em 1939 era de que a Alemanha conseguiria tratar as populações que viviam em territórios marcados para colonização alemã da mesma forma que os otomanos haviam tratado os armênios durante a Primeira Guerra Mundial. Em outras palavras, ao indagar "quem afinal ainda fala hoje sobre a destruição dos armênios", ele argumentava que, mesmo que houvesse um clamor público sobre a conduta alemã no leste, rapidamente arrefeceria.

O fato de Hitler não assumir publicamente a sugestão de Tröbst poderia ser lido como um sinal de que, em 1923, não havia nenhuma preocupação aparente ou desejo da parte de Hitler de definir a solução final para as minorias que tinha sob sua mira, ou pelo menos uma solução genocida ainda não era prioritária em sua agenda. De fato, a declaração feita para Scharrer sugeriria que, apesar de sua alusão a um "conflito sangrento", sua preferência era por uma "solução governada pela razão", ao longo das linhas das políticas antissemitas de Frederico, o Grande.

Mesmo uma referência que Hitler faria ao massacre de judeus com a utilização de gás no fim de *Mein Kampf* não demonstra, por si só, uma intenção genocida. Ele afirmaria: "Se, no início da guerra e durante a guerra, 12 ou 15 mil desses corruptores hebraicos da nação tivessem sido submetidos a gás venenoso, como teve de ser suportado no campo por centenas de milhares de nossos melhores trabalhadores alemães de todas as classes e profissões, então o sacrifício de milhões no front não teria sido em vão."[9] Aqui, ele está falando sobre algo bastante diferente do extermínio dos judeus da Europa usando o gás durante o Holocausto. Na verdade, ele sugeria que os judeus da Alemanha podiam ser submetidos pelo terror, em vez de mortos, ao expor vários milhares deles ao gás mostarda.

No entanto, como indica uma carta que Ully Wille enviou para Rudolf Hess no ano anterior, Hitler e Hess claramente já tinham, no mínimo, levantado a possibilidade de uma solução antijudaica genocida no momento em que Tröbst publicou seu artigo sobre as lições armênias para a Alemanha. Em 13 de novembro de 1922, durante o semestre de estudo no exterior de Hess em Zurique, Wille — que no início da Primeira Guerra expressara sua igual admiração pelos judeus alemães e pelo militarismo alemão — escreveu-lhe que julgava o antissemitismo do NSDAP contraproducente e inútil: "Acreditar que você pode exterminar [*Ausrotten*] o marxismo e os judeus com metralhadoras é um erro fatal." Ele acrescentou: "Eles não são a causa da falta de orgulho nacional do público. Pelo contrário, o marxismo e os judeus têm sido capazes de ganhar tal

O PRIMEIRO LIVRO DE HITLER   317

influência escandalosa entre o povo alemão precisamente porque o povo alemão já não tem orgulho nacional suficiente."[10] A carta é mais interessante por aquilo a que Wille estava respondendo do que por suas próprias atitudes em relação aos judeus. Claramente, ele não teria dito a Hess que a tentativa de exterminar os judeus com metralhadoras era um erro se ele não houvesse dito anteriormente a Wille que os nacional-socialistas estavam contemplando a ideia. Assim, o fato de que Hitler não tratou publicamente da sugestão de Tröbst não deve ser tomado como prova de que ele não se sentia inspirado por ela, particularmente considerando que suas declarações aos generais em 22 de agosto de 1939 seriam muito semelhantes a algumas das ideias expressas por Tröbst. Na verdade, como se tornou aparente em uma entrevista que Hitler deu a um jornalista catalão mais adiante, em 1923, sua solução "final" antijudaica preferida já era genocida àquela altura.

No entanto, seu principal objetivo esse ano era descobrir como dar um golpe bem-sucedido, razão pela qual o primeiro artigo de Tröbst teve o impacto mais imediato sobre ele. Enquanto Hitler andava pelas ruas de Munique com seu pastor-alemão "Wolf", chicote na mão e vestindo um longo casaco preto e chapéu de abas preto; enquanto passava um tempo em sua cafeteria favorita, o Café Heck, em Hofgarten; enquanto participava da reunião semanal do círculo interno da liderança do NSDAP no Café Neumair, uma cafeteria à moda antiga em Viktualienmarkt; ou enquanto era servido de café, bolo e as últimas fofocas da cidade na papelaria de Quirin Diestl e sua esposa, dois de seus admiradores,[11] Hitler analisava como mudar suas táticas de modo a acelerar o advento de uma revolução nacional e emergir como seu líder.

* * *

Um de seus desafios era que muitas das pessoas de Munique positivamente predispostas às suas ideias políticas expressavam dúvidas sobre se Hitler de fato era o homem certo para liderá-las. Gottfried Feder — a figura mais antiga do partido, que apresentou Hitler aos supostos males da "escravidão por juros" — achava que as chances políticas eram prejudicadas pelos hábitos de trabalho de Hitler. Em 10 de agosto de 1923,

Feder lhe escreveu: "Realmente tenho que lhe dizer que acho a anarquia em sua gestão do tempo muito prejudicial para todo o movimento." Além disso, algumas das pessoas que Hans Tröbst encontrou em Munique durante o verão se perguntavam se havia alguma coisa em Hitler além de palavras vazias sem nenhum apoio na ação. Naquele verão, Tröbst entreouviu as funcionárias de seu irmão dizendo: "Quando Hitler enfim vai iniciar seus planos? Também deve ter recebido dinheiro dos judeus, se ele é sempre nada mais que palavras." A esposa do editor Julius Lehmann também tinha suas dúvidas. Como ela escreveu em seu diário no início de outubro: "Agora, mais do que nunca, estamos à espera de um salvador. Aqui em Munique muitos consideram que Hitler, o líder dos nacional-socialistas, é este homem. Eu o conheço muito pouco e por enquanto não o tenho em alta estima."[12]

Como essa nota de diário indica, o maior obstáculo que Hitler teve de superar não foi a existência de dúvidas sobre ele entre algumas das pessoas que o conheciam bem. Na verdade, o obstáculo era que Hitler ainda era bastante desconhecido. Ele acreditava ser esse o grande e único fator que o freava. Se até mesmo a esposa de um de seus apoiadores mais leais em Munique achava que realmente não conhecia o líder do NSDAP, ele não podia esperar tornar-se o "salvador" da Alemanha. Se não queria apenas pregar aos convertidos em Munique, Hitler tinha que mudar suas táticas drasticamente. Ele precisava impulsionar sua imagem com urgência entre os conservadores e populistas da direita de toda a Baviera, e em toda a Alemanha, para habilitar-se finalmente a ser seu Mussolini.

Até ali, a vida de Hitler havia permanecido em grande parte um enigma. A menos que fosse forçado, ele nunca falava publicamente sobre si mesmo. À exceção de uma breve referência à sua entrada no partido em um discurso que fez em 29 de janeiro de 1923, não expunha nada sobre sua vida em seus discursos. Apenas em um pequeno número de cartas particulares — na polícia e em declarações judiciais, e em dois artigos para o *Völkischer Beobachter*, em resposta ao que ele percebia como uma afirmação caluniosa a seu respeito feita em outro lugar — ele ofereceu algum detalhe sobre sua vida.[13]

Por enquanto, a maioria das pessoas nem sequer sabia que aparência ele tinha, pois nenhuma foto sua fora publicada até então — na verdade, ele havia imposto uma *Bilderverbot*, uma proibição de tirar fotos para

O PRIMEIRO LIVRO DE HITLER

fazê-las circular. Mesmo a maioria dos ouvintes de seus discursos só o via a distância. Em maio de 1923, a revista satírica alemã *Simplicissimus* até fez piada disso, publicando uma série de desenhos e charges cômicas imaginando a aparência de Hitler. (Ver figura 11 do encarte.) Se podemos acreditar em Konrad Heiden — que conheceu Hitler quando era chefe de um grupo de estudantes universitários democráticos e pró-republicanos que se opunha ao NSDAP, e depois como jornalista —, Hitler tinha medo de ser reconhecido e assassinado, e, portanto, recusava-se a ser fotografado. Como resultado, mesmo na primavera e no verão de 1923, Hitler ainda podia misturar-se ao povo de Munique e do sul da Baviera sem ser reconhecido. Durante a Segunda Guerra Mundial, ele se lembraria de como era divertido para ele durante suas visitas a Dietrich Eckart nas montanhas "escutar os debates que as pessoas tinham durante as refeições sobre Hitler [...] Não existiam fotos minhas. A menos que você me conhecesse pessoalmente, não saberia qual era a minha aparência. Os dias em que ninguém me reconhecia foram para mim o momento mais bonito. Como eu gostava de ir a outros lugares do Reich naquela época! Todos acreditavam que eu fosse alguém diferente, não apenas Hitler."[14]

A estratégia de Hitler de criar uma imagem pública de si mesmo sem usar fotos tinha funcionado bem enquanto ele operava unicamente em Munique e arredores. Embora coreografasse seus eventos antes de 1923 e praticasse seu estilo de política com a ajuda de imagens visuais, ele tinha de confiar em seus seguidores para contar a seus amigos e conhecidos sobre o espetáculo de seus discursos, e torcer para que, da próxima vez, também quisessem vivenciá-los. Na verdade, as pessoas vinham para assistir a seus discursos porque ficavam curiosas sobre sua voz, mais que por seu rosto.[15] Essa abordagem permitiu que Hitler se transformasse de um ninguém em uma celebridade local. Mas não seria suficiente para transformá-lo em um Mussolini bávaro. Durante o verão de 1923, ele teve uma súbita mudança de ideia. Parece ter percebido que, se ninguém conhecia sua aparência, ele não poderia ser o rosto, ou pelo menos um rosto, da revolução nacional que considerava iminente. Assim, Hitler passou de um extremo ao outro, contratando Heinrich Hoffmann para tirar fotos suas e depois mandando imprimir milhares de cartões-postais com imagens de si mesmo; o resultado foi que fotos de Hitler já eram vistas por toda a Munique por volta do outono de 1923. (Ver p. 6 do encarte.)

Hitler e seu partido agora estavam tentando retratá-lo como um rosto jovem e enérgico — o futuro — lado a lado com o general Ludendorff, que muitas pessoas na direita radical de toda a Alemanha esperavam que liderasse uma revolução.[16] Nos vinte anos seguintes, até que Hitler de repente restabelecesse uma *Bilderverbot* em 1943, Hoffmann e seus colegas propagandistas cuidadosamente organizariam fotografias e filmes dele para transformá-lo em um ícone. A iconografia resultante foi tão poderosa que domina nossa imagem de Hitler até os dias atuais.

A radical reformulação de Hitler de sua imagem pública na expectativa de uma revolução nacional iminente foi muito mais longe do que a revogação de sua primeira *Bilderverbot*. Na tentativa de elevar sua posição entre os conservadores no resto do país, ele decidiu publicar uma seleção de seus discursos em forma de livro — a coleção de discursos purgados de referências negativas aos Estados Unidos — que buscava propagandeá-lo aos leitores conservadores. Hitler também decidiu escrever um esboço biográfico de sua vida para preceder seus discursos no livro, de modo a vender a ideia de que ele era o futuro salvador da Alemanha. Depois de escrever um esboço de nove páginas, Hitler o entregou a seu colaborador próximo, Josef Stolzing-Czerny — um jornalista e nacional-socialista nascido na Áustria que também ajudaria Hitler a dar forma a *Mein Kampf* — para edição.[17]

O esboço — que constitui sua primeira biografia publicada — narra a vida de Adolf Hitler desde seus anos em Viena até 1923. Ele relata como suas experiências como trabalhador manual em Viena lhe forneceram revelações sobre a natureza da política e sobre como a Alemanha poderia ser salva. Alega que já havia desenvolvido plenamente todas as suas principais ideias por volta dos 20 anos. Uma vez que o livro era destinado a um público conservador, o objetivo era demonstrar como as experiências de Hitler lhe haviam ensinado que os trabalhadores e a burguesia precisavam ser reunidos sob o mesmo teto. Para ele, eram todos trabalhadores: alguns usavam as mãos, outros, a cabeça. No esboço, também havia o argumento de que todos os alemães, tanto dentro como fora das fronteiras atuais do país, deveriam ser igualmente reunidos

O PRIMEIRO LIVRO DE HITLER

sob um mesmo teto. Ele celebra o idealismo e o sacrifício dos alemães como a antítese das atividades da "cobiça judaica internacional". E faz a promessa aos alemães, figurativa e literalmente, de trazer de volta as cores do Reich alemão do pré-guerra — preto, branco e vermelho: "Nós traremos de volta ao povo alemão as antigas cores em uma nova forma."

O esboço biográfico também conta a história de como Hitler foi um soldado atipicamente corajoso na frente ocidental e que, em seus sentimentos, foi a personificação do soldado desconhecido da Alemanha. Em linha com o que viria a escrever em *Mein Kampf,* Hitler apresenta sua época em Pasewalk, no final da guerra, como o momento que o transformou em um líder, e relata a suposta tentativa de prendê-lo por parte da Guarda Vermelha, bem como de seu trabalho como um "oficial de educação" em 1919. Em seguida, o esboço falsamente apresenta Hitler como um dos sete fundadores do NSDAP. Culmina em um relato do crescimento do movimento entre 1919 e 1923, argumentando que a libertação da Alemanha estava próxima, pois Hitler seria o salvador da nação.[18]

Uma vez que escrever um esboço biográfico autoelogioso dificilmente cairia bem com os conservadores tradicionais, Hitler decidiu que seria mais apropriado encontrar um escritor conservador, sem qualquer envolvimento prévio com o nacional-socialismo, que concordasse em emprestar seu nome ao esboço e afirmasse ser o compilador e comentarista dos discursos.[19] Em outras palavras, Hitler escreveu uma autobiografia, mas procurou publicá-la como uma biografia de autoria de outra pessoa, a fim de impulsionar seu perfil na expectativa de uma revolução nacional. Encontrar um escritor conservador disposto a fingir ser o autor da primeira biografia publicada de Hitler viria com uma dupla recompensa: o descarado ato de autopromoção de Hitler ficaria oculto e seria criada a impressão de que ele já recebia apoio generalizado entre os conservadores tradicionais.[20]

Considerando que, com a assessoria de Erwin von Scheubner-Richter, Hitler e Erich Ludendorff vinham fazendo contatos cada vez mais frequentes a respeito da necessidade de desencadear uma revolução nacional,[21] ele se voltou para o general da reserva em busca de ajuda para encontrar um autor falso para seu livro. Ludendorff ficou satisfeito em ajudar e pôs Hitler em contato com um jovem que ele conhecia bem: Victor von Koerber.

O jovem aristocrata de olhos azuis e cabelos louros se encaixava perfeitamente no papel. Koerber era um herói militar e escritor que se sentia atraído pela promessa de um novo conservadorismo e que faria a ponte entre o conservadorismo da velha guarda e o nacional-socialismo. Dois anos mais jovem que Hitler, ele vinha de uma família protestante aristocrática baseada na Prússia Ocidental, um dos redutos do conservadorismo alemão. Ele cresceu na ilha de Rügen, no Mar Báltico, onde seu pai servira como governador distrital, e posteriormente optou pela carreira militar em unidades de elite. Em 1912, Koerber foi treinado como um dos primeiros pilotos de caça das forças armadas prussianas. No entanto, como suas paixões reais eram de tipo literário, antes da Primeira Guerra Mundial ele já havia deixado as forças armadas e, na capital da Saxônia, Dresden, embarcou em uma nova carreira como poeta, dramaturgo e crítico de arte. Ele também viajou amplamente por toda a Europa. Durante a guerra, reingressou no Exército, primeiro servindo na frente ocidental antes de ser transferido para o QG da força aérea em Berlim, onde chefiou o departamento de imprensa. Em 1917, ele foi desmobilizado por razões de saúde e retornou a Dresden antes de se mudar para Munique na primavera de 1918.[22]

Na primavera de 1919, ele deixou a cidade no rastro do estabelecimento da República Soviética e juntou-se à Segunda Brigada da Marinha (Wilhelmshaven), Divisão de Lettow-Vorbeck, onde foi encarregado da propaganda. No início de maio, ele esteve entre as tropas que puseram fim à República Soviética. Foi durante esse tempo que Koerber começou a ver o bolchevismo como um perigo global, que continuaria a ser sua principal preocupação ainda por muitos anos depois.[23]

Mesmo tendo deixado as forças armadas em julho de 1919, Koerber participou do malfadado *putsch* de Kapp, na primavera seguinte. Durante todo o tempo, o antissemitismo de Koerber se intensificou, como atesta uma carta que ele escreveu ao irmão na primavera de 1922: "Hoje a pesquisa racial já avançou o suficiente para reconhecer e provar como o judaísmo internacional, através de seu povo, vem propositadamente esporeando a decadência dos alemães." Koerber estava ansioso para fazer de seu antissemitismo um ganha-pão: "Tenho tentado encontrar um emprego há semanas", disse ele ao irmão. "Em todos os lugares, as

O PRIMEIRO LIVRO DE HITLER

pessoas preferem despedir do que contratar. Além disso, é por si só muito difícil encontrar algo adequado. O trabalho de propaganda para o partido nacional, o antissemitismo que está florescendo grandemente por aqui, seria adequado. Mas essas posições são raras e mal pagas."[24]

No entanto, mais adiante no ano, sua sorte começou a melhorar. Ele viajou por vários meses para a Finlândia em uma missão antibolchevique para estudar como os finlandeses derrotaram os russos no inverno de 1918/1919 e conquistaram sua independência nacional. Após seu retorno da Escandinávia à capital da Baviera, em meados de outubro de 1922, ele começou a trabalhar como correspondente para três jornais finlandeses. No entanto, como se queixou ao irmão, as coisas ainda pareciam terríveis, e não apenas porque os jornais finlandeses para os quais escrevia não lhe pagavam de forma confiável: "Estamos simplesmente desmoronando fisicamente aqui. Qual é o sentido de todo o trabalho duro, todo o status, honra e fama. O judaísmo *quer* destruir toda a inteligência e a classe média como na Rússia. [O povo] está correndo para sua própria ruína! Estamos trabalhando com toda a nossa força para arrancar a máscara dos judeus."[25]

Mesmo sem receber por vários de seus artigos, o novo emprego foi politicamente recompensador. Como resultado de seu trabalho como correspondente estrangeiro, ele fez contato com Ludendorff, que conhecera durante a guerra e a quem havia impressionado com seu otimismo jovial. Assim como Ulrich von Hassell — o conservador que redigira um manifesto sobre o futuro do conservadorismo na esteira da Primeira Guerra —, Koerber acreditava que não havia como voltar ao antigo conservadorismo. Ele considerava que a questão social tinha de ser abordada. E era da opinião de que as classes médias e trabalhadoras podiam plantar a semente da qual uma nova e rejuvenescida Alemanha cresceria. Portanto, Koerber via na evolução da colaboração de Ludendorff com Hitler a realização do sonho de um novo tipo de conservadorismo que revigorasse o país.[26] Era difícil imaginar um escritor conservador melhor que Koerber como o rosto para o livro de Hitler.

Depois que Ludendorff apresentou Hitler a Koerber em sua casa e foi firmado o acordo entre os dois homens a respeito do livro de Hitler, o jovem aristocrata e o líder do NSDAP só se reuniram pessoalmente duas vezes. O livro apareceu naquele outono sob o título *Adolf Hitler, sein*

Leben, seine Reden (Adolf Hitler: Sua Vida e Seus Discursos).[27] Como ficou à venda apenas algumas semanas antes de ser banido e confiscado, seu impacto foi muito mais limitado do que Hitler esperava e pretendia, apesar da tiragem de 70 mil exemplares. No entanto, o livro é menos importante por seu impacto concreto nos conservadores de toda a Alemanha do que pela luz que lança sobre como Hitler se via por volta do outono de 1923 e tentava reformular-se na época para se tornar um líder nacional de direita, não um ativista político apátrida que tinha de viver com a ameaça de deportação, como no início do ano.

O livro desmente a ideia, à qual Hitler ocasionalmente fingia aderir,[28] de que, até a redação de *Mein Kampf,* ele se via apenas como um "arauto" que estava preparando o terreno para outros e que não tinha ambições de liderar a Alemanha rumo ao futuro.[29] Em seu esboço autobiográfico, ele colocou na boca de Koerber sua própria determinação de que ele era "o líder do movimento nacional mais radicalmente honesto". Além disso, o esboço o descrevia como o "arquiteto" (*Baumeister*) que "está construindo a poderosa catedral alemã". E exortava o povo a entregar o poder a ele como o homem "que está disposto, bem como preparado, para liderar a luta alemã pela libertação".[30]

Como indica o clamor anterior de Hitler por um gênio que se tornasse o novo líder da Alemanha, seria estranho argumentar que ele queria apenas desempenhar o papel de "arauto" para algum outro novo gênio. Uma vez que, segundo o pensamento da época, os gênios não eram figuras estabelecidas, mas pessoas de origens e histórias de vida muito parecidas com as suas, por que ele haveria de querer ser "arauto" para alguém como ele mesmo, em vez de ser ele próprio aquela pessoa? Além disso, o próprio fato de que, em 1921, Hitler só aceitou a posição de líder do NSDAP sob a condição de receber poderes ditatoriais indica um homem que não queria ser apenas um propagandista para outros.[31]

O livro de Hitler de 1923 demonstra que não só as outras pessoas viam nele um "messias",[32] mas — como já mostrava sua briga com Dietrich Eckart durante o verão — que ele também pensava dessa forma. Seu esboço autobiográfico usa repetidamente uma linguagem bíblica, argumentando que o livro publicado sob o nome de Koerber deveria "tornar-se a nova bíblia de hoje, bem como o 'Livro do Povo Alemão'!"

O PRIMEIRO LIVRO DE HITLER

Também usa termos como *sagrado* e *redenção*.[33] Mais importante, compara diretamente Hitler com Jesus, equiparando o suposto momento de sua politização em Pasewalk à ressurreição de Cristo:

> Este homem, destinado à noite eterna, que durante essa hora suporta a crucificação no impiedoso Calvário, que sofreu em corpo e alma; um dos mais castigados em meio a essa multidão de heróis destruídos: os olhos desse homem serão abertos! A calma será restaurada a suas feições convulsas. No êxtase que só é concedido ao vidente moribundo, seus olhos mortos serão preenchidos de uma nova luz, um novo esplendor, vida nova![34]

Hitler já havia comparado a si mesmo e seu partido com Jesus algumas vezes, ou descrito Jesus como seu modelo.[35] Em outra parte, Hitler não deixou nenhuma dúvida de que já se via como o salvador da Alemanha. Não seria apenas na preparação para a Segunda Guerra Mundial e durante o conflito, quando ele sobreviveria a várias tentativas de assassinato, que Hitler acreditaria ter sido protegido pela "Providência". Ele já se considerava escolhido pela "Providência" em 1923, como ficou evidente durante um dos fins de semana de setembro e outubro que ele e Alfred Rosenberg passaram com Helene Hanfstaengl na casa de veraneio dos Hanfstaengl, em Uffing am Staffelsee, uma pequena aldeia pitoresca no sopé dos Alpes. Durante aqueles fins de semana com sua anfitriã, Rosenberg e Hitler se dedicavam ao passatempo favorito deste último: em sua Mercedes vermelha, eles exploravam castelos e aldeias aos pés dos Alpes, apesar de Hitler jamais ter aprendido a dirigir.[36] Se podemos confiar no testemunho de Helene, Hitler lhe disse em certa ocasião, quando seu carro acabou em uma vala e ninguém saiu ferido, que "Este não será o único acidente do qual escaparei ileso. Superarei a todos e terei sucesso nos meus planos".[37]

A razão para Hitler — apesar de ver a si mesmo como messias e salvador da Alemanha — ocasionalmente fingir ser apenas o "arauto" de outra pessoa é bastante simples.[38] Tinha de fazer o impossível: por um lado, desejava impulsionar seu próprio perfil nacional através da publicação de seu livro e da liberação de fotos suas e, assim, colocar-se em posição de liderar uma revolução nacional. Por outro lado, ele era dependente do apoio tanto do *establishment* político conservador da Baviera e Ludendorff como dos conservadores do norte, e queria pegar carona com eles rumo ao poder. Em suma, Hitler tentava fazer propaganda direta aos conservadores da Alemanha e criar a impressão de que seu apoio entre eles já era maior do que realmente era, ao mesmo tempo evitando antagonizar seus líderes.

Uma vez que Ludendorff — assim como outros líderes conservadores da Baviera e do norte — tinha ambições políticas próprias e via em Hitler uma ferramenta que podia usar para seus próprios fins, Hitler teve de fingir que estava disposto a desempenhar esse papel durante todo o verão e o outono de 1923. As diversas cartas remanescentes que Ludendorff escreveu para Koerber tanto antes como depois do golpe ponderam amplamente sobre as diferenças entre uma visão "nacional" e outra "*völkisch*" da Alemanha. As cartas também discutiam longamente o legado de Otto von Bismarck. No entanto, o líder do NSDAP não aparecia nelas. Ao não mencionar Hitler, as cartas revelam o quanto Ludendorff o via apenas como um instrumento para seus planos.[39]

Portanto, Hitler não podia afirmar abertamente que se via como um gênio e um messias, embora dissesse a seus confidentes, ainda em 1922, que queria liderar a Alemanha em pessoa.[40] Publicamente, tinha que fingir ser um arauto. E, no entanto, o primeiro e desconhecido livro de Hitler, publicado sob o nome de Victor von Koerber, apresentava Hitler e Ludendorff como líderes de igual estatura. Seu esboço biográfico afirmava que a Alemanha estava despertando politicamente: "General Ludendorff e Hitler ficariam lado a lado! Os dois grandes líderes [*Kampfführer*] do passado e do presente! Um líder militar [*Feldherr*] e um homem do povo [*Volksmann*]! [...] Liderança de um tipo invencível, de quem o povo alemão justamente espera um futuro melhor!"[41] Naquele momento, era o mais longe que Hitler podia fazer para apresentar-se como salvador e messias da Alemanha, porque Ludendorff "via em Hitler, a quem ele não levava a sério", como Victor von Koerber recordou, "um arauto popular para o movimento de massas contra o comunismo".[42]

A maneira como Hitler escreveu e lançou seu primeiro livro sob o nome de outro escritor, assim como muitas de suas outras ações entre sua filiação ao DAP e o outono de 1923, revela um operador político astuto, lúcido e calculista em formação. O Hitler que vem à tona desmente que ele era uma força elemental obscura, primitiva, furiosa e niilista. Em vez disso, era um homem com um profundo entendimento emergente de como os processos e sistemas políticos e a esfera pública funcionavam. Seu estudo de guerra de técnicas de propaganda lhe proporcionaram uma apreciação da importância da construção de narrativas politicamente úteis e eficazes que o ajudariam a tramar seu caminho ao poder.

Sua insistência ocasional em ser apenas o "arauto" para outra pessoa e sua relutância ostensiva anterior em aceitar se tornar o líder do NSDAP têm de ser vistas na tradição e na expectativa ocidental que remontam aos tempos romanos, segundo os quais os futuros líderes fingiam estar desinteressados do poder, mesmo enquanto passavam todo o seu tempo tentando alcançá-lo. Fazem isso tanto por razões táticas como para aderir à crença popular de que alguém que faz tanta pressão pelo poder não pode ser confiável. Júlio César famosamente recusou a coroa romana por três vezes. William Shakespeare, que na Alemanha do início do século XX era tão popular como na sua Inglaterra natal, fez com que um dos assassinos de César em *Júlio César* dissesse, quando solicitado a confirmar aquele fato, "Sim, por minha fé, e ele a repeliu três vezes, cada uma com gesto mais brando; e de cada vez que a afastou de si, os meus honestos vizinhos prorrompiam em aclamações".

O assassino deixa perfeitamente claro que a rejeição de César era o oposto do que ele tentava alcançar:

> Vi Marco Antônio oferecer-lhe uma coroa, não uma coroa de verdade, mas uma espécie de diadema. E, como já disse, ele a afastou de si uma vez; mas no meu modo de ver, apesar de tudo ele desejaria ficar com ela. Depois Antônio lha ofereceu de novo, tendo-a ele recusado mais uma vez; mas, segundo penso, custou-lhe retirar os dedos de cima dela. Então, pela terceira vez, ele a afastou de si, e, a cada recusa, a ralé prorrompia em aclamações, batia as mãos calosas, atirava para o ar os gorros suarentos de dormir e exalava um hálito de tal modo repugnante, por haver César recusado a coroa, que quase asfixiou César, pois ele desmaiou e caiu. De minha parte, não ousei rir, de medo de abrir a boca e aspirar o mau ar.[43]

Escrever uma autobiografia e depois lançá-la como uma biografia de autoria de outra pessoa, em combinação com os discursos que proferia em seu próprio nome, ajudaram Hitler em seu esforço de criar uma narrativa politicamente útil. Eram argumentos em favor de um novo tipo de líder. Ainda que os textos não o nomeassem explicitamente como esse líder, insidiosamente criavam a percepção pública de uma lacuna que só ele podia preencher, porque o clamor por um "gênio" eliminava qualquer pessoa com um perfil público muito estabelecido. Em suma, Hitler, como um operador político calculista, usou seu livro de 1923 para explorar a forma como o sistema político alemão e a esfera pública funcionavam, de modo a construir sistematicamente um lugar para si. Contudo, seus talentos emergentes como operador político conspiratório alimentavam sua megalomania, resultando em uma sede prematura por poder. Como logo aprenderia da maneira mais difícil, Hitler ainda era um operador político em formação, em vez do mestre que pensava ser.

* * *

Enquanto isso, a vida posterior de Victor von Koerber correria em paralelo à de Karl Mayr, outrora mentor político de Hitler, que se tornaria amigo íntimo de Koerber. Ambos tinham sido intimamente ligados e, até certo ponto, eram responsáveis pela ascensão de Hitler, ainda que ambos tenham se voltado contra ele posteriormente. Ambos travariam uma batalha perdida em sua tentativa de fechar a caixa de Pandora que tinham aberto ao ajudar Hitler, terminando suas vidas em campos de concentração nazistas.

Em 1924, Koerber começaria a se desiludir com o nacional-socialismo e, finalmente, romperia com Hitler e seu partido. Como Koerber escreveria em 1926 para o príncipe Wilhelm, o filho mais velho do kaiser Wilhelm II, com quem ele tinha relações amigáveis: "O movimento de Hitler está em situação tão precária e desgraçada que não pode haver dúvida de que ele está praticamente liquidado. É uma pena em muitos aspectos. É uma pena para as pessoas cuja fé foi traída."[44]

O PRIMEIRO LIVRO DE HITLER 329

No mesmo ano, os paramilitares da Jungdeutscher Orden (Ordem Jovem Alemã), da qual ele não era membro, enviariam Koerber por nove meses para a França para fazer contato com associações de veteranos franceses e sondar a possibilidade de uma reaproximação franco-germânica. No final da década de 1920, defenderia a integração política e econômica franco-germânica como o núcleo de uma unificação da Europa, que ele consideraria a única forma de o continente estar em pé de igualdade com os Estados Unidos e, portanto, de sobreviver. No final dos anos 1920 e início dos anos 1930, escreveria regularmente para o diário vienense *Neues Wiener Journal*, bem como para os jornais da editora judaica liberal Ullstein, nos quais advertiria contra o bolchevismo e a colaboração alemã com o bolchevismo russo, bem como contra os nacional-socialistas, discernindo-os como "bolcheviques de Hitler". Para ele, o bolchevismo e o nacional-socialismo de Hitler seriam dois lados da mesma moeda. Ainda na primavera de 1931, ele já consideraria "o movimento de Hitler hoje [como] o maior perigo que nossa pátria já teve de enfrentar". No ano seguinte, ele diria que, se Hitler chegasse ao poder, a derrocada final da Alemanha seria inevitável.[45]

De 1927 até a fuga de Karl Mayr para a França, em 1933, Koerber recebeu visitas de Mayr toda semana em Berlim. Os dois homens, que tinham desempenhado papéis tão importantes na vida de Hitler, se sentavam à mesa redonda no apartamento de Koerber e trocavam informações, trabalhavam juntos em artigos políticos e colaboravam em iniciativas destinadas a uma aproximação franco-germânica.[46]

Depois de 1933, Koerber passaria segredos sobre os planos de Hitler para sucessivos adidos militares britânicos, alertando-os, em 1938, que a guerra era iminente. Incitaria o governo britânico a apoiar o movimento conservador alemão de resistência, que, segundo ele, havia crescido pelo tratamento desumano dados aos judeus e pela ameaça de guerra, entre outras razões. Assim como Fritz Wiedemann — comandante de Hitler na Primeira Guerra que serviria como um de seus assessores pessoais até 1938, quando se voltaria contra Hitler e ofereceria seus serviços aos britânicos e aos norte-americanos —, Koerber seria a favor da restauração da monarquia sob o príncipe herdeiro Wilhelm.[47] ·

Depois da Kristallnacht, Koerber, que se arrependeria de seu furioso antissemitismo, escondeu o editor e magnata da imprensa judeu Hermann Ullstein em seu apartamento e o ajudou a imigrar para a Inglaterra. Koerber seria preso no dia seguinte ao atentado fracassado contra Hitler de 20 de julho de 1944, e passaria o resto da Segunda Guerra Mundial em uma prisão da Gestapo e no campo de concentração de Sachsenhausen. No final da guerra, ele voltaria para a ilha de Rügen, mas terminaria por fugir da zona ocupada pelos soviéticos na Alemanha rumo ao Ocidente, tornando-se o editor-chefe do *Europäische Illustrierte*, bem como chefe de imprensa da administração do Plano Marshall na zona francesa ocupada pela Alemanha. No início dos anos 1950, estaria envolvido em iniciativas de alto nível destinadas à integração europeia antes de se mudar para Côte d'Azur, em 1957, e depois para Lugano, na Suíça, em meados da década de 1960, por problemas de saúde de sua esposa. Desiludido com a "decadência cultural geral" da Europa, Koerber imigrou com a esposa Yvonne para Johanesburgo, na África do Sul, onde seria vizinho de seu melhor amigo, um oficial britânico com sua esposa alemã, antes de morrer, no final de 1960.[48]

13

O *putsch* de Ludendorff

(Outono de 1923 à primavera de 1924)

O impulso dramático e subversivo de Hitler para impulsionar seu perfil nacional na expectativa de uma transformação política radical iminente da Alemanha ocorreu apenas na última hora. Por volta de outubro de 1923, medidas concretas estavam em curso para levar a cabo um golpe em torno de 9 de novembro. No entanto, a decisão de derrubar o governo alemão não se deu em Munique, em Uffing am Staffelsee, nem em qualquer outro lugar frequentado por Hitler — ela foi tomada em Moscou. Em 4 de outubro, o Politburo do Partido Comunista da Rússia determinou que a Alemanha estava pronta para a revolução. Embora os líderes do Partido Comunista da Alemanha (KPD) não tivessem toda essa certeza, eles não desafiariam Moscou. Heinrich Brandler, líder do KPD, publicou um artigo no *Pravda*, órgão oficial do Partido Comunista da Rússia, afirmando: "Os líderes mais antigos entre nós acreditam que não será uma tarefa difícil, mas uma tarefa inteiramente factível, tomar o poder."[1]

Em 12 de outubro, o Comitê Central do KPD aprovou formalmente a decisão tomada em Moscou. Decidiu-se que, no dia 9 de novembro, seria proclamado que todo o poder havia passado para um novo Governo dos Trabalhadores e Camponeses.[2] Como o KPD era parte de um governo de coalizão na Turíngia e na Saxônia, do qual Brandler administrava o gabinete do ministro-presidente Erich Zeigner, membros de dois governos de estados alemães agora conspiravam para levar a revolução mundial para a Alemanha.

Em resposta a um agravamento da crise política e econômica na Saxônia, em 20 de outubro o Comitê Central decidiu que a revolução não podia mais esperar até o dia 9 de novembro, mas tinha de ser antecipada para o dia seguinte. O plano era que o comitê proclamasse uma greve geral e, assim, desencadeasse a revolução. No entanto, a revolução foi natimorta, em grande parte devido à incompetência e ao diletantismo. A decisão do comitê não foi comunicada a Valdemar Roze, apesar de Roze supostamente servir como chefe militar da revolução alemã. Em poucas horas, a liderança comunista da Alemanha sentiu que tinha de abortar seu plano.[3]

A tentativa de embarcar em uma revolução comunista em outubro de 1923 não deve ser descartada como insignificante porque faltava apoio da maioria alemã.[4] O sucesso ou fracasso das revoluções raramente depende do apoio da maioria. Como ao menos demonstram os eventos em Hamburgo, metrópole do norte da Alemanha, a tentativa de revolução comunista poderia ter desencadeado uma guerra civil alemã se tivesse sido levada a cabo de forma mais eficiente e se a comunicação fosse melhorada entre os grupos comunistas em todo o país.

Quando a ordem original de 20 de outubro chegou a Hamburgo — mas não a mensagem posterior do cancelamento da revolução —, grupos comunistas locais ocuparam treze estações de polícia na manhã de 22 de outubro, levantando barricadas no distrito de Barmbek e equipando-as com 150 homens. Foi só depois de dois dias e meio, e só após ter sido repetidamente submetidos a tiros de policiais, marinheiros e unidades do Exército, que resultaram na morte de dezessete policiais e 24 comunistas, que os revolucionários desistiram.[5]

A tentativa de revolução em Hamburgo fornece uma amostra do que teria acontecido se eventos semelhantes tivessem ocorrido simultaneamente em todas as grandes cidades alemãs. Além disso, demorou cerca de quatro vezes mais tempo para derrubar o golpe comunista em Hamburgo do que seria necessário para acabar com o golpe que aconteceria no dia 9 de novembro em Munique, o dia inicialmente previsto para a revolução comunista da Alemanha.

O *PUTSCH* DE LUDENDORFF

* * *

A agitação comunista na Alemanha tem de ser vista no cenário de um desenvolvimento que estava em curso desde 1921, quando o país inteiro entrou em crise. As reparações de guerra; a humilhação da redução do Exército e da Marinha; a perda de territórios; a ocupação francesa da Renânia e do coração industrial da Alemanha em Ruhr, e mais a resistência passiva que o governo incentivou para combatê-la; a hiperinflação reinante na Alemanha — tudo isso levou o país à beira do abismo. Seguiu-se o colapso da autoridade do Estado em Berlim e em outros lugares. Em meados de outubro de 1923, o governo tomou medidas drásticas para manter as questões sob controle. Por exemplo, a moeda antiga foi substituída por uma nova, o Rentenmark, para tentar segurar a inflação. No entanto, a curto prazo, a introdução de uma nova moeda piorou a crise, uma vez que produziu uma onda de falências.

Os eventos que ocorriam na Saxônia, na Turíngia, em Hamburgo e em outros lugares — os separatistas da Renânia proclamaram uma República Renana, por exemplo — levaram à ebulição a crise econômica, política e social preexistente, criando as condições que os seccionalistas bávaros (aqueles que colocavam os interesses da Baviera acima de todo o resto) e os nacional-socialistas estavam esperando. Ambos viam a situação como uma oportunidade para se apresentar como salvadores contra o comunismo, caso decidissem lançar um golpe próprio. Do ponto de vista do *establishment* da Baviera, enfim emergia a situação que proporcionava uma chance muito real de mudar a configuração constitucional da Alemanha de uma forma que tornasse os bávaros senhores de sua própria casa novamente. Enquanto isso, Hitler esperava que, como na marcha de Mussolini em Roma, no ano anterior, seria possível fazer uma marcha de Munique a Berlim com o propósito de libertar a Alemanha. Portanto, ele defendia embarcar em tal marcha como um movimento defensivo preventivo. Como disse em outubro a um jornalista norte-americano que trabalhava para a agência de notícias United Press, "Se Munique não marchar sobre Berlim quando o momento é certo, Berlim marchará sobre Munique".[6]

O que alimentou ainda mais a escalada da crise foi a hiperinflação que tomou a Alemanha em suas garras no outono de 1923. Devorou as economias, muitas vezes da noite para o dia. Por exemplo, depois que uma amiga de Helene Hanfstaengl foi forçada a vender sua parte de uma grande hipoteca, ela só foi capaz de comprar seis pães recheados com o valor na manhã seguinte. Como o historiador de arte Heinrich Wölfflin concluiu em 25 de outubro de 1923, "O futuro imediato será terrível". O suíço, que ensinava na Universidade de Munique, observou: "Os preços não sobem de dia em dia, mas de hora em hora." As coisas iam de mal a pior. Em 4 de novembro, Wölfflin relatou: "Meio quilo de carne custava 99 bilhões de marcos ontem."[7]

O que tornou as coisas ainda piores e mais voláteis foi o retorno de Gustav von Kahr para o banco do motorista da política bávara no final de setembro. Dessa vez, o tecnocrata de direita não se tornou ministro--presidente, mas foi nomeado comissário-geral do Estado; em outras palavras, ocupou uma posição semelhante à de um ditador nos tempos da República Romana, isto é, seus poderes eram os de um ditador com uma limitação de tempo. A nomeação de Kahr pelo governo da Baviera foi desencadeada pela ocupação, por tropas francesas e belgas, do coração industrial da Alemanha, em Ruhr, uma vez que, em setembro, o governo alemão decidiu que não tinha escolha a não ser abandonar o apoio à resistência contra a ocupação. Em resposta a essa decisão, o governo bávaro afirmou que as condições em que ele tinha autorização para decretar estado de emergência nos termos do artigo 48 da Constituição Alemã estavam cumpridas. O governo da Baviera, apoiado pelo Partido Popular da Baviera (BVP), nomeou então Kahr como comissário-geral de Estado, transferindo a ele todos os poderes executivos necessários para restaurar a ordem na Baviera. Em teoria, o poder que ele detinha deveria ser usado para defender a ordem constitucional no estado mais ao sul da Alemanha. No entanto, esse poder, com a mesma facilidade, poderia ser usado a fim de preparar uma revolução nacional.

No outono de 1923, Munique estava, portanto, repleta de atores políticos de direita que tramavam a derrubada do *status quo* político. No entanto, era espantoso como seus respectivos planos eram descoordenados e como quase todos superestimavam seu próprio poder e influência.

O *PUTSCH* DE LUDENDORFF

Assim como em seu tempo como ministro-presidente, Kahr acreditava que podia controlar vários grupos nacionalistas e conservadores da Baviera. Além disso, achava que conseguiria unir as forças separatistas pangermânicas sob o mesmo teto. Em Hitler, ele não via nada além de uma figura a ser usada para impulsionar seus próprios interesses.[8] Não lhe passou pela cabeça que, ao tratar Hitler como seu instrumento, ele abria uma caixa de pandora e já não seria capaz de controlá-lo. Kahr teria de pagar com a própria vida por seu erro de cálculo: no início de 1934, os capangas de Hitler o liquidariam.

Enquanto isso, por volta do outono de 1923, Hitler se enganava, acreditando ser mais que um instrumento tático nas mãos do *establishment* da Baviera. Estava confiante de que já tinha um perfil nacional suficiente e, junto com o general da reserva Erich Ludendorff, era bastante poderoso para levar a cabo uma revolução na Baviera — e, posteriormente, difundi-la para todo o país. Porém, ele não percebia ser inimaginável que o príncipe Rupprecht da Baviera e seus apoiadores juntassem forças com Ludendorff, nêmese de Rupprecht.

Hitler não ouviu nenhuma das advertências de que os objetivos do *establishment* da Baviera e do Partido Nacional-Socialista dos Trabalhadores Alemães (NSDAP) eram irreconciliáveis. Ativistas nacional-socialistas do norte da Baviera enviaram cartas repetidamente à sede do partido, em Munique, descrevendo como os grupos políticos e as organizações paramilitares de direita da região eram heterogêneos, concluindo que aquelas pessoas dificilmente apoiariam o NSDAP. Uma vez que não receberam nenhuma resposta de Munique, um deles, Hans Dietrich, tomou um trem para a cidade. O objetivo de sua viagem era dizer a Hitler que ele não podia contar com o apoio das milícias locais nem da polícia bávara. Mas os avisos de Dietrich foram ignorados, pois Hitler estava convencido de que a direita política estava unida em seu apoio. O sermão de Michael von Faulhaber, em 4 de novembro, deveria ter indicado a Hitler que o *establishment* da Baviera não estava politicamente alinhado com ele, pois, no sermão, o arcebispo de Munique criticou a perseguição dos judeus na Alemanha.[9]

Quando, por insistência de Wilhelm Weiss — o editor-chefe do semanário de direita *Heimatland* —, Hans Tröbst regressou a Munique, no final de outubro, para apoiar os planos que estavam em marcha no

Bund Oberland (como o Freikorps Oberland era agora chamado), ficou surpreso ao ver quanta desconfiança existia entre os diferentes grupos que se preparavam para um golpe. Como o veterano da guerra de independência turca deve ter percebido, Hitler ainda não havia formado alianças suficientes com vários dos mais importantes golpistas em potencial. Quando Tröbst chegou a Munique, o caos político reinava na cidade.[10]

Como resultado do ódio crescente pelo governo federal entre os círculos separatistas bávaros e nacionalistas em Munique, vários planos apressados estavam em andamento — que às vezes se sobrepunham, complementavam, eram coordenados, competiam ou abertamente entravam em confronto uns contra os outros — com o objetivo de derrubar o *status quo* na Alemanha. Havia incerteza e desacordo — não apenas entre as facções nacionalistas e separatistas, mas também dentro de cada uma — a respeito de quem lideraria o movimento que deveria derrubar o sistema político; da mesma forma, não conseguiam concordar com o que se seguiria à derrubada. Também divergiam quanto ao presente governo da Baviera — se era parte do problema ou se parte da solução para a crise.

Como Tröbst descobriu logo após sua chegada a Munique, Weiss o convocara à Baviera na crença de que, em meio a essa competição caótica de ideias e planos, sua presença fortaleceria as cartas de Weiss e de seu coconspirador, capitão von Müller, um dos comandantes do batalhão do Bund Oberland. Weiss e Müller informaram Tröbst de que seu plano era derrubar o governo, em vez de forçá-lo à cooperação. Tröbst estava empolgado com a perspectiva da tomada aparentemente iminente da Baviera e, em última instância, da Alemanha, bem como de uma guerra posterior contra as potências vitoriosas da Primeira Guerra Mundial. Ele esperava que a crise facilitasse a ressurreição de sua carreira como oficial militar.[11]

Como Weiss e Müller lhe disseram na tarde de 31 de outubro, eles planejavam um golpe para a noite de 6/7 de novembro: os homens do Bund Oberland fingiriam realizar um exercício noturno e, em seguida, ocupariam instalações militares em Munique às 3 da manhã. Duas horas depois, às 5h em ponto, cinco esquadrões de prisão deteriam simultaneamente Kahr, o ministro-presidente Eugen von Knilling, o ministro da Agricultura Johannes Wutzlhofer e uma série de outros políticos e líderes da polícia; eles os levariam para o quartel Pioneer, por volta de 5h20, exigiriam a assinatura imediata de suas renúncias, e, em caso de não cooperação, executariam Wutzlhofer diante dos olhos de todos os outros 5 minutos mais tarde. Kahr então deveria nomear como seu sucessor Ernst Pöhner, ex-presidente da polícia nacionalista de Munique, e um novo governo seria formado nesse mesmo dia — incluindo Ludendorff e Hitler.[12]

Algumas horas após a preleção, quando caiu a noite em Munique, Weiss, Müller e Tröbst visitaram Friedrich Weber, o líder político do Bund Oberland e genro do editor pangermânico Julius Friedrich Lehmann, para compartilhar seu plano com ele. Inicialmente, o esbelto líder do Oberland não se convenceu dos méritos da ideia. Por um lado, Weber ainda não sabia o que pensar de Hitler e seu partido, e continuava desconfiado do líder nacional-socialista; por outro, Weber ainda pensava que podia atrair Kahr para apoiar o golpe e, assim, tornar o governo bávaro uma parte da solução para o problema.[13]

Mas as coisas se inclinaram inesperadamente a favor dos visitantes: Adolf Hitler surgiu sem avisar. Tröbst notou que ele parecia nervoso e visivelmente "muito descontente". Como se veria, a desconfiança entre os líderes do Oberland e Hitler era mútua. Havia meses que Hitler vinha tentando tornar-se o chefe do campo nacionalista em Munique e em outros lugares, mas estava bem cônscio de que suas ambições não correspondiam à realidade (ainda), e que tinha uma reputação de não ser mais que palavras vazias. Também claramente preocupado porque a janela de oportunidade para um golpe não permaneceria aberta por muito mais tempo, Hitler concluiu que teria de aumentar a aposta ou perder tudo. Ele disse a Weber e seus visitantes: "Eu mal sei o que mais dizer às pessoas que vêm às nossas reuniões. Estou bastante cansado dessa porcaria."

A jogada de Hitler ao aumentar as apostas trouxe recompensas. No fim das contas, tanto Hitler como os líderes do Oberland teriam preferido entrar em ação mais cedo, mas cada lado ainda conservava a insegurança quanto aos sentimentos e às intenções do outro. Uma vez que perceberam que todos queriam a mesma coisa — uma remoção do acordo político existente, o mais rápido possível —, Hitler expôs seu próprio plano posteriormente naquela noite.[14]

A desconfiança entre Friedrich Weber e Hitler quase certamente era alimentada pela relutância deste último em se envolver de perto com Lehmann e outros pangermânicos. O legado de ressentimento de Hitler contra Karl Harrer e aqueles que apoiavam um projeto Thule para o DAP/NSDAP impediu uma cooperação prévia e, portanto, atravessou o caminho de um planejamento melhor e mais realista para o golpe. Seria somente no ano seguinte — 1924, quando os dois ficariam presos juntos — que Friedrich Weber se tornaria amigo de Hitler.[15]

Tröbst gostou de finalmente poder observar Hitler de perto, compensando a reunião abortada de setembro. Ele ficou entusiasmado por Hitler se juntar à sua causa.[16] Dois dias depois, na sexta-feira, 2 de novembro, Tröbst encontrou Hitler novamente em uma reunião de líderes do Oberland no escritório do capitão von Müller, que era dono de uma pequena empresa de cinema em Munique. Hitler o exortou a agir sem mais demora, porque, como Tröbst relatou três meses mais tarde, "ele próprio [i.e., Hitler] quase já não tinha força suficiente; seu grupo estava a ponto de desmoronar e as finanças de seu partido, quase esgotadas". No início de novembro, Hitler era impulsionado em iguais medidas por megalomania e desespero. Tröbst, entretanto, não podia evitar o sentimento de que "Hitler era motivado, de certa forma, por interesses pessoais porque, de uma hora para a outra, ele declarou: 'Vocês não precisam pensar que simplesmente vou me levantar e sair; algo vai acontecer primeiro!'"[17] Como tantas vezes antes e depois, Hitler apresentaria uma situação enfrentada como uma proposição de "tudo ou nada", e incitaria os conspiradores a não cobrir suas apostas, mas em colocar todas as fichas em aproveitar o momento. E mesmo agora o velho medo de Hitler, de ser novamente um ninguém que não tinha para onde ir, transpareceria em suas declarações naquela noite, no escritório de Müller.

Tröbst percebeu que Hitler estava tentando manipulá-lo, mas não se importou em absoluto, pois o plano do líder do NSDAP "alimentava perfeitamente o nosso próprio plano, que foi refinado durante o curso do dia". Ou seja, Tröbst e seus coconspiradores não viam Hitler como seu líder, mas sim como um meio perfeito para promover seus próprios objetivos. Tröbst ficou particularmente impressionado com o talento

O *PUTSCH* DE LUDENDORFF

de Hitler para a oratória: "Era um prazer ouvi-lo", ele relembrou três meses depois. "Imagens e analogias simplesmente brotavam dele, e de repente eu entendi o que Ludendorff quis dizer quando afirmou que, em Hitler, tínhamos o mais brilhante e bem-sucedido agitador da Alemanha. Sua imagem da 'mosca bêbada' realmente era extraordinária: uma mosca intoxicada que se deita de costas e se sacode e não pode erguer-se de novo — essa mosca era o governo imperial de Berlim."[18]

Hitler ainda não confiava o bastante em Weber, Tröbst, Weiss e Müller para lhes revelar que, dois dias depois, no domingo, 4 de novembro, um golpe planejado por Erich Ludendorff, pelo líder pró-nazista Hermann Kriebel e por ele próprio aconteceria durante a inauguração do monumento aos 13 mil mortos de Munique na Primeira Guerra Mundial, erguido ao lado do Museu do Exército, atrás do Hofgarten. O evento apresentaria todas as unidades militares com base em Munique, grupos paramilitares e grupos estudantis, bem como a elite política da Baviera.

O plano era que Hitler subisse as escadas do museu depois que todos os discursos oficiais fossem proferidos, e confrontasse os membros do governo bávaro. A ideia era que ele perguntasse a Kahr, para que todos ouvissem, por que era impossível comprar pão em qualquer lugar, mesmo com as padarias plenamente abastecidas de farinha. No caos que se seguiria, Ludendorff, Kriebel e Hitler tinham de abordar os grupos militares e paramilitares presentes e levá-los a prender o governo atual e proclamar um novo governo na mesma hora.

Mas, em 4 de novembro, as coisas aconteceram de forma diferente: a população de Munique não reagiu nem da maneira patriótica que o governo tinha em mente, nem com o espírito que os golpistas esperavam. Tröbst ficou surpreso ao perceber como pouquíssimas pessoas em Munique ostentavam bandeiras do lado de fora de suas casas, apesar de ter sido convocadas a fazer isso. No evento memorial, o público também já estava desabafando seu próprio descontentamento. Tröbst ouvia as pessoas dizendo: "Bem, se os mortos ouvirem todos esses discursos, vão se revirar em seus túmulos." Outros diziam: "Por que Kahr não pode finalmente conseguir pão para todo mundo, em vez de se envolver em celebrações o tempo todo?"[19]

Além disso, e mais importante, Ludendorff não estava presente, para surpresa geral. Por cálculo ou coincidência, a polícia do estado da Baviera não foi buscá-lo para o evento, como planejado.[20] Não passou pela mente dos potenciais golpistas que esse comportamento podia ser um teste de como a polícia se posicionaria diante de um possível golpe. Os conspiradores, convencidos de que ainda tinham o apoio de todos que importavam, decidiram não abandonar seus planos e tentar novamente em outro dia.

Na noite de domingo, Tröbst participou de uma sessão espírita na casa de sua cunhada Dorothee, que tentava convocar entidades e adivinhar o futuro em uma sala escura. No entanto, em última análise, ele decidiu não deixar o futuro para os espíritos, e passou os dias seguintes incitando seus associados a atacar o mais rápido possível, especialmente porque a situação econômica estava tomando uma drástica guinada para pior. Os 138 milhões de marcos que lhe haviam comprado um bilhete de trem do norte da Alemanha para Munique na semana anterior eram inúteis agora, com o preço de meio quilo de pão alcançando 36 bilhões de marcos. Mulheres bem-vestidas eram vistas mendigando nas ruas de Munique. Como Tröbst recordou, alguns líderes do Oberland disseram a Weber: "A menos que eles entrem em ação logo, não será mais possível saber a diferença entre comunistas e pessoas passando fome."[21]

Na quarta-feira, 7 de novembro, Weber entregou a Tröbst uma passagem de trem e um trilhão de marcos, e pediu, em nome de Ludendorff, que ele fizesse imediatamente seu caminho para Berlim ou "Neu-Jerusalem" (Nova Jerusalém), como Tröbst desdenhosamente chamava a capital da Alemanha, devido ao suposto poder local dos judeus. Sua tarefa era cooptar círculos nacionalistas da cidade para o golpe em Munique e, assim, facilitar a propagação do golpe para Berlim. No entanto, uma vez na capital da Alemanha, apenas uma das figuras de direita com quem Tröbst se reunira estava disposta a ir com ele para Munique.[22] Como o episódio revela, Ludendorff, Hitler e seus coconspiradores estavam iludidos sobre os níveis de apoio de que gozavam nacionalmente.

* * *

O *PUTSCH* DE LUDENDORFF

Em 8 de novembro, Hitler acreditava que havia chegado o momento de atacar imediatamente e começar seu golpe. Por volta das 20h45, sem ter-se aliado suficientemente aos outros grupos de quem ele esperava participação, Hitler e seus seguidores invadiram um evento totalmente lotado na cervejaria Bürgerbräukeller, onde Kahr estava falando e que contava com quase toda a elite política da Baviera. Hitler disparou um tiro para o alto e declarou que a revolução nacional havia começado.[23]

Ele imaginou que Kahr apoiaria uma revolução nacional liderada pelos nacional-socialistas se lhe fosse apresentada como um fato consumado. E, de fato, sob o impacto dos acontecimentos que se desenrolavam, Kahr e seus principais assessores, o coronel Hans Ritter von Seisser e o general Otto von Lossow, inicialmente expressaram seu apoio à revolução. Mas em poucas horas eles voltaram atrás e instruíram as autoridades do estado da Baviera a tomar medidas para acabar com o golpe. De dentro da Bürgerbräukeller, o chefe de polícia de Munique, Karl Mantel, já havia tentado em vão alertar a força policial sobre o golpe, para que pudesse tomar medidas imediatas contra Hitler. As autoridades agiram com rapidez para banir o NSDAP naquela mesma noite. O golpe havia fracassado.[24]

Como era de se esperar, Kahr e outros queriam ter utilizado Hitler para promover seus próprios objetivos, e não para ser usados por um novato como ele. Naquela época, Hitler não era o messias de ninguém entre o *establishment* político e social de Munique. Melanie Lehmann, a esposa do editor Lehmann, escreveria para Erich Ludendorff que tinha sido um "erro de Hitler julgar mal o quão intimamente Kahr era ligado ao Partido Central [isto é, o Partido Popular da Baviera] e o quão poderoso ele era".[25]

Mesmo antes da decisão de Kahr de retirar seu apoio ao golpe, entrou em ação o general Friedrich Kress von Kressenstein, que durante a Primeira Guerra Mundial salvou a comunidade judaica de Jerusalém ao intervir contra uma ordem de deportação otomana, agora vice-comandante das unidades do Reichswehr baseadas na Baviera. Ele baixou um édito em que preconizava que qualquer ordem proveniente de seu superior, Otto von Lossow, deveria ser interpretada como nula e emitida sob coação.[26]

Apesar do golpe ter sido um fracasso colossal, Hitler, Ludendorff e seus apoiadores não aceitariam a derrota. Não querendo se retirar sem embarcar em uma última tentativa de reverter sua sorte, eles decidiram marchar no dia seguinte pelo centro de Munique até o edifício do antigo Ministério da Guerra, na esperança de cooptar assim a liderança do Reichswehr da Baviera para participar do golpe. Muitos nacionalistas de Munique se juntaram a Hitler naquele dia. Mesmo Paul Oestreicher, um pediatra judeu convertido ao protestantismo e veterano do Freikorps Bamberg, quis juntar-se à marcha na crença aparente de que o antissemitismo de Hitler não tinha realmente uma motivação racial. Foi apenas a pedido de um dos seus colegas, que temia como os nacional-socialistas reagiriam à presença de alguém de ascendência judaica entre seus números, que ele abandonou seu plano no último minuto.[27] Talvez teria sido seguro para Oestreicher juntar-se aos eventos do dia, pois a marcha contou com Erich Bleser, que, segundo os critérios nazistas da década de 1930, era "metade judeu", e ainda assim era membro tanto do NSDAP como da SA. Apesar de receber uma medalha da Ordem do Sangue como um veterano do *putsch*, em 1938 a Gestapo perseguiria Rosa, sua mãe, que cometeria suicídio como resultado.[28]

Apesar do afluxo de novos apoiadores, Hitler, Ludendorff e seus seguidores nunca chegaram ao Ministério da Guerra. Enquanto marchavam ao longo da Residenzstrasse e estavam prestes a sair na Odeonsplatz, subitamente viram à sua frente uma unidade da polícia bávara sob a liderança de Michael von Godin. Assim como no caso do seu colega do Regimento Leib, Anton von Arco — o assassino do líder da revolução da Baviera, Kurt Eisner —, Godin estava igualmente preparado para tomar medidas contra Hitler e Eisner. Nunca ficou claro quem atirou primeiro, mas seguiu-se um tiroteio que deixou quinze golpistas e quatro policiais mortos. Erwin von Scheubner-Richter, que marchava bem ao lado de Hitler, estava entre os mortos. Hitler foi puxado para o chão por Erwin, o que deslocou seu braço, mas salvou sua vida. Seu guarda-costas, Ulrich Graf, então o escudou do tiroteio com seu corpo. Crivado por balas, Graf milagrosamente sobreviveu para contar a história, mas pelo resto de sua vida os projéteis permaneceram alojados em sua cabeça, pois não puderam ser removidos. Quando o tiroteio finalmente cessou, dois dos homens de Hitler, um jovem médico e um enfermeiro, levantaram o líder ferido dos nacional-socialistas do chão, levaram-no rapidamente para a retaguarda, colocaram-no em um dos carros abertos que tinham seguido a marcha e partiram o mais rápido possível.[29]

Quase um século depois, devido às suas consequências a longo prazo, o golpe parece um evento monumental. No entanto, na realidade, o que ocorreu em Odeonsplatz foi bastante localizado. Mais ou menos no mesmo momento em que foram trocados tiros entre a polícia e os golpistas, Helene Hanfstaengl, amiga de Hitler, tomava um bonde ao longo da Barerstrasse, a apenas três quarteirões do lado oeste da Odeonsplatz, totalmente alheia ao que estava acontecendo. Ela passou 20 minutos esperando na estação de Munique, e depois partiu em um bonde para Uffing, sem perceber o que ocorria em outros lugares no centro de Munique ou o que logo se seguiria.[30]

* * *

O médico e o enfermeiro que levaram Hitler para a segurança tentaram fugir com ele para a Áustria. No entanto, pouco antes de chegar aos Alpes, o carro quebrou — um evento de consequências históricas mundiais.[31] Se Hitler tivesse alcançado a fronteira austríaca, não teria havido julgamento nem prisão em Landsberg, e, mais provavelmente, ele hoje não seria mais que uma nota de rodapé da história.

Ao perceber que estavam nas proximidades de Uffing am Staffelsee, Hitler sugeriu que se escondessem em uma floresta próxima até o anoitecer e, em seguida, fizessem seu caminho para a casa dos Hanfstaengl sob a cobertura da noite. Quando finalmente chegaram à casa e Helene Hanfstaengl abriu a porta para eles, ela deixou entrar um Hitler pálido e coberto de lama.[32]

Hitler passou a noite e a madrugada em uma excitação febril, mas, enfim, conseguiu descansar um pouco. Ao acordar no dia seguinte, um sábado, 10 de novembro, ele decidiu que tinha de continuar sua fuga para a Áustria. Solicitou que o enfermeiro voltasse de trem para Munique e pedisse aos Bechstein — proprietários berlinenses de uma fábrica de pianos e apoiadores próximos de Hitler, que estavam na Baviera no momento — que entregassem seu carro para Max Amann, o diretor-executivo do NSDAP, para que Amann fosse buscá-lo e o levasse através da fronteira para a Áustria.[33] Em sua hora de maior necessidade, Hitler então decidiu contar com as duas Helenes, a "garota alemã de Nova York" e sua defensora mais próxima de Berlim, em vez de seus associados de Munique. Durante um dia e meio, ele esperou com impaciência pela chegada do carro de Bechstein. Sem que soubesse, os Bechstein faziam um passeio pelo campo, razão pela qual seu pedido os alcançou com muito atraso. No domingo à tarde, Amann conseguiu deixar Munique de carro — porém, um esquadrão encarregado de prender Hitler fez o mesmo.

Enquanto isso, Hitler andava de um lado para o outro da sala de Helene Hanfstaengl, vestindo o roupão azul-escuro do marido dela porque já não podia vestir o paletó de seu terno por conta do braço deslocado. Ele alternava entre andar de forma silenciosa, acabrunhado, e expressar sua preocupação com o destino de seus companheiros no golpe, dizendo a Helene que, da próxima vez, ele faria tudo diferente. Estava cada vez mais preocupado, porque não lhe chegavam notícias sobre o paradeiro do carro de Bechstein, e porque talvez o carro não alcançasse Uffing a tempo para sua fuga através das montanhas para a Áustria.

Logo após as 5 da tarde, o telefone tocou. Era a sogra de Helene, chamando de sua casa nas proximidades. Ela ligou para informá-la que sua casa estava sendo revistada naquele mesmo momento, em busca de Hitler, e que o esquadrão avançaria para a casa de Helene a qualquer minuto. Helene deu a má notícia a Hitler, diante da qual ele perdeu a cabeça por completo. Atirando as mãos ao ar, e exclamando "Agora tudo está perdido, não adianta continuar!", ele se virou com um movimento rápido para o gabinete sobre o qual havia colocado seu revólver no início da tarde. Então empunhou a arma e a apontou para sua cabeça. Helene, no entanto, manteve a calma. Ela se adiantou tranquilamente e tomou-lhe a arma sem o uso de qualquer força, perguntando o que ele pensava que estava fazendo. Como podia desistir diante de um primeiro revés? Ela lhe disse para pensar em todos os seguidores que acreditavam nele e em sua ideia de salvar o país, e que perderiam toda a fé se ele os abandonasse agora, diante do que Hitler afundou em uma cadeira. Ele enterrou a cabeça nas mãos, sentado, imóvel, enquanto Helene rapidamente escondia o revólver em um cesto de farinha.[34]

O *PUTSCH* DE LUDENDORFF

Independentemente de Hitler ter de fato contemplado o suicídio ou não, seu comportamento revela quão sombrio era seu estado de espírito no rastro do golpe fracassado. Uma vez que Helene conseguiu acalmá-lo, disse-lhe que ele deveria instruí-la sobre o que fazer após sua inevitável prisão. Ela anotou em um caderno o que Hitler queria que seus seguidores e seu advogado fizessem. Pensando rápido, ele teve de imaginar quais deles provavelmente tinham saído ilesos e não estavam presos, bem como elaborar um plano às pressas sobre como seu partido evitaria ser esvaziado como um balão na sequência do golpe de Estado fracassado.

Hitler disse a Helene que queria que Max Amann assegurasse que as finanças e os negócios do partido seriam mantidos em ordem. Alfred Rosenberg cuidaria do jornal do NSDAP, o *Völkischer Beobachter*; o marido de Helene usaria suas conexões estrangeiras para levantar o jornal. Enquanto isso, Rudolf Buttmann — o nacionalista que ensaiou a derrubada da liderança revolucionária da Baviera no inverno de 1918-1919 e que desde então se aproximara mais e mais de Hitler — e o colaborador de longa data de Hitler, Hermann Esser, ficariam incumbidos de seguir com as operações políticas do partido, ao passo que Helene Bechstein seria convidada a continuar seu generoso investimento no NSDAP. Hitler então assinou rapidamente as ordens e depois Helene colocou o caderno também no cesto de farinha.[35]

Por volta das 18h, o esquadrão chegou à casa de Helene Hanfstaengl. Soldados, policiais e cães farejadores cercaram o lugar, e Hitler foi preso e levado para uma prisão nas proximidades, em Weilheim, ainda usando o robe azul-escuro de Ernst Hanfstaengl. Uma hora mais tarde, e uma hora demasiadamente tarde, Amann, bastante aflito com o destino de *der Chef*, chegou à casa dos Hanfstaengl no carro de Bechstein. Embora não houvesse chegado a tempo, ele ficou aliviado e muito feliz ao ouvir que Hitler estava "seguro". Amann disse a Helene que, como Hitler já ameaçara matar-se diante de seus companheiros do nacional-socialismo mais de uma vez, temeu que seu chefe houvesse tirado a própria vida.[36]

Logo Hitler foi transferido para a fortaleza de Landsberg, uma prisão moderna a mais ou menos 65 km a oeste de Munique. Não era uma fortaleza militar, pois o termo *fortaleza* nesse contexto apenas indica uma prisão para condenados por alta traição. Em Landsberg, ele foi colocado pela primeira vez sob custódia e, posteriormente, aguardou seu julgamento. Logo após sua chegada, um médico o examinou, observando detalhes do braço deslocado de Hitler e também um defeito de nascença, uma "criptorquidia na lateral direita" — isto é, um testículo direito atrofiado.[37] O defeito de nascimento de Hitler viria a ser objeto de uma canção satírica popular na Grã-Bretanha, "Hitler só tem uma bola". (Até hoje não se sabe como a notícia do fato chegou até a Inglaterra.) É possível que o defeito de nascença explique por que, pelo resto de sua vida, Hitler ficaria relutante em se despir mesmo diante de um médico,[38] e por que, por muitos anos, ele não esteve disposto a entrar em relacionamentos íntimos com mulheres. No início de 1920, ele passava tanto tempo com Jenny Haug, uma emigrada austríaca de Munique como ele, que todos pensavam que os dois estavam envolvidos. Pelas costas de Hitler, as pessoas se referiam a Jenny como sua noiva. Eles até comemoraram o Natal de 1922 juntos. Ainda assim, sua relação provavelmente não tomou mais que uma forma romântica inocente.[39]

* * *

Para Hitler, tudo parecia perdido em Landsberg. A princípio, ele se recusou a dar testemunho e iniciou uma greve de fome, durante a qual perdeu 5 kg. Ao que parece, ele temia voltar a ser um ninguém. Apesar de sua campanha no início do ano para impulsionar seu perfil nacional, para a maioria dos alemães Hitler permanecera sem rosto.

Além disso, aos olhos do público, o que tinha acabado de ocorrer era um "*putsch* de Ludendorff", em vez de um "*putsch* de Hitler". Na distante Renânia, Joseph Goebbels escreveu em seu diário no dia após o evento: "Na Baviera, um golpe dos nacionalistas. Mais uma vez, Ludendorff 'por acaso saiu a passeio'."[40] A forma como as pessoas falavam de ou escreviam sobre Hitler entre 9 de novembro e o início de seu julgamento no final de fevereiro também demonstra que, apesar de seus esforços para passar de arauto a líder aos olhos do público, ele não era visto como a força motriz por trás do golpe, muito menos como futuro líder da Alemanha.

Em dezembro de 1923, Melanie Lehmann chegou à conclusão de que, se o golpe tivesse obtido êxito, teria sido criada para Hitler uma posição "que lhe proporcionaria a oportunidade de provar que era capaz de realizar algo extraordinário". Seu marido apresentou um argumento similar em uma carta a Gustav von Kahr: "Em Hitler, vi um homem que, através de seus talentos brilhantes em certos domínios, estava destinado a ser aquele 'arauto' que Lloyd George certa vez afirmou que a Alemanha não possuía. Por essa razão, eu teria gostado de dar a ele um posto que lhe permitisse colocar seus dons extraordinários a serviço da Pátria."[41]

No inverno de 1923/1924, quase ninguém acreditava que Hitler seria o líder da Alemanha, mesmo que lhe restasse algum futuro político. Melanie Lehmann escreveu em seu diário, em 25 de novembro de 1923, que tinha esperanças de que Hitler acabasse por voltar e trabalhar "sob a liderança de alguém maior que ele". Hans Tröbst também via Hitler, em fevereiro de 1923, não como "um líder, mas um fantástico agitador", que abriria o caminho "para alguém ainda mais grandioso que ele".[42]

Hitler ficou deprimido por semanas, mas, no ano-novo, ele começou a ver a luz no fim do túnel. Como concluiu um relatório psicológico a seu respeito, datado de 8 de janeiro de 1924, "Hitler está cheio de entusiasmo com a ideia de uma Alemanha maior, unida, e se encontra com temperamento alegre". Em particular, a morte do líder bolchevique russo Lenin, em 21 de fevereiro, levantou seu ânimo. Hitler agora esperava o colapso iminente da União Soviética.[43] Finalmente, o objetivo político sobre o qual ele tantas vezes falara com Erwin von Scheubner-Richter parecia estar ao alcance: uma aliança permanente entre uma Alemanha *völkisch* e uma Rússia monarquista. Como Scheubner-Richter escrevera em um artigo publicado em 9 de novembro de 1923, o dia em que foi morto a tiros, "A Alemanha nacional e a Rússia nacional devem encontrar um caminho comum para o futuro e [...] é, portanto, necessário que os círculos *völkisch* de ambos os países se encontrem hoje".[44]

Cinco dias depois da morte de Lenin, o julgamento de Hitler começou no Tribunal Popular, que se reuniu no edifício da Escola Central de Infantaria na rua Blutenburg, no centro de Munique. Durante o julgamento, que duraria até 27 de março, Hitler foi um entre dez réus, dos quais apenas um nascera na cidade. Dos nove restantes, nenhum era nativo do sul da Baviera.[45] Durante o processo judicial, as coisas começaram a virar a favor de Hitler. Nas cinco semanas de duração de seu julgamento, o golpe fracassado se metamorfoseou retrospectivamente de um *putsch* de Ludendorff em um *putsch* de Hitler. Na verdade, seu julgamento foi muito mais transformador para Hitler do que seria a publicação de *Mein Kampf*, uma vez que lhe proporcionou um palco de alcance nacional, onde ele pôde expressar suas ideias políticas. Até o momento do fracassado golpe, Hitler permanecera muito à sombra de Ludendorff, particularmente fora de Munique, por mais que se esforçasse em impulsionar seu perfil com a publicação de seu livro e a revogação da proibição de ser fotografado. As pessoas que vinham defendendo um golpe no outono de 1923 consideravam Ludendorff seu futuro líder e Hitler apenas um assessor do general. Com o julgamento, no entanto, Hitler foi transformado de assessor[46] e político local à pessoa que ele sempre quis ser — uma figura com um perfil nacional (ver imagem 18).

Como ele conseguiu isso? Hitler habilmente utilizou suas aparições no tribunal para se colocar na tradição de Kemal Pasha e Benito Mussolini, argumentando que, assim como haviam feito na Turquia e na Itália, ele havia cometido alta traição a fim de "libertar" a Alemanha.[47] Ao que parece, foi só quando começou seu julgamento que ele percebeu a oportunidade que o evento lhe oferecia.

Inicialmente, Hitler tentou usar suas aparições no tribunal para chamar atenção para o envolvimento do *establishment* da Baviera e de seus coconspiradores em planos para derrubar o governo. No entanto, todas as outras pessoas tinham interesse próprio em minimizar seu próprio envolvimento e em fazer de Hitler um bode expiatório, exagerando o papel que o líder do NSDAP supostamente havia desempenhado. Por fim, ele abraçou a versão dos acontecimentos que todo mundo tentava contar, uma vez que lhe permitia apresentar-se como uma figura muito mais central do que realmente fora. É por isso que hoje os eventos de 9 de novembro de 1923 são conhecidos como o "*putsch* de Hitler", não como o "*putsch* de Ludendorff", como os contemporâneos inicialmente chamaram o golpe. Uma vez que Hitler explorou com brilhantismo o palco que lhe foi oferecido no julgamento, ele se tornou um nome familiar em toda a Alemanha. Pessoas de todo o país foram tocadas pela declaração de Hitler no tribunal de que, após sua inevitável condenação e seu tempo de prisão, ele decolaria exatamente de onde tinha sido forçado a parar no 9 de novembro.[48]

O *PUTSCH* DE LUDENDORFF 349

Hitler acrescentou: "O Exército que formamos cresce a cada dia; cresce mais rápido a cada hora. Mesmo agora, tenho a orgulhosa esperança de que um dia chegue o momento em que esses bandos destreinados [ferozes] cresçam até se tornar batalhões, os batalhões em regimentos, e os regimentos em divisões [...]; e a reconciliação virá naquela última e eterna corte de Justiça, a corte de Deus, diante da qual estamos prontos para tomar nossa posição. Em seguida, de nossos ossos, de nossas sepulturas, ressoará a voz daquele tribunal, o único que tem o direito de nos julgar." Hitler disse aos juízes: "Vocês podem declarar-nos culpados mil vezes, mas a Deusa que preside com um sorriso a Corte Eterna da História fará em pedaços a acusação do Ministério Público e o veredito deste tribunal. Pois ela nos absolve."[49]

A dimensão que o julgamento de Hitler deu a sua imagem pública e ao seu perfil nacional, transformando-o, pode ser entendida a partir do diário de Goebbels. Goebbels se referiu apenas a Ludendorff quando narrou o golpe em seu diário, em novembro, e elogiou Lenin em sua morte, ao passo que mencionaria "Hitler e o movimento nacional-socialista" pela primeira vez somente em 13 de março de 1924, observando que estava entusiasmado com a combinação de "Socialismo e Cristo" do nacional-socialismo, por sua rejeição ao "materialismo", bem como por seus "fundamentos éticos".[50] Ao longo dos nove dias seguintes, enquanto o julgamento de Hitler prosseguia, cada uma das anotações do diário o mencionou, pois Goebbels vinha tentando aprender o máximo possível sobre Hitler durante aquele período.[51]

Em 20 de março de 1924, no final da quarta semana do julgamento de Hitler e apenas uma semana depois de mencioná-lo em seu diário pela primeira vez, Goebbels o definiu como um messias em palavras semelhantes àquelas que ele usaria mais ou menos consistentemente no 21 anos seguintes. Ele celebrava Hitler como "um idealista cheio de entusiasmo", alguém "que daria ao povo alemão uma nova esperança" e cuja "vontade" encontraria um caminho para o êxito. Em 22 de março de 1924, Goebbels registrou que não conseguia deixar de pensar sobre Hitler. Para ele, não havia ninguém como Hitler na Alemanha. Ele era, para Goebbels, "o mais fervoroso [*glühendster*] alemão".[52]

A história de golpe de Hitler é uma história de imprudência, megalomania e fracasso espetacular. Sua estratégia para impulsionar seu perfil nacional foi astuta; logo, porém, as coisas saíram dos trilhos. Sua tentativa de liderar uma revolução bávara que seria levada para Berlim fracassou do início ao fim. Ele pensou em se matar, mas não chegou às vias de fato. No entanto, na derrota, Hitler conseguiu realizar o que falhara em fazer quando acreditava estar em ascensão. Sua campanha em fotos e livro, publicado sob o nome de Koerber, chegara tarde demais para lhe dar um perfil nacional a tempo do golpe. Mas seu julgamento conseguiu realizar exatamente isso; ele o catapultou para a fama nacional. No primeiro dia, Hitler era um réu no julgamento de Ludendorff, que, no instante de sua condenação, já se convertera no "julgamento de Hitler". Do ponto de vista de Hitler, no entanto, seu triunfo foi agridoce, pois ele estava prestes a ser trancafiado por um tempo considerável.

Em 1º de abril de 1924, Hitler foi condenado a uma pena de cinco anos na fortaleza de Landsberg, onde ficaria fora das vistas e dos ouvidos do público. Toda a expectativa era de que o julgamento desse a Hitler seus quinze minutos de fama, que logo desapareceriam ao longo do tempo conforme outras figuras políticas proeminentes surgissem na direita populista.

14

Lebensraum

(Primavera de 1924 a 1926)

C ontra todas as expectativas, enquanto esteve preso a estrela de Hitler não se apagou. Ele logo se tornou personagem de lendas, granjeando admiração. As pessoas começaram a vê-lo como o tribuno do povo encarcerado por trás das grossas paredes da fortaleza de Landsberg. Foi então que a alta sociedade de Munique começou a se interessar por ele. Elsa Bruckmann, que não conhecia Hitler antes do golpe, agora o bombardeava com cartas, livros e pacotes de comida e guloseimas, assim como faziam muitos outros. Em meados de maio, Rudolf Hess, que foi preso junto com Hitler, informou que Hitler já não parecia emaciado. Segundo Hess, ele parecia realmente bem devido não só a todo o sono e o exercício que fazia, mas também pela chegada quase constante de pacotes cheios de bolos, picles mistos, salsichas e alimentos enlatados.[1] Kurt Lüdecke — um dos mais ardentes apoiadores de Hitler no início da década de 1920 — recordou de sua visita a Landsberg que ele prosperara em cativeiro: "Usava bermudas de couro e uma jaqueta tirolesa, a camisa aberta no pescoço. Suas bochechas luziam com uma vermelhidão saudável, e seus olhos brilhavam. Ele parecia melhor fisicamente, e mais feliz do que eu jamais o vira antes. Landsberg fez muito bem a ele!"[2]

Elsa Bruckmann também fez duas visitas a Hitler. Ela recordaria posteriormente sua primeira visita: a caminho de Landsberg, seu coração "retumbava com o pensamento de agradecer face a face o homem que despertou a mim e a tantos outros, e que nos mostrou mais uma vez a luz na escuridão e o caminho que levaria à luz". Na fortaleza, Hitler a cumprimentou "no traje bávaro e com um casaco de linho amarelo". Ela ficou apaixonada pelo homem vestido no traje *lederhosen*. Ele era "simples, natural, um cavalheiro, com um olhar límpido!". Nos poucos minutos que Elsa e Hitler passaram juntos, ela transmitiu saudações de estudantes que tinham participado do golpe fracassado, bem como de Houston Stewart Chamberlain. Antes de sair, Elsa disse a Hitler que "profunda lealdade o aguardava após sua libertação — lealdade até o último suspiro".

Durante os oito minutos que Elsa Bruckmann teve com Hitler em Landsberg, plantou-se a semente de um relacionamento fatídico que duraria duas décadas. Após a sua liberação antecipada em condicional, em 20 de dezembro de 1924, Elsa convidaria Hitler regularmente a seu salão e lhe abriria as portas da alta classe de Munique, que até então havia permanecido fechada para o líder dos nacional-socialistas.[3]

Bruckmann era apenas uma entre os muitos visitantes que asseguraram a Hitler que ele não seria esquecido enquanto estava trancado no interior da Baviera. Ele quase presidia uma corte em Landsberg, uma vez que seu julgamento e sua condenação tinham feito dele uma misteriosa celebridade política. No total, 330 visitantes gastaram um total de 158 horas e 27 minutos com ele entre o momento da condenação e sua libertação. Claro, algumas das visitas eram de seus advogados, mas não a maioria: muitas eram de Helene e Edwin Bechstein, os mais ardorosos defensores de Hitler em Berlim, que passaram mais de dezoito horas com ele. Hermine Hoffmann, uma viúva dos subúrbios de Munique a quem Hitler chamava de sua "Mutter", visitou-o um total de sete vezes; até mesmo seu amado cão fora visitá-lo, pois sua senhoria, Maria Reichert, levou consigo o pastor-alemão. Outros visitantes incluíram seus associados políticos, bem como um de seus ex-comandantes regimentais. Mas Ernst Schmidt só apareceu uma vez — não exatamente um número elevado de visitas para alguém que tinha sido tão próximo de Hitler durante a guerra e em seu rastro. De maneira significativa, muitas visitas eram de admiradores recém-conquistados.

Até Angela, a meia-irmã de Hitler, visitou-o uma vez, no dia 17 de junho, para comemorar "sua" efeméride, o dia de Santo Adolfo. Gerente da cafeteria dos estudantes judeus de Viena, Angela inicialmente recusou-se a estar em contato com seu irmão após a prisão. Como Otto Leybold, o diretor da fortaleza de Landsberg, recordou em suas anotações privadas no final de 1923, as duas irmãs de Hitler "não queriam receber notícias da prisão porque não têm simpatia pela conduta antissemita de seu irmão, 'o maior líder antissemita alemão'". No entanto, mesmo agora, Hitler mantinha distância dos notáveis pangermânicos que outrora tinham sido tão próximos da Sociedade Thule e da visão de Karl Harrer para o Partido Nacional-Socialista dos Trabalhadores Alemães (NSDAP). Apesar das visitas bastante frequentes a seu genro, Friedrich Weber, que foi preso junto com Hitler, Julius Friedrich e Melanie Lehmann não se encontraram com Hitler.[4]

Por conta própria, é claro, seus visitantes teriam sido incapazes de manter Hitler no centro das atenções do público. Sua fama crescente resultou de dois outros fatores: primeiro, a surpreendente falta de outros líderes populistas de direita para ocupar seu lugar. Como resultado da luta interna constante e das brigas entre as figuras mais proeminentes, não emergiu um novo candidato sério para unir a direita radical. Em segundo lugar, Hitler escreveu outro livro na fortaleza de Landsberg, e dessa vez ele não se escondeu por trás de outro autor.

O tempo de Hitler em Landsberg foi na verdade mais importante pelo fato de que foi lá que ele começou a trabalhar em *Mein Kampf*, que seria publicado em dois volumes, respectivamente em julho de 1925 e no final de 1926. Inicialmente, ele planejou lançar o livro sob o título *4 ½ Jahre Kampf gegen Lüge, Dummheit und Feigheit: Eine Abrechnung* (4 ½ anos de luta contra as mentiras, idiotice e covardia: um acerto de contas) — uma referência tanto ao seu tempo no DAP/NSDAP como a seu serviço na guerra —, mas ele acabou encurtando o título para *Mein Kampf*. Hitler também se decidiu a não ventilar sua frustração contra aqueles que não o apoiaram ou que, em sua mente, traíram-no na preparação para o golpe. Na verdade, a única coisa que *Mein Kampf* não cobriu foi o golpe fracassado, quase certamente porque ele dependia da boa vontade daqueles com quem queria acertar contas — em outras palavras, a elite política e social da Baviera — para garantir sua libertação antecipada de Landsberg. Uma vez livre, Hitler provavelmente não queria correr o risco de ser colocado de novo atrás das grades, pois ainda estava em liberdade condicional, nem de ser deportado da Alemanha, uma vez que ainda não tinha cidadania alemã. O governo da Baviera de fato chegou a discutir, ainda em abril de 1924, de forma inconclusiva, se Hitler deveria ser deportado para a Áustria.[5]

O primeiro volume de *Mein Kampf*, que tem mais de quatrocentas páginas, constituiu um *Bildungsroman* autobiográfico semificcional de sua vida, desde seu nascimento, em 1889, até o momento da divulgação do programa do Partido dos Trabalhadores Alemães (DAP), em 1920. Nele, Hitler descreve como as experiências de sua infância e adolescência e na Primeira Guerra Mundial lhe revelaram como o mundo se sustentava nos bastidores. Ao fazê-lo, ele implicitamente se apresentava como um gênio que viera de baixo com extraordinárias qualidades inatas para compreender a arquitetura oculta do mundo. Ele não usou sua autobiografia para narrar experiências passadas da vida, como as autobiografias normalmente fazem; em vez disso, ele a usou como um manifesto do que pretendia fazer. O volume 1 de *Mein Kampf* foi concebido como um livro de revelação. Nele, Hitler explicou como traduziu suas revelações em prescrições para como a Alemanha e o mundo em geral tinham de ser reformados. Ele se apresentava como uma espécie de Cinderela masculina ou João de Ferro (o personagem de um dos contos de fadas dos Irmãos Grimm), como o menino de Braunau que salvaria a Alemanha por encontrar respostas para as perguntas sobre como aconteceu o 9 de novembro de 1918 — a data que significava tanto a derrota da Alemanha na Primeira Guerra Mundial como a eclosão da revolução — e quais lições políticas deveriam ser extraídas do colapso da Alemanha em novembro de 1918.[6]

Ainda que a autodramatização seja a essência da política,[7] o grau em que Hitler mentiu sobre sua própria vida em *Mein Kampf* é impressionante. Seu relato às vezes é de caráter quase fictício. No entanto, suas

LEBENSRAUM

mentiras constantes fazem todo o sentido porque seu objetivo era contar uma versão de sua vida que lhe permitisse extrair lições políticas que apoiavam suas crenças políticas em 1924. Assim, Hitler impiedosamente reinventou seu passado, de modo a contar histórias politicamente convenientes. Ele se apresentou como um produto típico de seu regimento da Primeira Guerra Mundial para reforçar a mensagem de que foi a guerra que o "fez" e que produziu o nacional-socialismo. Se ele admitisse que, mesmo sendo um soldado consciente, os homens nas trincheiras o viam como um *Etappenschwein* (um porco da retaguarda), a história de suas experiências da Primeira Guerra Mundial teria sido mais que politicamente inútil.[8]

Em contraste, o segundo volume era um manifesto político programático mais tradicional. Nele, Hitler essencialmente apresentava as mesmas ideias que já tinha desenvolvido no volume 1. No entanto, eram dispostas de uma forma mais detalhada e tomavam a forma de proclamações políticas, um gênero mais convencional. Havia também um foco maior em assuntos externos, pois Hitler escreveu o volume 2 de *Mein Kampf* em setembro e outubro de 1926, bem depois de sua libertação de Landsberg.[9] Ele foi para as montanhas próximas de Berchtesgaden para trabalhar no livro e o compôs em uma cabana junto à pousada onde visitou seu mentor, Dietrich Eckart, dois anos antes.

Eckart faleceu de um ataque cardíaco no 26 de dezembro de 1923. Ao escrever o segundo volume de *Mein Kampf*, Hitler se sentia tão próximo, intelectual e emocionalmente, de seu mentor, agora enterrado em um vale próximo, que ele dedicou o volume a Eckart.[10] E, no entanto, Eckart não aparece em *Mein Kampf*. Uma vez que Eckart morreu, Hitler pôde ignorar a insistência de seu mentor de que os judeus não eram realmente uma raça biológica e que a existência humana dependia do contraponto entre arianos e judeus. Eckart acreditava que um não podia existir sem o outro. Como ele escreveu em *Auf gut Deutsch* em 1919, "o fim de todos os tempos" viria "se o povo judeu perecesse".[11]

Havia uma razão ainda mais importante para a recusa de Hitler em mencionar Eckart em *Mein Kampf*. O fato de o seu mentor ter explicado o mundo para Hitler nos anos seguintes à Primeira Guerra Mundial teria contradito a história que Hitler tentava contar; ou seja, a história de um jovem soldado que, por virtude de seu gênio inato e de suas próprias experiências entre 1889 e 1918, atravessou uma epifania no fim da guerra no hospital militar de Pasewalk e, portanto, decidiu entrar na política e salvar a Alemanha.

Não é por acaso que os dois volumes de *Mein Kampf* muitas vezes usam referências a temas bíblicos. Embora não pudesse descrever a si mesmo como um "messias" de forma tão descarada como fez no livro publicado sob o nome de Koerber, Hitler o fez de uma forma mais sutil em *Mein Kampf*.[12]

Assim como foi desde o momento de sua politização e radicalização no verão de 1919, Hitler não se esforçou apenas por encontrar soluções políticas para os desafios do momento enquanto escrevia *Mein Kampf*. Em vez disso, seu objetivo era definir como a Alemanha poderia tornar-se segura por todos os tempos. Na verdade, ele usou repetidamente a frase "por todos os tempos" em *Mein Kampf*. Por exemplo, no volume 2, ele descreveu como "um dia [...] um povo de cidadãos dos Estados [pode surgir], ligados uns aos outros e forjados em conjunto por um amor e um orgulho comum, inabalável e invencível por todos os tempos".[13]

O livro de Hitler não era ilegível, porém extremamente prolixo; em essência, uma série de roteiros de discursos. Hitler era de fato um orador, não um escritor, ainda que nos anos anteriores ele afirmasse que era um escritor a cada vez que lhe pediam para descrever sua profissão. Em outras palavras, tinha claras aspirações a ser um escritor, mas seus talentos eram de orador. Sem sua performance e o apoio do poder de sua voz, muitos de seus capítulos resultam secos. Nem mesmo os leitores que eram defensores de Hitler chegaram exatamente a devorar o livro. Por exemplo, Joseph Goebbels começou a ler *Mein Kampf* em 10 de agosto de 1925. Naquele dia, ele escreveu em seu diário: "Eu estou lendo o livro de Hitler, abalado por esta confissão política." No entanto, o futuro ministro de propaganda de Hitler levaria um pouco mais de dois meses para terminar o livro.[14]

Mesmo que em *Mein Kampf* Hitler em geral não revelasse as fontes em que as ideias do livro eram baseadas, ele não tentou fingir e nunca fingiria que tudo era verdadeiramente original.[15] Por exemplo, na noite de 21/22 de julho de 1941, ele afirmaria em seu QG militar que "cada ser

LEBENSRAUM

humano é o produto de suas próprias ideias e das ideias dos outros". Não pretendia que seu livro fosse uma tese de doutorado, mas uma proclamação política ou manifesto. Não era incomum que políticos e líderes revolucionários não apresentassem suas referências em seus escritos. Mais importante, *Mein Kampf* não era dirigido a um público geral, mas tinha como objetivo pregar para os convertidos. Ele não estava tentando recrutar novos apoiadores a qualquer preço. Seu principal objetivo era abordar seus seguidores em um momento em que, uma vez preso, ele estava incapaz e proibido de lhes falar publicamente, para evitar ser posto de lado e substituído por outro.[16] Os leitores foram, assim, familiarizados com as ideias gerais das quais Hitler se alimentara no processo de definir e apresentar suas próprias convicções políticas. Teria sido inútil e redundante para ele expor em detalhes as fontes em que baseava suas próprias ideias.

* * *

A redação de *Mein Kampf* talvez tenha sido de importância crucial para Hitler por outro motivo, além de apenas manter contato com seus admiradores: pesquisar e escrever *Mein Kampf* enquanto esteve preso lhe deu tempo para pensar e reconsiderar seus objetivos políticos. Na noite de 3/4 de fevereiro de 1942, Hitler afirmaria que foi só durante a redação do livro que pensou por completo em muitas das coisas que já tinha propagado sem muita reflexão. Foi por meio de constante ponderação, acrescentou Hitler, que ele ganhou clareza em coisas sobre as quais até então só tivera um palpite. É por isso que Hitler retrospectivamente se refere a seu tempo em Landsberg como uma "formação universitária paga pelo Estado".[17]

Enquanto esteve na "universidade" de Landsberg, Hitler reavaliou suas respostas iniciais de 1919 para a questão de como uma Alemanha nova e sustentável podia ser erigida. Nesse processo, suas respostas e, portanto, sua ideologia mudaram radicalmente. É onde reside o real significado de *Mein Kampf.* Uma vez que o primeiro volume inicialmente vendeu de forma muito lenta e o segundo volume, quase nada,[18] a importância de

Mein Kampf durante a década de 1920 não esteve em seu impacto sobre os leitores, mas na forma como o processo de escrevê-lo transformou as ideias de Hitler fundamentalmente e sustentou sua metamorfose política.

Muito do que ele expressou em *Mein Kampf* estava, naturalmente, em linha também com o que dissera em seus muitos discursos entre 1919 e 1923. O primeiro volume também incluía uma discussão de como a propaganda política deve ser conduzida, que se baseava nas lições que ele extraiu da propaganda de guerra britânica e alemã. Muito embora essa discussão estivesse bem escrita e apresentasse a própria abordagem de Hitler do papel da propaganda na política, nada nela teria sido surpreendente para alguém familiarizado com seus discursos.

No entanto, ao escrever seu livro, Hitler também extraiu três lições políticas que lhe eram novas ou que anteriormente não tiveram destaque para ele. *Mein Kampf* importa principalmente devido a essas lições. Uma delas era que o uso da força para ganhar o poder já não era mais viável. Como Hitler recordaria durante a Segunda Guerra Mundial, por volta de 1924 o novo Estado se tornara muito estável e estava no controle firme da maioria das armas do país.[19] Como resultado, dali em diante ele buscaria um caminho legalista, parlamentar, e não revolucionário, rumo ao poder.

As outras duas lições teriam consequências ainda mais terríveis. Ele agora descartava as respostas que usara anteriormente para a questão de como criar uma nova Alemanha que nunca mais perderia uma grande guerra.[20] Suas novas respostas eram baseadas na teoria de *Lebensraum* (espaço vital) e nas ideias raciais de Hans Günther, o autor de *Rassenkunde des deutschen Volkes*, que seria o livro mais influente sobre teoria racial no Terceiro Reich.

Enquanto Erwin von Scheubner-Richter e Lenin estavam vivos, a aquisição de *Lebensraum* não desempenhara nenhum papel significativo no pensamento de Hitler. Mas, na sequência da morte de Lenin, tornou-se claro que Hitler estava errado em esperar um colapso iminente da União Soviética. Devido a essa percepção e seu reconhecimento de que os monarquistas russos seriam incapazes de lançar um golpe no futuro, a estratégia de segurança anterior de Hitler se tornara obsoleta. Não haveria nenhuma aliança germano-russa fascista-monarquista. É por isso que, em *Mein Kampf*, ele desenvolveu uma resposta radicalmente diferente para o dilema de segurança do país: em vez de formar uma aliança sustentável no leste, a Alemanha teria de adquirir, colonizar e subjugar novos territórios ali, de modo a tomar a hegemonia da massa territorial da Eurásia e, assim, estar segura para sempre.

De acordo com a compreensão de Hitler sobre assuntos internacionais — que ele acreditava que estavam passando por uma mudança fundamental —, a Alemanha precisava se expandir. Em linguagem que lembra a escrita militarista alemã anterior à Primeira Guerra Mundial, era uma questão de tudo ou nada para a sobrevivência nacional do país: "A Alemanha será uma potência mundial ou nada será."[21] Hitler argumentou que "o povo alemão pode defender seu futuro apenas sendo potência mundial", acrescentando: "Em uma época em que a terra está gradualmente sendo dividida entre Estados, alguns dos quais abrangem quase continentes inteiros, não se pode falar de uma estrutura como uma potência mundial cuja pátria mãe política é limitada à ridícula área de apenas 500 mil quilômetros quadrados."[22]

Foi nesse contexto que ele se deparou com o termo *Lebensraum*. Era um conceito cunhado por Karl Haushofer, professor e mentor de Rudolf Hess, que capturava aquilo que Hitler queria expressar de modo mais eficaz que *Bodenerwerb* (aquisição de terras), a palavra que ele ainda estava usando em suas anotações de junho de 1924 para *Mein Kampf*.[23] Hitler não se envolveu realmente com o trabalho de Haushofer e o quadro conceitual por trás do termo do professor. Em vez disso, ele foi atraído por *Lebensraum* porque a palavra dava um nome a algo em que ele vinha pensando enquanto tentava encontrar uma nova resposta para o dilema de segurança da Alemanha: os estados tinham de possuir território para alimentar sua população, a fim de evitar a emigração e ser suficientemente fortes em face de outros estados.[24] O termo não aparece muitas vezes em *Mein Kampf*. No entanto, é usado para responder esta questão central do livro de Hitler: como o dilema de segurança da Alemanha podia ser resolvido.

Como ele escreveu em *Mein Kampf*: "[O movimento nacional-socialista] deve, então, sem levar em conta 'tradições' e preconceitos, encontrar a coragem para reunir nosso povo e suas forças para uma marcha naquela estrada que leva para fora da presente constrição do nosso 'espaço vital', o domínio da vida, e, portanto, que também nos liberta permanentemente do perigo de desaparecer da terra ou ter de entrar no serviço dos outros como uma nação de escravos."[25]

Além disso, ele também escreveu: "Nós, nacional-socialistas, no entanto, devemos ir mais longe: o direito à terra e ao território deve tornar-se um dever, se o declínio parece destinado a uma grande nação a menos que ela estenda seu território. [...] Recomeçamos a partir do ponto de parada de seiscentos anos atrás. Encerramos o infinito impulso alemão para o sul e o oeste da Europa, e dirigimos nosso olhar para as terras do leste. Finalmente, terminamos a política colonial comercial do período pré--guerra e avançamos para a política territorial do futuro. Mas, se falamos de novo solo e território na Europa hoje, podemos pensar primeiramente apenas na Rússia e seus estados vassalos fronteiriços."[26]

Se a segurança da Alemanha só podia ser alcançada através da aquisição de *Lebensraum* no leste, já que a promessa do restabelecimento da Rússia nacionalista se desmanchou no ar, a Alemanha tinha de procurar alianças em outros lugares. Como Goebbels mencionou em seu diário, em 13 de abril de 1926, com base em sua leitura de *Mein Kampf*: "Itália e Inglaterra são nossos aliados. A Rússia quer nos devorar."[27]

O grande realinhamento de como Hitler via as grandes potências do mundo também resultou em uma mudança súbita em sua atitude para com a França. Considerando que, no primeiro volume de *Mein Kampf*, ele mal mencionava a vizinha a oeste da Alemanha, ele se referiu à França com muita frequência no segundo volume. De fato, as referências aumentaram em quase 1.400%. A França agora era apresentada em termos de uma ameaça fundamental à segurança da Alemanha.[28] Como o objetivo de Hitler era alcançar a paridade com o mundo anglo-americano, e ele já não acreditava em uma aliança russo-alemã, considerava imperativo que a Alemanha se tornasse a potência hegemônica da Europa. Assim, não foi uma grande surpresa que a disposição de Hitler contra a França e a Rússia — os dois países que geopoliticamente se colocavam no caminho da Alemanha para a hegemonia da Europa — tenha ganhado mais importância que antes. Curiosamente, a Polônia — o país que não encontraria paralelo em nenhum outro quanto à dureza com que seria tratado por Hitler na Segunda Guerra Mundial — quase não aparece em *Mein Kampf.* Naquela época, a Polônia mal parecia existir em seu mapa mental. Os sentimentos antieslávicos de Hitler não eram muito profundos — pelo menos não naquele momento —, pois a Polônia não era um jogador importante nos assuntos internacionais e, portanto, na mente de Hitler, não representava uma ameaça à segurança nacional da Alemanha. A Polônia só importaria para ele nos anos seguintes como um fornecedor de território e recursos que ajudariam a tornar a Alemanha suficientemente grande para sobreviver em um mundo em rápida mudança. Não é, portanto, motivo de espanto que, às vésperas da Segunda Guerra Mundial, quando Hitler compartilhou seus planos para a Polônia com seus generais, sua principal preocupação era como limpar o território polonês de seus habitantes, da mesma forma que o Império Otomano varrera os armênios durante a Primeira Guerra Mundial.

Em *Mein Kampf,* ao contrário do passado, Hitler também mostrava um profundo interesse pela teoria racial. Questões de tipologia racial não tinham grande presença em sua agenda antes do golpe. Embora a cópia do *Rassenkunde* de Hans Günther, que Julius Friedrich Lehmann enviou para ele em 1923, não carregue traços aparentes de ter sido lida, Hitler posteriormente se engajaria intimamente com ideias sobre tipologias raciais de Günther. No entanto, ignorou convenientemente que Günther realmente não acreditava que os judeus fossem uma raça.[29] Já não pode ser estabelecido sem dúvida razoável onde se originou o novo interesse em teoria racial de Hitler. No entanto, em um sentido temporal, sem dúvida é significativo que ele tenha abraçado ideias que lhe permitiam ver os eslavos como sub-humanos e definir o leste como um território para colonização no exato momento em que aquilo se tornava politicamente conveniente. Esse momento chegou quando Hitler começou a acreditar que uma aliança russo-alemã não era mais viável e, portanto, procurava uma nova solução para o dilema de segurança da Alemanha. Isso indica que a geopolítica superava a raça para ele; ou seja, na tentativa de encontrar uma solução para o drama geopolítico da Alemanha, estava fundamentalmente disposto a mudar o caráter de seu racismo. Naquele ponto no tempo, o racismo era meramente uma ferramenta para Hitler enfrentar o desafio geopolítico da Alemanha, de modo a tornar a Alemanha segura definitivamente.

A sequência em que Hitler escreveu os diferentes capítulos dos dois volumes de *Mein Kampf* de fato apoia a ideia de que, após a morte de Lenin, ele só mudou sua abordagem do racismo quando já não acreditava que seu sonho de uma aliança russo-alemã permanente se tornaria realidade. Ainda que as seções de seu capítulo sobre "Volk und Raum" (Povo e Espaço) — o capítulo do primeiro volume que lida mais explicitamente com raça —, que faziam uma abordagem histórica para explicar características judaicas, tenham sido elaboradas em 1922 ou 1923, a seção que demonstrava as ideias de Hitler sobre teoria racial só foi preparada na primavera ou no início do verão de 1924; foi ali que Hitler apresentou ideias de tipologias e hierarquias raciais; e foi ali que ele descreveu o perigo da mistura racial e entoou a canção da pureza racial.[30] Havia também uma diferença na regularidade com que Hitler discutia questões de raça nos dois volumes. No volume 2, Hitler mencionou raça com frequência aproximadamente 40% maior que no volume 1.

Uma comparação da frequência de termos utilizados nos dois volumes de fato revela a mudança de suas preocupações. Por exemplo, a frequência do termo "pangermânico" (Alldeutsch*), que um dia foi de importância central para Hitler, caiu em 96%. Da mesma forma, conforme Hitler começou a ficar cada vez menos preocupado com seu anticapitalismo original, as referências ao capitalismo (Finanz*, Spekulat*, Wirtschaft*, Börse*, Kapital*, Mammon*, Zion*) caíram em 49%. Um tanto surpreendentemente, as referências aos judeus caíram drasticamente em 50% (Jud*, "Jüd*", "Antisemit*", "Zion*"). (O asterisco significa que qualquer palavra que começa com o que veio antes do asterisco seria incluída. Por exemplo, "Zion*" incluiria "Zionismus", "Zionisten" e assim por diante.)

Enquanto isso, e sem surpresa, as referências a nação, movimento nacional-socialista, Estado, poder, guerra e raça cresceram, pois Hitler tentava descobrir os detalhes de como um novo estado nacional-socialista deveria ser configurado. "Nacional-socialismo" (Nationalsozialis*) e "movimento" (Bewegung) subiram em 102%, enquanto a frequência do termo "Estado" (Staat*) saltou em 90%. "Potência" (Macht*) aumentou em 44%. O número de "raça" (Rass*) subiu em 39% e "guerra" (Krieg*), em 31%. O valor para "nação" (Nation*) aumentou em 27%.

"Povo" (Volk) aumentou em 26%. O agregado para ambos os termos "1918" e "Versalhes" também aumentou acentuadamente, em 179%. As referências a "luta" (Kampf*) permaneceram frequentes e constantes.

A regularidade com que Hitler se refere a diferentes países também mudou significativamente. Não foi só por ele de repente ter mostrado interesse pela França. As referências ao país de seu nascimento (Österr*, Wien*, Habsburg*) quase desapareceram. Caíram em 90%, ao passo que as menções à Itália (Itali*) subiram em 57%. Como prova de sua preocupação central com o poder anglo-americano, referências à Grã-Bretanha e aos Estados Unidos (Engl*, Britisch*, Angels*, Anglo*, Amerik*) cresceram em 169%, e as menções ao "Ocidente" (Westen*) duplicaram em frequência. Referências ao comunismo (Marx*, Bolschew*, Sozialist*, Kommunist*) também duplicaram, ao passo que as menções à União Soviética aumentaram em impressionantes 200% (Sowjet*, Russland*, Russ*), o que refletia a nova preocupação central de Hitler de que agora uma aliança com uma Rússia monarquista já não seria uma opção.[31]

Uma diferença final entre os dois volumes de *Mein Kampf* é digna de nota: no segundo volume do livro, Hitler se refere à *Weltherrschaft* (dominação do mundo) alemã, enquanto no primeiro volume ele apenas acusava os judeus de tramar essa dominação. No entanto, usou o termo apenas uma vez no contexto da Alemanha. Ele afirmou que, se a Alemanha não tivesse sido um país de individualistas no passado, poderia ter alcançado a *Weltherrschaft*. A que tipo de dominação mundial ele se referia só fica aparente se observarmos como Hitler usou o termo em outras partes de *Mein Kampf*. Perto do final do segundo volume, ele fala sobre a *Weltherrschaft* da Grã-Bretanha do final do século XIX e início do XX. Em outras palavras, Hitler argumenta que, se os alemães houvessem atuado mais como os britânicos no passado, seu país poderia ter igualado o Império Britânico. Assim, *Mein Kampf* não deve ser lido como um modelo para governar sozinho todos os cantos do mundo. Pelo contrário, ele deve ser entendido como um chamado às armas para alcançar a paridade com os maiores impérios do mundo.[32]

* * *

A evolução ideológica e política de Hitler entre o final da Primeira Guerra Mundial e meados de 1920 e sua ocasional flexibilidade ideológica e disposição para mudar alguns princípios de suas ideias não devem ser confundidas com oportunismo. Hitler tampouco era um demagogo que apenas ventilava frustrações, preconceitos e ódios. O oportunismo certamente desempenhou um papel enorme em sua vida nos meses seguintes ao fim da Primeira Guerra. Mesmo assim, o oportunismo competiu — e sempre o faria — com suas convicções políticas. Hitler fazia o que fosse preciso para escapar da solidão. E sua personalidade narcisista o levava continuamente a ações que alimentavam o sentido grandioso de sua própria importância e singularidade, e sua necessidade de admiração.

No entanto, Hitler assumiu o leme do NSDAP tanto por si mesmo quanto por uma causa em que acreditava profundamente. A partir do momento de sua politização e radicalização no verão de 1919, Hitler realmente se esforçou por entender o mundo e chegar a um plano abrangente de como a Alemanha e o mundo podiam ser curados de seus males. Seu uso repetido do termo *Weltanschauung* — denotando uma concepção filosófica abrangente daquilo que mantém a estrutura do mundo — é um sinal claro de que ele buscava elaborar um sistema político amplo, coeso e sistemático.[33] O fato de que seus pontos de vista políticos continuaram a evoluir entre 1919 e 1926 não nega que ele buscava elaborar sua própria *Weltanschauung*. Simplesmente indica que o Hitler do início da década de 1920 ainda estava procurando pela melhor resposta para a questão de como a Alemanha tinha de ser reformulada de modo a sobreviver em um mundo em rápida transformação.

Além disso, sua ocasional flexibilidade ideológica e as guinadas periódicas de suas ideias políticas — tal como expressas, por exemplo, nas rápidas mudanças de seu racismo em 1924 — indicam que havia duas partes para sua visão de mundo. A primeira parte constituía um núcleo interno de ideias que se construíam sobre crenças irracionais, mas que eram perfeitamente coerentes, uma vez que já se haviam aceitado seus primeiros princípios irracionais subjacentes. As visões de Hitler sobre judeus, economia política e finanças, a natureza da história e a mudança histórica, a natureza humana e o darwinismo social, sistemas governamentais, sobre a necessidade de reunir todas as classes sociais e

LEBENSRAUM

estabelecer o socialismo ao longo de linhas nacionais, a necessidade de construir Estados que tivessem territórios e recursos suficientes, e sobre a natureza do sistema internacional e da geopolítica mais geral eram todas parte desse núcleo interno. Qualquer coisa além disso — incluindo ideias que eram muito importantes para vários outros nacional-socialistas — formava para Hitler a segunda parte de sua visão de mundo. Tais ideias funcionavam apenas como um meio para alcançar um fim, razão pela qual Hitler era extremamente flexível quando se tratava delas: ele estava disposto a mudá-las ou mesmo substituí-las por outra coisa a qualquer momento, se a conveniência assim exigisse.

* * *

Com a conclusão da redação de *Mein Kampf*, estava completa a metamorfose de Hitler — de um ninguém com ideias políticas ainda indeterminadas e flutuantes a um líder nacional-socialista. Na segunda metade da década de 1920, o Adolf Hitler que quase colocaria o mundo de joelhos quando no poder estava se tornando visível. Logo após a publicação do segundo volume de *Mein Kampf*, a saudação "Heil Hitler" dos nacional-socialistas foi apresentada. No entanto, o termo "nazista" ainda não era moeda comum em referência a Hitler e seus seguidores. Havia outros termos em circulação que, dali em diante, cairiam em desuso. Por exemplo, em outubro de 1926, as pessoas se referiam aos nacional-socialistas como "Nazisozis". Foi também só depois de 1924 que a SA (Sturmabteilung) e os membros do partido usariam camisas marrons. Antes disso, os membros da SA usavam uniformes improvisados, que incluíam o uso de casacos e gorros de esquiar.[34]

Da perspectiva de 1926, ano da publicação do segundo volume de *Mein Kampf*, o futuro de Hitler e o destino de suas ideias dependiam tanto dele mesmo como das escolhas e decisões de milhões de alemães que nos anos seguintes sustentariam seu governo e seriam implicados nos crimes do Terceiro Reich.

A tragédia da Alemanha e do mundo é que Hitler foi parar em Munique no rastro da Primeira Guerra Mundial e da revolução de 1918/1919. Se não fosse pela situação política da Baviera pós-revolucionária, bem como pela resolução política semiautoritária de março de 1920, não teria havido qualquer terreno onde Hitler e o NSDAP pudessem florescer. Da mesma forma, a tragédia da Alemanha e do mundo foi que, entre 1923 e o momento em que ele chegou ao poder, em 1933, a Alemanha como um todo não se assemelhava à Baviera sob um olhar mais atento. Em particular, Munique mostrou-se um lugar politicamente proibitivo para o NSDAP. Embora a cidade tivesse produzido o partido, o NSDAP teve de lutar para atrair os eleitores da capital da Baviera. Durante todo o final dos anos 1920 e o início dos anos 1930, três em cada cinco eleitores de Munique apoiavam o BVP ou os sociais-democratas, enquanto apenas um em cada cinco votava a favor do NSDAP.[35] Devido à força organizacional do BVP, o partido de Hitler nunca se tornaria o partido mais forte na Baviera em uma eleição livre. Em 1933, a democracia se prolongou na Baviera mais que em qualquer outro lugar da Alemanha. Em suma, se não fosse pela Baviera, Hitler dificilmente teria sido um nacional-socialista. Mas, se o resto da Alemanha fosse mais parecido com a Baviera, é improvável que Hitler um dia tivesse chegado ao poder.

EPÍLOGO

Quando o Museu de Arte Germânica de Harvard — que agora abriga o Centro de Estudos Europeus da universidade — contratou Lewis Rubenstein para pintar afrescos para o saguão de entrada, em meados dos anos 1930, o jovem artista norte-americano decidiu que usaria sua arte para atacar e ridicularizar Hitler. Os afrescos do pintor judeu de raízes familiares na Alemanha e na Polônia mostravam cenas da obra operística favorita do ditador, *O anel dos Nibelungos*, de Richard Wagner. No centro de seus afrescos, logo acima da entrada principal do museu, Rubenstein pintou Hitler como Alberich, o anão rancoroso e antagonista dos heróis do círculo do anel, sendo Siegfried o principal deles.

Ao passar pelos afrescos de Rubenstein a caminho do meu escritório todos os dias enquanto fazia pesquisa para este livro, muitas vezes parei para admirá-los. Eles habilmente viravam a mitologia nazista de cabeça para baixo. Para os nacionalistas alemães, Siegfried se tornara a personificação simbólica de seu país durante a Primeira Guerra Mundial. Por exemplo, a mais famosa linha de defesa da frente ocidental foi chamada de *Siegfriedstellung*. E as acusações populares entre a direita do pós-guerra contra judeus, esquerdistas e liberais — de que estes haviam traiçoeiramente esfaqueado uma Alemanha vitoriosa pelas costas — era uma referência à forma como o filho de Alberich, Hagen, assassinara Siegfried. Nos afrescos de Rubenstein, os covardes traidores da Alemanha já não eram os judeus e os democratas, mas sim Hitler e seus seguidores.[1]

No entanto, enquanto observava o Alberich de Rubenstein, não pude evitar o sentimento de que o afresco interpretou Hitler de forma fundamentalmente errada. (Ver figura 21 do encarte.) Apresentado como um anão que, através da negação do amor, consegue transformar o ouro em um anel mágico que lhe permitirá governar o mundo, Hitler é reduzido a um oportunista para quem nada mais contava além de um desejo de poder e dominação. Essa visão está em linha com aquela do mais famoso biógrafo de Hitler da era imediata pós-Segunda Guerra Mundial, Alan Bullock, e muitos outros desde então.

Rubenstein e Bullock pelo menos entenderam que Hitler realmente teve importância. Recentemente, no país que ele um dia governou como ditador, Hitler tornou-se quase uma nulidade, pois uma nova geração de alemães compreensivelmente (mas a-historicamente) teme que uma ênfase em Hitler poderia parecer apologético, e uma tentativa de desviar a responsabilidade dos alemães comuns pelos horrores do Terceiro Reich. Hoje, questionar se ele foi uma "figura da mais alta importância" histórica é tão comum quanto retratá-lo como pouco mais que uma tela vazia onde outros alemães pintaram seus desejos e seus objetivos.[2]

Como este livro revela, Hitler foi tudo, menos uma mera tela vazia preenchida com os desejos coletivos dos alemães. Tampouco foi um oportunista para quem só importava o poder pelo poder. Estudar sua metamorfose entre 1918 e 1926 nos ajuda a entender o que o impulsionou, assim como o Terceiro Reich, durante os anos 1930 e 1940.

No final dos anos 1920 e início dos anos 1930, ele usaria seu estilo retórico de demagogia, da forma como o desenvolveu entre 1919 e 1923, para explorar a opinião pública volátil e desesperada durante a Grande Depressão. Isso permitiria que o Partido Nacional-Socialista dos Trabalhadores Alemães (NSDAP) rapidamente crescesse de apenas 2,6% da população para o maior partido da Alemanha. Hitler não repetiria seus erros táticos de 1923. E, dessa vez, não teria que competir com um partido conservador bem organizado, o Partido Popular da Baviera (BVP), mas com outro, o Partido Popular Nacional Alemão (DNVP) — que estava enfraquecido no momento devido à sua aquisição por um empresário populista, Alfred Hugenberg.[3]

EPÍLOGO

A formação de Hitler na Munique pós-revolucionária deu à luz uma ideologia que proporcionaria o ímpeto central para suas ações entre 1933 e 1945. E as dinâmicas emergentes de como ele definiu e buscou ideias políticas em 1919 e nos cinco anos que se seguiram viriam a ser a força motriz central por trás da progressiva radicalização de Hitler e do Terceiro Reich pós-1933. Sua intenção de reformular a Alemanha de modo a tornar o país sustentável em um mundo em rápida transformação teve origem em sua politização e radicalização no verão de 1919. Ela permaneceria a mesma até o dia de sua morte. Uma vez no poder, todas as suas políticas foram, portanto, voltadas para esse objetivo.

Depois de 1933, Hitler permanecia tão vago a respeito de algumas de suas metas políticas quanto tinha sido quando as concebeu no início dos anos 1920. Essa imprecisão encorajou a improvisação por parte daqueles que trabalhavam para Hitler, que estabeleceram contraintuitivamente um sistema muito bem-sucedido de operações políticas, não obstante o caráter flexível e reativo de seu líder, mas precisamente por causa dele. Em muitos casos, essa imprecisão alimentou a radicalização, uma vez que seus seguidores tentavam descobrir o que ele gostaria que fizessem e competiam entre si por seu favor, cada um lutando para oferecer a solução mais abrangente e de longo alcance. Nesses casos — ou seja, naqueles em que as pessoas estavam tentando trabalhar para os desejos não específicos do Führer —, seus seguidores, mais que o próprio Hitler, alimentaram a radicalização do regime.

No entanto, em áreas políticas que, para Hitler, estavam no núcleo da reformulação da Alemanha e que lhe permitiriam sobreviver por todo o tempo, ele não era nada vago. Nisso, empurrou pessoalmente a progressiva radicalização de seu regime entre 1933 e 1945. Ao contrário de muitos populistas na história, ele não se limitava a pregar para tornar seu país grande novamente. Sempre foi uma pessoa que quis entender a natureza das coisas e traduzir suas ideias em política. Quando se tratava das duas áreas políticas que, durante o período pós-revolucionário, ele definiu como essenciais para superar a principal fonte de fraqueza de seu país — ou seja, os judeus da Alemanha e o território alemão —, a única flexibilidade de Hitler estava em sua disposição para recorrer, durante o tempo que fosse necessário, às segundas melhores soluções quando sua solução preferida (ainda) se mostrava distante.

Os dois objetivos políticos centrais de Hitler, na forma em que ele os definiu em 1919, dominariam seu pensamento e suas políticas pelos 25 anos seguintes e explicam sua disposição para iniciar outra guerra mundial e embarcar em genocídio: a remoção total de qualquer influência judaica na Alemanha; e a criação de um Estado com território, pessoas e recursos suficientes para estar geopoliticamente em pé de igualdade com os Estados mais poderosos do mundo. No momento da redação de *Mein Kampf*, tornou-se claro que a solução final preferida de Hitler para ambos os problemas — a influência supostamente venenosa dos judeus e a falta de espaço da Alemanha — teriam consequências genocidas.

Mesmo segundo a perspectiva de 1924, uma vez que Hitler abandonou a ideia de uma aliança permanente com uma Rússia tsarista restaurada e favoreceu uma Alemanha sustentável criada a partir da usurpação de *Lebensraum*, a lógica em desenvolvimento da busca de seus objetivos já era genocida. É simplesmente impossível imaginar como seus objetivos poderiam ser realizados sem a implementação, no mínimo, de uma limpeza étnica de poloneses, russos e outros eslavos.

Independentemente de o próprio Hitler perceber (ou não) a lógica de desenvolvimento genocida de seus objetivos geopolíticos, não pode haver dúvida de qual era sua solução final preferida para a "questão judaica". Como revela a carta de Ully Wille para Rudolf Hess em fins de 1922, naquele ano Hitler e Hess já levantavam a ideia de usar metralhadoras para exterminar judeus. Além disso, em uma entrevista de Hitler a um jornalista catalão, não muito tempo antes de sua tentativa de golpe, em 1923, ele foi ainda mais explícito. Em resposta à afirmação de Hitler de que realizar um *pogrom* em Munique era inútil, pois depois dele os judeus do resto do país continuariam a dominar a política e as finanças, o jornalista perguntou: "O que você pretende fazer? Matar todo mundo da noite para o dia?"

Hitler respondeu: "Isso seria, evidentemente, a melhor solução, e, se alguém pudesse realizá-la, a Alemanha estaria salva. Mas isso não é possível. Estudei esse problema de todos os ângulos: não é possível. Em vez de agradecer a nós como deveria, o mundo nos atacaria de todos os lados." Ele acrescentou: "Portanto, só resta a expulsão: uma expulsão em massa."[4]

EPÍLOGO 371

A resposta de Hitler é reveladora porque explica o surgimento do Holocausto, uma vez que ele deixa perfeitamente claro que sua preferência já em 1923 era pelo genocídio, mas que, se um verdadeiro genocídio não era possível, ele seria pragmático e apelaria para a segunda melhor opção: expulsão em massa. O que tinha em mente quando falava de expulsões em massa se torna evidente a partir do contexto temporal em que a entrevista ocorreu. Uma vez que as pessoas da direita radical de Munique acabavam de ser expostas ao artigo de Hans Tröbst sobre as "lições armênias" para a "questão judaica", a resposta de Hitler dificilmente poderia significar algo além de uma campanha de limpeza étnica inspirada no caso armênio.

Uma vez no poder, Hitler inicialmente encorajou a emigração judaica. No entanto, seu apoio à emigração tem de ser entendido como uma terceira solução alimentada pelo pragmatismo tático, não como prova de que ele ainda não havia imaginado sua solução preferida. Como operador político experiente, ele também entendia que, por vezes, precisava minimizar seu antissemitismo. Por exemplo, durante as campanhas eleitorais de 1932, ele mal mencionou os judeus.

No entanto, uma vez que Hitler começou a buscar seus dois principais objetivos políticos em conjunto — a criação de uma Alemanha suficientemente grande através da usurpação de novos territórios a leste e a remoção dos judeus do Estado que estava tentando criar (já que a influência nociva dos judeus, segundo ele, era a principal razão para a fraqueza interna da Alemanha) —, uma coisa ficou clara: Hitler já não tinha qualquer alternativa plausível para o genocídio escancarado ou a limpeza étnica com consequências genocidas. A expulsão não era uma solução prática em tempo de guerra: simplesmente não havia nenhum país para onde os judeus pudessem ser enviados. E — ao contrário do caso armênio na Primeira Guerra Mundial —, devido às realidades do destino de guerra da Alemanha na década de 1940, os judeus não podiam ser deslocados de suas principais áreas de assentamento para nenhuma outra área sob domínio alemão.

Pode ser verdade que, em um sentido técnico, o extermínio físico dos judeus da Polônia tenha começado com decisões tomadas no local, sem ordens claras provenientes de Berlim. No entanto, só foram tomadas porque Hitler embarcou em uma guerra que buscava usurpar territórios e a simultânea remoção dos judeus, em um contexto no qual sua solução preferida, sem dúvida, sempre foi genocida, assim como foi a lógica do desenvolvimento de suas ações e intenções. Além disso, as ordens que vinham diretamente de Hitler começaram a guerra e resultaram diretamente em ordens posteriores que exigiram o cerco aos judeus da Polônia e a matança por metralhadora dos judeus da União Soviética. Assim, a ideia de que o Holocausto só começou na segunda metade de 1941 — ou seja, quando centenas de milhares de judeus já haviam sido mortos na União Soviética durante a Operação Barbarossa — não se encaixa. Seu massacre emanou do desejo de Hitler de criar um império alemão não apenas com territórios suficientes, mas que estivesse livre de judeus da maneira que ele havia imaginado ainda em 1922 e 1923, como é evidente por suas interações com Hess, Ulrich Wille e o jornalista catalão.

Uma vez que começou o assassinato sistemático de judeus na Polônia, não restou para os tomadores de decisão locais alternativa real às escolhas genocidas, devido às decisões que Hitler tomara anteriormente. Em outras palavras, tais decisões colocaram seus administradores na Polônia em um caminho no qual as únicas soluções plausíveis para os problemas que enfrentavam eram genocidas. Qualquer crença de que as iniciativas que resultaram no Holocausto realmente tenham vindo de baixo é, portanto, uma ilusão. O próprio Hitler está no coração do surgimento do Holocausto.

A radicalização progressiva das políticas de Hitler e do Terceiro Reich em geral também foi um resultado direto de sua metamorfose, entre 1919 e meados de 1920, por um motivo diferente. Devido ao seu narcisismo e seu desejo de se destacar no mercado movimentado de Munique na Baviera pós-revolucionária, Hitler quase sempre tentou ser mais extremo que seus concorrentes a fim de atrair atenção. Isso pôs em marcha um processo de radicalização progressiva que seria alimentado por ciclos de confirmação. No processo de desenvolver ainda mais as ideias às quais as pessoas realmente reagiam em seus discursos, ele tornava suas ideias ainda mais extremas a fim de obter uma resposta maior, desencadeando assim um ciclo de radicalização que se autoalimentava.

EPÍLOGO

A fome de Hitler por cada vez mais atenção foi, em última análise, sua própria ruína. Ele plantou a semente da autodestruição do Terceiro Reich, muito embora, claro, diversos outros fatores tenham ajudado a impulsionar a radicalização da Alemanha nazista. A vaidade de Hitler e seu reforço por seus admiradores, bem como os ciclos de confirmação pelos quais ele passava, deram-lhe pouca escolha além de recorrer sempre a soluções mais extremas. Nesse sentido, a Alemanha de Hitler foi um veículo sem marcha a ré e sem freios, que em algum momento inevitavelmente cairia de um penhasco.

Nada disso sugere que, se Hitler houvesse chegado à Áustria no rastro de seu golpe fracassado, ou, como Dietrich Eckart, se tivesse morrido em 1923, a Alemanha não teria tomado uma rota autoritária durante os anos 1930 e 1940. Afinal, no período entre as guerras, a democracia liberal caiu em todos os lugares a leste do Reno e ao sul dos Alpes, com a notável exceção da Tchecoslováquia. E, em outros lugares na Europa, muitas vezes sobreviveu por pouco. Da mesma forma, nada disso retira a responsabilidade dos milhões de alemães que apoiaram Hitler e que realizaram os crimes da Alemanha nazista. Sem eles, Hitler teria continuado como um ninguém. No entanto, a história de sua formação verdadeira revela uma percepção crucial: de que o vazio deixado pelo colapso da democracia liberal na Alemanha e preenchido por Hitler, não pela maioria dos outros potenciais demagogos que competiam com ele, multiplicou em diversas vezes os riscos de uma guerra cataclísmica e genocídio.

A história da metamorfose de Hitler é igualmente a história de como os demagogos são construídos, e da formação de um em especial que não deve ser confundido como representativo de todos os demagogos. É um conto de alerta sobre o que acontece quando a volatilidade econômica e a degradação extrema, os sentimentos de descontentamento e de iminente declínio nacional e pessoal andam juntos. É sobre como novos líderes radicais são formados quando a democracia liberal e o globalismo estão em grande crise, e quando essa crise se traduz em um anseio por homens fortes e novos tipos de líderes.

Como a história ensina, certas condições estruturais comuns tornam possível o surgimento de demagogos. No entanto, a história da Europa nos anos 1920 e 1930, e do mundo ao longo do século XX, revela que demagogos surgem das mais variadas formas. Vão desde populistas sem crenças fundamentais genuínas a ideólogos de diversas convicções políticas. Incluem atores racionais, bem como irracionais. Abrangem atores cuja personalidade sempre os levará a soluções mais extremas e que nunca sabem onde parar, plantando assim a semente da autodestruição de seu regime, assim como aqueles com personalidades equilibradas cujo regime pode sobreviver por décadas. Também variam entre aqueles que acreditam que qualquer acordo que não seja tático é nocivo e outros que, em última análise, acreditam que a política é a arte do acordo. O problema fundamental em predizer qual tipo um demagogo emergente se tornará reside no estilo comum de sua demagogia, quando eles aparecem pela primeira vez na arena pública. Sua linguagem comum, seu estilo e sua alegação ordinária de que são *outsiders* que representam os interesses reais do povo ocultam o tipo de demagogo que provavelmente se tornarão. É por isso que tende a ser impossível prever se alguém vai se transformar em um Hitler reencarnado, um Franco, um Lenin, ou um tipo de populista nos moldes de fins do século XIX que, ainda que flerte com o autoritarismo, consegue resistir à sua sedução em última instância.

Em suma, quando confrontada com novos demagogos emergentes, a história talvez não seja capaz de nos dizer, até que seja tarde demais, se os sinais apontam para um Hitler, um Alberich ou uma pessoa totalmente diferente. No entanto, as condições que põem em risco a democracia liberal e propiciam o surgimento de possíveis demagogos podem ser detectadas no início, confrontadas e, portanto, contidas antes que se tornem tão agudas como foram na década de 1920. Na verdade, temos de detectá-las logo no início, antes que se tornem tão agudas quanto no tempo da metamorfose de Hitler. Afinal, o nacional-socialismo nasceu durante a grande crise do liberalismo e a globalização do final do século XIX. O comunismo também esteve em ascensão durante aquela época, e o terror anarquista era galopante.

O tecido que mantinha a globalização, as normas comuns e a nascente democracia liberal unidas já tinha sido destruído por populistas nas décadas que se seguiram ao *crash* da Bolsa de Valores de Viena, em 1873,

EPÍLOGO

muito embora seus objetivos finais tendessem a ser muito diferentes dos objetivos dos demagogos durante a era mundial dos extremos entre 1914 e 1989.

E, no entanto, foi a destruição desse tecido, no final do século XIX, que tornou possível o surgimento de demagogos no início do século XX. Sem a destruição do tecido da primeira idade da globalização mundial, não teria havido nenhum Horthy, Metaxas, Stalin, Mussolini, Hitler, Ho Chi Minh, Franco, Tito ou Mao.

Se um dia haverá uma nova era de tiranos, não dependerá apenas da nossa vigilância contra futuros Hitlers. Mais importante, isso será determinado por nossa vontade de proteger e reparar o tecido da democracia liberal de nossa própria era da globalização, antes que as condições se tornem tais que os demagogos da pior espécie venham a florescer.

AGRADECIMENTOS

Este livro começou sua vida em duas refeições, uma com Christian Seeger, em Berlim, e outra com Robert Jan van Pelt, em Toronto. Foi devido à inspiração deles que embarquei em uma missão para elucidar como Hitler se tornou um nazista e emergiu como um demagogo.

Não poderia ter completado essa missão sem o estímulo intelectual, o apoio e o incentivo dos meus amigos e colegas em Aberdeen e Harvard. O Centro de Estudos Europeus, o Centro para Assuntos Internacionais Weatherhead e a Lowell House, em Harvard, bem como o Departamento de História e o Centro para Segurança e Governança Global, em Aberdeen, chegam o mais perto do paraíso intelectual que consigo imaginar.

Foi através da enorme generosidade de Fritz Thyssen Stiftung, da Academia Britânica, e da Escola de Teologia, História e Filosofia de Aberdeen que fui capaz de escrever meu livro.

Tenho uma especial dívida com Richard Millman, Ulrich Schlie, Jonathan Steinberg, Cora Stephan e Heidi Tworek por ler e comentar o manuscrito deste livro. Também me beneficiei enormemente das opiniões sobre alguns capítulos por Niall Ferguson, Carsten Fischer, Karin Friedrich, Robert Frost, Jamie Hallé, Tony Heywood, Nicole Jordan, Carolin Lange, Marius Mazziotti, Ian Mitchell, Mishka Sinha, Niki Stein e Daniel Ziblatt.

Sou imensamente grato pela resposta que recebi nas palestras sobre minha pesquisa em Harvard, na Universidade Centro-Europeia, na Universidade de Cambridge, na Universidade de Edimburgo, nas Universidades de Aberdeen, Bonn, Freiburg, Mainz, e St. Andrews, na University

College Dublin, no Fritz Thyssen Stiftung Herbstfest, na Embaixada da Áustria em Paris, no Hessische and Bayerische Landeszentralen für politische Bildung, a Biblioteca Wiener, o Festival Hay, o Stadt Nürnberg, o Stadt Stuttgart e o Fórum Körber em Hamburgo. Agradeço também ao falecido Frank Schirrmacher por me deixar experimentar algumas das minhas ideias em evolução sobre Hitler no periódico *Frankfurter Allgemeine Zeitung.*

Este livro não poderia ter sido escrito se não fosse pelo trabalho infatigável dos meus dois estelares assistentes de pesquisa, Marius Mazziotti e Calum White, e por todas as conversas que tive ao longo dos anos com meu aluno PhD, Kolja Kröger. Também me beneficiei imensamente com os conselhos e a ajuda que recebi de mais pessoas do que poderiam ser listadas, entre elas Florian Beierl, Hanspeter Beisser, Ermenegildo Bidese, Robert Bierschneider, John Birke, Hark Bohm, Julian Bourg, Norman Domeier, Henrik Eberle, Helmut Eschweiler, Annette Fischer, Hal Fisher, Peter Fleischmann, Astrid Freyeisen, Bernhard Fulda, Detlef Garz, Jürgen Genuneit, Robert Gerwarth, Nassir Ghaemi, Cordula von Godin, Manfred Görtemaker, Adrian Gregory, Thomas Gruber, Franz Haselbeck, Gerd Heidemann, Andreas Heusler, Gerhard Hirschfeld, Peter Holquist, Paul Hoser, Michael Ignatieff, Albert Jacob, Harold James, Paul Jankowski, Heather Jones, Mark Jones, Nicole Jordan, Hendrik Kafsack, Miriam Katzenberger, Kevin Keogh, Sven Felix Kellerhoff, Johannes Kemser, Yacob Kiwkowitz, Susanne Klingenstein, Michael Kloft, Michael Koss, Florian Krause, Sylvia Krauss, Gerd Krumeich, Carolin Lange, Klaus Lankheit, Jörn Leonhard, Christiane Liermann, Eberhard von Lochner, Arnulf Lüers, Birte Marquardt, Thomas McGrath, Charles Maier, Michael Miller, Jörg Müllner, William Mulligan, Sönke Neitzel, Mikael Nilsson, Muireann O'Cinneide, Martin Oestreicher, Ernst Piper, Avi Primor, Wolfram Pyta, Nancy Ramage, Ralf-Georg Reuth, Joachim Riecker, Daniel Rittenauer, Chloe Ross, Thomas Schmid, Maximilian Schreiber, Thomas Schütte, Eugene Sheppard, Brendan Simms, Nick Stargardt, Thomas Staehler, Reinout Stegenga, Guido Treffler, Paul Tucker, Howard Tyson, Ben Urwand, Antoine Vitkine, Dirk Walter, Alexander Watson, Susanne Wanninger, Bernard Wasserstein, meu

AGRADECIMENTOS

xará e estudioso de Gandhi Thomas Weber, Florian Weig, Calum White, Andreas Wirsching, Michael Wolffsohn, Karl-Günter Zelle, Benjamin Ziemann e Moshe Zimmermann.

Também sou muito grato a Imogen Rhiannon Herrad, Gurmeet Singh, Heidi Tworek e Ronald Granieri por traduzir citações em alemão para o inglês.

Sinto-me privilegiado por ter Clare Alexander e Sally Riley como minhas agentes literárias. Um agradecimento muito especial vai para Matthew Cotton e Luciana O'Flaherty da Oxford University Press, Lara Heimert da Basic Books, Christian Seeger da Propyläen, Henk ter Borgh da Nieuw Amsterdam e suas respectivas equipes, por transformar meu manuscrito em um livro e, no processo, melhorá-lo muitas vezes. Gostaria de agradecer especialmente a Roger Labrie e Iris Bass, que assumiram a tarefa hercúlea de polir e revisar os originais.

Meus maiores agradecimentos são reservados para minhas maravilhosas esposa e filha. Este livro é dedicado a Sarah, minha esposa, companheira e melhor amiga, com amor eterno.

NOTAS

Introdução

1 Crick, *Federation*, 329, 332. Outro candidato nacional-socialista, D. D. Irving, foi eleito para o Parlamento em Burnley com o apoio do Partido Trabalhista.

2. Deuerlein, *Aufstieg*, 38ff.; Fest, *Hitler*, 169.

3. Sobre a alegação de que o nacional-socialismo foi um produto da Primeira Guerra Mundial, ver, por exemplo, Herbert, "Nationalsozialisten", 21.

4. Weber, *Hitler's First War*.

5. Hitler, *Aufzeichnungen*, 69, Hitler a Ernst Hepp, 5 de fevereiro de 1915. Ian Kershaw toma as próprias alegações de Hitler como prova de sua crescente rejeição à social-democracia; ver, por exemplo, Kershaw, *Hitler*, vol. 1, cap. 3, e páginas 119-120. Ver também Ullrich, *Hitler*, localização 1454, e Longerich, *Hitler*, 52.

6. Weber, *Hitler's First War*; Weber, "Erfahrungen", 211; Simms, "Enemies", 327.

7. Weber, *Hitler's First War*.

8. Ver, por exemplo, Ullrich, *Hitler*; Plöckinger, *Soldaten*; Longerich, *Hitler*.

9. Weber, *Hitler's First War*, caps. 1-9; Weber, "Binnenperspektive"; ver também Beckenbauer, *Ludwig*, 251-252; Ziemann, *Front*.

10. Ver, por exemplo, os vários escritos de Heinrich August Winkler sobre a Alemanha moderna, bem como sobre a história do Ocidente para ter uma visão da história que tudo vê através das lentes do espírito de 1776 e 1789. Significativamente, obras sobre a história bávara e alemã tendem a referir-se à "transição da monarquia para a democracia" — ver, por exemplo, Wanninger, *Buttmann*, 61 —, como se a monarquia e a democracia fossem conceitos mutuamente excludentes.

Devido à velocidade com que a monarquia caiu na Baviera e em outros lugares da Alemanha, o quase consenso que emergiu a respeito do desaparecimento repentino das monarquias germânicas é de que sua legitimidade estava fatalmente minada por volta da segunda metade de 1918. Há uma tendência a acreditar que o colapso na legitimidade tornou praticamente inevitáveis o desaparecimento das monarquias da Alemanha e o início da revolução. Diz-se que a razão para essa dramática erosão de legitimidade está nas contradições internas da velha ordem e o impacto da guerra. A radicalização política e uma mudança nas mentalidades políticas, que forneceram o solo em que a radicalização e a eventual ascensão de Hitler puderam florescer, portanto, tendem a ser apresentadas como a origem, não a consequência, da revolução. Veja, por exemplo, Gallus, "Revolutions"; Grau, "Revolution"; Köglmeier, *Ende*, 183-184; Ullrich, *Revolution*, 12; Wirsching, *Weimarer Republik*, 1; Lutz, German Revolution, 36; Korzetz, *Freikorps*, 9; Kershaw, *Hitler*, vol. 1, 110-111; Ullrich, *Hitler*, localização 1698; Machtan, *Abdankung*; Joachimsthaler, *Weg*, 179. Heusler, *Braune Haus*, 50, e Large, *Ghosts*, entretanto, percebem o período pré-guerra, em vez do período revolucionário, como aquele que criou o solo em que o nacional-socialismo pôde florescer.

Para o espírito de 1783, ver Jasanoff, *Exiles*, "Introduction: The Spirit of 1783".

11. Pohl, *Arbeiterbewegung*, 509-524; Jansen, *Vollmar*; Weber, *Hitler's First War*, 237-238; Weiss, *Rupprecht*; Bussmann, *Therese*, 254.

12. Ver, por exemplo, Longerich, *Hitler*; Ullrich, *Hitler*; Plöckinger, *Soldaten*; Hockerts, "München", 391.

13. Hitler, *Mein Kampf*, 266.

14. Ibid., 268-269.

15. Krumeich, "Hitler", 31.

16. *Encyclopaedia Britannica*, s.v. "Bildungsroman", <https://www.britannica.com/arte/Bildungsroman, acessado em 15 de junho de 2016>.

1. Golpe de Estado

1. Sobre a parada de Hitler em Berlim, ver Kellerhoff, *Berlim*, 20.

2. Hitler, *Mein Kampf*, 731.

3. BHStA/IV, RD6/Bd. 72,4, decreto, 21320, 21 de novembro de 1918.

4. Weber, *Hitler's First War*, caps. 1-10; Zdral, *Hitlers*, passim.

NOTAS

5. Joachimsthaler, *Weg*, 178; Hofmiller, *Revolutionstagebuch*, 82, 139.

6. Isso não é para questionar a preexistência no pré-guerra de obstáculos à democracia que continuariam no caminho da transição democrática bem-sucedida no resto da Alemanha; veja Ziblatt, *Conservative Parties*.

7. Sobre a social-democracia da Baviera, ver Jansen, *Vollmar*; Lohmeier, *Knecht*; e Hofmiller, *Revolutionstagebuch*, 112.

8. Höller, *Anfang*, 45; Beckenbauer, *Ludwig*, 248-259; Straus, *Erinnerungen*, 223-224.

9. Beckenbauer, *Ludwig*, 242-265.

10. FLPP, diário, 7 de novembro de 1918; Joachimsthaler, *Weg*, 180-181.

11. Citado em Schwarzenbach, *Geborene*, 157.

12. Straus, *Erinnerungen*, 223-224.

13. BHStA/V, NL Schmitt, No. 7, telegrama, Pressebüro des Arbeiter-u. Soldaten-u. Bauernrats para o *Neue Zürcher Zeitung*, sem data (citação); Straus, *Erinnerungen*, 224; Beckenbauer, *Ludwig*, 259.
Sobre as alegações de que a revolução foi um movimento popular dirigido por Eisner, ver, por exemplo, Höller, *Anfang*, 57; Machtan, *Abdankung*, 252-253; Neitzel, *Weltkrieg*, 155-156; Ullrich, *Revolution*, 32.

14. Höller, *Anfang*, 50; Beckenbauer, *Ludwig*, 244, 264.

15. Hofmiller, *Revolutionstagebuch*, 33 (citação).

16. Ibid, 73; Joachimsthaler, *Weg*, 349n558.

17. BHStA/IV, KSR 4421/204l, 4470/7111; Hofmiller, *Revolutionstagebuch*, 48, 57 (citação).

18. Klemperer, *Revolutionstagebuch*, localização 368 (primeira citação); Hofmiller, *Revolutionstagebuch*, 54; Braun/Hettinger, *Expertenheft*, 50 (segunda citação).

19. FLPP, diário, 9 e 11 de novembro de 1918, e 22 de fevereiro de 1919 (citação); Hofmiller, *Revolutionstagebuch*, 73.

20. ÖSNPA, Liasse Bayern 447, Kurt Eisner para Otto Bauer, 4 de janeiro de 1919; Joachimsthaler, *Weg*, 185; Kaiserliches Statistisches Amt, *Jahrbuch*, 108.

21. Hitler, *Monologe*, 79 (citação); Joachimsthaler, *Weg*, 193.

22. Hofmiller, *Revolutionstagebuch*, 88.

23. Straus, *Erinnerungen*, 225.

24. Schwarzenbach, *Geborene*, 158 (primeira citação); Hofmiller, *Revolutionstagebuch*, 31, 74, 88 (segunda citação).

25. BHStA/IV, KSR, 3071/918, 4424/157, 7823/64; Weber, *Hitler's First War*, 137-169, 202-254; Machtan, *Hitler*, passim.

384 TORNANDO-SE HITLER

26. Cartas, Schmidt para Werner Maser, agosto de 1964 e 1965; veja Maser, *Legende*, 152-153.

27. Joachimsthaler, *Weg*, 186-188; Bundesarchiv, NL Wiedemann, 8, Max Unhold a Fritz Wiedemann, 18 de agosto de 1938. A alegação frequente (ver, por exemplo, Ullrich, *Hitler*, localização 1688; Joachimsthaler, *Weg*, 186) de que Hitler se reconectou com alguns ou com a maioria de seus pares do tempo de guerra em sua unidade de desmobilização é, portanto, incorreta; veja BHStA/IV, RIR16/Bd.2/diary, 09-15 de dezembro de 1918.

28. SAT, Dokumentationen/73, Schlager, "Bericht", 1964 relato de Josef Binder, Josef Schlager e Oswald Schlager; Joachimsthaler, *Weg*, 188.

29. Hitler, *Mein Kampf*, 277 (primeira citação); Heinz, *Hitler*, 89 (segunda citação). As alegações de Hitler e Schmidt foram aceitas, por exemplo, por Fest, *Hitler*, 122; Kershaw, Hitler, vol. 1, 110, 116ff.; e Plöckinger, *Soldaten*, 35. As alegações são altamente implausíveis por uma simples razão: a transferência de Hitler diminuiu muito a chance de uma rápida reunião com seus pares de guerra. Durante a guerra, Hitler tinha feito de tudo para ficar com eles. Por que não os esperaria por mais alguns dias, preferindo servir à revolução em outro lugar?

30. Evers, *Traunstein*, 43.

31. BHStA/V, NL Schmitt/5, relatório de 21 de novembro de 1918; Evers, *Traunstein*, 12; SAT, Dokumentationen/Dok 73, Schlager, "Bericht"; GL/481, Weber, "Traunstein", 38-39.

32. SAT, GL/481, Weber, "Traunstein"; Haselbeck, "Gefangenenlager"; e informações reunidas durante visita a Traunstein e seu Stadtmuseum, verão de 2011.

33. Sobre a tarefa de Hitler no campo, ver testemunho dos locais, como em SAT, Dokumentationen/73, Schlager, "Bericht". Sobre a posição da propaganda nazista no assunto, ver Heinz, *Hitler*, 90.

34. SAT, GL/481, Weber, "Traunstein", 18-66. As alegações de que Hitler servira em um campo lotado ou em um campo para prisioneiros de guerra britânicos (ver Kershaw, *Hitler*, vol. 1, 116; Bullock, *Hitler*, 55) estão incorretas.

35. SAT, GL/481, Weber, "Traunstein", 18-66; Hetzer, "Revolution", 22; Sergeev, "Kriegsgefangenschaft".

36. SAT, *Traunsteiner Wochenblatt*, 6 de janeiro de 1919, 1, "Die Kriegerehrung in Traunstein".

37. Ver, por exemplo, SAT, *Oberbayerische Landeszeitung-Traunsteiner Nachrichten*, artigos sobre "Zur Friedensfrage" de 11, 20 e 31 de dezembro de 1918.

NOTAS

38. SAT, *Traunsteiner Wochenblatt*, 6 de janeiro de 1919, 1, "Die Kriegerehrung in Traunstein". Sobre Schlager, ver Evers, *Traunstein*, 31ff.; GL/646, Schlager, Sepp, "A'kleinbisserl Traunstein um die Jahrhundertwende", 3. Pelo suposto tratamento excessivamente duro dos internos, ver também SAT, GL/481, Weber, "Traunstein", 28ff.

39. BHStA/V, NL Lehmann/8.2, o diário de Melanie Lehmann, 6 de janeiro de 1919.

40. Ver, por exemplo, Rilke, *1914 bis 1921*, 213ff., Rilke para Dorothea von Ledebur, 19 de dezembro de 1918; Rilke, *Mutter*, 423-424, Rilke para sua mãe, 15 de dezembro de 1918.

41. Ibid.

42. Hofmiller, *Revolutionstagebuch*, 55.

43. BHStA/V, NL Grassmann/2.1, transcrição de reunião no Ministerrat, 15 de novembro de 1918 (citação); Beckenbauer, *Ludwig*, 242-265; Bauer/Piper, *München*, 250; Weber, *Hitler's First War*, 237-238; Weiss, *Rupprecht*. Ver também März, *Haus Wittelsbach*.

44. Outros argumentam que essa fase durou de 1916 ou 1917 a 1923; ver, por exemplo, Weinhauer et al., Introduction, 14-15; Gallus, "Revolutions"; também Geyer, "Nachkrieg".

45. Pyta, "Kunst"; Heimann, *Czechoslovakia*, 24.

46. Reuth, *Judenhass*, 53; BHStA/V, NL Lehmann, No. 8,2, diário de Melanie Lehmann, nota de 11 de novembro de 1918 (citação); Hirschfeld/Krumeich, *Deutschland*, 259.

47. Rilke, *Briefe*, ii (edição de 1950), 109ff., Rilke para sua esposa, 7 de novembro de 1918; Beckenbauer, *Ludwig*, 245-252; Kraus, *Geschichte*, 627; Bauer/Piper, *München*, 249; Friedlaender, *Lebenserinnerungen*, seção xii, 1.

48. Sobre Eisner, ver Grau, *Eisner*; Piper, *Rosenberg*, 30.

49. BHStA/IV, SH/928, memórias da revolução; Forster, "Wirken", 501 (primeira citação); ver também Volk, "Lebensbild"; EAMF, NLF/4103, documento sobre a resposta da diocese à revolução, sem data (segunda citação); Beckenbauer, *Ludwig*, 242-265; Düren, *Minister*.

50. Piper, *Rosenberg*, 31; Pohl, *Arbeiterbewegung*, 509-524.

51. Weber, *Hitler's First War*, 235.

52. Ver, por exemplo, Münkler, *Krieg*, 797. O termo *catástrofe seminal* foi cunhado pelo diplomata estadunidense George F. Kennan, mas ele é mais popular em sua tradução alemã. Em 12 de maio de 2014, uma pesquisa no *Google Notícias* identificou mais de seiscentas matérias atuais sobre a Primeira Guerra Mundial, como a "Urkatastrophe" do século XX.

386 TORNANDO-SE HITLER

53. SAT, GL/481, Weber, "Traunstein", 65. O relatório de Weber é de 1924. Sobre as alegações errôneas de que Weber se referia a Hitler, ver, por exemplo, Kershaw, *Hitler*, vol. 1, 117; Plöckinger, *Soldaten*, 35.

54. SAT, GL/481, Weber, "Traunstein", 57-62; Hitler, *Mein Kampf, 277* (citação).

55. BHStA/IV, KSR 4421/204l e 4470/7111; Evers, *Traunstein*, 142; SAT, GL/481, Weber, "Traunstein", 61-66. Plöckinger, *Soldaten*, 36, apresenta data equivocada para o retorno de Hitler a Munique devido à sua suposição de que Hitler esteve entre os guardas indisciplinados que voltaram à cidade no final de dezembro.

2. Uma engrenagem na máquina do socialismo

1. Rilke, *Briefe*, ii, 125-126, Rilke para Caroline Schenk von Stauffenberg, 15 de fevereiro de 1919.

2. Hofmiller, *Revolutionstagebuch*, 54 (primeira citação); Straus, *Erinnerungen*, 225-226 (segunda citação).

3. Relatório do capitão Somerville e do capitão Broad, citado em White, "Perceptions", 4. O original do relatório está localizado em TNA, FO/608/131.

4. Ver Ignatieff, *Fire*, 170-171.

5. BHStA/V, NL Grassmann/2.1, transcrição, reunião no Ministerrat de 5 de dezembro de 1918, Klemperer, *Revolutionstagebuch*, localização 607.

6. Klemperer, *Revolutionstagebuch*, localização 154.

7. BHStA/V, NL Grassmann, 2/1, transcrições, reuniões no Ministerrat de 14, 21 e 27 de novembro de 1918 (citação de 27 de novembro).

8. Hofmiller, *Revolutionstagebuch*, 99 (primeira citação), 126 (quarta citação); BHStA/V, NL Schmitt/5, relatório, "Versammlung der Münchener Kommunisten am 21. "November 1918" (segunda citação); *Münchener Tagblatt*, 3 de janeiro de 1919, citado em Forster, "Wirken", 503 (terceira citação).

9. Hofmiller, *Revolutionstagebuch*, 98 (primeira citação), 105, 132 (segunda citação).

10. Sobre o radicalismo em Berlim e Bremen, ver, por exemplo, Neitzel, *Weltkrieg*, 165. Sobre as alegações de que o desafio tinha vindo da direita, ver Bullock, *Hitler and Stalin*, 66 e Pätzold/Weissbecker, *Hitler*, 52.

11. Höller, *Anfang*, 135ff.; Hillmayr, *Terror*, 29ff.; Gilbhard, *Thule*, 75-80; IFZ, ZS50, Unterredung mit Georg Grassinger, 19 de dezembro de 1951.

12. BHStA/V, NL Lehmann, 8.2, diário, Melanie Lehmann, anotação de 6 de janeiro de 1919; BHStA/V, NL Buttmann/123, Bürgerwehr.

13. Hillmayr, *Terror*, 33-34.

NOTAS

387

14. Ver Joachimsthaler, Weg, 192, 194.

15. Latzin "Lotter Putsch"; Hillmayr, *Terror*, 34; Höller, *Anfang*, 145; Eugenio Pacelli Edition, Pacelli para Pietro Gasparri, 23 de fevereiro de 1919, <http://www.pacelli-edition.de/Dokument/317>.

16. Joachimsthaler, *Weg*, 195ff. Existe uma grande probabilidade de que Hitler tenha servido na Estação Central de Munique, pois fora decretado que apenas "guardas e homens mais velhos, experientes [e] conscientes" de sua unidade — em outras palavras, homens como Hitler — deveriam ser empregados na estação ferroviária; ver o decreto do Batalhão de Desmobilização, 2° Regimento de Infantaria, 19 de fevereiro de 1919, citado em Joachimsthaler, *Weg*, 195. Uma foto que sobrevive nas coleções da Bilderdienst do Süddeutscher Verlag, bem como na coleção Heinrich Hoffmann da Biblioteca do Estado da Baviera retrata oito homens, sete dos quais vestindo uniformes, dentro de um escritório. Ambas as coleções identificam o homem de pé na parte de trás, no meio, como Adolf Hitler, e afirmam que a foto foi tirada na sede no QG da unidade da guarda da Estação Central de Munique; ver Plöckinger, *Soldaten*, 39-40; Joachimsthaler, *Weg*, 195-196. Como nenhuma das coleções guarda informações sobre como Hitler foi identificado, é impossível determinar com total certeza a identidade dos homens e do local em que a foto foi tirada. Isso levou Othmar Plöckinger a concluir que Hitler não está retratado na foto; ver Plöckinger, *Soldaten*, 40. Expus em detalhe em outro lugar porque não creio que a afirmação de Plöckinger se sustenta; ver Weber, *Wie Adolf Hitler*, 441-442.

17. Hofmiller, *Revolutionstagebuch*, 167.

18. Entrevista com Cordula von Godin, dezembro de 2013, e e-mail para o autor, 9 de fevereiro de 2016.

   Em 1933, Rudolf von Sebottendorf, o presidente da Sociedade Thule, alegaria que Arco tinha assassinado Eisner para provar a si mesmo diante da sociedade Thule depois de ter sido rejeitado pela sociedade devido à sua herança judaica; ver Höller, *Anfang*, 82-83; Gilbhard, *Thule*, 84-85, 177n236; e Richardi, *Hitler*, 34. O problema óbvio com a alegação de Sebottendorf é que é difícil ver como Sebottendorf saberia quais eram as intenções de Arco em matar Eisner.

19. Large, *Ghosts*, 90, 104 (citação); Hofmiller, *Revolutionstagebuch*, 169.

20. Sobre as alegações de que o assassinato de Eisner foi a causa fundamental da posterior radicalização da Baviera, ver, por exemplo, Ullrich, *Hitler*, localização 1740; Grau, *Eisner*, 9; Large, *Ghosts*, 103.

388   TORNANDO-SE HITLER

21. Eugenio Pacelli Edition, doc. 315, Pacelli para Pietro Gasparri, 3 de fevereiro de 1919, <http://www.pacelli-edition.de/Dokument/315>.

22. BHStA/IV, NL Adalbert von Bayern, diário, 16 de fevereiro, 1919 (citação); Eugenio Pacelli Edition, doc. 316, Pacelli para Gasparri, 17 de fevereiro de 1919, <http://www.pacelli-edition.de/Dokument/316>; Joachimsthaler, *Weg*, 195.

23. Eugenio Pacelli Edition, doc. 316, Pacelli para Gasparri, 17 de fevereiro de 1919, <http://www.pacelli-edition.de/Dokument/316>.

24. Kraus, *Geschichte*, 632 (primeira citação) BHStA/V, NL Grassmann/2.1, transcrição, reunião do Ministerrat, 5 de dezembro de 1918 (citações posteriores).

25. Ver, por exemplo, Hofmiller, *Revolutionstagebuch*, 159-160.

26. BHStA/IV, NL Adalbert von Bayern, diário, 22-25 fevereiro de 1919; Hofmiller, *Revolutionstagebuch*, 152 (citação), 161; FLPP, diário, 23 e 24 de fevereiro de 1919; Eugenio Pacelli Edition, Eugenio Pacelli para Pietro Gasparri, 23 de fevereiro de 1919, <http://www.pacelli-edition.de/Dokument/317>.

27. Rätsch-Langejürgen, *Widerstand*.

28. FLPP, diário, 26 de fevereiro de 1919; Grau, "Beisetzung".

29. FLPP, diário, 26 de fevereiro de 1919 (citação); Hofmiller, *Revolutionstagebuch*, 165-166.

30. BSB, Bildarchiv, Heinrich Hoffmann Collection/1111a. Sou grato a Angelika Betz da Staatsbibliothek pelas informações apresentadas sobre como a fotografia chegou à posse da biblioteca. Há também filmagens que se propõem a retratar Hitler participando da marcha fúnebre; ver Knopp e Remy, *Hitler*, Episódio 1; Reuth, *Judenhass*, 82. No entanto, é impossível dizer com algum grau de certeza se Hitler realmente é retratado no filme. Contudo, Heinrich Hoffmann Jr. confirmou a Gerd Heidemann no início de 1980 que Hitler estava retratado na foto; veja entrevista com Gerd Heidemann, agosto de 2016. Veja também Bayerisches Hauptstaatsarchiv, *Mühlen*, 56. Reuth, *Judenhass*, 82 e Pyta, *Hitler*, 133, por exemplo, argumentam que Hitler está na foto, enquanto Plöckinger, Soldaten, 42-43, rejeita a alegação. Aqueles que estão completamente seguros de que a foto de Heinrich Hoffmann não retrata Hitler ainda têm de explicar o fato de que Hitler teve o ímpeto de mentir sobre sua data de partida de Traunstein, antecipando-a para bem antes do assassinato de Eisner. Plöckinger argumenta que a foto já tinha sido publicada em 1934, o que ele acha que teria sido impossível se Hitler estivesse na foto. Além disso, tenta descartar a possibilidade ao

NOTAS   389

argumentar que, por vezes, historiadores têm afirmado que Hitler participou na procissão fúnebre enquanto acompanhava prisioneiros de guerra russos, ao passo que outros historiadores têm afirmado que ele estava lá como representante de sua unidade. Não há nenhuma maneira de saber se em 1934 o próprio Hoffmann já tinha percebido que Hitler estava entre os soldados de sua foto. Além disso, o fato de que os historiadores discordam sobre por que Hitler supostamente assistiu ao funeral não contradiz nem confirma a alegação de que Hitler aparece na foto. Ademais, o próprio Hoffmann afirmou em 1937 que tinha informações incriminatórias sobre Hitler; ver o diário de Ulrich von Hassell, nota de 13 de julho de 1937, Hassell, *Römische Tagebücher*, 205. Hoffmann fez a afirmação para Elsa e Hugo Bruckmann.

31. Plöckinger, *Soldaten*, 42ff.

32. Reuth, *Judenhass*, 83.

33. Joachimsthaler, *Weg*, 198-199, argumenta que a eleição provavelmente já havia ocorrido logo depois que Josef Seihs — que, segundo Joachimsthaler, foi o antecessor de Hitler como *Vertrauensmann* do 2º Batalhão de Desmobilização — foi eleito *Bataillons-Rat* (conselheiro de batalhão) do batalhão de desmobilização em 15 de fevereiro de 1919. Othmar Plöckinger, em *Soldaten*, 42ff., afirma que a posição de *Vertrauensmann* só foi criada no final de março e que a eleição ocorreu no início de abril. Plöckinger alega que Hitler só foi eleito como *Vertrauensmann* temporário, uma vez que as pessoas inicialmente escolhidas tiveram que participar de uma reunião diferente. Este último argumento deve ser apenas especulação, pois parece improvável que se convoque uma eleição apenas para eleger um *Vertrauensmann* temporário. Certamente, se Plöckinger estava correto sobre o conflito no calendário, uma das reuniões teria sido remarcada, em vez de toda a companhia se dar o trabalho de eleger um cargo temporário.

34. Weber, *Hitler's First War*.

35. Sobre opiniões desse tipo, ver Joachimsthaler, *Weg*, 198; Kershaw, *Hitler*, vol. 1, 120; Herbst, *Charisma*, localização 1335; Plöckinger, *Soldaten*, 44.

36. Anonymous "Sonderzusammenstellung"; Stadtarchiv München, Wahlamtsunterlagen, Landtagswahl 1919, Verzeichnis der militärischen Stimmbezirke.

37. Joachimsthaler, *Weg*, 198-218.

38. Heiden, *Hitler: A Biography*, 54.

390 TORNANDO-SE HITLER

3. Preso

1. Joachimsthaler, *Weg*, 194.
2. BHStA/IV, NL Adalbert von Bayern/1, diário, cópia do anúncio colado ao lado da nota de 7 de abril de 1919.
3. Ibid., 1, diário, 7 de abril de 1919 (citação); Kraus, *Geschichte*, 642.
4. Joachimsthaler, *Weg*, 194, 207.
5. SAM, StAM/1939, Axelrod, Towia.
6. Sepp "Palmsonntagsputsch"; Korzetz, *Freikorps*, 24; Schwarzenbach, *Geborene*, 161 (citação).
7. SBA, NL Hess, Hess a seus pais, 23 de abril de 1919.
8. Hofmiller, *Revolutionstagebuch*, 187.
9. TNA, War Office/32/5375, relatório por Winston Churchill, fevereiro de 1919.
10. TNA, FO/608/126, relatório, 30 de março/22 de abril de 1919.
11. TNA, CAB/24/79, Reports on Conditions in Bavaria, 31 de março/8 de abril de 1919 (citações); White, "Percepções", 7.
12. Citado em Reuth, *Judenhass*, 93.
13. Hofmiller, *Revolutionstagebuch*, 179-181, 184 (citação).
14. Joachimsthaler, *Weg*, 187, 203-211.
15. Reuth, *Judenhass*, 94.
16. Jones, *Birth*, 147-151; Korzetz, *Freikorps*, 41; Hofmiller, *Revolutionstagebuch*, 185, 191 (citação), 197.
17. Hetzer, "Revolution", 28-29.
18. Joachimsthaler, *Weg*, 201-202, 207.
19. Jones, *Birth*, 152; Korzetz, *Freikorps*, 42-43, 118 (citação).
20. FLPP, diário, 26 de abril de 1919 (citação); Hofmiller, *Revolutionstagebuch* 193.
21. Joachimsthaler, *Weg*, 212.
22. Ibid., 212-213.
23. Eugenio Pacelli Edition, relatório, Pacelli para Pietro Gasparri, 30 de abril de 1919, <http://www.pacelli-edition.de/Dokument/258>, acessado em 15 de julho de 2015; Kühlwein, *Warum*, 79-80; Cornwell, *Pope*, 77-78.
24. Hitler, *Mein Kampf*, 279 (primeira citação); Heinz, *Hitler*, 92-93 (segunda citação).
25. Os biógrafos de Hitler tendem a apresentar as alegações de Hitler e Schmidt como implausíveis; ver Joachimsthaler, *Weg*, 209; Kershaw, *Hitler*, vol. 1, 110; Large, *Ghosts*, 121; Plöckinger; *Soldaten*, 64.

NOTAS

O argumento apresentado para questionar o relato de Hitler tende a ser triplo: em primeiro lugar, que o Conselho Central não poderia ter ordenado sua prisão, pois o conselho era apenas uma instituição do interregno entre o momento do assassinato de Eisner e a proclamação da segunda República Soviética em meados de abril; segundo, que por volta de 27 de abril o regime soviético já estava enfraquecido e se aproximava rapidamente de seu ponto de ruptura, e, portanto, dificilmente estaria em posição de prender um oficial como Hitler; e, terceiro, que os Guardas Vermelhos não poderiam ter entrado e localizado Hitler no quartel do regimento. Alguns aspectos desses argumentos são persuasivos. No entanto, não necessariamente contradizem a alegação de Hitler. Uma vez que a Baviera testemunhara uma confusa sucessão de pelo menos quatro regimes revolucionários, apresentando muitas instituições e grupos, posteriormente, as pessoas nem sempre se referiam ao nome correto para cada um dos grupos e instituições envolvidos. A referência de Hitler ao "Conselho Central" da República Soviética, portanto, não contradiz seu relato. Ele dificilmente teria sido tão idiota a ponto de se referir deliberadamente a uma instituição que já sabia que não existia mais. É bastante claro que, em *Mein Kampf,* Hitler simplesmente se referiu aos governantes soviéticos de Munique que estavam no poder no final de abril.

26. SAM, PDM/10014, relatório "Geiselmord"; Gilbhard, *Thule*, 109ff.; Kraus, *Geschichte* 647.

27. SAM, PDM/10014, relatório "Geiselmord"; Gilbhard, *Thule*, 109ff.

28. Jones, *Birth*, 53-54, 151-152.

29. BHStA/IV, RwGrKdo/4.6, Ministerium für militärische Angelegenheiten, "Beurteilung der Lage", 29 de abril de 1919 (citação); Jones, *Birth*, 153-154.

30. BSB, NL Bruckmann, Suppl./box 3, Elsa para Hugo, 30 de abril de 1919.

31. Hofmiller, *Revolutionstagebuch*, 207 (primeira citação); Schwarzenbach, *Geborene*, 161 (segunda citação); Hetzer, "Revolution", 28n13.

32. Feldmann, *Wahrheit*, 35; Schwarzenbach, Geborene, 161 (citação).

33. Joachimsthaler, *Weg*, 216-217.

34. Heinz, Hitler, 96; Schmidt fez um relato semelhante ao de Werner Maser, em 1964; ver Maser, *Legende*, 162, 563n177. Não há nenhum indício, além de sua própria alegação, que ele faz sem revelar sua fonte, para apoiar a afirmação de Konrad Heiden de que cada décimo soldado foi colocado contra a parede e fuzilado depois que as tropas "brancas" tomaram o

quartel militar em que Hitler vivia. Também não há evidência independente para a afirmação de Heiden de que Hitler trabalhara como um espião contrarrevolucionário; ver Heiden, *Fuehrer*, 25.

35. Estudos recentes tendem a descartar o relato de Schmidt como uma invenção; ver Kershaw, *Hitler*, vol. 1, 110; Plöckinger, *Soldaten*, 68n9.

36. Hillmayr, *Terror*, 124-126.

37. Levy, "Leben", 37 (citação); Riecker, *November*, 47.

38. Kühlwein, *Warum*, 76-77; Besier, *Holy See*, 19-20 (tradução em inglês da citação); Eugenio Pacelli Edition, relatório, Pacelli para Pietro Gasparri, 18 de abril de 1919, <http://www.pacelli-edition.de/Dokument/257>, acessado em 15 de julho de 2015 (citação original); Kornberg, *Dilemma*, 167. A ideia de que o relatório prenunciava o antissemitismo genocida do Holocausto, supostamente provando que Pio XII foi o "papa de Hitler" (ver Goldhagen, *Reckoning*, 46; Cornwell, *Hitler's Pope*, 74-75), não se sustenta, antes de mais nada porque a carta é a única opinião prolongada de Pacelli sobre os judeus na época. Certamente, se o antissemitismo protofascista tinha sido tão central para Pacelli, ele teria falado sobre os judeus com mais frequência. Também não há evidência para a afirmação de que Pacelli e Schioppa eram antissemitas raciais. Além disso, Goldhagen e Cornwell usam traduções equívocas e incendiárias do relatório; veja Kühlwein, *Warum*, 77-78; Dalin, *Myth*, 52-53.

39. Eugenio Pacelli Edition, relatório, Pacelli para Gasparri, 8 de fevereiro de 1919, <http://www.pacelli-edition.de/Dokument/2120>, acessado em 15 de julho de 2015; Kühlwein, *Warum*, 72ff.; Hesemann, *Völkermord*, 297-300; Hesemann, "Pacelli"; Phayer, *Pius XII*, cap. 12; Dalin, *Myth*, 51; AEMF, NMF/8420, cartas entre Samuel Fuchs e Faulhaber, telegrama de 1918, e cartas datadas de 3 e 15 de janeiro de 1919 (citação); NMF/6281, Central-verein para Faulhaber, 4 de dezembro de 1919. Sobre a ajuda de Faulhaber à comunidade judaica, ver também NMF/6281, cartas, M. Vierfelder para Faulhaber, 14 e 27 de fevereiro e 23 de março de 1920.

40. Höller, *Anfang*, 77 (primeira citação); Klemperer, *Revolutionstagebuch*, localização 637 (segunda citação).

41. Citado em Kardish, *Bolsheviks*, 136.

42. Ver Waite, *Vanguard*, 40-41, 271; Evans, *Coming*, 75, 169, 220; Jones, *Birth*; Höhne, *Order*, 54, Schumann, "Einheitssehnsucht"; Weitz, *Weimar*, 97; Stephenson, *Battle*, 313; Weinhauer et al., Introduction, 26 (citação). Korzetz, *Freikorps*, 9, por contraste, argumenta que os Freikorps ajudaram

NOTAS

393

a defender a democracia parlamentar, ao passo que *Freikorps* de Schulze expõe o papel dos Freikorps na ascensão do nacional-socialismo sem exagerar aquele papel.

43. Weber, *Hitler's First War*, 233-245; Korzetz, *Freikorps*, 95.

44. Weber, *Hitler's First War*, cap. 10; BHStA/I, Generaldirektion der Bayerischen Archive/3152, informações sobre o tempo de Solleder durante a revolução.

45. Stegenga, "First Soldiers", 23-35 e anexo 1, lista de soldados judeus em Freikorps. Cerca de metade deles serviu em dois Freikorps de Würzburg na Baixa Francônia, a parte de maioria esmagadoramente católica da Francônia: o Batalhão Scheuring do Freikorps Würzburg e o Marschgruppe Würzburg. No entanto, a outra metade serviu em uma grande variedade de Freikorps — incluindo o Freikorps Engelhardt de Erlangen na Francônia, encabeçado por um dos ex-comandantes regimentais de Hitler, Philipp Engelhardt. Sobre Engelhardt, ver Weber, *Hitler's First War*, 54, 244.

   Sobre Heilbronner, ver BHStA/IV, KSR/22712; NARA, M1270-Roll 22, o testemunho de Wiedemann; Wiedemann, *Feldherr*, 53; Korzetz, *Freikorps*, 88; BHStA/IV, KSR 22646, N° 168 e 204; ver também Stadtarchiv München, *Gedenkbuch*, 20, 182, 184-185; Angermair, "Minderheit", 145.

46. Stegenga, "First Soldiers", 23-35; Haering, "Konfessionsstruktur". Se a baixa estimativa de Ingo Korzetz sobre o quadro total dos Freikorps, que ele coloca em aproximadamente 20 mil (ver Korzetz, *Freikorps*, 48), está correta, a taxa de filiação de judeus entre os Freikorps, baseada unicamente nos judeus identificados por Stegenga, seria ainda maior que os números que Stegenga sugere. Ela ficaria em 0,8%.

   Documentos de Robert Löwensohn, autobiografia da filha de Robert Löwensohn, Anne-Marie; Hilde Haas a seu amigo Ernst, 10 de março de 1947, relato do filho de Löwensohn, Gérard Langlois. BHStA/IV, KSR 1198, 1233, 1235, 1246, 1249, 7340, 12167, 12188, 12220, 12224, 12284, 14752. Yad Vashem, Central Database of Shoah Victims' Names, páginas de depoimento do filho e da filha de Löwensohn, item IDs 650798; ver também item número 3199771; Institut National Audiovisuel, entrevista com Anne-Marie Vitkine, transcrição, <http://grands-entretiens.ina.fr/imprimer/Shoah/Vitkine> (acessada em 15 de julho de 2015). Ver também Vitkine, *Mein Kampf*, 13-14.

   O estudo do meu ex-aluno Reinout Stegenga é baseado na inspeção de duzentos livros de filiação no Bayerisches Hauptstaatsarchiv Kriegsarchiv que contêm os registros dos Freikorps da Baviera pós-guerra.

Não sobreviveram registros de filiação de cerca de 15% dos Freikorps. Dos 61 Freikorps para os quais existem registros, seis não indicam em absoluto as afiliações religiosas de seus membros. Além disso, os registros de membros de alguns dos outros 55 Freikorps restantes são incompletos: às vezes, as páginas estão faltando; em outras, apenas alguns dos registros de membros de um Freikorps apresenta afiliações religiosas. Por exemplo, Hugo Gutmann, o oficial judeu de Nuremberg que propôs Hitler para sua Cruz de Ferro de primeira classe em 1918, bem como Ernst Kantorowicz, que posteriormente se tornaria um dos mais eminentes medievalistas do século XX, foram membros dos Freikorps, mas seus nomes não aparecem nos registros sobreviventes do Freikorps no Arquivo do Estado da Baviera; ver Documentos de Hugo Gutmann para um relato (sem data) da vida de Gutmann na Alemanha nazista, escrito por ele logo após sua emigração para a Bélgica; LBI Nova York, Ernst Kantorowicz Collection, I/1/2, *curriculum vitae* de Kantorowicz. Em suma, a lógica dita que o número efetivo de membros do Freikorps que se identificavam como sendo de fé judaica excedia consideravelmente os 158.

47. Por exemplo, Rudolf Vogel, judeu convertido ao catolicismo, veterano de guerra altamente condecorado e filho de um juiz em Munique, serviu no Freikorps Epp durante a destruição da República Soviética de Munique, ao passo que o tenente Paul Oestreicher, judeu convertido ao protestantismo e pediatra, serviu no Freikorps Bamberg; Selig, *Rassenwahn*, 315-316; Documentos de Paul Oestreicher, "Urkunde des Deutschen Reichskriegerbundes Nr. 67685"; Heeresarchiv München, confirmação de serviço em Freikorps, 5 de dezembro de 1937; Zeugnis (referência) por Edgar Konitzky, 12 de fevereiro de 1938; Lebenslauf; Oertzen, *Freikorps*, 162, 165, 173.

48. Waite, *Vanguard*, 264 (primeira citação); Hitler, *Monologe*, 148, monólogo de 1/2 de dezembro de 1941 (segunda citação).

49. Sobre argumentos deste tipo, ver Ullrich, *Hitler*, cap. 4; Eberle, *Weltkriege*, cap. 3; Joachimsthaler, *Weg*, 177; Herbst, *Charisma*, localização 1373; Kershaw, *Hitler*, vol. 1, 101ff., 116; Fest, *Hitler*; Bullock, *Hitler and Stalin*, 69; Haffner, *Anmerkungen*, localização 271; Pätzold/Weissbecker, *Hitler*, cap. 3.

50. Joachimsthaler, *Weg*, 177.

51. Hitler, *Monologe*, 245, monólogo de 31 de janeiro de 1942.

52. Ver Plöckinger, *Soldaten*, 65. Da mesma forma, Kershaw, *Hitler*, vol. 1, 119-120, argumenta que Hitler nunca foi "interiormente simpático à social--democracia". Sobre a Primeira Guerra Mundial como inspiração *post facto*,

NOTAS 395

ver Weber, *Hitler's First War*; sobre as alegações de que Hitler sempre teve opiniões negativas sobre o SPD e a revolução, ver, por exemplo, Kershaw, *Hitler*, vol. 1, 119-120; Ullrich, *Hitler*, localização 1710ff. e localização 19101 FN 363; Plöckinger, *Soldaten*, 65; Eberle, *Weltkriege*, cap. 3.

Também foi dito (Herbst, *Charisma*, localização 1375) que "o fato de que, em maio de 1919, Hitler pôde tornar-se um membro de um comitê de limpeza política das forças armadas [*Säuberungsauschuss*] sugere que ele não pode ter feito concessões em grau muito elevado, e que seu envolvimento com o sistema soviético ou com a social-democracia, portanto, não pode ter sido muito profundo". O problema com essa afirmação é que a República Soviética não foi dirigida pelo SPD. Na verdade, o SPD encabeçou a luta contra a República Soviética. O objetivo do comitê mencionado aqui era identificar aqueles que estavam ao lado da República Soviética, não do SPD. As atividades subsequentes de Hitler no final da primavera de 1919, portanto, em nada contradizem a possibilidade de que ele houvesse nutrido simpatias anteriores pelo SPD.

53. Reuth, *Judenhass*, 82.

54. Hitler, *Monologe*, 240 (segunda citação), 248 (primeira citação),

55. *Münchener Post*, 24/25 de março de 1923, 3, citado em Joachimsthaler, *Weg*, 199-200 (citação).

56. Ver Ziemann, *Commemorations*, 217.

57. Heiden, *Hitler: A Biography*, 54 (primeira citação); Deuerlein, *Aufstieg*, 132 (segunda citação), Reuth, *Judenhass*, 84, 87 (terceira citação). A alegação de Heiden se apoia, pelo menos indiretamente, também em uma declaração que Hitler fez em privado em seu QG militar durante a noite de 27/28 de setembro de 1941. Nela, Hitler explicou por que, quando ele era jovem, a única maneira de fazer uma carreira política para um homem de sua origem era juntar-se ao SPD; ver Hitler, *Monologe*, 72. Sobre Heiden, ver Aust, *Feind*.

58. IFZ, ZS89/2, Friedrich Krohn, "Fragebogen über Adolf Hitler", 1952.

59. Ver, por exemplo, Kershaw, *Hitler*, 120.

60. Anônimo, "I Was Hitler's Boss", 193.

61. Para sugestões deste tipo, consulte Fest, *Hitler*, 116-123; Joachimsthaler, *Weg*.

62. Ver também Riecker, *November*, 47; e Pyta, *Hitler*, 132. Argumentos de que Hitler nunca apoiou a revolução e o SPD são baseados, em última análise, em uma desconstrução seletiva de aspectos individuais dos indícios sobreviventes e na sequenciação posterior das evidências remanescentes de uma forma que desafia a navalha de Occam — a lei da avareza.

4. Vira-casaca

1. Hofmiller, Revolutionstagebuch, 211; Hetzer, "Revolution", 28; Schaenzler, *Mann*, 21 (citação).
2. Eugenio Pacelli Edition, relatório, Eugenio Pacelli para Pietro Gasparri, 5 de maio de 1919, <http://www.pacelli-edition.de/Dokument/259> (acessado em 15 de julho de 2015).
3. FLPP, diário, 5 de maio de 1919; BHStA/V, NL Lehmann, 4.5, Lehmann para professor Gruber, 1º de fevereiro de 1923, e Lehmann a sua filha Irmgard, 10 de novembro de 1923 (citação). Ele exagera claramente o caso para atribuir a violência das forças "brancas" a "um amor atávico pela chacina", como faz Large, em *Ghosts*, 118.
4. Schulze, *Freikorps*, 99; FLPP, diário, notas do início de maio.
5. Heinz, *Hitler*, 109-110.
6. Para o problema da conjectura na política, consulte Ferguson, *Kissinger*, 559-561, 871-872.
7. Sobre como o SPD era percebido, ver, por exemplo, Hofmiller, *Revolutionstagebuch*, 190.
8. Rilke, *Heydt*, 230-231, Rilke para Karl von der Heydt, 20 de maio de 1919.
9. Joachimsthaler, *Weg*, 218-221.
10. Ibid., 198-219.
11. Ibid., 219; Weber, *Hitler's First War*, caps. 1-8. É incorreta a afirmação de Othmar Plöckinger — ver *Soldaten*, 88-89 — de que Anton Joachimsthaler não forneceu qualquer evidência de que Buchner e Hitler se conheciam e, assim, de que Buchner não tinha feito propostas a Hitler; ver Joachimsthaler, *Weg*, 203, 351.
12. BHStA/IV, KSR 4421/204l, 4470/7111.
13. Joachimsthaler, *Weg*, 199, 212 (citação).
14. Ver, por exemplo, o caso de Josef Angerer, que, na sequência de seu serviço no Exército Vermelho, se juntou ao Freikorps Wolf; SAM, StAM/I, Standgericht München, Nr. 1934.
15. Anônimo, "I Was Hitler's Boss".
16. Deuerlein, *Aufstieg*, 55; Deuerlein, *Hitler*, 43; Plöckinger, *Soldaten*, 66ff.
17. Joachimsthaler, *Weg*, 183, 218 (citações), 350n569. Plöckinger, *Soldaten*, 89, desafia a ideia de que Staubwasser estava predisposto positivamente em direção aos sociais-democratas moderados. No entanto, ao fazê-lo, Othmar Plöckinger ignora o apoio de Staubwasser à criação de um "Volksheer". Plöckinger fornece evidências de que Staubwasser nunca foi

NOTAS

um membro do SPD e nunca teve laços estreitos com partidos da esquerda radical. Porém, em nenhum lugar Joachimsthaler afirma que tinha sido o caso. E o mais importante: não é preciso ser membro de um partido político para ser positivamente predisposto àquele partido.

Sobre as reclamações de que nenhum espaço fora deixado para os sociais-democratas moderados no Exército em Munique, ver Kershaw, *Hitler*, vol. 1, 115; Ullrich, *Hitler*; Plöckinger, *Soldaten*, passim.

18. Ver Piper, *Rosenberg*, 33.
19. Citado em Joachimsthaler, *Weg*, 203. Othmar Plöckinger alega que o artigo não pode ser confiável, uma vez que supostamente está cheio de erros factuais; ver Plöckinger, *Soldaten*, 42. No entanto, na realidade, Plöckinger só identifica erros menores, inconsequentes, do tipo que se espera em um artigo que foi escrito onze anos após o evento e que se baseava mais provavelmente em testemunhos orais transmitidos ao seu autor. Além disso, a alegação de Plöckinger de que jamais houve uma mudança na liderança do 2º Regimento de Infantaria é incorreta, pois dentro de alguns dias o regimento de fato ganhou um novo comandante.
20. Citado em Riecker, *November*, 52.
21. Macmillan, *Peacemakers*.
22. Gantner, *Wölfflin*, 325, Wölfflin para sua irmã, 18 de maio de 1919 (primeira citação); Volk, *Faulhaber*, 72 (segunda citação).
23. Citado em Schwarzenbach, *Geborene*, 163.
24. Klemperer, *Revolutionstagebuch*, localização 383.
25. BHStA/IV, RWGrKdo4, Nr. 309, relatório de Hans Gerl, 25 de agosto de 1919.
26. Gerwarth, "Counter-Revolution", 185.
27. Ver também, Riecker, *November*, cap. 4; Reuth, *Judenhass*, cap. 7.
28. BHStA/IV, RWGrKdo4, Nr. 313, cartas, Hans Wolfgang Bayerl para Karl Mayr, 4 e 10 de julho de 1919.
29. Gantner, *Wölfflin*, 323-327, cartas, Wölfflin à irmã, 8 e 18 de maio, e 7 e 13 (primeira citação) de junho, e 19 (segunda citação), 1919.
30. Joachimsthaler, *Weg*, 222ff., 348n543 (primeira citação); Fest, *Hitler*, 164 (segunda citação); Kershaw, *Hitler*, vol. 1, 121.
31. BHStA/IV, RWGrKdo4, Nr. 314, Mayr para o kaiser Wilhelm, 7 de julho de 1919 (segunda citação); Curt Müller, 31 de julho de 1919; Jakob Lästch, 16 de agosto de 1919 (terceira citação); e Kunstädter, 19 de outubro de 1919 (primeira citação). Veja também Gabriel, *Art*, 102.

32. BHStA/IV, RWGrKdo4/314, Mayr para o kaiser Wilhelm, 7 de julho de 1919.
33. BHStA/IV, RWGrKdo4/315, lista de participantes do terceiro curso de propaganda de Mayr; Joachimsthaler, *Weg*, 183, 228; Plöckinger, *Soldaten*, 103-108.
34. Joachimsthaler, *Weg*, 221.
35. BHStA/V, NL Lehmann, 8.2. diário, Melanie Lehmann, notas para dia 7 de junho de 1919 (primeira citação) e 27 de junho de 1919 (segunda citação); Samerski, "Hl. Stuhl", 355-375.
36. Haffner, *Meaning*, 9; Fest, *Hitler*, livro 1, caps. 2-3,7, e p. 229; Zehnpfennig, *Hitler*, 46.
37. Overy, *Dictators*, 15. Ian Kershaw tratava a guerra e suas consequências como um período, ou seja, como uma experiência unificada, argumentando que "a guerra e suas consequências fizeram Hitler" — portanto, sem abordar qual foi o respectivo impacto da guerra, da revolução, da República Soviética e da percepção da derrota da Alemanha sobre Hitler. De acordo com Kershaw, Hitler já voltou da guerra com plena realização da derrota, e por isso trata seu período revolucionário da mesma forma; ver Kershaw, *Hitler*, vol. 1, 87.
38. Ver Joachimsthaler, *Weg*, 182.
39. Kershaw, *Hitler*, vol. 1, 104, 116.
40. Brendan Simms faz uma observação semelhante em seus "Enemies", onde se aprofundará em sua ansiosamente aguardada biografia de Hitler.
41. Citado em Hansen, *Böhm*, 28.
42. Ver Riecker, *November*. Deve-se acrescentar que, até 1923, Hitler não alegava em nenhum de seus discursos e artigos que decidira se tornar um político no final da guerra em Pasewalk; ver Joachimsthaler, *Weg*, 182.
43. Hitler, *Mein Kampf*, 6-7, 226.
44. Hitler, *Monologe*, 45.
45. Hans Sachse para Max Amann, 9 de março de 1932, citado em Pyta, *Hitler*, 139 (primeira citação); IFZ, ED561/1, 24 de fevereiro de 1964; Riecker, *November*, 53 (terceira citação).
    Para a importância de Versalhes na politização e na radicalização de Hitler, ver também Reuth, *Judenhass*, e Pyta, *Hitler*, 139-140; para seu impacto geral sobre radicalizar o sentimento popular na Alemanha, ver Krumeich, "Nationalsozialismus", 11.
46. BHStA/IV, RWGrKdo4, Nr. 307, memorando de Karl von Bothmer, 25 de julho de 1919.

NOTAS

47. Ibid.

48. Sobre a obsessão de Hitler com a segurança alimentar e suas implicações geopolíticas e genocidas, ver Snyder, *Black Earth*.

49. Plöckinger, *Soldaten*, 108-109; Poser, *Museum*, 62; BHStA/IV, RW-GrKdo4/310, relatório de [primeiro nome ilegível] Dietl, 12 de agosto de 1919.

50. Heiden, *Fuehrer*, 78.

51. Hitler, *Mein Kampf*, 282 (citação); IFZ, ED874, Bd. 1/27, diário, Gottfried Feder, listagem de palestras dadas em 1919, e Bd. 1/57, nota do 15 de julho de 1919.

52. Hitler, *Mein Kampf*, 282-283.

53. Hitler, *Mein Kampf*, 282 (primeira citação); IFZ, ED874, Bd. 1/27, diário, Gottfried Feder, listagem de palestras dadas em 1919, e Bd. 1/57, diário, anotação do dia 15 de julho de 1919 (segunda citação); Müller, *Mars*, 114.

54. IFZ, ED874, Bd. 1/52, diário, Gottfried Feder, anotação para 9 de maio de 1919 (citação); Kershaw, *Hitler*, vol. 1, 119.

55. Müller, *Mars*, 338-339.

56. Ibid.

57. Kershaw, *Hitler*, vol. 1, 122; Toland, *Hitler*, 84.

58. A importância do mundo anglo-americano, no pensamento de Hitler, será explorada em breve em sua biografia escrita por Brendan Simms; ver também Simms, "Enemies".

59. Müller, *Gärten*.

60. Berg, *Müller*, 74-78.

61. Ver Müller, *Wandel*, 89.

62. Para afirmações em contrário ou afirmações de que, em sua radicalização posterior, Hitler foi um produto típico do curso de propaganda e, por extensão, do Reichswehr de Munique, ver, por exemplo, Plöckinger, *Soldaten*; Longerich, *Hitler*, parte 1; Ullrich, Hitler, posição 1921; Heiden, *Fuehrer*, 138; Hockerts, "München", 391; e Pätzold/Weissbecker, *Hitler*, 59.

63. Müller, *Mars*, 338-339; Müller, *Gärten*, 105; Müller, *Wandel*, 49, 88-90, 131; Deuerlein, *Aufstieg*, 85; Deuerlein, *Hitler*, 43. Gerlich deu palestras antibolcheviques para Mayr por toda a Baviera; ver BHStA/IV, RWGrKdo4/310, telegramas, Reichswehr-Gruppenkommando 4, Ib/P para a Reichswehr-Brigade 23, 16 e 28 de junho de 1919, e para o Generalkommando 3, A.K., 25 de junho de 1919.

64. Hausmann, *Goldwahn*, caps. 20, 23.

400 TORNANDO-SE HITLER

65. Plöckinger, *Soldaten*, 174n39, 250; Martynkewicz, *Salon*, 357 (citação). A citação é de um livro que Gerlich escreveu em 1920 sobre o comunismo.

66. BHStA/IV, RWGrKdo4/314, cartas, Mayr para Josef Sixt, 13 de julho de 1919, e Ludwig Franz Müller para Karl Mayr, 9 de agosto de 1919 (primeira e segunda citação); relatório datado de 23 de julho de 1919 (terceira citação); Mayr para Albert Hess, 7 de agosto de 1919 (quarta e quinta citação). O título do panfleto com a perspectiva do SPD é *Isto é Paz?*

67. Plöckinger, *Soldaten*, 228, 327, 331; Richardi, *Hitler*, 129. Mayr enviaria *Auf gut Deutsch* para um número de pessoas por três meses, a partir de setembro, de forma gratuita. No entanto, ele continuou sua relação profissional com Gerlich; ver também BHStA/IV, RWGrKdo4/314, Mayr para Max Irre, 25 de agosto de 1919.

68. IFZ, ED561/1, entrevista de Esser, 25 de fevereiro de 1964.

69. BHStA/IV, RWGrKdo4/314, Mayr para o kaiser Wilhelm, 7 de julho de 1919 (citação), para Ludwig Franz Müller, 11 de agosto de 1919, e para Michael Kummer, 22 de agosto de 1919; Joachimsthaler, *Weg*, 226; Plöckinger, *Soldaten*, 174n39.

70. BHStA/IV, RWGrKdo4/310, Dienst-Telegramm de Gr.Kdo.4Ib/P, 13 de junho de 1919.

71. BHStA/IV, RWGrKdo4/313 & 314; BHStA IV, KSR 5763 & 22075; Nr. 310, relatórios de Karl Oicher, 12 de agosto de 1919 (primeira citação), e [nenhum primeiro nome fornecido] Leipold, 12 de agosto de 1919 (segunda citação).

72. RPR-TP, 45-Hanfstaengl-3, entrevista Toland-Hanfstaengl, 4 de novembro de 1970; IFZ, ED561/1, entrevista de Esser, 24 de fevereiro de 1964; BHStA/IV, RWGrKdo4/315, lista de participantes do quarto curso de propaganda de Mayr.

73. BHStA/IV, RWGrKdo4/313, Hermann Esser de Karl Mayr, 11 de agosto de 1919.

74. Ibid., Mayr para Esser, 16 de agosto de 1919; para Hans Wunderlich, 27 de agosto de 1919 (segunda citação); e para Wilhelm Bauer, 11 de outubro de 1919 (primeira citação); ibid., Mayr para Wilhelm Bauer, 11 de outubro de 1919. A segunda vez em que ele declararia sua oposição às ideias de Feder seria, como veremos, em seu bilhete explicativo para a carta de Adolf Hitler a Adolf Gemlich de setembro de 1919.

75. Ver Reuth, *Judenhass*, 137.

76. Para uma alegação em contrário, Kershaw, *Hitler*, vol. 1, 132-133.

NOTAS

5. Enfim, um novo lar

1. Karl Mayr no *Münchener Post*, 2 de março de 1931, 2, citado em Joachimsthaler, *Weg*, 226.

2. Othmar Plöckinger afirma que, na verdade, não existia nenhuma relação especial entre Hitler e Mayr até outubro de 1919; ver seu *Soldaten*, 140-153. No entanto, ele não fornece evidências convincentes que apoiem sua afirmação.

3. BHStA/IV, Op 7539, Offiziersakte de Karl Mayr. Sobre a citação, ver relatório, datado de 31 de julho de 1919. Sobre a biografia de Mayr, ver também Ziemann, *Commemorations*, 215-221; Ziemann, "Wanderer".

4. BHStA/IV, RWGrKdo4/314, Mayr para Max Irre, 18 de setembro de 1919.

5. Ibid., CV de Max Irre.

6. IFZ, ED561/1, entrevista de Esser, 24 de fevereiro de 1964.

7. Ibid., entrevista de Hermann Esser, 24 de fevereiro de 1964; Pätzold/Weissbecker, *Hitler*, 55; Richardi, *Hitler*, 48. Ver também Joachimsthaler, *Weg*, 226.

8. Sobre uma afirmação em contrário, ver, por exemplo, Plöckinger, *Soldaten*.

9. BHStA/IV, RWGrKdo4/310, relatório de [primeiro nome ilegível] Dietl, 12 de agosto de 1919 (primeira citação); Wilhelm Bauer para Mayr, 25 de julho de 1919 (citações posteriores).

10. Ibid., recorte de jornal, *Neueste Nachrichten*, 2 de outubro de 1919; H. Möser para Mayr, 16 de julho de 1919 (primeira e segunda citação); e Mayr para Curt Müller, 31 de julho de 1919 (terceira citação).

11. Ibid., recorte de jornal, *Allgäuer Zeitung*, sem data; Lebenslauf.

12. BHStA/IV, RWGrKdo4/309, lista do Lechfeld Kommando Beyschlag; ordem emitida por Karl Mayr, 13 de agosto de 1919; Nr. 315, lista de propagandistas enviados para Lechfeld; Joachimsthaler, *Weg*, 242; Deuerlein, *Hitler*, 45-46; Pyta, *Hitler*, 142-143; Weber, *Hitler's First War*, 26-27.

13. Hitler, *Mein Kampf*, 290.

14. A maioria dos biógrafos de Hitler aceitou os relatos dos propagandistas nazistas sobre o tempo de Hitler em Lechfeld mais ou menos como corretos; ver, por exemplo, Pärzold/Weissbecker, *Hitler*, 57; Joachimsthaler, *Weg*, 243; Kershaw, *Hitler*, vol. 1, 124.

15. O comandante do acampamento em Lechfeld não queria que Hitler e seus pares falassem com os homens que serviram na Dulag [Durchgangslager]-Kompanien. A alegação comum de que Hitler se dirigira a prisioneiros de

guerra que retornavam da Rússia infectados com ideias bolcheviques (ver Kershaw, *Hitler*, 123; Joachimsthaler, *Weg*, 243), portanto, não é apoiada por evidências.

16. BHStA/IV, RWGrKdo4/309, relatório de Hauptmann Lauterbach, 18 de julho de 1919.

17. Plöckinger, *Soldaten*, 122; Deuerlein, *Hitler*, 46 (citação).

18. NARA, RG238, M1019-2, interrogatório, 5 de novembro de 1947.

19. Keogh, *Brigade*; University College Dublin, Arquivos, Michael McKeogh Papers, P128, instrumento de busca, esboço biográfico; papéis da família de Michael McKeogh, em posse de seu neto Kevin Keogh; BHStA/IV, KSR 4099/3221, 6285/1955, 11283/34.

20. Keogh, *Brigade*, 163-164.

21. BHStA/IV, RWGrKdo4/313, Mayr para Esser, 16 de agosto de 1919.

22. BHStA/IV, RWGrKdo4/314, cartas, Mayr para Max Irre, 30 de julho de 1919 (primeira citação), e Jakob Lätsch, 16 de agosto de 1919 (segunda citação).

23. BHStA/IV, RWGrKdo4/309, relatório de Rudolf Beyschlag, 25 de agosto de 1919; Pyta, *Hitler*, 142-146. Durante a guerra, o antissemitismo tinha sido inexistente ou, mais provavelmente, de um tipo com que, para Hitler, não valia a pena se preocupar; ver Weber, *Hitler's First War*; Pyta, *Hitler*, cap. 4.

24. BHStA/IV, RWGrKdo4/309, relatório de *Oberleutnant* Bendt, 21 de agosto de 1919. A afirmação de Othmar Plöckinger de que, em seu discurso, Hitler provavelmente tinha sido "cauteloso" em relação aos judeus (ver seu *Soldaten*, 130) não faz sentido. Se Hitler tivesse empregado linguagem cautelosa em relação aos judeus, sua palestra dificilmente teria desencadeado uma discussão sobre o grau em que seu antissemitismo tinha de ser atenuado.

25. Para afirmações em contrário, consulte Joachimsthaler, *Weg*, 178; Reuth, *Judenhass*, 141.

26. IFZ, ZS50/1-3, "Protokoll", de 19 de dezembro de 1951, e "Niederschrift über eine Besprechung mit Georg Grassinger", 9 de junho de 1961.

27. Piper, *Nationalsozialismus*, 12; Hitler, *Mein Kampf*, 291. Sobre seu traje, ver IFZ, ED561/1, entrevista de Hermann Esser, 24 de fevereiro de 1964; sobre a autoimagem do Sterneckerbräu, ver o anúncio do restaurante no *Münchener Stadtanzeiger*, 4 de janeiro de 1919, 2; o nome de Karl Mayr aparece no verso da lista de presenças da reunião de 12 de setembro, entre convidados que não tinham aparecido; ver Plöckinger, *Soldaten*, 145. Alega-se que Mayr enviou Hitler para se infiltrar no DAP e transformá--lo posteriormente em uma ferramenta do Reichswehr, mais que para

observar o partido; ver Plöckinger, *Soldaten*, 140-143; Longerich, *Hitler*, 73-75; Heiden, *Fuehrer*, 34. As alegações de Plöckinger de que, se Hitler tivesse sido enviado para observar a reunião, ele não teria sido enviado por Mayr — pois Mayr já era familiarizado com o partido e conhecia alguns dos membros e oradores do partido; portanto, não teria havido qualquer necessidade de enviar Hitler para observar o partido; ver seu *Soldaten*, 144ff. No entanto, esse argumento não é convincente. Por que o fato de que ele conhecia alguns membros e oradores do partido o impediria de enviar Hitler para observar a reunião do DAP, da mesma forma como Hitler e Esser foram enviados para observar as reuniões de outros grupos? Como Hermann Esser viria a recordar, "[Mayr] enviou a mim e a Hitler [...] repetidamente para essas diferentes associações [*Verbände*] para que nós ouvíssemos aqueles eventos noturnos e déssemos nossa opinião"; ver IFZ, ED561/1, entrevista de Esser, 24 de fevereiro de 1964.

28. Citado em Franz-Willing, *Hitlerbewegung*, 82.

29. Joachimsthaler, *Weg*, 257.

30. Deuerlein, *Aufstieg*, 60; Joachimsthaler, *Weg*, 252; Plöckinger, *Soldaten*, 150n47; IFZ, ED874/BD1/27, diário, Gottfried Feder.
    Trinta e oito participantes assinaram a lista de presença. Michael Lotter e Hermann Esser, que participaram da reunião, colocaram o número de pessoas presentes em cerca de oitenta, independentes um do outro; ver IFZ, ED561/1, entrevista de Esser, 24 de fevereiro de 1964. É impossível dizer se Lotter e Esser exageraram o número de pessoas presentes, ou se todos os presentes assinaram o formulário.

31. Hitler, *Mein Kampf*, 238; *Münchener Stadtanzeiger*, 11 de janeiro de 1919, 1, "Wen wähle ich?"; Handelskammer München, *Adressbuch*, sv "Baumann"; Baumann, *Wede*; Joachimsthaler, *Weg*, 252; Plöckinger, *Soldaten*, 151n58 e 60.
    Plöckinger, *Soldaten*, 151-152, afirma que Baumann não estava presente na reunião de 12 de setembro de 1919, e argumenta que Hitler, o líder do DAP Anton Drexler e seus companheiros propagandistas inventaram do nada a história do encontro de Hitler com Baumann em 12 de setembro de 1919. Ele argumenta que Baumann participou de uma reunião do DAP apenas em 12 de novembro de 1919. No entanto, Plöckinger confunde Adalbert Baumann com Adolf Baumann, que de fato participou da reunião do DAP de 12 de novembro. Em 1933, o próprio Adalbert Baumann mencionaria seu encontro com Hitler em um carta a Goebbels; ver Baumann para Goebbels,

10 de setembro de 1933, reproduzido em Simon, "Baumann". Baumann foi um *Gymnasialprofessor*; ou seja, um professor do ensino secundário.

32. *Münchener Stadtanzeiger*, 4 de janeiro de 1919, 1, "München-Berlin"; 24 de maio de 1919, "Die neue Bürgervereinigung" e "Bürger".

33. IFZ, ED561/1, entrevista de Esser, 24 de fevereiro, 1964; Joachimsthaler, *Weg*, 252; Hitler, *Mein Kampf*, 238; Deuerlein, *Aufstieg*, 60.

34. Deuerlein, *Hitler*, 48; IFZ, ED561/1, entrevista de Esser, 24 de fevereiro de 1964.

35. Deuerlein, *Aufstieg*, 60 (primeira citação); Piper, *Nationalsozialismus*, 15 (segunda citação).

36. Citado em Deuerlein, *Aufstieg*, 60.

37. Hitler, *Mein Kampf*, 296. Hitchcock traduziu mal uma parte da citação, e é por isso que a tradução fornecida aqui difere ligeiramente da de Hitchcock.

38. Drexler, *Erwachen*, 14-28, 42. Ver também Orlow, *Nazi Party*, cap. 2.

39. Drexler, *Erwachen*, 26 (primeira citação), 29, 39, 42 (segunda citação).

40. Ibid., 57 (primeira citação), 59 (segunda citação).

41. Ibid., 16-25, 27 (primeira e segunda citação); 25 (terceira citação), 49 (quarta citação).

42. Deuerlein, *Aufstieg*, 56-59; Fest, *Hitler*, 169.

43. Deuerlein, *Aufstieg*, 56-59; Joachimsthaler, *Weg*, 248ff.

44. Range, *1924*, 12.

45. Fest, *Hitler*, 169f (citações); Deuerlein, *Aufstieg*, 56-59; Joachimsthaler, *Weg*, 248ff.

46. Deuerlein, *Aufstieg*, 56-59.

47. Koshar, 20-22 "Stammtisch"; Fest, *Hitler*, 179; Weidisch, "München", 259; Joachimsthaler, *Weg*, 251.

48. BHStA/IV, RWGrKdo4/314, Hitler para Gemlich, 16 de setembro de 1919. KSR 1269/450.

49. Weber, *Friend*, 150.

50. BHStA/IV, RWGrKdo4/314, Hitler para Gemlich, 16 de setembro de 1919.

51. Faulhaber, *Stimmen*, 5.

52. AEMF, NMF, No 9626, Faulhaber para Friedrich Fick, 7 de novembro de 1919.

53. De fato é frequente a crença de que, na década de 1940, a carta de Hitler a Gemlich "tornou-se a 'Magna Carta' de uma nação inteira e levou à extinção quase total do povo judeu"; ver Simon Wiesenthal Center, comunicado de imprensa, 2011, <http://www.wiesenthal.com>, acessado

em 1º de novembro de 2015. A caracterização da carta de Hitler como a Magna Carta do Holocausto sugere que o antissemitismo de Hitler de setembro de 1919 era idêntico ao seu antissemitismo da década de 1940. Além disso, também sugere que o antissemitismo de Hitler era idêntico ou praticamente idêntico ao antissemitismo popular tanto em 1919 como em 1940; ver Bullock, *Hitler and Stalin*, 70; Plöckinger, *Soldaten*, 143, 332; Payne, *Hitler*, 131; e Fest, *Hitler*, 167.

54. Por exemplo, em uma carta escrita em outubro, Hans Wolfgang Bayerl, um dos participantes de um dos cursos de propaganda de Mayr, descreveu como o antissemitismo popular anticapitalista estava em Deggendorf, na Baixa Baviera; ver BHStA/IV, RWGrKdo4/313, Hans Wolfgang Bayerl para Mayr, 8 de outubro de 1919.

55. Esse ponto também é apresentado por Simms, "Enemies".

56. SAM, PDM, Nr. 6697, relatório da polícia, datado de 22 de novembro de 1919.

57. Sobre afirmações em contrário, ver, por exemplo, Joachimsthaler, *Weg*, 177. Não questiono a existência do antissemitismo anticapitalista no pós-guerra de Munique. O ponto aqui não é retratar a natureza anticapitalista do antissemitismo de Hitler como original, mas simplesmente ressaltar que não reflete a forma mais popular de antissemitismo em Munique na época. Ralf Georg Reuth, entretanto, afirma que Hitler identificou o nexo entre o bolchevismo e o antissemitismo em sua carta a Gemlich. Ele baseia sua interpretação sobre a caracterização dos judeus por Hitler como "a força motriz da revolução"; ver Reuth, *Judenhass*, 140-141. No entanto, a caracterização de Hitler só aparece em uma subcláusula de uma frase que trata de outra coisa e, mais importante, não se refere à fase bolchevique da revolução.

58. Da mesma forma, a direção do departamento de polícia de Munique concluiria, em um memorando escrito em novembro de 1919, que o antissemitismo antibolchevique vinha crescendo em Munique no outono de 1919; ver Walter, *Kriminalität*, 54.

59. Weber, *Hitler's First War*, caps. 1-8 passim.

60. BMA-A, Cone Papers, Série 1, cartas, Claribel para Etta Cone, 161007, 7 de outubro de 1916; 180221, 18 de fevereiro de 1918; 190902, 2 de setembro de 1919; 191029, 29 de outubro de 1919; 200419, 29 de abril de 1920; Gabriel, *Art*; Hirschland, *Cone Sisters*. Sou muito grato a Nancy Ramage por disponibilizar as cartas de Claribel Cone; BHStA/IV, RWGrKdo4/Nr. 314, Karl Mayr para Curt Müller, 31 de julho de 1919.

61. BMA-A, Cone Papers, Série 1, Ibid., 190902 e 191021, cartas, Claribel para Etta, 2 de setembro (primeira citação), 21 de outubro e 4 de dezembro, 1919 (segunda citação).

62. Ibid., 191223, Claribel para Etta, 23 de dezembro de 1919.

63. Pöhner exigiu um fim para a imigração judaica da Europa Oriental, mas defendia igualmente a proteção à "porção honesta" dos judeus alemães; ver Pommerin, "Ausweisung", 319. O antissemitismo de Pöhner na época era predominantemente antibolchevique em caráter, ao contrário do de Hitler; ver Seidel, "Heimat", 39.

64. Plöckinger, *Soldaten*, 340, em contraste, argumenta que o antissemitismo foi o ponto de partida da ideologia de Hitler: "O núcleo da visão de mundo de Hitler era o antissemitismo, no qual ele integrou passo a passo os elementos que acabariam por moldar sua ideologia." No entanto, enquanto Plöckinger data a conversão antissemita de Hitler de seu tempo no Comando Militar Distrital 4, ele não explica por que e como o antissemitismo de repente se tornou um fenômeno tão atraente para Hitler na compreensão do mundo.

65. Seria errado descrever as ideias de Hitler como um mero *pot-pourri* destinado a extravasar raiva, medo, frustração e ressentimento, e não "um conjunto coerente de proposições intelectuais", e afirmar que "não havia nada de novo, diferente, original ou distintivo" em Hitler; veja Kershaw, *Hitler*, vol. 1, 132-134.

66. Foi observado, por exemplo, que essa carta para Gemlich revela que "já em 1919 Hitler tem uma noção clara da remoção dos judeus por completo"; ver Ian Kershaw citado no *New York Times*, edição internacional, 7 de junho de 2011, A6, "Hitler's First Anti-Semitic Writing Finds a Buyer".

67. Joachimsthaler, *Weg*, 254ff.; Piper, *Nationalsozialismus*, 12-13.

68. Hitler, *Mein Kampf*, 291ff. A reunião inicial de que Hitler participou ocorreu em 12 de setembro. Ele afirmou que, menos de uma semana depois, recebeu um cartão-postal convidando-o a participar de uma reunião da executiva do partido na quarta-feira seguinte (24 de setembro). Hitler afirmou ter decidido filiar-se ao partido dois dias depois (26 de setembro).

69. Mook, "Nazis", 19; Michael Lotter para o NSDAP Hauptarchiv, 17 de outubro de 1941, citado em Joachimsthaler, *Weg*, 257; Joachimsthaler, *Weg*, 254-258; Piper, *Nationalsozialismus*, 12-13.

70. Hitler, *Mein Kampf*, 860 (citação); Deuerlein, *Aufstieg*, 98; IFZ, ED561/1, entrevista de Esser, 24 de fevereiro, 1964; Joachimsthaler, *Weg*, 254-259; Piper, *Nationalsozialismus*, 12-13.

NOTAS 407

71. BHStA/IV, RWGrKdo4/313, Hans Wolfgang Bayerl para Karl Mayr, 8 de outubro de 1919. Ver também Piper, *Rosenberg*, 79-80.

72. Mook, "Nazis", 70-71. Os números usados aqui são baseados em uma lista de membros que inclui informações de 208 homens e mulheres que se juntaram ao partido em 1919. Mook, bem em linha com a maior parte da historiografia (ver, por exemplo; Piper, *Nationalsozialismus*, 25), afirma que o DAP/NSDAP nunca foi um partido dos trabalhadores. Ele coloca a percentagem de membros da classe trabalhadora em 24%, em comparação com 41% da população de Munique pertencente à classe trabalhadora. No entanto, esses números não são comparáveis, pois a lista usada por Mook não fornece informações sobre o status social de quase um em cada três membros. O número de membros que pertencem à classe trabalhadora sobe para 35% quando comparados com os membros cuja origem de classe é conhecida.

73. Mook, "Nazis", 69-71. No momento, não existe nenhuma lista detalhada dos locais de nascimento dos membros do braço do DAP/NSDAP em Munique. No entanto, os muitos casos de líderes nacional-socialistas apresentados neste livro que haviam crescido em outro lugar, muitas vezes fora da Baviera ou mesmo fora da Alemanha, sugere que os migrantes eram fortemente super-representados no quadro de membros do partido.

74. Kraus, *Geschichte*, 649-656. A imagem da soberania como ser o senhor em sua própria casa é tirada do curso IGA 360 de Michael Ignatieff "Sovereigntyand Intervention", da Harvard Kennedy School.

75. Wachsmann, *Prisons*, 37-38; Rittenauer, "Landessymbole".

76. Hitler, *Monologe*, 242, 248 (citação).

77. Ibid., 161 (citação); Hitler, *Aufzeichnungen*, 841.

6. Duas visões

1. Hitler no *Illustrierter Beobachter*, 1929, Folge 31, 374, citado em Joachimsthaler, *Weg*, 262.

2. Gilbhard, *Thule*; Phelps, "Before"; Höller, *Anfang*, 82-83; Deuerlein, *Aufstieg*, 56-59; Joachimsthaler, *Weg*, 248ff.; Richardi, *Hitler*, 32-39; Maser, *Legende*, 170.

3. Citado em Höller, *Anfang*, 83.

4. Gilbhard, *Thule*.

5. Engelman, 3-4 "Eckart"; Franz-Willing, "Munique", 329; SAM, PDM/10014, relatório, "Geiselmord im"; Gilbhard, *Thule*, 105. Os sete membros executados da Sociedade Thule foram Walter Nauhaus, Walter Deichke, Hella von Westarp, Anton Daumenlang, Friedrich Wilhelm von Seydlitz, Gustav von Thurn und Taxis e Franz von Teuchert. Nenhum deles havia nascido em Munique; quatro tinham nascido fora da Baviera; dos três restantes, apenas uma nascera na Alta Baviera. E o único dos membros da Thule executados nascidos na Alta Baviera, Hella von Westarp, não era bávaro, mas vinha de uma antiga família aristocrática prussiana. Dois dos sete membros executados da Thule vinham de conhecidas famílias aristocráticas protestantes; outros dois nasceram em territórios quase exclusivamente protestantes na época; e outro ainda era filho de um missionário protestante.

6. Hofmiller, *Revolutionstagebuch*, 225.

7. Plöckinger, *Soldaten*, 144n30.

8. Gilbhard, *Thule*, 122.

9. Ibid., Passim. A alegação de que a Sociedade Thule continuou a influenciar o DAP e o NSDAP nas sombras é baseada na ideia de que os membros da sociedade, tais como Dietrich Eckart, exerciam uma enorme influência sobre Hitler; ver, por exemplo, Richardi, *Hitler*, 124. No entanto, Eckart e outros que continuaram a influenciar tanto Hitler como o partido tinham sido convidados regulares da Sociedade Thule, em vez de membros, como alegado por Richardi. Eles se alinharam com a sociedade quando lhes foi conveniente. No entanto, isso não significa que se viam como agentes da Sociedade Thule. Eles tinham sua própria agenda, que muitas vezes coincidia, mas que nunca fora a mesma.

10. Gilbhard, *Thule*.

11. IFZ, ED561/1, entrevista de Hermann Esser, 24 de fevereiro de 1964.

12. Hitler, *Aufzeichnungen*, 91.

13. IFZ, ED561/1, entrevista de Esser, 24 de fevereiro de 1964.

14. Relatório policial da reunião do DAP, de 13 de novembro de 1919, reproduzido em Hitler, *Aufzeichnungen*, 92 (citação); SAM, PDM/6697, relatório da polícia, datado de 22 de novembro de 1919.

15. SAM, PDM/6697, relatório da polícia sobre reunião do DAP de 22 de novembro de 1919.

16. Ibid., relatório da polícia de reunião do DAP de 26 de novembro de 1919; Phelps, "Parteiredner", 275.

NOTAS

17. Sobre o traje de Hitler na época, ver IFZ, ED561/1, entrevista de Esser, 24 de fevereiro de 1964.

18. SAM, PDM/6697, relatório da polícia de reunião do DAP de 10 de dezembro de 1919. Como Hitler considerava os Estados Unidos e a Grã-Bretanha os eternos inimigos da Alemanha, a ideia de que ele deu pouca atenção à América nos anos após 1918 e que só mais tarde os Estados Unidos se tornariam importantes para sua visão de mundo (ver Weinberg, "Image", 1007) é infundada.

19. SAM, PDM/6697, relatório da polícia de reunião do DAP de 18 de dezembro de 1919.

20. Plöckinger, *Soldaten*, 157-162; ibid., 178.

21. Ibid., 171-177; Joachimsthaler, *Weg*, 245.

22. Hitler, *Aufzeichnungen*, 101ff. (citação); Plöckinger, *Soldaten*, 188.

23. IFZ, ED561/1, entrevista de Esser, 23 de fevereiro de 1964.

24. Há um desacordo sobre se Hitler pediu permissão formalmente de Karl Mayr para entrar no partido, ver Joachimsthaler, *Weg*, 254ff.; Piper, *Nacionalsozialismus*, 12-13; Plöckinger, *Soldaten*, 152-153, 177-178. Os membros do Reichswehr eram obrigados a pedir autorização para participar de grupos políticos. No entanto, Othmar Plöckinger argumenta que, como Hitler era legalmente um membro do antigo Exército, e não do novo Reichswehr, não precisava pedir permissão; portanto, ele não pediu. Tal argumento ignora o fato de que, mesmo que Hitler estivesse ciente de que tecnicamente não precisava pedir permissão, qualquer pessoa que desejasse a transferência para o Reichswehr certamente teria feito isso, de qualquer maneira. Além disso, o Schützenregiment 41 no qual Hitler serviu era, na verdade, uma unidade do Reichswehr provisório (Vorläufige Reichswehr).

25. IFZ, ED561/1, entrevista de Esser, 24 de fevereiro, 1964; Plöckinger, *Soldaten*, 168.

26. Seria errado ver dois pedidos de reunião formais que Hitler recebeu de Mayr, no final de outubro e final de novembro, bem como a transferência de Hitler para o Schützenregiment 41, no final de outubro, como indicações de que foi apenas na segunda quinzena de outubro que Hitler entrou para a política, e que só fez isso sob instruções de Karl Mayr. Sobre alegações nesse sentido, ver Plöckinger, *Soldaten*, 154-162; Longerich, *Hitler*, 70-71. Para os dois pedidos de reunião, ver Joachimsthaler, *Weg*, 246; BHStA/IV, RWGrKdo4/314, Mayr auxiliar de Hitler, 21 de novembro de 1919.

Na verdade, Hitler escolheu falar na reunião do DAP de 12 de setembro; ele optou por se filiar ao partido na segunda quinzena de setembro, e, mais importante, discursou oficialmente para o DAP antes de sua transferência para o Schützenregiment 41 e antes do recebimento dos dois pedidos de reunião formais de Mayr.

27. IFZ, ED561/1, entrevista de Esser, 25 de fevereiro de 1964 (primeira, segunda e quarta citação); Deuerlein, *Aufstieg*, 112 (terceira citação); Engelman, "Eckart", 6-7, 50; Richardi, *Hitler*, 128; Joachimsthaler, *Weg*, 278; Dresler, *Eckart*.

28. Engelman, "Eckart", passim, 8-9 (citação); Hamann, *Vienna*; Richardi, *Hitler*, 124ff.; Piper, *Nationalsozialismus*, 13-14; Heiden, *Fuehrer*, 85-86. Para o histórico religioso de Eckart, consulte monólogo de Hitler de 16/17 de janeiro de 1942, Hitler, *Monologe*, 209.

29. Citado em Engelman, "Eckart", 64-65.

30. Citado em Richardi, *Hitler*, 128.

31. *Hitler*, 197; Pyta, *Hitler*, 155 (citação).

32. Hitler, *Monologe*, 208.

33. Heiden, *Fuhrer*, 85-86; Piper, *Nationalsozialismus*, 13-14.

34. Reuth, *Goebbels*, cap. 2; Goebbels, *Tagebücher*, i (2004 ed.), 136, anotação de 16 de maio de 1924; Longerich, *Goebbels*, 31-35. Não está claro por que Longerich afirma, sem provar positivamente seu caso, que o socialismo de Goebbels era insincero; ver Longerich, *Goebbels*, 64, 686-87.

35. Goebbels para Anka Stalherm, 17 de fevereiro de 1919, citado em Reuth, *Goebbels*, 79.

36. Goebbels, "Erinnerungsblätter", reproduzido em Goebbels, *Tagebücher*, i (1987 ed.), 17; Piper, *Rosenberg*, 32 (citação).

37. BSB, NL Bruckmann/Suppl., caixa 8, Elsa para sua mãe, 16 de janeiro de 1920 (citações); Piper, *Rosenberg*, 32.

38. Para afirmações em contrário, ver, por exemplo, Heusler, *Haus*, 76.

39. Weiss, *Rupprecht*, 282.

40. Sobre "posicionamento" em política, ver Ignatieff, *Fire*, 75ff.

41. Schlie, "Nachwort"; Schöllgen, *Hassell*.

42. Ao contrário do Partido Popular Nacional Alemão, o BVP não sofria de fraqueza organizacional; ver Ziblatt, *Conservative Political Parties*.

43. Hastings, *Catholicism*; Steigmann-Gall, *Holy Reich*, caps. 1-3.

44. Faulhaber, *Stimmen*, 258.

NOTAS 411

45. Ibid., 250-265. Sobre o retorno da gripe, ver BSB, NL Bruckmann, Supl., caixa 8, cartas, Elsa para sua mãe, 27 de dezembro de 1919, e 16 de janeiro de 1920.

46. IFZ, ED561/1, entrevista de Esser, 24 de fevereiro de 1964; Joachimsthaler, *Weg*, 262-265. Peter Longerich argumenta que a luta pelo poder entre Hitler e Harrer não foi, na verdade, devido à estratégia de sociedade secreta de Harrer, pois ele passara por Berlim no final de 1919 para sondar uma possível cooperação do partido com o DNVP, visando a criação de um campo de direita unificado na Alemanha; ver Longerich, *Hitler*, 79-80. É difícil ver por que os contatos de Harrer com o DNVP negariam a ideia de que o projeto de Harrer para o DAP era de uma espécie de Sociedade Thule para a classe trabalhadora. Certamente, para homens como Harrer, grupos semelhantes a sociedades secretas e os partidos de direita existentes, mesmo cumprindo funções diferentes, tinham de colaborar.

47. SAM, PDM/6697, relatório da polícia de reunião do DAP de 26 de novembro de 1919.

48. Heiden, *Fuehrer*, 83 (citação); IFZ, ED561/1, entrevista de Esser, 24 de fevereiro de 1964; Franz-Willing, *Hitlerbewegung*, 71. Para as reuniões semanais do DAP, ver SAM, PDM/6697, relatório da polícia de reunião do DAP de 26 de novembro de 1919. De acordo com outras fontes, o DAP tinha de pagar 50 marcos por mês para o uso de seu escritório; ver Richardi, *Hitler*, 99.

49. IFZ, ED561/1, entrevista de Esser, 24 de fevereiro de 1964; Bauer, *Hauptstadt*, 350.

50. Sigmund, *Freund*, 13-18, 328n19.

51. Joachimsthaler, *Weg*, 187-188; Hitler, *Monologe*, 146 (citação).

52. Joachimsthaler, *Weg*, 256; Reichardt, "SA", 246; BHStA/IV, KSR/16776, Nr. 793.

53. Tanto Drexler como Hitler queriam ir a público, mas, de acordo com as alegações posteriores de Drexler, Hitler tinha receio de que realizar uma reunião na Hofbräuhaus fosse um risco muito alto para correr; ver Richardi, *Hitler*, 111-112.

54. IFZ, ED561/1, entrevista de Esser, 24 de fevereiro, 1964; Hitler, *Mein Kampf*, 511ff. (citação); Phelps, "Parteiredner", 277.

55. IFZ, ED561/1, entrevista de Esser, 24 de fevereiro de 1964 (citação). Até hoje, não há consenso sobre quem foram os principais autores do programa. Nomes regularmente mencionados incluem Hitler, Drexler, Feder e Eckart; ver, por exemplo, Kershaw, *Hitler*, vol. 1, 144; Joachimsthaler, *Weg*,

267; Pätzold/Weissbecker, *Hitler*, 59ff.; Piper, *Nationalsozialismus*, 18; Longerich, *Hitler*, 81; Bullock, *Hitler and Stalin*, 79; Payne, *Hitler*, 142-145. Gottfried Feder, embora dificilmente seja o autor principal do programa, participou de uma reunião em que um esboço foi discutido; IFZ, ED874, Bd. 1/29, diário de Feder, 15 de dezembro de 1919.

A ideia de que Hitler foi o principal arquiteto do programa, ou um deles, é baseada em suas próprias palavras e em dois documentos produzidos por Drexler em 1940; ver Joachimsthaler, *Weg*, 267. Em ambos os documentos — um esboço de uma carta não enviada a Hitler e um testemunho dado ao arquivo do NSDAP —, Drexler procurou obter algum crédito como autor do programa do partido, num cenário em que Hitler era apresentado como seu único ou principal autor. O ano de 1940 certamente não era o momento de dizer a Hitler, e ao arquivo de seu partido, que seu papel como arquiteto do programa tinha sido pequeno. No entanto, Drexler muitas vezes disse a Hermann Esser, em particular, que o papel de Hitler de fato fora diminuto; ver IFZ, ED561/1, entrevista de Esser, 24 de fevereiro de 1964. Ver também Franz-Willing, *Hitlerbewegung*, 75-79.

56. Programa do DAP, 24 de fevereiro de 1920, German History in Documents and Images, <http://germanhistorydocs.ghi-dc.org/sub_document. cfm?document_id=3910>. Acessado em 15 de maio de 2015.

57. Para afirmações em contrário, ver, por exemplo, Pätzold/Weissbecker, *Hitler*, 62-63; Piper, *Nationalsozialismus*, 18; Piper, *Rosenberg*, 48-50; Herbert, "Nationalsozialisten", 21.

58. Para o antissemitismo subjacente do programa do DAP, ver Meyer zu Uptrup, *Kampf*, 137-150.

59. Programa do DAP, 24 de fevereiro de 1920; IFZ, ED561/1, entrevista de Esser, 24 de fevereiro de 1964 (citação de Esser).

60. Hitler, *Mein Kampf*, 512-513.

61. Bouhler, *Werden*, 10, 19 (citações); Weber, *Hitler's First War*.

62. Hitler, *Mein Kampf*, 513-514.

63. Phelps, "Parteiredner", 277; Phelps, "Arbeiterpartei", 983.

64. SAM, PDM/6697, recorte de jornal *Münchener Neuesten Nachrichten*, 25 de fevereiro de 1920 (citações); ver também recortes do *Bayerische Staatszeitung*, 26 de fevereiro de 1920, e do *Münchener Augsburger Abendzeitung*, 26 de fevereiro de 1920.

65. Phelps, "Rede", 391.

66. Deuerlein, *Aufstieg*, 108-112; Joachimsthaler, *Weg*, 274-275; Franz-Willing, *Hitlerbewegung*, 79.

NOTAS

67. Gilbhard, *Thule-Gesellschaft*.
68. Para uma alegação em contrário, ver Kershaw, *Hitler*, vol. 1, 132-133; Heusler, *Haus*, 64-65; Herbst, *Charisma*, locs. 1972, 2181.
69. Phelps, "Parteiredner", 276.
70. AEMF, NMF/7556, Georg von Bayern para Faulhaber (primeira citação); AEMF, NMF/7558, Faulhaber ao príncipe Wilhelm, fevereiro de 1920; BHStA/V, Nachlass Stempfle, relatório de espionagem, "Gesamt-Bericht", 12 de fevereiro de 1920 (segunda e terceira citação). A afirmação de que o antibolchevismo desempenhava um papel pequeno para Hitler e não aparecia realmente no programa do partido (ver Plöckinger, *Soldaten*, 272) é infundada, devido à sua afirmação incorreta de que o antibolchevismo não desempenhava nenhum papel proeminente no antissemitismo popular de direita da época.
71. Ver, por exemplo, Hitler, *Aufzeichnungen*, 98.

7. Uma ferramenta de 2.500 anos

1. Joachimsthaler, *Weg*, 272; Pätzold/Weissbecker, *Hitler*, 63.
2. Erger, *Kapp-Lüttwitz-Putsch*.
3. Joachimsthaler, *Weg*, 272. Eckart posteriormente escreveria a Mayr sobre a história e apresentaria a viagem a Berlim como resultando unicamente de sua iniciativa; ver Deuerlein, *Aufstieg*, 177ff.
4. IFZ, ED561/3, entrevista de Hermann Esser, 25 de fevereiro de 1964.
5. IFZ, ED561/3, entrevista de Esser, 25 de fevereiro de 1964; Longerich, *Hitler*, 1044n75.
6. Citado em Kellogg, *Roots*, 88, 105.
7. IFZ, ED561/3, entrevista de Esser, 25 de fevereiro de 1964. Sobre o medo de avião de Hitler, ver Richardi, *Hitler*, 179.
8. Hitler, *Monologe*, 192, monólogo de 9/10 de janeiro de 1942; Richardi, *Hitler*, 179.
9. Hassell, *Kreis*, 231-232.
10. Deuerlein, *Aufstieg*, 112; Joachimsthaler, *Weg*, 273; Richardi, *Hitler*, 234-235.
11. Kraus, *Geschichte*, 659-672; Thoss "Kapp-Lüttwitz-Putsch"; Menges, "Möhl"; Richardi, *Hitler*, 169ff.; Longerich, *Hitler*, 83.
12. Para alegações em contrário, ver, por exemplo, Pätzold/Weissbecker, *Hitler*, 64; Kraus, *Geschichte*, 672; Karl, *Räterepublik*, 255ff.; Longerich, *Hitler*, 83; Bauer/Piper, *München*, 278.

414   TORNANDO-SE HITLER

13. Timm, "Bayern", 624.

14. BHStA, NL Groenesteyn/No. 63, Pacelli para Otto von Groenesteyn, 15 de abril de 1920; NHStA/IV, KSR 2945/11; Joachimsthaler, *Weg*, 247; Nickmann, "Auswüchse"; Longerich, *Hitler*, 83-84; Richardi, *Hitler*, 195-243; Thoss, "Kapp-Lüttwitz-Putsch"; Franz-Willing, "Munique".

15. Götschmann, "Landtagswahlen".

16. BHStA/IV, KSR 4421/204l e 4470/7111. Anteriormente, os estudiosos apresentavam três diferentes razões possíveis para a saída de Hitler do Exército. Primeiro, diante da exigência do Tratado de Versalhes de reduzir o Reichswehr a 100 mil homens, seus mentores no Reichswehr, encarregados de reduzir o número de soldados em Munique, talvez tenham decidido que realmente não importava se Hitler serviria formalmente no Exército, pois eles podiam e continuariam a apoiá-lo; veja Pätzold/Weissbecker, *Hitler*, 64. Segundo, a dissolução do Comando Militar Distrital 4 em março de 1920 (ver Joachimsthaler, *Weg*, 236) talvez tenha exigido seu desligamento. Terceiro, Hitler, como austríaco-alemão (ou seja, um não cidadão), simplesmente não podia ser admitido no novo Exército da República de Weimar, o Reichswehr; ver Plöckinger, *Soldaten*, 157, 177.

No entanto, há uma falha em todas as três explicações. Todas aceitam como fato que Hitler continuava a ser um instrumento nas mãos do Reichswehr. Não permitem a possibilidade de que aqueles que tentavam usá-lo já não eram mais poderosos. Se seus mentores no Exército o consideravam tão útil, por que não lhe reservaram um dos 100 mil lugares disponíveis para aqueles que serviam; por que não desmobilizaram outra pessoa? Certamente, poderiam ter encontrado uma posição em uma nova unidade para Hitler ou uma maneira de conceder-lhe a cidadania, para que pudesse continuar trabalhando para eles. Hermann Esser afirmou que Hitler não foi forçado a sair, mas que optou por sair porque queria ser independente; ver IFZ, ED561/1, entrevista de Esser, 25 de fevereiro de 1964. No entanto, a declaração de Esser tem o acento de uma racionalização *post facto* da parte de Hitler.

17. IFZ, ED561/1, entrevista de Esser, 24 de fevereiro, 1964; Richardi, *Hitler*, 249-259; Hanfstaengl, *Unknown Hitler*, 51.

18. Phelps, "Rede", 392; SAM, PDM/Nr. 6697, relatório da polícia sobre a reunião do DAP de 6 de abril de 1920.

19. IFZ, ED561/1, entrevista de Esser, 25 de fevereiro, 1964; Joachimsthaler, *Weg*, 273-274; Phelps, "Rede", 392-393.

NOTAS   415

20. Phelps, "Rede", 390-395, 400, 404.

21. Ibid., todas as citações nas páginas 400-420.

22. Hitler, *Monologe*, 51.

23. Piper, *Rosenberg*, 49, sugere que o discurso de Hitler mirava no judaico--bolchevismo, mas a prova que ele fornece em apoio à alegação é uma citação de Alfred Rosenberg de 1922 que não está relacionada ao discurso de Hitler de 13 de agosto de 1920.

24. Phelps, "Rede", 418-420.

25. Citado em Riecker, *November*, 109. Sobre outra referência biologizada à influência supostamente prejudicial dos judeus feita particularmente, em 1920, ver Ullrich, *Hitler*, posição 2377.

26. Citado em Riecker, *November*, 110.

27. Em seu *Foundation of the 19th Century*, Houston Stewart Chamberlain já havia enfatizado a necessidade de um "excreção" (*Ausscheidung*) do "miasma judaico" (*jüdischer Krankheitsstoff*) do povo alemão numa época em que Hitler ainda estava brincando de "caubóis e índios" no interior austríaco; ver Riecker, *November*, 111.

28. Sobre o antissemitismo como o ódio mais antigo do mundo, ver Wistrich, *Hatred*.

29. Nirenberg, *Antijudaísmo*. Ver também o argumento de Klaus Holz de que o antissemitismo fornece uma ferramenta com a qual compreender a sociedade e definir identidades coletivas, bem como individuais; ver Holz, *Antisemitismus*, 362.

30. Confino, *World*.

31. Ver, por exemplo, Hitler, *Mein Kampf*, 395.

32. Chamberlain, *Grundlagen*.

33. Bermbach, *Chamberlain*, 114-115, 207-209; Martynkewicz, *Salon*, 16, 54-58. Bermbach afirma que, embora seja impossível verificar as origens de Wiesner acima de qualquer dúvida, aceitava-se na época que sua ascendência era judaica. Em uma carta de 26 de dezembro de 1907, Chamberlain também afirmou que achava "particularmente agradáveis as interações profissionais com judeus honestos e qualificados"; ver Bermbach, *Chamberlain*, 293.

34. Citado em Martynkewicz, *Salon*, 56-57. Ver também Friedländer, *Persecution*, 89-90.

35. Engelman, "Eckart", 64.

36. Bermbach, *Chamberlain*, 66; Martynkewicz, *Salon*, 54-58 (citação, 56).

37. Bohnenkamp, *Hofmannsthal*, 550n2, 552n2.

38. Citado em ibid., 551n7.
39. Hanna Wolfskehl para Albert e Kitty Verwey, agosto de 1913, em Nijland-
-Verwey, *Wolfskehl*, 116-117 (citação); Hessischen Landes- und Hochschulbibliothek, *Wolfskehl*, 228ff.; Voit, *Wolfskehl*, 36-37, 606n78; Pieger,
"Wolfskehl", 57-61.
40. Hassell, *Hassell-Tagebücher*, 64.
41. Bohnenkamp, *Hofmannstahl*, 452n17; Bernstein, *Leben*, 58.
42. Para um argumento semelhante, ver Holz, *Antisemitismus*, 422.
43. SAM, PDM/6697, relatório da polícia, 9 de janeiro de 1920.
44. Phelps, "Rede", 406.
45. Hitler, *Monologe*, 148.
46. Sigmund, *Freund*, 9, 29, 227-229, 234-237, 245-257.
47. Pyta, *Hitler*, 109; Sigmund, *Freund*, 263.
48. Ver, por exemplo, Bundesarchiv Koblenz, NL Wiedemann, Fritz Wiedemann a Hans Thomsen, 28 de setembro de 1939.
49. Hess, *Hess, Briefe*, 334-335 (citação); RPR-TP "Haushofer, Karl", documento OI-FIR/3, em resposta ao Relatório Especial de Interrogação sobre
Haushofer, 1945; Kallenbach, *Landsberg*, 66.
50. Zdral, *Hitlers*, 167-168; Deuerlein, *Aufstieg*, 62-63.
Jornais austríacos e norte-americanos afirmaram em 1933 que a mãe de
Hitler descendia de judeus da Boêmia; ver Zdral, *Hitlers*, 168.

8. Gênio

1. Citado em Joachimsthaler, *Weg*, 226, 254-255.
2. De acordo com uma explicação concorrente, o ressentimento de Mayr
em relação às tendências separatistas do governo da Baviera, bem como
de muitos oficiais bávaros, talvez o tenha levado a decidir que era hora de
seguir em frente; ver Ziemann, *Commemorations*, 217.
3. Plöckinger, *Soldaten*, 154, 174.
4. BHStA/IV, Op 7539, Offiziersakte de Mayr, Dehn de Otto Gessler, 25 de
março de 1920.
5. Ibid., Dehn de Otto Gessler, 25 de março de 1920.
6. BHStA/IV, KSR 3038/148, 3039/130, 4474/490, 21997/8; Dawson, "Dehn";
Weber, *Hitler's First War*, 262, 278, 305; Bundesarchiv Koblenz, NL Wiedemann, 6, Dehn para Fritz Wiedemann, 29 de outubro de 1939, e Wiedemann
para Hans Thomsen, 28 de setembro de 1939.

NOTAS

7. Joachimsthaler, *Weg*, 226, 254-255.
8. IFZ, ED561/1, entrevista de Hermann Esser, 24 de fevereiro de 1924 (citação); Ziemann, *Commemorations*, 217; Joachimsthaler, *Weg*, 226.
9. Ziemann, *Commemorations*, 217.
10. Ibid., 89, 158-160, 215-221; IFZ, ED561/1, entrevista de Esser, 24 de fevereiro de 1924 (aspas).
11. BHStA/IV, Op 7539, Mayr Offiziersakte; Ziemann, *Commemorations*, 215-221; Ziemann, "Wanderer"; Adressbuchgesellschaft Ruf, *Addressbuch* 1957, s.v. "Mayr, Stephanie".
12. Lange, *Genies*, 30-43; Bermbach, *Chamberlain*, 111; Köhne, "Cult"; McMahon, "Evil", 172-180 (citação, 173); McMahon, *Fury*, cap. 6.
13. Lange, *Genies*; Martynkewicz, *Salon*, 99, 105; Pyta, *Hitler*, parte 1.
14. Engelman, "Eckart", 62-66; Köhne, "Cult", 117-118, 127-128; McMahon, *Fury*, 198-199.
15. Phelps, "Parteiredner", 278 (primeira citação); Pyta, *Hitler*, 246 (segunda citação). Hitler também discutiu "gênio" em um artigo para o *Völkischer Beobachter* de 1º de janeiro de 1921; ver Hitler, *Aufzeichnungen*, 279-282.
16. Sobre o conceito de "raça pura" de Chamberlain, ver Martynkewicz, *Salon*, 55.
17. Martynkewicz, *Salon*, 103; Roosevelt, *History*, cap. 8.
18. Ibid., Parte 1. Ver em especial as páginas 100-105. Pyta argumenta que Wagner definiu os judeus como pertencentes a um grupo religioso com certas características culturais e econômicas que as pessoas podiam deixar e de fato deixavam, ao passo que, para Hitler, ser judeu era uma categoria racial, e, como resultado, um judeu era sempre um judeu. Se a percepção de Pyta de uma dicotomia entre o antissemitismo de Wagner e o de Hitler é certa, depende se de fato Hitler interpretava suas primeiras declarações antissemitas — raciais, biologizadas, extremistas — de maneira literal.
19. Ibid., Cap. 7.
20. Bouhler, *Werden*, 19; Richardi, *Hitler*, 112 (citação).
21. Heiden, *Fuhrer*, 34 (primeira citação); NARA, RG263/3, Relatório OSS de 14 de dezembro de 1942; RPR-TP, 46-Ilse Hess, entrevista Hess-Toland, 4 de abril de 1971.
22. Deuerlein, *Hitler*, 44-45.
23. Phelps, "Parteiredner", 27-84.
24. IFZ, ED561/1, entrevista de Esser, 24 de fevereiro de 1964; Hitler, *Monologe*, 175, 209, monólogo de 4 e 16/17 de janeiro de 1942; Phelps, "Parteiredner", 274-275; Müller, *Wandel*, 132; Lüdecke, *Hitler*, 95 (primeira citação); RPR--TP, 46-Ilse Hess, entrevista Hess-Toland, 21 de abril de 1971.

418 TORNANDO-SE HITLER

25. NARA, RG263/3, OSS Report, 15 de dezembro de 1942.
26. Heiden, *Fuhrer*, 90.
27. IFZ, ED561/1, entrevista de Esser, 24 de fevereiro de 1964.
28. Ibid.
29. Sobre o papel da história como um piloto no estadismo, ver Ferguson, "Meaning".
30. Sobre seus retratos de Bismarck e Frederico, o Grande, ver Fest, *Hitler*, 374; sobre Cromwell, consulte NARA, RG263/3, OSS Report, dezembro de 1942, 46.
31. Phelps, "Parteiredner", 283.
32. Para afirmações em contrário, ver, por exemplo, Rauschning, *Nihilism*; Snyder, *Black Earth*, 1-10; Kershaw, "Vorwort", 8; Bullock, *Hitler*.
33. Schivelbusch, *Culture*, 213. Em seus discursos, Hitler parece ter feito referência apenas uma vez — em 11 de janeiro de 1923 — a uma "facada nas costas"; ver Hitler, *Aufzeichnungen*, 781, 783.
34. Phelps, "Parteiredner", 278-286.
35. Kellerhoff, *Berlin*, 22.
36. Phelps, "Parteiredner", 27-86; SAM, PDM/6697, relatórios policiais sobre a reunião do DAP de 9 de janeiro (segunda citação) e 4 de março (primeira citação), 1920.
37. Phelps, "Parteiredner", 284; Mook, "Nazis", 26.
38. IFZ, ED561/1, entrevista de Esser, 25 de fevereiro de 1964; Joachimsthaler, *Weg*, 272. Ver também Maser, *Briefe*, 110-113, que reproduz quatro dos cartões-postais de Hitler aos Lauböck.
39. Phelps, 279-284 "Parteiredner"; Hanisch, *NSDAP-Wähler*, 69; Pyta, *Hitler*, 116-117.
40. RPR-TP, "Giesler, Hermann", transcrição, entrevista, John Toland com Giesler, 5 de outubro de 1971.
41. Interrogatório de Paula Hitler, 26 de maio de 1945, citado em Zdral, *Hitlers*, 198. Ver também Läpple, *Hitler*, 99, que deu uma data errada para a visita de Hitler a Viena.
42. Interrogatório de Paula Hitler, 26 de maio de 1945, citado em Zdral, *Hitlers*, 198.
43. Zdral, *Hitlers*, 211 (citação); Joachimsthaler, *List*, 273.
44. Gefangenen-Personalakt Nr. 45, Schutzhaftanstalt Landsberg am Lech, citado em Fleischmann, *Hitler*, 83.
45. Zdral, *Hitlers*, 140.

NOTAS

46. NARA, RG263/3, OSS Report, 15 de dezembro de 1942.
47. SAM, PDM, Nr. 6697, relatório da polícia sobre reunião do DAP em 27 de abril de 1920.
48. Sobre política sectária e acordos, ver Margalit, *Compromise*.
49. Zdral, *Hitlers*, 136; Läpple, *Hitler*, passim; ver, em particular, página 238.
50. Kershaw, *Hitler*, vol. 1, cap. 6.
51. Para uma alegação em contrário, ver Kershaw, *Hitler*, vol. 1, 161-170.

9. A guinada de Hitler para o leste

1. Joachimsthaler, *Weg*, 280.
2. Hoser, "Beobachter".
3. Piper, *Rosenberg*, 80.
4. BHStA/IV, KSR 20178/20d; Joachimsthaler, *Weg*, 280, 371n867; Gilbhard, *Thule*, 142-143.
5. Joachimsthaler, *Weg*, 280. De acordo com outros relatórios, o dinheiro para o empréstimo não veio do Reichswehr, mas do próprio Epp; veja IFZ, ED561/1, entrevista de Hermann Esser, 25 de fevereiro de 1924.
6. Joachimsthaler, *Weg*, 280-281.
7. Reck, *Diary*, 17-18; IFZ, ED561/1, entrevista de Esser, 24 de fevereiro de 1964.
8. A afirmação de que os membros da Thule e Eckart, em particular, abriram as portas para círculos burgueses e/ou das classes altas de Munique (ver Richardi, *Hitler*, 124; Mook, "Nazis", 24; e Heusler, *Haus*, 80ff) não é baseada em fatos.
9. SBA, NL Hess, Hess Milly Kleinmann, 3 de julho de 1921; Joachimsthaler, *List*, 213, 222; Joachimsthaler, *Weg*, 281; Gilbhard, *Thule*, 142-143.
10. IFZ, ED561/1, entrevistas de Esser, 24/25 de fevereiro de 1964; ZS29/1, Befragungsprotokoll, Adolf Dresler, 6 de junho de 1951; ZS 33/1, Gedächtnisprotokoll, Maria Enders, 11 de dezembro de 1951; ZS89/2, "Mein Lebenslauf", n.d.; BHStA/V, NL Lehmann/4,5, Fragebogen für die ersten Mitglieder der NSDAP (DAP), Lehmann, Julius Friedrich.
11. IFZ, ED561/1, entrevista de Esser, 24 de fevereiro de 1964; Longerich, *Hitler*, 78; Hitler, *Monologe*, 208, monólogo de Hitler, 16/17 de janeiro de 1942; Joachimsthaler, *Weg*, 281.
12. Joachimsthaler, *List*, 63ff., 68 (citação). De acordo com Pätzold/Weissbecker, *Hitler*, 63, Eckart já havia apresentado Hitler aos Bechstein em sua viagem a Berlim durante o *putsch* de Kapp, o que parece improvável, dado o caráter fugaz e caótico de sua viagem.

420 TORNANDO-SE HITLER

13. Hoffmann, *Hitler-Bild*; Bauer, *Hauptstadt*, 123; Joachimsthaler, *List*, 241ff.
14. Ihrig, *Atatürk*, 71-72.
15. Ibid., cap. 1; Erickson, *Ordered*, 98ff.; Gust, "Armenier"; Kieser/Bloxham, "Genocide"; Naimark, *Fires*, 12, 186.
16. Ihrig, *Atatürk*, 71.
17. Trumpener, *Germany*, 209.
18. Leverkuehn, *Officer*; Piper, *Rosenberg*, 61-62; Kellogg, *Roots*, 41-42, 80-84, 106.
19. Kellogg, *Roots*, 81, 109-124, 129.
20. Ibid.,124.
21. SAM, PDM/Nr. 6697, relatório da polícia sobre reunião do DAP de 27 de abril de 1920 (primeira citação); Reuth, *Judenhass*, 144 (segunda citação); Phelps, "Parteiredner", 280 (terceira citação).
22. Citado em Lüdecke, *Hitler*, 82.
23. RPR-TP, 45-Hanfstaengl-1 "Helen Niemeyer's 'Notes', 1939/1940" (primeira citação); e entrevista de Toland-Niemeyer, 19 de outubro de 1971; Lüdecke, *Hitler*, 86, 90 (citações posteriores).
24. Piper, *Rosenberg*, cap. 1.
25. IFZ, ED561/1, entrevista de Esser, 25 de fevereiro de 1964.
26. Piper, *Rosenberg*, 34, 45.
27. RPR-TP, 45-Hanfstaengl-1 "Helen Niemeyer's 'Notes', 1939/1940"; RPR--TP, 45-Hanfstaengl-3, entrevista Toland-Hanfstaengl, 4 de novembro de 1970 (citação).
28. Citado em Kellogg, *Roots*, 223 (citação). A data de publicação fornecida por Kellogg está incorreta; Piper, *Rosenberg*, 29, 64-75.
29. Kellogg, *Roots*, 223 (primeira citação); Piper, *Rosenberg*, 64-75 (segunda citação, 73).
30. Ver Toppel, "Volk", 31.
31. Kellogg, *Roots*, 224; Koenen, *Russland-Komplex*, 265-266; Meyer zu Uptrup, *Kampf*, 90-136, 205ff.; Schröder, "Entstehung"; Piper, *Rosenberg*, 63-65.
32. Kellogg, *Roots*, 138-139 (citações, 139).
33. Kellogg, *Roots*, 139 (citações); Piper, *Rosenberg*, 34.
34. Meyer zu Uptrup, *Kampf*, 90-136, 205ff.; Kellogg, *Roots*, 49; Koenen, *Russland-Komplex*, 263ff.
35. Hitler, *Aufzeichnungen*, 282.
36. Kellogg, *Roots*, 109-129.
37. Ibid, 110, 129; Piper, *Rosenberg*, 57-62; Müller, *Wandel*, 127-128; Richardi, *Hitler*, 241.

NOTAS

38. SBA, NL Hess, Rudolf para Klara Hess, 24 de fevereiro de 1921 (primeira citação); cartas para Milly Kleinmann, 11 de abril, 1921 (terceira citação) e 3 de julho, 1921 (segunda citação); Piper, *Nationalsozialismus*, 22ff.

39. SBA, NL Hess, Hess para Milly Kleinmann, 3 de julho, 1921 (citação); Mook, "Nazis", 26, 32, 52-53, 72-73, 76. Mook exagera um pouco o grau em que o partido se tornou mais classe média em 1920, pois o aumento da participação de membros pertencentes a esse estrato se deu não à custa de outras classes, mas principalmente daqueles cujo status não podia ser estabelecido.

40. SAM, Spruchkammerakte, Grassl, Heinrich, 28 de outubro de 1877.

10. O Mussolini bávaro

1. Citado em Deuerlein, *Aufstieg*, 138-140. Veja também IFZ, ED561/1, entrevista de Hermann Esser, 24 de fevereiro de 1924; Plöckinger, "Texte", 95; Franz-Willing, *Hitlerbewegung*, 117-118. O autor do panfleto provavelmente foi Ernst Ehrensperger, o propagandista número dois do partido. Ver Joachimsthaler, *Weg*, 284-294.

2. Deuerlein, *Aufstieg*, 136ff.; Joachimsthaler, *Weg*, 284-285.

3. Ver Payne, *Hitler*, 158; Fest, *Hitler*, 204.

4. Joachimsthaler, *Weg*, 285ff.; Ryback, *Library*, 47-52.

5. Ryback, *Library*, 47-52; Joachimsthaler, *Weg*, 285ff.

6. Citado em Deuerlein, *Aufstieg*, 135-136.

7. Ibid., 137-138; Deuerlein, *Hitler*, 54; Orlow, *Nazi Party*, 15, 29-30.

8. Weidisch, "München", 259.

9. Ver Wilson, *Hitler*, 30.

10. Orlow, *Nazi Party*, 34; Ryback, *Library*, 55; Weber, *Hitler's First War*, 259-260.

11. Broszat, 59 "Struktur"; Deuerlein, *Hitler*, 57; Reichardt, "SA", 247; Kershaw, *Hitler*, vol. 1, 147.

12. Franz-Willing, *Hitlerbewegung*, 120; Plöckinger, "Texte", 95n8.

13. Ryback, *Library*, 54.

14. Ibid., 28-44; Engelman, "Eckart", 62-66.

15. Gassert/Mattern, *Library*, 155 (primeira citação); Ryback, *Library*, 28 (segunda citação).

16. LOC/RBSCD, PT2609.C48H46 1917, Henrik Ibsen, *Peer Gynt, in freier Übertragung für die deutsche Bühne eingerichtet; mit einem Vorwort und Richtlinien von Dietrich Eckart* (Munique, 2. ed, 1917), 37.

17. IFZ, ED561/1, entrevista de Esser, 24 de fevereiro de 1964; Piper, *Rosenberg*, 14; Piper, *Nationalsozialismus*, 14, 25; Joachimsthaler, *Weg*, 304 (primeira citação); Evers, *Traunstein*, 54 (segunda citação).

18. Por exemplo, o *Traunsteiner Wochenblatt* referiu-se a Hitler como "o Mussolini Bávaro" em 14 de novembro de 1922; ver Evers, *Traunstein*, 49, 53-54; Joachimsthaler, *Weg*, 304.

19. Para uma visão oposta, ver Kershaw, *Hitler*, vol. 1, 162ff.

20. Ver Ferguson, *Kissinger*, 559-561, 871-872.

21. Hildebrand, *Reich*, 575 (primeira citação); NARA, RG263/3, OSS Report, 9 de dezembro de 1942 (segunda citação).

22. Ver Mommsen, *NS-Regime*.

23. Para a ênfase nas obras de Saul Friedländer sobre a definição sistemática de Hitler da política antijudaica em 1919 de modo a guiar a gênese e a implementação da "Solução Final", bem como sobre a natureza tática das emergentes políticas antijudaicas de Hitler, ver Friedländer, *Persecution*, 3ff, 72, 104, 144; Friedländer, *Extermination*, passim.

24. Hitler, *Monologe*, 245-246.

25. BHStA/V, NL Lehmann/4,12, Lehmann a Hitler, 12 de março de 1935 (primeira citação); IFZ, ZS-177/1-31, memorando de Tyrell sobre sua conversa com Franz von Pfeffer, 20 de fevereiro de 1968 (segunda citação).

26. Weber, *Hitler's First War*, caps. 11 e 12.

27. Ver, por exemplo, Longerich, *Hitler*, 77-78; Richardi, *Hitler*, 230ff.; Kershaw, *Hitler*, vol. 1, 188; Ryback, *Library*, 131ff.; Heusler, *Haus*, 64-65; Pätzold/Weissbecker, *Hitler*, 84; Auerbach, "Lehrjahre", 33.

28. Hitler, *Monologe*, 208 (citação); Tyson, *Mentor*, 404.

29. Ver, por exemplo, Longerich, *Hitler*, 77-78; Gilbhard, *Thule*, 86; Richardi, *Hitler*, 230ff. Lehmann não era luterano, mas fazia parte da Igreja Reformada; ver BHStA/V, NL Lehmann, 4,4, Lehmann para o Gemeinde-Präsident da Merishausen, 30 de junho de 1919; 4.5, Fragebogen für die ersten Mitglieder der NSDAP (DAP), Lehmann, Julius Friedrich; 5.5., Lehmann para Pfarrer E. Ellwein, 19 de julho de 1933.

30. BHStA/V, NL Lehmann/8.2, diário, Melanie Lehmann, 11 de setembro de 1919.

31. Gassert/Mattern, *Library*, 72, 108, 120, 125, 167, 205-206, 292, 326. Os livros em questão são uma edição de 1919 de *Deutsche Geschichte von Einhart* (História Alemã por Einhart), escrito por Heinrich Class, o presidente da Liga Pangermânica; uma edição de 1923 de *Rassenkunde des*

NOTAS

deutschen Volkes (Ciência Racial do Povo Alemão) de Hans Günther; *Im Felde unbesiegt: Erlebnisse im Weltkrieg erzählt von Mitkämpfern* (Invicto no Campo: Experiências de Guerra Mundial Recontadas por Combatentes), de Hugo Kerchnawe, publicado em 1923; e *Staatsphilosophie: Ein Buch für Deutsche* (Filosofia de Estado: Um Livro para Alemães), de Max Wundt. Os livros de Hitler mantidos na Biblioteca do Congresso (EUA) também incluem cinco livros publicados por Lehmann em 1924 e 1925, com dedicatórias manuscritas para Hitler.

32. BHStA/V, NL Lehmann/4.12, Hitler para Lehmann, 6 de julho de 1925. Só em 1928 Hitler se dirigiria a Lehmann como "Lieber, verehrter Herr Lehman[n]!"; ver Hitler para Lehmann, 23 de dezembro de 1928.

33. LOC/RBSCD: D640.A2I4; 78-362555; BHStA/V, NL Lehmann/4.12, Hitler para Lehmann, 31 de julho de 1931 (citação).

34. BHStA/V, NL Lehmann, 412, Hitler para Lehmann, 13 de abril de 1931.

35. Ibid., Lehmann a Hitler, 12 de março de 1935.

36. Reuth, *Judenhass*, Steigmann-Gall, *Holy Reich*, 37.

37. LOC/RBSCD:GN549.T4G82 1923, Günther, Hans FK, *Rassenkunde des deutschen Volkes* (Munique, 3. ed., 1923). A alegação de Timothy Ryback de que a edição de 1923 era uma "cópia bem manuseada" (ver Ryback, *Library*, 69) está incorreta.

38. A lista é reproduzida em Ryback, *Library*, 57. Ele indica erroneamente 1921 como data da lista. Na verdade, muitos dos livros e panfletos elencados foram publicados somente em 1922.

39. Gassert/Mattern, *Library*, 291; Hamann, *Vienna*, 211; *Amtliches Fernsprechbuch Oberpostdirektion München*, 1932, s.v. "Steininger, Babette", acessada via Ancestry.co.uk em 15 de maio de 2015; Fleischmann, *Hitler*, 372.

40. LOC/RBSCD: JC311.T2624 1918, Tagore, Rabindranath, *Nationalismus* (Leipzig, [1918]).

41. Gassert/Mattern, *Library*, passim. O livro sobre a cabala era *Annulus Platonis* de Anton Joseph Kirchweger; ver Gassert/Mattern, *Library*, 170.

42. Mees, "Hitler". Sem dúvida, Kurlander está correto em afirmar que Hitler acreditava no sobrenatural; ver Kurlander, "Monsters". No entanto, não há evidências de que a crença de Hitler no sobrenatural andava de mãos dadas com uma crença em ocultismo e ritos nórdicos.

43. Toland Papers, "Giesler, Hermann", transcrição, entrevista, John Toland com Giesler, 5 de outubro de 1971.

44. Hitler, *Mein Kampf*, 498.

424 TORNANDO-SE HITLER

45. Veja Mees, "Hitler", 265.
46. Ver IFZ, ED561/1, entrevista Esser, 24 de fevereiro de 1964 (citação); Pyta "(Self-)Fashioning", 171.

Os livros que Hitler recebeu de pessoas próximas a ele confirmam sua preferência por obras sobre história, arte, arquitetura, assuntos militares e tecnologia. Helene Bechstein e Heinrich Hoffmann fizeram questão, por meio de seus presentes, que Hitler possuísse todos os três volumes de uma introdução popular à tecnologia, *Der Siegeslauf der Technik* (O Triunfo da Tecnologia), de Max Geitel, ver Gassert/Mattern, *Library*, 94 , 111; Ryback, *Library*, 50-51; Hanfstaengl, *Unknown Hitler*, 43.
47. Gassert/Mattern, *Library*, 39, 46, 58, 155, 279, 325, 335.
48. LOC/RBSCD, coleção de Hitler. Eu inspecionei todos os livros pertencentes a Hitler que foram publicados em 1925 ou anteriormente.
49. Gassert/Mattern, *Library*, 94, 111; Ryback, *Library*, 50-51; Hanfstaengl, *Unknown Hitler*, 43.
50. Ryback, *Library*; Sherratt, *Philosophers*, cap. 1.
51. Ver, por exemplo, ibid., cap. 1.
52. LOC/RBSCD: PN5276.S55 A4715, Snessareff, Nikolai, *Die Zwangsjacke: Autorisierte Übersetzung nach dem Manuskript aus dem Russischen von Hellmut von Busch*, Berlim, 1923 (citações); Williams, *Exile*, 213-222.
53. Kellogg, *Roots*, 126, 137, 158, 225 (citações), 230; Williams, *Exile*, 213-215, 348; Franz-Willing, *Hitlerbewegung*, 191.
54. RPR-TP, "Buch, Walter", entrevista sem data com Walter Buch.
55. Ibid., 141 (primeira citação), 142 (segunda citação).
56. Citado em ibid., 217.
57. Ryback, *Library*, 69 (citação); Reuth, *Judenhass*, 230-231; Hitler, *Monologe*, 255, monólogo de 2 de fevereiro de 1942.
58. Heiden, *Fuehrer*, 116.
59. IFZ, ZS -0539, testemunho de Eberstein, 1975; Deuerlein, *Aufstieg*, 157; Deuerlein, *Hitler*, 59.
60. Schwarzenbach, *Geborene*, 168.
61. Hitler, *Monologe*, 209, monólogo de Hitler de 16/17 de janeiro de 1942.
62. Schwarzenbach, *Geborene*, 170-171.
63. Citado em ibid., 170.

NOTAS   425

11. A garota alemã de Nova York

1. RPR-TP, 45 Hanfstaengl-2, entrevista Toland-Hanfstaengl, 14 de outubro de 1970; 45 Hanfstaengl-1 "Helen Niemeyer's 'Notes', 1939/1940" (citação); Hanfstaengl, *Unknown Hitler*, 36-37; Smith, *Hitler*, 7-8.

2. RPR-TP, 45 Hanfstaengl-1, entrevista Toland-Helen Niemeyer, 19 de outubro de 1971, e "Helen Niemeyer's 'Notes', 1939/1940" (citação). Ver também RPR-TP, 45 Hanfstaengl-3, entrevista Toland-Hanfstaengl, 11 de setembro de 1971.

3. Hoffmann também seria um dos visitantes mais frequentes de Hitler durante a prisão em Landsberg, em 1924; ver Fleischmann, *Hitler*, 44, 240.

4. RPR-TP, 45 Hanfstaengl-1, entrevista Toland-Helen Niemeyer, 19 de outubro de 1971 (segunda citação), e "de Helen Niemeyer's 'Notes', 1939/1940". Ver também RPR-TP, 45-Hanfstaengl-3, entrevista Toland-Hanfstaengl, 11 de setembro de 1971; Hitler, *Monologe*, 231, monólogo de Hitler de 25/26 de janeiro de 1942 (primeira citação).

5. RPR-TP, 45 Hanfstaengl-1, entrevista Toland-Helen Niemeyer, 19 de outubro de 1971, e "Helen Niemeyer's 'Notes', 1939/1940". Ver também RPR-TP, 45 Hanfstaengl-3, entrevista Toland-Hanfstaengl, 11 de setembro de 1971.

6. RPR-TP, 45 Hanfstaengl-1, entrevista Toland-Helen Niemeyer, 19 de outubro de 1971 (primeira citação); 46-Ilse Hess, entrevista Hess-Toland, 21 de abril de 1971.

7. RPR-TP, 45 Hanfstaengl-1, "Helen Niemeyer's 'Notes', 1939/1940" (citação); RPR-TP, 45-Hanfstaengl-3, entrevista Toland-Hanfstaengl, 4 de novembro, 1970.

8. RPR-TP, 45-Hanfstaengl-1, entrevista Toland-Helen Niemeyer, 19 de outubro de 1971.

9. Plöckinger, "Texte", 96, 104. A propaganda nazista também usava a mesma data. De acordo com Bouhler, *Werden*, 9, Hitler se mudou para Munique em 24 de abril de 1912.

10. Hitler para Gansser, 29 de novembro de 1921, reproduzido em Maser, *Briefe*, 117 (primeira citação); Deuerlein, *Aufstieg*, 252 (segunda citação).

11. RPR-TP, 45-Hanfstaengl-1 "Helen Niemeyer's 'Notes', 1939/1940"; NARA, RG263/3, OSS Report, 22/23 de dezembro de 1942.

12. Hanfstaengl, *Unknown Hitler*, 27.

13. Para uma alegação em contrário, ver Evans, "Introduction", 16.

14. Para uma alegação em contrário, ver ibid., 17, 28-34.

15. Hanfstaengl, *Unknown Hitler*, 50; sobre alegações de que Hanfstaengl apresentou Hitler à alta sociedade de Munique, ver, por exemplo, Heusler, *Haus*, 80ff.; Longerich, *Hitler*, 116; Nerdinger, *München*, 58.

16. Hanfstaengl, *Unknown Hitler*, 45-46.

17. Ibid., 46; Lehmann/Riemer, *Kaulbachs*, 12, 216-217, 243; Salmen, *Ich kann*, 26. A alegação de Hanfstaengl de que Hitler já tinha conhecido os Bruckmann antes do golpe de Estado (ver *Unknown Hitler*, 46) está incorreta. Alegações similares foram feitas com frequência; ver, por exemplo, Kershaw, *Hitler*, vol. 1, 187; Ludecke, *Hitler*, 95-96; Toland, *Adolf Hitler*, 134; Conradi, *Piano Player*, 49.

18. Para uma alegação em contrário, ver Kershaw, *Hitler*, vol. 1, 160.

19. RPR-TP, 45-Hanfstaengl-1 "Helen Niemeyer's 'Notes', 1939/1940".

20. Zdral, *Hitlers*, 207; Joachimsthaler, *Liste*, 213-214.

21. Zdral, *Hitlers*, 209; Chaussy/Püschner, *Nachbar*, 26-27; Hitler, *Monologe*, 203, monólogo de 16/17 de janeiro de 1942 (citação).

22. Ibid., *Monologe*, 167, 205-206, monólogos de Hitler de 2/3 e 16/17 de janeiro, 1942.

23. A ideia de que Hitler e Eckart não eram mais íntimos por volta de 1923 (ver, por exemplo, Heusler, *Haus*, 82) está, portanto errada. Ela se baseia em um interrogatório policial com Eckart realizado no rastro do golpe fracassado de Hitler, no qual Eckart, por razões de autopreservação, alegou falsamente não ter encontrado Hitler no verão e no outono de 1923; ver RPR-TP, "Eckart, Dietrich", "Erklärung" por Dietrich Eckart, sem data.

24. RPR-TP, 45 Hanfstaengl-1, "Helen Niemeyer's 'Notes', 1939/1940". A mudança no comando do jornal do partido não implica que Hitler cortou relações com Eckart e que os dois homens se afastaram, nem que Hitler teria afastado Eckart tanto quanto havia feito com Drexler e Feder, se Eckart ainda estivesse vivo no final de 1920 e depois; para alegações em contrário, ver Joachimsthaler, *Weg*, 279; Kershaw, *Hitler*, vol. 1, 155.

25. Hitler, *Monologe*, 160-161, monólogo de 28/29 de dezembro de 1941.

26. NARA, RG263/3, OSS Report, dezembro de 1942, 34-40. O relatório de inteligência é baseado aqui nas conversas que Ernst Hanfstaengl teve com Hitler e Eckart durante e após a visita às montanhas.

27. Hitler, *Monologe*, monólogo de 3 de fevereiro de 1942, p. 257.

28. Schwarzenbach, *Geborene*, 173ff.

29. Citado em ibid., 176.

30. Hitler, *Monologe*, 208.

NOTAS

31. LOC/RBSCD: HX276.088, Otto, Berthold, *Der Zukunftsstaat als sozialistische Monarchie* (Berlim, 1910); IFZ, ED561/1, entrevista Esser, 24 de fevereiro de 1964; SAM, PDM/Nr. 6697, relatório da polícia sobre reunião do DAP de 27 de abril de 1920 (citação).

32. IFZ, ED561/1, entrevista de Esser, 24 de fevereiro de 1964.

33. Por isso o veredito de novembro de 1922 do major Lykeman, um oficial britânico servindo na Comissão de Controle dos Aliados em Munique; ver "Caderno de notas" de Truman Smith, novembro de 1922, reproduzido em Smith, *Hitler*, 16.

34. Deuerlein, *Aufstieg*, 150.

35. Kraus, *Geschichte*, 677.

36. RPR-TP, 45-Hanfstaengl-2, entrevista Toland-Hanfstaengl, 14 de outubro de 1970 (primeira citação); "Caderno de notas" de Truman Smith, novembro de 1922, reproduzido em Smith, *Hitler*, 21-27 (segunda citação).

37. Smith, "Caderno de notas", 21-30.

38. Citado em Düren, *Minister*, 34-35. Por seu sotaque suábio, ver Heiden, *Hitler*, 157.

12. O primeiro livro de Hitler

1. Joachimsthaler, *Weg*, 298; Düren, *Minister*, 35.

2. Gebhardt, *Mir fehlt eben*, 20; Ihrig, *Atatürk*, cap. 4; Ihrig, *Genocide*, 323ff.

3. Hanfstaengl, *Unknown Hitler*, 38.

4. Fritz Lauböck para Hans Tröbst, 7 de setembro de 1923, reproduzido em Tröbst, *Soldatenleben*, vol. 9, localização 14 (citação); Gebhardt, *Mir fehlt eben*, 20.

5. Citado em Ihrig, *Atatürk*, 85-86.

6. Hitler, *Aufzeichnungen*, 775.

7. Hitler não permitiu que o discurso fosse gravado e proibiu sua plateia de tomar notas, mas um relato foi escrito por um dos participantes, quase certamente com base nas notas taquigráficas que o almirante Wilhelm Canaris, chefe da inteligência militar, tomara em desafio à ordem de Hitler. O relatório chegou ao confidente de Canaris, o general Ludwig Beck, ex-chefe do Estado-Maior, que se demitiu de seu cargo no ano anterior em protesto ao avanço de Hitler em direção à guerra. Beck passou o relatório para Hermann Maass, um membro da clandestinidade social-democrata e intermediário entre os oponentes de Hitler e a inteligência

428   TORNANDO-SE HITLER

militar, pedindo-lhe para entregar o relatório a Louis P. Lochner, chefe do escritório da Associated Press em Berlim, a fim de alertar o Ocidente sobre os planos de Hitler. Depois de Lochner, o relatório chegou ao Ministério das Relações Exteriores em Londres através de Sir George Ogilvie-Forbes, o *chargé d'affaires* da Embaixada britânica em Berlim. Veja Klemperer, *German Resistance*, 32-33; Baumgart, "Ansprache"; Anderson, "Who Still Talked", 199.

Tem havido algum desacordo quanto ao palavreado exato do discurso de Hitler. Na verdade, quatro outros conjuntos existentes de notas, que os participantes elaboraram na sequência da apresentação de Hitler, não mencionam os armênios (ver Baumgart, "Ansprache"); alguns estudiosos questionaram a autenticidade do relato contrabandeado para a Grã--Bretanha. Destacando que o relatório não foi usado como prova pelo Tribunal de Guerra de Nuremberg (ver Hillgruber, "Quellen", 384-385), eles afirmam que o relato contrabandeado para a Grã-Bretanha só podia ser uma fraude. Também salientam que os outros quatro relatórios apresentam linguajar menos vulgar e de palavreado menos agressivo, e que os autores do relatório o exageraram de modo a alterar a política ocidental em relação à Alemanha.

No entanto, seus argumentos não se encaixam. Uma vez que o tribunal teve acesso a diversos relatos diferentes do discurso de Hitler, todos os quais sustentavam o fato de que ele havia travado uma guerra de agressão, fazia sentido admitir apenas as versões do relatório que podiam ser menos desafiadas pelos advogados de defesa. Uma vez que Canaris, Beck e Maass foram todos executados durante a guerra, era compreensível não utilizar o relatório contrabandeado para Londres. No entanto, isso não o torna inconfiável. Além disso, como os outros três relatórios tinham sido escritos para uso pessoal de seus autores, para lembrá-los dos principais pontos do discurso de Hitler, e eram, portanto, de um gênero diferente daquele que chegou a Londres, logicamente eram mais curtos e menos ilustrativos. Por fim, não está realmente claro como o relatório teria feito menos diferença (ignorando que ele não fez muita diferença em Londres, de qualquer maneira) se não tivesse incluído a referência aos armênios. Simplesmente não está claro por que essa referência poderia ser um divisor de águas quando o objetivo era mudar a política do governo britânico e norte-americano, especialmente já que os outros relatos do discurso de Hitler concordam que ele afirmara que as pessoas tinham de ser eliminadas para limpar a Polônia

NOTAS

para a colonização alemã. Um dos outros relatórios explicitamente se refere a uma "eliminação dos vivos" (*Beseitigung der lebendigen Kräfte*) na Polônia (ver Kershaw, *Hitler*, vol. 2, 208-209), que, do ponto de vista de 1939 quanto às atrocidades contra os armênios, era o que os otomanos tinham feito nas áreas de assentamento armênio durante a Primeira Guerra Mundial. Somente se o autor do relatório tivesse um entendimento anacrônico, de fins do século XX e começo do XXI, do caráter genocida dessas atrocidades faria sentido argumentar que uma referência falsificada aos armênios teria alguma influência sobre britânicos e norte-americanos. De qualquer forma, se o objetivo era modificar a política de Estados Unidos e Grã-Bretanha, teria sido contraproducente para o autor do relatório inventar esse tipo de referência — Hitler se referiu aos armênios porque, apesar do ultraje dos inimigos da Alemanha da Primeira Guerra quanto à conduta otomana, ninguém falava sobre os crimes cometidos contra esse povo.

8. Domarus, *Complete Hitler*, iii, 2231-2232.

9. Hitler, *Mein Kampf*, 984.

10. Citado em Schwarzenbach, *Geborene*, 169.

11. RPR-TP, 45-Hanfstaengl-3, entrevista Toland-Hanfstaengl, 4 de novembro de 1970; Hanfstaengl, *Unknown Hitler*, 48-51; Heiden, *Fuhrer*, 126.

12. Deuerlein, *Aufstieg*, 180 (primeira citação); Tröbst, *Soldatenleben*, vol. 10, localização 170 (segunda citação); BHStA/V, NL Lehmann/8.2, diário de Melanie Lehmann, 2 de outubro de 1923 (terceira citação).

13. Hitler, *Aufzeichnungen*, 525-527, 530, 535, 547, 600-607, 581, 787, 824, 851-853, 1038.

14. Hitler, *Monologe*, 205, 16/17 de janeiro de 1942 (citação); Schmölders, *Hitlers Gesicht*, 46-55; Heiden, *Fuehrer*, 126. Ver também Aust, *Feind*, 96.

15. Pyta "(Self-)Fashioning"; Pyta, *Hitler*, 180-181, 185ff.; Hoffmann, *Hitler--Bild*, 27-36.

16. Heiden, *Fuehrer*, 148.

17. Wits, A807/BC, cópia autenticada, com data de 15 de fevereiro de 1957, de declaração estatutória de Else Boepple sob juramento em 13 de junho de 1955; A807/Aa15, Koerber para Lentze, 28 de abril de 1946; A807/Dg, "Personalnotiz Victor v. Koerber", sem data. Else Boepple era a viúva do editor que havia publicado o livro. Ela confirmou que o próprio Hitler tinha escrito sua própria biografia. Lentze foi um companheiro de Koerber durante seu tempo de prisão no campo de concentração de Sachsenhausen. Em sua carta a Lentze, Koerber deu mais detalhes sobre a autoria do livro de

Hitler, como fez em esboços biográficos a partir de seus papéis particulares na Universidade de Witwatersrand.

Até mesmo em sua carta ao escritório do presidente da Reichsschriftumskammer (Câmara de Cultura do Reich) de 21 de fevereiro de 1938, na qual ele tentava impedir sua expulsão e a proibição de publicar seu trabalho, Koerber aludiu à autoria do livro de Hitler. Claro, teria sido contraproducente para ele naquele contexto revelar por completo a autoria. No entanto, mesmo assim, ele mencionou o livro, afirmando que tinha sido escrito "com a participação ativa e sob o controle" de Hitler; ver Bundesarchiv Berlin, R9361, V/7158/7159, Reichsschrifttumskammer, arquivo pessoal sobre Victor von Koerber, Koerber ao Präsidium do Reichsschrifttumskammer, 21 de fevereiro de 1938.

Até agora, os estudos sobre Hitler não estavam cientes da autoria do livro por Hitler e da existência dos documentos privados de Koerber; ver Plöckinger, "Texte", 101ff. A extensão do envolvimento de Josef Stolzing-Czerny na edição da autobiografia de Hitler de 1923 já não pode ser estabelecida.

18. Koerber, *Hitler*, 4-13 (citações, 10-11).

19. A807/Dg, "Personalnotiz Victor v Koerber", sem data; Aa 1952-1953, cópia autenticada, data de 15 de fevereiro de 1957, da declaração estatutória de Else Boepple de 13 de junho de 1935; Aa15, Koerber para Lentze, 28 de abril de 1946.

20. Pode ter havido outra razão para a relutância de Hitler em publicar o livro em seu próprio nome. Mesmo posteriormente, ele dava sinais de ser um escritor inseguro a quem faltava confiança, o que estaria em contraste com seu grandioso comportamento público, sua crença em ser um gênio e sua megalomania. Ao chegar ao poder, por exemplo, ele proibiria *Mein Kampf* de ser comentado; ver Pyta/Lange, "Darstellungstechnische Seite". Ele nem sequer publicou o livro que escreveu em 1928 sobre sua posição em questões de política externa.

21. Para o contato entre Ludendorff e Hitler, ver Kellogg, *Roots*, 194.

22. Wits, A807/Ba, Konformations-Schein, Potsdam, 1º de abril de 1906; Ba, fotocópia do seu passaporte de 1924; A807/Dg, TSS, "Biographische Daten Victor v Koerber", sem data; "Personalnotiz Victor v Koerber", sem data; "Mein Lebenslauf", sem data; "Mein Lebenslauf", 7 de agosto de 1946; TSS, "Mein Lebenslauf", 15 de maio de 1947; "Kurzer Lebensabriss", 11 de novembro de 1954.

NOTAS

23. Wits, A807/AA/1919-1922, Koerber para "9 Grosse Bahnhofsbuchhandlungen", Ma 17, 1919; A807/Aa/1968-1969, carta de Koerber ao dr. Döderlein, 7 de fevereiro de 1969; Wits, A807/Bb, "Ausweis", 18 de janeiro de 1919; "Bescheinigung", 26 de maio de 1920; Wits, A807/Dg, TSS, "Biographische Daten Victor v Koerber", sem data; "Kurzer Lebensabriss", 11 de novembro de 1954; "Historical Reminiscence", artigo do "Bulletin on German Questions", 13 de janeiro de 1963; "Personalnotiz Victor v. Koerber", sem data.

24. Wits, A807/Ab, Pabst, Koerber ao major W. Pabst, 7 de agosto de 1961; A807/Ab, Nordewin von Koerber, Koerber para Nordewin, abril de 1922 (citação); A807/Dg, TSS, "Hauptlebensdaten nach Aktenlage", sem data.

25. Wits, A807/Dg, TSS, "Mein Lebenslauf", 15 de maio de 1947; Aa/1952-1953, Amt für Wiedergutmachung, Stadt Aachen, para Koerber, 21 de maio de 1952; "Personalnotiz Victor v Koerber", sem data; "Biographische Daten Victor v Koerber", sem data; A807/Ab, Nordewin von Koerber, Koerber para Nordewin, 1922/1923 (citação).

26. Wits, A807/Aa15, Koerber para Lentze, 28 de abril de 1946; A807/Aa/1960, Koerber para Ernst Deuerlein, 31 de janeiro de 1960; A807/A807/Dg, TSS, "Mein Lebenslauf", 15 de maio de 1947; "Personalnotiz Victor v. Koerber", sem data.

27. Wits, A807/Aa/1952-1953, cópia autenticada, datada de 15 de fevereiro de 1957, da declaração estatutória de Else Boepple de 13 junho de 1935; A807/Aa15, Koerber para Lentze, 28 de abril de 1946; A807/Dg, "Personalnotiz Victor v. Koerber", sem data.

28. Para as referências, ver, por exemplo, Kershaw, *Hitler*, vol. 1, 167; Ullrich, *Hitler*, localização 2908.

29. O quase consenso desde meados da década de 1970 tem sido de que, até 1924, Hitler se via como um "arauto" e que não houve evolução em sua autoimagem desde o momento em que entrou para a política e até seu golpe; ver Tyrell, *Trommler*, passim, em particular, 165. Para variações desse argumento, ver Mommsen, "Hitler"; Kershaw, *Hitler*, vol. 1, cap. 6; Franz-Willing, *Hitlerbewegung*, 6; Haffner, *Anmerkungen*, localização 332; Auerbach, "Lehrjahre", 19, 29, 44; Ullrich, *Hitler*, localização 2908, 3646; Longerich, *Hitler*, 10, 90-91, 98-99, 112ff., 126-127. Herbst, *Charisma*, localização 2191-2395, deixa em aberto se Hitler realmente já se via como o Mussolini e o messias da Alemanha em novembro de 1923.

30. Koerber, *Hitler*, 5, 9, 13.

31. Para uma alegação em contrário, ver Tyrell, *Trommler*, 155ff.

32. É comumente alegado que não foi Hitler mas outros de sua comitiva de Munique que inventaram seu carisma, que o rotularam como o messias alemão, e que tiveram de pressioná-lo a aceitar esse papel; ver, por exemplo, Mommsen, "Hitler"; Longerich, Hitler, 10, 90-99, 112ff., 126-127.

33. Koerber, Hitler, 4, 11ff.

34. Ibid., 6-7.

35. Hitler comparou seu partido com Jesus em um discurso proferido em 21 de abril de 1921, e descreveu Jesus como seu exemplo (Vorbild) em seus discursos de 2 de novembro de 1922 e 17 de dezembro de 1922; ver Hitler, Aufzeichnungen, 367, 718, 769. Em uma entrevista com William Donovan, na primavera de 1923, ele se comparou com Jesus; ver Frankfurter Allgemeine Zeitung, 19 de outubro de 2016, "Völkischer Erlöser".

36. NARA, RG263/3, OSS Report, 13 de dezembro de 1942; RPR-TP, 45 Hanfstaengl-1, "Helen Niemeyer's 'Notes', 1939/1940".

37. RPR-TP, 45 Hanfstaengl-1, "Helen Niemeyer's 'Notes, 1939/1940".

38. Há uma tendência entre os estudiosos de interpretar literalmente citações de Hitler em que ele explícita ou implicitamente se refere a si mesmo como um "arauto", sem considerar que estava fazendo isso por ganho tático; ver, por exemplo, Tyrell, Trommler, 117, 157; Auerbach, "Lehrjahre", 29; Longerich, Hitler, 90-91; Ullrich, Hitler, localização 2898.

39. Wits, Koerber, A807, Ab/Ludendorff, cartas de Ludendorff para Koerber, e bilhetes enviados por Ludendorff para Koerber.

40. Ver Lüdecke, Hitler, 59-62.

41. Koerber, Hitler, 11.

42. Wits, Koerber, A807/Dg, "Personalnotiz Victor v. Koerber", sem data.

43. Shakespeare, Julius Caesar, Ato 1, cena 2, 226-228 e 233-250.

44. Wits, A807/Ab, príncipe da coroa William, Koerber ao príncipe da coroa Wilhelm, 12 de julho de 1926.

45. Wits, A807/Aa, sem data, Koerber ao seu antigo professor de alemão, sem data (escrito no início da década de 1930, antes de 1933); A807/Ab/Ullstein, troca de carta com Fritz, Hermann, Louis, Franz, Heinz, Frederik, Margarete e Rudolf Ullstein; A807/Ab/Erhardt, Koerber para Kapitaen Ehrhardt em 6 de março de 1931 (segunda citação); A807/Ab/Muckermann, Koerber para Pater Muckermann, 8 de março de 1932; A807/Dg, "Personalnotiz Victor v. Koerber", sem data; "Kurzer Lebensabriss", 11 de novembro de 1954; TSS, "Mein Lebenslauf", sem data; TSS, "Biographische Daten Victor v. Koerber", sem data (primeira citação); A807/Df, memorando TSS sem data, de Victor von Koerber.

NOTAS

46. Wits, A807/AA/1956-1957, Koerber para Innenminister Hubert Biernat, 7 de janeiro de 1957; A807/Aa/1956-1957, Koerber para Ernst Deuerlein, 22 de setembro de 1959; A807/Aa/1968-1969, Koerber ao dr. Döderlein, 7 de fevereiro de 1969; Wits, A807, Dg, TSS, "Mein Lebenslauf", 15 de maio de 1947.

47. Wits, A807/DE2, TSS, "Kurzer Bericht" por Victor von Koerber, sem data; A807/Dg, tradução do memorando de F.N. Mason-MacFarlane, 7 de agosto de 1938; sobre Wiedemann, ver Weber, *Hitler's First War*, passim.

48. Wits, A807/Aa/1968-1969, Deutsche Botschaft, Berne, a Koerber, 30 de setembro de 1968; A807/Ab/Ullstein, carta "To whom it may concern", por F. C. L. Ullstein, 20 de maio, 1946; Ab/Ullstein, "Bestätigung" por Margarete Ullstein, 20 de maio de 1946; Ab/Ullstein, Koerber para Frederik Ullstein, 29 de junho de 1967 (citação); A807/Ba, "Opfer des Faschismus-Ausweis"; A807/Dg, TSS, "Biographische Daten Victor v. Koerber", sem data; A807/Dg, "Kurzer Lebensabriss", 11 novembro de 1954; TSS, "Mein Lebenslauf", sem data; TSS, "Biographische Daten Victor v. Koerber", sem data; TSS, "Hauptlebensdaten nach Aktenlage", sem data.

13. O *putsch* de Ludendorff

1. Bayerlein, *Oktober*, Dokument 31; Firsov, "Oktober", 35-58 (citação, 44).

2. Firsov, "Oktober", 47-49; Bayerlein, *Oktober*, Dokument 36.

3. Firsov, "Oktober", 49.

4. Por uma alegação em contrário, ver Conze, "Dictator", 135.

5. Firsov, "Oktober", 50; Wirsching, *Weimarer Republik*, 14.

6. Citado em Kellerhoff, *Mein Kampf*, 17.

7. RPR-TP, 45-Hanfstaengl-1, "Helen Niemeyer's 'Notes', 1939/1940"; Wölfflin a sua irmã, e Anna Buehler-Koller, 4 de novembro de 1923, reproduzido em Gantner, *Wölfflin*, 363-364 (citações).

8. Deuerlein, *Hitler*, 53.

9. Krebs, *Tendenzen*, 124-125; Kühlwein, *Warum*, 83.

10. Tröbst, *Soldatenleben*, vol. 10, localização 28.

11. Ibid., Loc. 74.

12. Ibid., Loc. 0-158.

13. Ibid., Loc. 162.

14. Ibid., Loc. 170.

15. Em janeiro de 1925, quando Weber foi libertado da fortaleza de Landsberg, Hitler compôs e assinou uma nota para seu "amigo Friedrich"; ver BHStA/V, NL Lehmann/4.12, nota assinada por Hitler, em janeiro de 1925.
16. Tröbst, *Soldatenleben*, vol. 10, localização 162.
17. Ibid., Loc. 235.
18. Ibid., Loc. 225.
19. Ibid., Loc. 244.
20. Ibid., Loc. 244-300.
21. Ibid., Loc. 280-290, 305 (citação), 335.
22. Ibid., Loc. 335-379.
23. Kellerhoff, *Mein Kampf*, 17; Kraus, *Geschichte*, 691.
24. Nickmann, "Hitler-Ludendorff-Putsch", 42; Kraus, *Geschichte*, 694.
25. BHStA/V, NL Lehmann/4.5, Lehmann para Erich Ludendorff, 19 de dezembro de 1923.
26. Friedman, *Germany*, 353; Kress von Kressenstein, *Türken*, 249; Kraus, *Geschichte*, 693.
27. Documentos de Paul Oestreicher, carta, Rudolf Degwitz para Paul Oestreicher, 12 de dezembro de 1937; "Lebenslauf".
28. SAM, Spruchkammerakte, Bleser, Erich.
29. RPR-TP, 45-Hanfstaengl-1, entrevista de Toland com Niemeyer e Egon Hanfstaengl, 19 de outubro de 1971; "Helen Niemeyer's 'Notes', 1939/1940".
30. RPR-TP, 45 Hanfstaengl-1, "Helen Niemeyer's 'Notes', 1939/1940".
31. Ibid.
32. Ibid.
33. Ibid.
34. Ibid.; entrevista Toland-Niemeyer, 19 de outubro de 1971. A história sobre Helene Hanfstaengl ter executado uma manobra de jiu-jítsu para pegar a arma da mão de Hitler é uma invenção de seu marido; ver, por exemplo, RPR-TP, 45-Hanfstaengl-1, entrevista Toland-Egon Hanfstaengl, 2 de setembro de 1971.
35. RPR-TP, 45-Hanfstaengl-1, entrevista Toland-Helen Niemeyer, 19 de outubro de 1971.
36. Ibid., "Helen Niemeyer's 'Notes', 1939/1940".
37. Fleischmann, *Hitler*, 23, 27- 33, 72, 417.
38. NARA, RG263/3, OSS Report, dezembro de 1942.
39. IFZ, ZS33/1, Gedächtnisprotokoll Maria Enders, 11 de dezembro de 1951; Joachimsthaler, *Liste*, 215-220.

NOTAS 435

40. Deuerlein, *Aufstieg*, 203; Fleischmann, *Hitler*, 71; Goebbels, *Tagebücher*, i (2004 ed.), 48, anotação de 10 de novembro de 1923 (citação).

41. BHStA/V, NL Lehmann, Lehmann para Kahr, 16 de novembro de 1923.

42. BHStA/V, NL Lehmann/8.2, diário, Melanie Lehmann, anotação de 25 de novembro de 1923 (primeira citação); Tröbst, *Soldatenleben*, vol. 10, localização 850 (segunda citação).

43. Gutachten des Obermedizinalrats Dr. Josef Steiner Brinsteiner über [...] Adolf Hitler, 8 de janeiro de 1924, reproduzido em Fleischmann, *Hitler*, 92 (citação); Neumann/Eberle, *Hitler*, 84; RPR TP, 45 Hanfstaengl-2, entrevista Toland-Hanfstaengl, 6 de setembro de 1971. Hanfstaengl afirmou que sua fonte para a expectativa de Hitler de que a revolução na Rússia era iminente foi Emil Maurice, bem como outras pessoas que tinham sido encarceradas juntamente com Hitler.

44. Citado em Kellogg, *Roots*, 140.

45. Deuerlein, *Aufstieg*, 224-225.

46. Fleischmann, *Hitler*, 40; ver, por exemplo, Heiden, *Fuehrer*, 143, 148.

47. Gruchmann/Weber, *Hitler-Prozess*, vol. 4, 1574-1575.

48. IfZ, ZS-177/1-8, o memorando de Freiherr von Siegler sobre sua conversa com Franz von Pfeffer, 20 de fevereiro de 1953; IfZ, ZS-177/1-25, memorando de Heinrich Bennecke sobre sua conversa com Franz von Pfeffer, 25 de outubro de 1959; IfZ, ZS-177/1-39-58, Pepper, "Die Bewegung", fevereiro de 1968; Museen der Stadt Nürnberg, *Faszination*, 26.

49. Noakes/Pridham, *Nazism*, vol. 1, 35.

50. Goebbels, *Tagebücher*, vol. 1 (2004 ed.), 107, anotação de 13 de março de 1924.

51. Ibid., 107-108, anotações de 15 e 17 de março de 1924.

52. Ibid., 109-110, anotações de 20 e 22 de março de 1924.

14. *Lebensraum*

1. LOC/RBSCD, B2798.C45 1921, dedicatória de Hitler escrita na cópia de Chamberlain, Houston Stewart, *Immanuel Kant: Die Persönlichkeit als Einführung in das Werk*, 4ª edição (Munique: F. Bruckmann, 1921). Fleischmann, *Hitler*, 519; Hamann, *Wagner*, 72; Hanfstaengl, *Haus*, 157; Hanfstaengl, *Missing Years*, 114; Rudolf Hess para Ilse Pröhl, 18 de maio de 1924, reproduzido em Hess, cartas, 326; Kallenbach, *Landsberg*.

Sobre alegações de que Bruckmann e Hitler já haviam se encontrado antes e ela já havia aberto as portas da alta sociedade de Munique antes do golpe, ver, por exemplo, Kershaw, *Hitler*, vol. 1, 187-188; Bullock, *Hitler and Stalin*, 80-83; Fest, *Hitler*, 195-196, 199; Maser, *Legende*, 195; Richardi, *Hitler*, 356-357; Lüdecke, *Hitler*, 95-96; Toland, *Hitler*, 134; Conradi, *Piano Player*, 49; Herbst, *Charisma*, localização 1972; Range, *1924*, 37. Em contraste, Heiden, *Hitler: A Biography*, 99-100, defendeu que as portas da sociedade de Munique permaneceram fechadas para Hitler.

2. Ludecke, *Hitler*, 216.

3. Hamann, *Wagner*, 72 (simulação).

4. Fleischmann, *Hitler*, 40-49, 85 (simulação), 240, 285, 312, 521, 526; Weber, *Hitler's First War*, 157; Läpple, *Hitler*, 65; Hartmann, "Einleitung", 19.

5. Düren, *Minister*, 46; Plöckinger, *Geschichte*, 39; Hartmann, "Einleitung", 13-16, 37.

6. Wilson, *Hitler*, 48; Phelps, "Arbeiterpartei", 985. Ver também Riecker, *November*, 88. Na verdade, um ensaio que entrou na criação do *Mein Kampf* era intitulado "Warum musste ein 8. November kommen?" (Por que o 8 de novembro foi inevitável?); ver Hartmann, "Einleitung", 13.

7. Ignatieff, *Fire*, 26.

8. Weber, *Hitler's First War*.

9. Plöckinger, *Geschichte*, 76ff.

10. Kellerhoff, *Mein Kampf*, 63; Hitler, *Monologe*, 205, monólogo de 16/17 de janeiro; Chaussy/Püschner, *Nachbar*, 36.

11. Toppel, "Volk", 29-30.

12. Ver também Range, *1924*, 217.

13. Hitler, *Mein Kampf*, 636.

14. Goebbels, *Tagebücher*, vol. 1 (2004 ed.), 339, 365, anotações de 10 de agosto (citação) e 14 de outubro de 1925; Weinberg, "Image", 1006; Wilson, *Hitler*, 47.

15. Para afirmações em contrário, ver, por exemplo, Bullock, *Hitler and Stalin*, 140; Toppel, "Volk", 9; Pätzold/Weissbecker, *Hitler*, 109.

16. Hitler, *Monologe*, 43 (citação); Hitler, Kritische Ausgabe, 89; Kellerhoff, *Mein Kampf*, 16.

17. Hitler, *Monologe*, 262; Kellerhoff, *Mein Kampf*, 68 (citação). Ver também Hartmann, "Einleitung", 27.

18. Kellerhoff, *Mein Kampf*, 193ff.

19. Hitler, *Monologe*, 262. A alegação de que *Mein Kampf* não oferecia nada de novo (ver Kershaw, *Hitler*, vol. 1, 241; Töppel, "Volk", 2), portanto, não é sustentada pelos fatos.

NOTAS

20. A frequente alegação (ver, por exemplo, Museen der Stadt Nürnberg, *Faszination*, 27) de que *Mein Kampf* expressava exatamente as mesmas ideias que Hitler já havia propagado antes do golpe não é sustentada pelos fatos.
21. Hitler, *Mein Kampf*, 950.
22. Ibid., 936.
23. Kellerhoff, *Mein Kampf*, 83.
24. RPR TP, "Haushofer, Karl", transcrição de interrogatório, cerca de 5 de outubro de 1945. A alegação de Hipler de que Haushofer era o professor ideológico de Hitler e o reitor espiritual do nacional-socialismo (ver Hipler, *Lehrmeister*, 211) é baseada em especulação sem fundamento.
25. Hitler, *Mein Kampf*, 939-940. Alterei a tradução da edição Reynal & Hitchcock de *Mein Kampf* para estar mais próxima do original alemão.
26. Hitler, *Mein Kampf*, 950-951.
27. Goebbels, *Tagebücher*, vol. 2 (2005 ed.), 7, anotação do dia 13 de abril de 1926.
28. A alegação de Antoine Vitkine de que nenhum país foi tão mencionado como a França em *Mein Kampf* não é sustentada pelos fatos; ver Vitkine, *Mein Kampf*, 45-46, 123, 303n8. Sobre a frequência das referências à França, ver <https://archive.org/details/Mein-Kampf2>, <http://voyant-tools.org>.
29. LOC/RBSCD, cópia de Hitler do livro de Hans Günther; Kellerhoff, *Mein Kampf*, 81; Töppel, "Volk", 21.
30. Diversos rascunhos nos permitem datar a evolução das ideias que Hitler apresentou em seu capítulo sobre "Volk und Raum"; ver Beierl/Plöckinger, "Neue Dokumenten", 290-295, 315-318; Hartmann, *Mein Kampf*, vol. 1, 734-859; Töppel "Volk".
31. A análise aqui fornecida se baseia na cópia digital de *Mein Kampf* disponível em <http://archive.org/details/Mein-Kampf2> e foi realizada com a ajuda de Voyant Tools (http://voyant-tools.org).
32. Hitler, *Mein Kampf: Kritische Edition*, 437, 693 (os números de página se referem aos da edição original alemã de *Mein Kampf*).
33. Ver também Jäckel, *Weltanschauung*; Zehnpfennig, *Hitler*.
34. Goebbels, *Tagebücher*, ii (2005 ed.), 140, anotação de 16 de outubro de 1926 (citação); Franz-Willing, *Hitlerbewegung*, 86-87.
35. Heusler, *Haus*, 110, 117, 122-125.

Epílogo

1. "Frescos and murals", <http://www.lewisrubensteinartist.com/gallery2/main.php?g2_itemId=18>; Colleen Walsh, "The Retorn of the Murals",

Harvard Gazette, 8 de março de 2012, <http://news.harvard.edu/gazette/story/2012/03/the-return-of-the-murals/>; "Our Building", Centro de Estudos Europeus, <https://ces.fas.harvard.edu/about-us/history/our-building>; sobre as raízes familiares de Rubenstein, ver *1920 United States Federal Census*, distritos de enumeração 223, 323, disponível em Ancestry.co.uk, todos acessados em 6 de novembro, 2016.

2. Ver, por exemplo, "Auf dem Podium sitzen keine Götter mehr", *Frankfurter Allgemeine Zeitung*, 26 de setembro, 2016; "'Der Führerglaube hielt bis 1944': Interview mit Historiker Hans-Ulrich Thamer", *Rheinische Post*, 16 de outubro, 2010, <http://www.rp-online.de/kultur/der-fuehrerglaube-hielt-bis-1944-aid-1.2002410>, acessado em 6 de novembro de 2016.

3. Para o fim da história do DNVP, ver Ziblatt, *Conservative Political Parties*.

4. Citado em Hartmann, *Mein Kampf*, 208n172.

COLEÇÕES DE ARQUIVOS E DOCUMENTOS PARTICULARES E ENTREVISTAS

Coleções de arquivos

Archiv des Erzbistums München und Freising, Munique (AEMF)
Nachlass Michael von Faulhaber (NMF)
Museu de Arte de Baltimore, Arquivo, Baltimore, Maryland (BMA-A)
Cone Papers
Bayerisches Hauptstaatsarchiv, Munique
- Abt. I (BHStA/I): Generaldirektion der Bayerischen Archive
- Abt. IV, Kriegsarchiv (BHStA/IV): arquivos da 6ª Divisão de Reserva da Baviera (RD6); arquivos do 16° Regimento de Infantaria de Reserva da Baviera (RIR16); arquivos do 17° Regimento de Infantaria de Reserva da Baviera (RIR17); arquivos do Reichswehrgruppenkommando 4 (RwGrKdo4); Handschriften (HS); Kriegsstammrollen (KSR); Nachlass Adalbert Prinz von Bayern (NL Adalbert von Bayern); Offiziersakten (Op)
- Abt. V, Nachlässe (BHStA/V): Nachlass Rudolf Buttmann (NL Buttmann); Nachlass Josef Grassmann (NL Gramnann); Nachlass Julius Friedrich Lehmann (NL Lehmann); Nachlass Otto von Groenesteyn (NL Groenesteyn); Nachlass Franz Schmitt (NL Schmitt); Nachlass Bernhard Stempfle (NL Stempfle)

Bayerische Staatsbibliothek, Munique (BSB)
Bildarchiv, Heinrich Hoffmann Collection; Nachlass Elsa e Hugo Bruckmann (NL Bruckmann)

440 TORNANDO-SE HITLER

Bundesarchiv Berlin
R 9361 — V/7158/7159, Reichsschrifttumskammer

Bundesarchiv Koblenz
N1270, Nachlass Fritz Wiedemann (NL Wiedemann)

Biblioteca e Museu Presidencial Franklin D. Roosevelt, Hyde Park, NY
John Toland Papers (RPR-TP)

Institut für Zeitgeschichte, Munique (IFZ)
ED561, Sammlung Hermann Esser; ED874, Sammlung Gottfried Feder; Zeu-
genschriftum (ZS)

Leo Baeck Institute, Nova York (LBI)
Ernst Kantorowicz Collection

Biblioteca do Congresso, Divisão de Livros Raros e Coleções Especiais, Washington DC (LOC), Hitler Collection (LOC/RBSCD)

Arquivos Nacionais dos Estados Unidos da América, College Park, Md. (NARA)
M1270, Registros de interrogatórios preparados para os procedimentos de
crimes de guerra de Nuremberg; RG 238, Coleção de Registros de Crimes
de Guerra, Registro de Guerra EUA-Nuremberg; RG 263, registros da
Agência Central de Inteligência

Staatsarchiv München (SAM)
Polizei Direktion München (PDM); Spruchkammerakten; StA M, Staat-
sanwaltschaft München (StAM)

Schweizerisches Bundesarchiv, Berne (SBA)
Nachlass Rudolf Hess (NL Hess)

Stadtarchiv Traunstein (SAT),
Akten 1870-1972, 004/1, Wahlen zur Nationalversammlung (1918); Sammlung
"Dokumentationen"; Sammlung "Graue Literatur" (GL); Oberbayerische
Landeszeitung-Traunsteiner Nachrichten; Traunsteiner Wochenblatt

COLEÇÕES DE ARQUIVOS E DOCUMENTOS PARTICULARES... 441

Stadtarchiv München
Wahlamtsunterlagen

Arquivos Nacionais, Reino Unido, Kew (TNA)
Cabinet Papers (CAB); Foreign Office files (FO); War Office files Öster
reichisches Staatsarchiv, Neues Politisches Archiv, Viena (ÖSNPA)
Liasse Bayern 447

University College Dublin, Arquivos
Michael McKeogh Papers

Universidade de Witwatersrand, Arquivo de Pesquisa de Documentos Históricos, Johanesburgo (Wits)
Coleção A807, Victor von Koerber Papers

Yad Vashem, Jerusalém
Banco Central de Nomes de Vítimas da Shoá

Documentos particulares e entrevistas

- Entrevista e correspondência com Cordula von Godin.
- Documentos de Hugo Gutmann, em propriedade da nora de Gutmann, Beverly Grant.
- Entrevista com Gerd Heidemann.
- Documentos privados de Friedrich Lüers, em propriedade de seu filho (FLPP).
- Documentos de Michael Keogh, em coleção privada.
- Documentos de Robert Löwensohn, em coleção privada.
- Documentos de Paul Oestreicher, em coleção privada.

BIBLIOGRAFIA

Adressbuchgesellschaft Ruf. Münchner Adressbuch 1957. Munique, 1956.

Anderson, Margaret Lavinia. "Who Still Talked About the Extermination of the Armenians? German Talk and German Silences". In: *A Question of Genocide*, editado por Ronald Grigor Suny et al., 199-216, 372-379. Oxford, 2011.

Angermair, Elisabeth. "Eine selbstbewusste Minderheit (1892-1918)". In: *Jüdisches München: Vom Mittelalter bis zur Gegenwart*, editado por Richard Bauer e Michael Brenner, 110-136. Munique, 2006.

Anônimo. "I Was Hitler's Boss". *Current History*, 1, n° 3 (novembro 1941): 193-199.

_____. "Sonderzusammenstellung für sämtliche Stimmbezirke, die für Kasernen und Lazarette gebildet wurde", *Zeitschrift des Bayerischen Statistischen Landesamts* 51 (1919): 881-883.

Auerbach, Hellmuth. "Hitlers politische Lehrjahre und die Münchener Gesellschaft 1919-1923". *Vierteljahrshefte für Zeitgeschichte* 25 (1977): 1-45.

Aust, Stefan. *Hitlers Erster Feind: Der Kampf des Konrad Heiden*. Reinbek, 2016.

Bauer, Reinhard, & Ernst Piper. *München: Die Geschichte einer Stadt*. Munique, 1993.

Bauer, Richard, et al., eds. *München—Hauptstadt der Bewegung*. Munique, 2002.

Baumann, Adalbert. *Wede, die Verständigungssprache der Zentralmächte und ihrer Freunde, die neue Welthilfssprache*. Diessen, 1915.

Baumgart, Winfried. "Zur Ansprache Hitlers vor den Führern der Wehrmacht am 22. August 1939". *Vierteljahrshefte für Zeitgeschichte* 16, n° 2 (1968): 120-149.

Bayerisches Hauptstaatsarchiv. *In den Mühlen der Geschichte: Russische Kriegsgefangene in Bayern* 1914-1921. Munique, 2013.

Bayerlein, Bernhard, et al., eds. *Deutscher Oktober 1923: Ein Revolutionsplan und sein Scheitern.* Berlim, 2003.

Beckenbauer, Alfons. *Ludwig III von Bayern 1845-1921: Ein König auf der Suche nach seinem Volk.* Regensburgo, 1987.

Beierl, Florian, e Othmar Plöckinger. "Neue Dokumenten zu Hitlers Buch *Mein Kampf. Vierteljahrshefte für Zeitgeschichte*, 57 (2009 no. 2): 261-318.

Below, Nicolaus von. *Als Hitlers Adjutant 1937-45.* Mainz, 1980.

Berg, Matthias. *Karl Alexander von Müller: Historiker für den Nationalsozialismus.* Göttingen, 2014.

Bermbach, Udo. *Houston Stewart Chamberlain: Wagners Schwiegersohn-Hitlers Vordenker.* Stuttgart, 2015.

Bernstein, Elsa. *Das Leben als Drama: Erinnerungen an Theresienstadt.* Dortmund, 1999.

Besier, Gerhard. *The Holy See and Hitler's Germany.* Houndmills, Reino Unido, 2007.

Bohnenkamp, Klaus, ed. *Hugo von Hofmannsthal, Rudolf Kassner und Rainer Maria Rilke im Briefwechsel mit Elsa und Hugo Bruckmann.* Göttingen, 2014.

_____. *Rainer Maria Rilke und Rudolf Kassner.* Leipzig, 1997.

Bouhler, Philipp. *Adolf Hitler: Das Werden einer Volksbewegung.* Lübeck, 1932.

Braun, Michael, e Anette Hettinger. *Friedrich Ebert Expertenheft.* Heidelberg, 2012.

Broszat, Martin. "Zur Struktur der NS-Massenbewegung". *Vierteljahrshefte für Zeitgeschichte* 31, nº 1 (1983): 52-76.

Bullock, Alan. *Hitler: A Study in Tyranny.* Londres, 1954.

_____. *Hitler and Stalin: Parallel Lives.* Nova York, 1993.

Bussmann, Hadumod. *Ich habe mich vor nichts im Leben gefürchtet: Die ungewöhnliche Geschichte der Therese Prinzessin von Bayern, 1850-1925.* Munique, 2011.

Chamberlain, Houston Stewart. *Die Grundlagen des Neunzehnten Jahrhunderts.* 2 vols. Munique, 1899.

_____. *Immanuel Kant: Die Persönlichkeit als Einführung in das Werk.* 4ª ed. Munique, 1921.

Chaussy, Ulrich, e Christoph Püschner. *Nachbar Hitler: Führerkult und Heimatzerstörung am Obersalzberg.* Berlim, 1995.

Confino, Alon. *A World Without Jews: The Nazi Imagination from Persecution to Genocide.* New Haven, CT, 2004.

BIBLIOGRAFIA

Conradi, Peter. *Hitler's Piano Player: The Rise and Fall of Ernst Hanfstaengl, Confidant of Hitler, Ally of FDR.* Londres, 2006 (2005).

Conze, Werner. "'Only a Dictator Can Help Us Now': Aristocracy and the Radical Right in Germany". In: *European Aristocracies and the Radical Right 1918-1939*, editado por Karina Urbach, 129-147. Oxford, 2007.

Cornwell, John. *Hitler's Pope: The Secret History of Pius XII*. Nova York, 1999.

Crick, Martin. *The History of the Social-Democratic Federation*. Keele, 1994.

Dalin, David. *The Myth of Hitler's Pope: How Pope Pius XII Rescued Jews from the Nazis*. Washington, DC, 2005.

Dawson, John W. "Max Dehn, Kurt Gödel, and the Trans-Siberian Escape Route". *Internationale Mathematische Nachrichten* 189 (2002): 1-13.

Deuerlein, Ernst, ed. *Der Aufstieg der NSDAP in Augenzeugenberichten*. Düsseldorf, 1968.

———. *Hitler: Eine politische Biographie*. Munique, 1969.

Domarus, Max. *The Complete Hitler: A Digital Desktop Reference to His Speeches and Proclamations 1932-1945*. Vol. 3. Wauconda, IL, 2007.

Dresler, Adolf. *Dietrich Eckart*. Munique, 1938.

Drexler, Anton. *Mein politisches Erwachen: Aus dem Tagebuch eines deutschen sozialistischen Arbeiters*. Munique, 1923 (1919).

Düren, Peter Christoph. *Minister und Märtyrer: Der bayerische Innenminister Franz Xaver Schweyer*. Augsburgo, 2015.

Eberle, Henrik. *Hitlers Weltkriege: Wie der Gefreite zum Feldherrn wurde*. Hamburgo, 2014.

Engelman, Ralph Max. "Dietrich Eckart and the Genesis of Nazism". PhD diss., Washington University, St. Louis, MO, 1971.

Erger, Johannes. *Der Kapp-Lüttwitz-Putsch: Ein Beitrag zur deutschen Innenpolitik 1919-20*. Düsseldorf, 1967.

Erickson, Edward. *Ordered to Die: A History of the Ottoman Army in the First World War*. Westport, CT, 2001.

Evans, Richard J. *The Coming of the Third Reich: How the Nazis Destroyed Democracy and Seized Power in Germany*. Londres, 2004.

———. Introdução de *Unknown Hitler* de Ernst Hanfstaengl, 15-21. Londres, 2005.

Evers, Gerd. *Traunstein 1918-1945: Ein Beitrag zur politischen Geschichte der Stadt und des Landkreises Traunstein*. Traunstein, 1991.

Faulhaber, Michael von. *Rufende Stimmen in der Wüste der Gegenwart: Gesammelte Reden, Predigten, Hirtenbriefe*. Freiburg, 1931.

Feldmann, Christian. *Die Wahrheit muss gesagt werden: Rupert Mayer—Leben im Widerstand*. Freiburg, 1987.

Ferguson, Niall. *Kissinger: 1923-1968—The Idealist*. Londres, 2015.

_____. "The Meaning of Kissinger". *Foreign Affairs*, setembro/outubro de 2015. Acessado em 30 de setembro, 2015. <https://www.foreignaffairs.com/articles/201508-18/meaning-kissinger>.

Fest, Joachim. *Hitler: Eine Biographie*. Frankfurt, 1973.

Firsov, Fridrich. "Ein Oktober, der nicht stattfand: Die Revolutionären Pläne der RKP(b) und der Komintern". In Bayerlein et al., Oktober, 35-58. Berlim, 2003.

Fleischmann, Peter, ed. *Hitler als Häftling in Landsberg am Lech 1923-24*. Neustadt an der Aisch, 2015.

Forster, Karl. "Vom Wirken Michael Kardinal Faulhabers in München". In *Der Mönch im Wappen*, editado por Michael Schattenhofer, 495-520. Munique, 1960.

Franz-Willing, Georg. *Die Hitlerbewegung: Der Ursprung, 1919-1922*. Hamburgo, 1962.

_____. "Munique: Birthplace and Center of the National Socialist German Workers' Party". *Journal of Modern History* 29, n° 4 (1957): 319-334.

Friedlaender, Max. "Die Lebenserinnerungen des Max Friedlaender". Disponível no website da Bundesrechtsanwaltskammer, <http://www.brak.de/die-brak/die-lebenserinnerungen-des-rechtsanwalts-max-friedlaender/>.

Friedländer, Saul. *The Years of Extermination: Nazi Germany and the Jews, 1939-1945*. Nova York, 2007.

_____. *The Years of Persecution: Nazi Germany and the Jews 1939-45*. Londres, 2007 (1997).

Friedman, Isaiah. *Germany, Turkey, and Zionism, 1897-1918*. Oxford, 1977.

Gabriel, Mary. *The Art of Acquiring: A Portrait of Etta and Claribel Cone*. Baltimore, MD, 2002.

Gallus, Alexander. "Revolutions (Germany)". In: *1914-1918-online: International Encyclopedia of the First World War*. Acessado em 24 de agosto, 2015. <http://encyclopedia.1914-1918-online.net/article/revolutions_germany>. DOI: 10.15463/ie1418.10291.

Gantner, Joseph, ed. *Heinrich Wölfflin, 1864-1945: Autobiographie, Tagebücher und Briefe*. 2ª ed. Basileia, 1984.

Gassert, Philipp, & Daniel S. Mattern, eds. *The Hitler Library: A Bibliography*. Westport, CT, 2001.

BIBLIOGRAFIA 447

Gebhardt, Hartwig. *Mir fehlt eben ein anständiger Beruf: Leben und Arbeit des Auslandskorrespondenten Hans Tröbst.* Bremen, 2007.

Gerwarth, Robert. "The Central European Counter-Revolution: Paramilitary Violence in Germany, Austria and Hungary after the Great War". *Past and Present* 200 (2008): 175-209.

Geyer, Michael. "Zwischen Krieg und Nachkrieg". In *Die vergessene Revolution von 1918-19*, editado por Alexander Gallus, 187-222. Göttingen, 2010.

Gilbhard, Hermann. *Die Thule-Gesellschaft: Vom okkulten Mummenschanz zum Hakenkreuz.* 2ª ed. Munique, 2015.

Goebbels, Joseph. *Die Tagebücher von Joseph Goebbels*, editado por Elke Fröhlich. Vol. 1, Munique, 1987 (reimpresso, 2004); vol. 2, Munique, 2005.

Götschmann, Dirk. "Landtagswahlen (Weimarer Republik)". *Historisches Lexikon Bayerns.* Acessado em 15 de dezembro, 2015. <http://www.historisches--lexikonbayerns.de/Lexikon/Landtagswahlen> (Weimarer Republik).

Goldhagen, Daniel. *A Moral Reckoning: The Role of the Catholic Church in the Holocaust and Its Unfulfilled Duty of Repair.* Nova York, 2002.

Grau, Bernhard. "Beisetzung Kurt Eisner, München, 26. February 1919". *Historisches Lexikon Bayerns.* Acessado em 25 de agosto, 2015. <http://www.historisches-lexikon-bayerns.de/artikel/artikel_44676>.

———. *Kurt Eisner, 1867-1919.* Munique, 2001.

———. "Revolution, 1918/1919". *Historisches Lexikon Bayerns.* <http://www.historisches-lexikon-bayerns.de/artikel/artikel_44332>.

Gruchmann, Lothar, & Reinhard Weber, eds. *Der Hitler-Prozess 1924: Wortlaut der Hauptverhandlung vor dem Volksgericht München I, Teil 4.* Munique, 1999.

Günther, Hans F. K. *Rassenkunde des deutschen Volkes.* 3ª ed. Munique, 1923.

Gust, Wolfgang. "Armenier". In: *Enzyklopädie Erster Weltkrieg.* Editado por Hirschfeld, Krumeich, & Renz, 341-344. Paderborn, 2013.

Hänisch, Dirk. *Die Österreichischen NSDAP-Wähler: Eine empirische Analyse ihrer politischen Herkunft und ihres Sozialprofils.* Viena, 1998.

Haering, Stephan. "Konfessionsstruktur (19./20. Jahrhundert)". In: *Historisches Lexikon Bayerns.* <http://www.historisches-lexikon-bayerns.de/artikel/artikel_44533>.

Haffner, Sebastian. *Anmerkungen zu Hitler.* Edição Kindle. Reinbek, 2013 (1978).

———. *The Meaning of Hitler.* Londres, 1979.

Hamann, Brigitte. *Hitler's Vienna: A Dictator's Apprenticeship.* Oxford, 2000.

———. *Winifred Wagner: A Life at the Heart of Hitler's Bayreuth.* Orlando, FL, 2005.

448

TORNANDO-SE HITLER

Handelskammer München. *Adressbuch für München 1918*. Munique, 1918.

Hanfstaengl, Ernst. *Hitler: The Missing Years*. Nova York, 1994 (1957).

———. *The Unknown Hitler*. Londres, 2005.

———. *Zwischen Weissem und Braunen Haus: Memoiren eines politischen Aussenseiters*. Munique, 1970.

Hansen, Niels. *Franz Böhm mit Ricard Huch: Zwei wahre Patrioten*. Düsseldorf, 2009.

Hartmann, Christian, et al. "Einleitung". In: *Hitler: Mein Kampf*. Vol. 1, 8-84. Munique, 2016.

Haselbeck, Franz. "Das Gefangenenlager Traunstein-Au". In: *Jahrbuch des Historischen Vereins für den Chiemgau zu Traunstein* 7 (1995): 241-290.

Hassell, Ulrich von. *Der Kreis schliesst sich: Aufzeichnungen aus der Haft 1944*. Berlim, 1994.

———. *Die Hassell-Tagebücher 1938-1944: Aufzeichnungen vom anderen Deutschland*. Berlim, 1988.

———. *Römische Tagebücher und Briefe 1932-1938*. Munique, 2004.

Hastings, Derek. *Catholicism and the Roots of Nazism: Religious Identity and National Socialism*. Oxford, 2010.

Hausmann, Walter. *Der Goldwahn: Die Bedeutung der Goldzentralisation für das Wirtschaftsleben*. Berlim, 1911.

Heiden, Konrad. *Der Fuehrer: Hitler's Rise to Power*. Londres, 1944.

———. *Hitler: A Biography*. Londres, 1936.

Heimann, Mary. *Czechoslovakia: The State That Failed*. New Haven, CT, 2011.

Heinz, Heinz A. *Germany's Hitler*. Londres, 1934.

Herbert, Ulrich. "Was haben die Nationalsozialisten aus dem Ersten Weltkrieg gelernt?" In: Krumeich, *Nationalsozialismus*, 21-32. Essen, 2010.

Herbst, Ludolf. *Hitlers Charisma: Die Erfindung eines deutschen Messias*. Edição Kindle. Frankfurt, 2010.

Hesemann, Michael. "Eugenio Pacelli und die Zionisten". Acessado em 8 de março, 2015. <http://kath.net/news/46086>.

———. *Völkermord an den Armeniern*. Munique, 2015.

Hess, Wolf Rüdiger. *Rudolf Hess: Briefe 1908-1933*. Munique, 1987.

Hessische Landes- und Hochschulbibliothek. *Karl Wolfskehl, 1869-1969: Leben und Werk in Dokumenten*. Darmstadt, 1969.

Hetzer, Gerhard. "Revolution, Friedensschluss, Heimkehr". In: Bayerisches Hauptstaatsarchiv, *In den Mühlen der Geschichte*, 21-31. Munique, 2013.

Heusler, Andreas. *Das Braune Haus: Wie München zur "Hauptstadt der Bewegung" wurde*. Munique, 2008.

BIBLIOGRAFIA 449

Hildebrand, Klaus. *Das vergangene Reich: Deutsche Aussenpolitik von Bismarck bis Hitler 1871-1945*. Stuttgart, 1995.

Hillgruber, Andreas. "Quellen und Quellenkritik zur Vorgeschichte des Zweiten Weltkrieges". In: *Kriegsbeginn 1939: Entfesselung oder Ausbruch des Zweiten Weltkrieges*, editado por Gottfried Niedhart, 369-395. Darmstadt, 1976.

Hillmayr, Heinrich. *Roter und Weisser Terror in Bayern nach 1918*. Munique, 1974.

Hipler, Bruno. *Hitlers Lehrmeister: Karl Haushofer als Vater der NS-Ideologie*. St. Ottilien, 1996.

Hirschfeld, Gerhard, & Gerd Krumeich. *Deutschland im Ersten Weltkrieg*. Frankfurt, 2013.

Hirschland, Ellen, e Nancy Hirschland Ramage. *The Cone Sisters of Baltimore: Collecting at Full Tilt*. Evanston, IL, 2008.

Hitler, Adolf. *Mein Kampf*. Traduzido por Reynal e Hitchcock. Nova York, 1941.

_____. *Hitler: Mein Kampf-Eine kritische Edition*. Editado por Christian Hartmann et al. Vol. 1. Munique, 2016.

_____. *Monologe im Führer-Hauptquartier 1941-1944*. Editado por Werner Jochmann. Munique, 1982.

_____. *Sämtliche Aufzeichnungen: 1905-1924*. Editado por Eberhard Jäckel e Axel Kuhn. Stuttgart, 1980.

Hockerts, Hans Günter. "Warum München? Wie Bayerns Metropole die 'Hauptstadt der Bewegung wurde'". In: Nerdinger, *München*, 387-397. Munique, 2015.

Höhne, Heinz. *The Order of the Death's Head: The Story of Hitler's SS*. Londres, 2000 (1969).

Höller, Ralf. *Der Anfang, der ein Ende war: Die Revolution in Bayern 1918/19*. Berlim, 1999.

Hoffmann, Heinrich. *Das Hitler-Bild: Die Erinnerungen des Fotografen Heinrich Hoffmann*. Editado por Joe J. Heydecker. St. Pölten, 2008.

Hofmiller, Josef. *Revolutionstagebuch 1918/19: Aus den Tagen der Münchner Revolution*. Leipzig, 1938.

Holz, Klaus. *Nationaler Antisemitismus: Wissenssoziologie einer Weltanschauung*. Hamburgo, 2001.

Hoser, Paul. "Münchener Beobachter". *Historisches Lexikon Bayerns*. <https://www.historisches-lexikon-bayerns.de/Lexikon/Münchener_Beobachter>.

Ibsen, Henrik. *Peer Gynt, in freier Übertragung für die deutsche Bühne eingerichtet; mit einem Vorwort und Richtlinien von Dietrich Eckart*. 2ª ed. Munique, 1917.

Ignatieff, Michael. *Fire and Ashes: Success and Failure in Politics*. Edição Kindle. Cambridge, MA, 2013.

Ihrig, Stefan. *Atatürk in the Nazi Imagination*. Cambridge, MA, 2014.

_____. Justifying Genocide: Germany and the Armenians from Bismarck to Hitler. Cambridge, MA, 2016.

Jäckel, Eberhard. *Hitlers Weltanschauung: Entwurf einer Herrschaft*. Stuttgart, 1983.

Jansen, Reinhard. *Georg von Vollmar: Eine politische Biographie*. Düsseldorf, 1958.

Jasanoff, Maya. *Liberty's Exiles: American Loyalists in the Revolutionary World*. Nova York, 2011.

Joachimsthaler, Anton. *Hitlers Liste: Ein Dokument persönlicher Beziehungen*. Munique, 2003.

_____. *Hitlers Weg began in München 1913-1923*. Munique, 2000.

Jones, Nigel. *The Birth of the Nazis: How the Freikorps Blazed a Trail for Hitler*. Londres, 2004 (1987).

Kaiserliches Statistisches Amt. *Statistisches Jahrbuch für das Deutsche Reich, 1917*. Berlim, 1917.

Kallenbach, Hans. *Mit Adolf Hitler auf Festung Landsberg*. Munique, 1933.

Kardish, Sharman. *Bolsheviks and British Jews: The Anglo-Jewish Community, Britain and the Russian Revolution*. Londres, 1992.

Karl, Michaela. *Die Münchener Räterepublik: Porträts einer Revolution*. Düsseldorf, 2008.

Kellerhoff, Sven-Felix. *Hitlers Berlin: Geschichte einer Hassliebe*. Berlim, 2005.

_____. *"Mein Kampf": Die Karriere eines deutschen Buches*. Stuttgart, 2015.

Kellogg, Michael. *The Russian Roots of Nazism: White Émigrés and the Making of National Socialism, 1917-1945*. Cambridge, 2005.

Keogh, Michael. *With Casement's Irish Brigade*. Drogheda, 2010.

Kershaw, Ian. *Hitler. Vol. 1, 1889-1936: Hubris*. Londres, 1998.

_____. *Hitler. Vol. 2, 1936-45: Nemesis*. Nova York, 2000.

_____. Prefácio para Krumeich, *Nationalsozialismus*, 7-10.

Kieser, Hans-Lukas, e Donald Bloxham. "Genocide". In: *The Cambridge History of the First World War*, editado por Jay Winter, vol. 1, 585-614. Cambridge, 2014.

Klemperer, Klemens von. *German Resistance Against Hitler: The Search for Allies Abroad*. Oxford, 1994 (1992).

BIBLIOGRAFIA

Klemperer, Victor. *Man möchte immer weinen und lachen in einem: Revolutionstagebuch 1919.* Edição Kindle. Berlim, 2015.

Köglmeier, Georg. "Das Ende der Monarchie und die Revolution von 1918/19". In: *Königreich Bayern: Facetten bayerischer Geschichte 1806-1919*, editado por Sigmund Bonk & Peter Schmid, 175-198. Regensburg, 2005.

Köhne, Julia Barbara. "The Cult of Genius in Germany and Austria at the Dawn of the Twentieth Century". In: *Genealogies of Genius.* Editado por Joyce Chaplin & Darrin McMahon, 97-113. Basingstoke, 2016.

Koenen, Gerd. *Der Russland-Komplex: Die Deutschen und der Osten 1900-1945.* Munique, 2005.

Koerber, Adolf-Victor von, ed. *Adolf Hitler: Sein Leben und seine Reden.* Munique, 1923.

Kornberg, Jacques. *The Pope's Dilemma: Pius XII Faces Atrocities and Genocide in the Second World War.* Toronto, 2015.

Korzetz, Ingo. *Die Freikorps und die Weimarer Republik: Freiheitskämpfer oder Landsknechthaufen.* Marburg, 2009.

Koshar, Rudy. "From *Stammtisch* to Party: Nazi Joiners and the Contradiction of Grass Roots Fascism in Weimar Germany". *Journal of Modern History* 59, nº 1 (1987): 1-24.

Kraus, Andreas. *Geschichte Bayerns von den Anfängen bis zur Gegenwart.* Munique, 1983.

Krebs, Albert. *Tendenzen und Gestalten der NSDAP: Erinnerungen an die Frühzeit der NSDAP.* Stuttgart, 1959.

Kress von Kressenstein, Friedrich. *Mit den Türken zum Suezkanal.* Berlim, 1938.

Krumeich, Gerd. "Hitler, die Deutschen und der Erste Weltkrieg". In: *Hitler und die Deutschen.* Editado por Hans-Ulrich Thamer & Simone Erpel, 30-35. Dresden, 2010.

_____. ed. *Nationalsozialismus und Erster Weltkrieg.* Essen, 2010.

_____. "Nationalsozialismus und Erster Weltkrieg: Eine Einführung". In: *Nationalsozialismus*, 11-20.

Kühlwein, Klaus. *Warum der Papst schwieg: Pius XII. und der Holocaust.* Düsseldorf, 2008.

Kurlander, Eric. "Hitler's Monsters: The Occult Roots of Nazism and the Emergence of the Nazi "'Supernatural Imaginary'". *German History* 30, nº 4 (2012): 528-549.

Läpple, Alfred. *Paula Hitler: Die unbekannte Schwester.* Stegen, 2003.

Lange, Carolin. *Genies im Reichstag: Führerbilder des republikanischen Bürgertums in der Weimarer Republik.* Hanover, 2012.

Large, David Clay. *Where Ghosts Walked: Munich's Road to the Third Reich*. Nova York, 1997.

Latzin, Ellen. "Lotter-Putsch, 19. Februar 1919". *Historisches Lexikon Bayerns*. Acessado em 23 de março, 2013. <http://www.historisches-lexikon-bayerns. de/artikel/artikel_44348>.

Lehmann, Evelyn, & Elke Riemer. *Die Kaulbachs: Eine Künstlerfamilie aus Arolsen*. Arolsen, 1978.

Leverkuehn, Paul. *A German Officer During the Armenian Genocide: A Biography of Max von Scheubner-Richter*. Londres, 2008.

Levy, Ary. "Ein Leben". In: *Jüdisches Leben in München*, editado por Landeshaupstadt München, 37-42. Munique, 1995.

Lohmeier, Georg. *"Wer Knecht ist, soll Knecht bleiben!": Die 'königlich-bayerischen Sozialdemokraten' Erhard Auer, Ignaz Auer und Georg von Vollmar*. Munique, 2000.

Longerich, Peter. *Hitler: Biographie*. Munique, 2015.

_____. *Joseph Goebbels: Biographie*. Munique, 2010.

Ludecke, Kurt. *I Knew Hitler: The Story of a Nazi Who Escaped the Blood Purge*. Londres, 1938.

Lutz, Ralph Haswell. "The German Revolution". In: *The German Revolution: Writings on the Failed Communist Rebellion in 1918-1919*, editado por Ralph Lutz Haswell & William Foster. St. Petersberg, FL, 2011.

Machtan, Lothar. *Die Abdankung: Wie Deutschlands gekrönte Häupter aus der Geschichte fielen*. Berlim, 2008.

Macmillan, Margaret. *Peacemakers: The Paris Conference of 1919 and Its Attempt to End War*. Londres, 2001.

März, Stefan. *Das Haus Wittelsbach im Ersten Weltkrieg: Chance und Zusammenbruch monarchischer Herrschaft*. Regensburg, 2013.

Margalit, Avishai. *On Compromise and Rotten Compromise*. Princeton, 2010.

Martynkewicz, Wolfgang. *Salon Deutschland: Geist und Macht 1900-1945*. Berlim, 2009.

Maser, Werner. *Adolf Hitler: Legende, Mythos, Wirklichkeit*. Munique, 1971.

_____. *Hitlers Briefe und Notizen: Sein Weltbild in handschriftlichen Dokumenten*. Graz, 2002 (1973).

McMahon, Darrin. *Divine Fury: A History of Genius*. Nova York, 2013.

_____. "Genius and Evil". In: *Genealogies of Genius*, editado por Joyce Chaplin & Darrin McMahon, 171-182. Basingstoke, 2016.

BIBLIOGRAFIA

Mees, Bernard. "Hitler and Germanentum". *Journal of Contemporary History*, 39, nº 2 (2004): 255-270.

Menges, Franz. "Möhl, Arnold Ritter von". *Neue Deutsche Biographie* On-line. Acessado em 15 de dezembro, 2015. <http://www.deutsche-biographie.de/pnd117080764.html>.

Meyer zu Uptrup, Wolfram. *Kampf gegen die "jüdische Weltverschwörung": Propaganda und Antisemitismus der Nationalsozialisten 1919 bis 1945*. Berlim, 2003.

Mommsen, Hans. "Adolf Hitler und der Aufstieg der NSDAP 1919 bis 1933". Palestra na conferência 'Münchens Weg in den Nationalsozialismus' da Evangelische Akademie Tutzing, maio de 2010. <http://web.ev-akademie-tutzing.de/cms/index.php?id=576&part=downloads&lfdnr=1535>.

_____. *Das NS-Regime und die Auslöschung des Judentums in Europa*. Göttingen, 2014.

Mook, Stephen. "The First Nazis, 1919-1922". Dissertação de doutorado (PhD), não publicada, Brandeis University, 2010.

Müller, Karl Alexander von. *Aus Gärten der Vergangenheit: Erinnerungen 1882-1914*. Stuttgart, 1951.

_____. *Im Wandel einer Zeit: Erinnerungen 1919-1932*. Munique, 1966.

_____. *Mars und Venus: Erinnerungen 1914-1919*. Stuttgart, 1954.

Münkler, Herfried. *Der grosse Krieg: Die Welt 1914 bis 1918*. Berlim, 2013.

Museen der Stadt Nürnberg. *Faszination und Gewalt: Dokumentationszentrum Reichsparteitagsgelände Nürnberg*. Nuremberg, 2006.

Naimark, Norman. *Fires of Hatred: Ethnic Cleansing in Twentieth-Century Europe*. Cambridge, MA, 2001.

Neitzel, Sönke. *Weltkrieg und Revolution, 1914-1918/19*. Berlim, 2011.

Nerdinger, Winfried, ed. *München und der Nationalsozialismus: Katalog des NS-Dokumentationszentrums München*. Munique, 2015.

Neumann, Hans-Joachim, and Henrik Eberle. *War Hitler krank? Ein abschliessen der Befund*. Bergisch Gladbach, 2009.

Nickmann, Walter. "Die Auswüchse des Pöhner-Systems": Polizei und Fememorde. In: *Die Münchner Polizei und der Nationalsozialismus*, editado por Joachim Schröder, 25-29. Essen, 2013.

_____. "Der Hitler-Ludendorff-Putsch". In: *Die Münchner Polizei und der Nationalsozialismus*, editado por Joachim Schröder, 39-45. Essen, 2013.

Nijland-Verwey, Mea, ed. *Wolfskehl und Verwey: Die Dokumente ihrer Freundschaft 1897-1946*. Heidelberg, 1968.

Nirenberg, David. *Anti-Judaism: The Western Tradition*. Nova York, 2013.

Noakes, Jeremy, e Geoffrey Pridham, eds. *Nazism 1919-1945. Vol. 1, The Rise to Power 1919-1934*. Exeter, 1998.

Oertzen, Friedrich Wilhelm von. *Die Deutschen Freikorps*. Munique, 1936.

Orlow, Dietrich. *The History of the Nazi Party: 1919-1933*. Pittsburgh, 1969.

Otto, Berthold. *Der Zukunftsstaat als sozialistische Monarchie*. Berlim, 1910.

Overy, Richard. *The Dictators: Hitler's Germany, Stalin's Russia*. Nova York, 2006 (2004).

Pätzold, Kurt, and Manfred Weissbecker. *Adolf Hitler: Eine politische Biographie*. Leipzig, 1999.

Payne, Robert. *The Life and Death of Adolf Hitler*. Nova York, 1973.

Phayer, Michael. *Pius XII, the Holocaust, and the Cold War*. Bloomington, IN, 2008.

Phelps, Reginald. "'Before Hitler Came': Thule Society and German Orden". *Journal of Modern History* 35, n° 3 (1963): 245-261.

_____. "Hitler and the Deutsche Arbeiterpartei". *American Historical Review* 68, n° 4 (1963): 974-986.

_____. "Hitler als Parteiredner im Jahre 1920". *Vierteljahrshefte für Zeitgeschichte* 11 (1963): 274-330.

_____. "Hitlers 'Grundlegende' Rede über den Antisemitismus". *Vierteljahrshefte für Zeitgeschichte* 16 (1968): 390-420.

Pieger, Bruno. "Karl Wolfskehl und Norbert von Hellingrath". In: *Karl Wolfskehl: Tübinger Symposium zum 50*. Todestag, editado por Paul Hoffmann, 57-77. Tübingen, 1999.

Piper, Ernst. *Alfred Rosenberg: Hitlers Chefideologe*. Munique, 2007.

_____. *Kurze Geschichte des Nationalsozialismus*. Hamburg, 2007.

Plöckinger, Othmar. "Frühe biographische Texte zu Hitler: Zur Bewertung der autobiographischen Teile in 'Mein Kampf'". *Vierteljahrshefte für Zeitgeschichte* n° 1 (2010): 93-114.

_____. *Geschichte eines Buches: Adolf Hitlers "Mein Kampf", 1922-1945*. Munique, 2011.

_____. *Unter Soldaten und Agitatoren: Hitlers prägende Jahre im deutschen Militär 1918-1920*. Paderborn, 2013.

Pohl, Karl Heinrich. *Die Münchener Arbeiterbewegung*. Munique, 1992.

Pommerin, Reiner. "Die Ausweisung von Ostjuden aus Bayern: Ein Beitrag zum Krisenjahr der Weimarer Republik". *Vierteljahrshefte für Zeitgeschichte* 34, n° 2 (1986): 311-340.

BIBLIOGRAFIA

Poser, Stefan. *Museum der Gefahren: Die gesellschaftliche Bedeutung der Sicherheitstechnik.* Münster, 1998.

Pyta, Wolfram. "Adolf Hitler's (Self-)Fashioning as a Genius: The Visual Politics of National Socialism's Cult of Genius". In: *Pictorial Cultures and Political Iconographies*, editado por Udo Hebel & Christoph Wagner, 163-175. Berlim, 2011.

_____. *Hitler: Der Künstler als Politiker und Feldherr.* Munique, 2015.

_____. "Die Kunst des rechtzeitigen Thronverzichts". In: *Geschichte, Öffentlichkeit, Kommunikation*, editado por Patrick Merziger et al., 363-381. Stuttgart, 2010.

Pyta, Wolfram & Carolin Lange. "Die darstellungstechnische Seite von 'Mein Kampf'". In: *Totalitarismus und Demokratie* 13 (2016): 45-69.

Range, Peter Ross. *1924: The Year That Made Hitler.* Nova York, 2016.

Rätsch-Langejürgen, Birgit. *Das Prinzip Widerstand: Leben und Wirken von Ernst Niekisch.* Bonn, 1997.

Rauschning, Hermann. *The Revolution of Nihilism: Warning to the West.* Nova York, 1939.

Reck, Friedrich. *Diary of a Man in Despair.* Nova York, 2013 (1966).

Reichardt, Sven. "Die SA im 'Nachkriegs-Krieg'". In: Krumeich, *Nationalsozialismus*, 243-259. Essen, 2010.

Reuth, Ralf Georg. *Goebbels: Eine Biographie.* Munique, 2012.

_____. *Hitlers Judenhass: Klischee und Wirklichkeit.* Munique, 2009.

Richardi, Hans-Günter. *Hitler und seine Hintermänner: Neue Fakten zur Frühgeschichte der NSDAP.* Munique, 1991.

Riecker, Joachim. *Hitlers 9. November: Wie der Erste Weltkrieg zum Holocaust führte.* Berlim, 2009.

Rilke, Rainer Maria. *Briefe*, vol. 2. Wiesbaden, 1950.

_____. *Briefe an die Mutter 1896 bis 1928*, vol. 2. Leipzig, 2009.

_____. *Die Briefe an Karl und Elisabeth von der Heydt 1905-1922.* Frankfurt, 1986.

_____. *Briefe aus den Jahren 1914 bis 1921.* Leipzig, 1937.

Rittenauer, Daniel. "Bayerische Landessymbole in der Zeit des Nationalsozialismus: 1933-1945". *Zeitschrift für bayerische Landesgeschichte 76*, n° 1 (2013): 185-213.

Roosevelt, Theodore. *History as Literature.* Nova York, 1913.

Ryback, Timothy. *Hitler's Private Library: The Books That Shaped His Life.* Londres, 2010 (2009).

Salmen, Brigitte, ed. *"Ich kann wirklich ganz gut malen": Friedrich August von Kaulbach, Max Beckmann*. Murnau, 2002.

Samerski, Stefan. "Der Hl. Stuhl und der Vertrag von Versailles". *Zeitschrift für Kirchengeschichte* 107 (1996): 355-375.

Schaenzler, Nicole. *Klaus Mann: Eine Biographie*. Frankfurt, 1999.

Schivelbusch, Wolfgang. *The Culture of Defeat: On National Trauma, Mourning, and Recovery*. Nova York, 2003.

Schlie, Ulrich. "Nachwort". In: Hassell, *Römische Tagebücher*, 349-370. Munique, 2004.

Schmölders, Claudia. *Hitlers Gesicht: Eine physiognomische Biographie*. Munique, 2000.

Schöllgen, Gregor. *Ulrich von Hassell, 1881-1944: Ein Konservativer in der Opposition*. Munique, 1990.

Schröder, Joachim. "Entstehung, Verbreitung und Transformation des Mythos vom 'jüdischen Bolschewismus'". In: *Attraktion der NS-Bewegung*, editado por Gudrun Brockhaus, 231-249. Essen, 2014.

Schulze, Hagen. *Freikorps und Republik 1918-1920*. Boppard am Rhein, 1969.

Schumann, Dirk. "Einheitssehnsucht und Gewaltakzeptanz: Politische Grundpositionen des deutschen Bürgertums nach 1918". In: *Der Erste Weltkrieg und die europäische Nachkriegsordnung*, editado por Hans Mommsen, 83-105. Colônia, 2000.

Schwarzenbach, Alexis. *Die Geborene: Renée Schwarzenbach-Wille und ihre Familie*. Zurique, 2004.

Seidel, Doris. "Zeitweilige Heimat: Die Blechners in München 1910 bis 1939". In: *"Ich lebe! Das ist ein Wunder": Das Schicksal einer Münchner Familie während des Holocaust*, por Stadtarchiv München, 25-47. Munique, 2001.

Selig, Wolfram. *Leben unterm Rassenwahn: Vom Antisemitismus in der "Hauptstadt der Bewegung"*. Berlim, 2001.

Sepp, Florian. "Palmsonntagsputsch, 13. April 1919". *Historisches Lexikon Bayerns*. <http://www.historisches-lexikon-bayerns.de/artikel/artikel_44355>.

Sergeev, Evgenij. "Kriegsgefangenschaft und Mentalitäten: Zur Haltungsänderung russischer Offiziere und Mannschaftsangehöriger in der österreichischungarischen und deutschen Gefangenschaft". *Zeitgeschichte* 11/12 (1998): 357-365.

Shakespeare, William. *Julius Caesar*. Editado por Ralph Houghton. Oxford, 1960 (1938).

BIBLIOGRAFIA

Sherratt, Yvonne. *Hitler's Philosophers*. New Haven, CT, 2013.

Sigmund, Anna Maria. *Des Führers bester Freund*. Munique, 2005 (2003).

Simms, Brendan. "Against a 'World of Enemies': The Impact of the First World War on the Development of Hitler's Ideology". *International Affairs* 90, nº 2 (2014): 317-336.

Simon, Gerd. "Adalbert Baumann: Ein Sprachamt für Europa mit Sitz in München". Acessado em 10 de dezembro, 2015. <https://homepages.uni--tuebingen.de/gerd.simon/Euro_Baumann.pdf>.

Smith, Truman. "Hitler and the National Socialists: Notebook and Report of Captain Truman Smith, infantry, U.S. Army, Assistant Military Attaché, Berlin, Germany", descrevendo uma visita a Munique de 15 a 22 de novembro de 1922 (sem lugar, 1960), disponível em Widener Library, Harvard, DD249. S64x1960F.

Snessareff, Nikolai. *Die Zwangsjacke: Autorisierte Übersetzung nach dem Manuskript aus dem Russischen von Hellmut von Busch*. Berlim, 1923.

Snyder, Timothy. *Black Earth: The Holocaust as History and Warning*. Londres, 2015.

Stadtarchiv München, ed. *Biographisches Gedenkbuch der Münchner Juden 1933-1945*. Vol. 2 (M-Z). Munique, 2007.

Stegenga, Reinout. "The First Soldiers of the Third Reich: Jewish Membership of Freikorps Units in Bavaria, c. 1918-1920". Dissertação MLitt., não publicada, Universidade de Aberdeen, 2012.

Steigmann-Gall, Richard. *The Holy Reich: Nazi Conceptions of Christianity, 1919-1945*. Cambridge, 2004.

Stephenson, Scott. *The Final Battle: Soldiers of the Western Front and the German Revolution*. Cambridge, 2009.

Straus, Rahel. *Wir lebten in Deutschland: Erinnerungen einer deutschen Jüdin*. Stuttgart, 1962.

Tagore, Rabindranath. *Nationalismus*. Leipzig, 1918.

Thoss, Bruno. "Kapp-Lüttwitz-Putsch, 1920". *Historisches Lexikon Bayerns*. Acessado em 15 de dezembro, 2015. <http://www.historisches-lexikon--bayerns.de/Lexikon/Kapp-Lüttwitz-Putsch_1920>.

Timm, Johannes. "Bayern und das Reich". *Sozialistische Monatshefte* 30, nº 10 (1924): 621-628.

Töppel, Roman. "'Volk und Rasse': Hitler Quellen auf der Spur", *Vierteljahrshefte für Zeitgeschichte*, 64 nº 1 (2016): 1-35.

Toland, John. *Adolf Hitler*. Nova York, 1976.

Tröbst, Hans. *Ein Soldatenleben in 10 Bänden*, 1910-1923. Vols. 9 e 10. Hamburgo, 2013.

Trumpener, Ulrich. *Germany and the Ottoman Empire, 1914-1918*. Princeton, 1968.

Tyrell, Albrecht. *Vom "Trommler" zum "Fuehrer": Der Wandel von Hitlers Selbstverständnis zwischen 1919 und 1924 und die Entwicklung der NSDAP*. Munique, 1975.

Tyson, Joseph Howard. *Hitler's Mentor: Dietrich Eckart, His Life, Times, and Milieu*. Nova York, 2008.

Ullrich, Volker. *Adolf Hitler: Biographie. Vol. 1, Die Jahre des Aufstiegs*. Edição Kindle. Frankfurt, 2013.

_____. *Die Revolution von 1918-19*. Munique, 2009.

Vitkine, Antoine. *Hitlers "Mein Kampf": Geschichte eines Buches*. Hamburgo, 2016.

Voit, Friedrich Karl. *Wolfskehl: Leben und Werk im Exil*. Göttingen, 2005.

Volk, Ludwig. "Lebensbild". In: *Akten Kardinal Michael von Faulhabers*, editado por Ludwig Volk, i, xxxv-lxxxii. Mainz, 1975.

Wachsmann, Nikolaus. *Hitler's Prisons: Legal Terror in Nazi Germany*. New Haven, CT, 2004.

Waite, Robert. *Vanguard of Nazism: The Free Corps Movement in Postwar Germany 1918-1923*. Nova York, 1969.

Walsh, Colleen. "The Return of the Murals". *Harvard Gazette*, 8 de março de 2012. <http://news.harvard.edu/gazette/story/2012/03/the-return-of-the--murals/>.

Walter, Dirk. *Antisemitische Kriminalität und Gewalt: Judenfeindschaft in der Weimarer Republik*. Bonn, 1999.

Wanninger, Susanne. *"Herr Hitler, ich erkläre meine Bereitwilligkeit zur Mitarbeit": Rudold Buttmann (1885-1947)*. Wiesbaden, 2014.

Weber, Hans. "Das Gefangenenlager Traunstein 1914-1919: Erinnerungen" (1924), ver também Stadtarchiv Traunstein, Sammlung "Graue Literatur", GL 481.

Weber, Thomas. "Adolf Hitler und der Erste Weltkrieg: Erfahrungen und Konsequenzen". In: *Das Zeitalter der Weltkriege 1914-1945*, editado por Ernst Piper, 202-211. Cologne, 2014.

_____. "Hitler im bayerischen Heer: Eine politisch-soziale Binnenperspektive seines Weltkriegsregiments, 1914-1945". *Historische Mitteilungen der Ranke-Gesellschaft* n° 28 (2016): 135-144.

BIBLIOGRAFIA

———. *Hitler's First War: Adolf Hitler, the Men of List Regiment and the First World War*. Oxford, 2010.

———. *Our Friend "The Enemy": Elite Education in Britain and Germany Before World War I*. Stanford, 2008.

———. *Wie Adolf Hitler zum Nazi wurde: Vom unpolitischen Soldaten zum Autor von Mein Kampf*. Berlim, 2016.

Weidisch, Peter. "München: Parteizentrale und Sitz der Reichsleitung der NSDAP". In: *München—"Hauptstadt der Bewegung": Bayerns Metropole und der Nationalsozialismus*, editado por Richard Bauer et al., 259-272. Munique, 2002.

Weinberg, Gerald. "Hitler's Image of the United States". *American Historical Review* 69, nº 4 (1964): 1006-1021.

Weinhauer, Klaus, Anthony McElligott, & Kirsten Heinsohn. *Introduction to Germany 1916-23: A Revolution in Context*, editado por Weinhauer, McElligott, & Heinsohn. Bielefeld, 2015.

Weiss, Dieter. *Kronprinz Rupprecht von Bayern (1869-1955)*. Regensburg, 2007.

Weitz, Eric. *Weimar Germany: Promise and Tragedy*. Princeton, 2007.

White, Calum. "British Perceptions of the Munich Soviet Republic in 1919", dissertação de mestrado não publicada, Universidade de Aberdeen, 2012.

Wiedemann, Fritz. *Der Mann, der Feldherr werden wollte: Erlebnisse und Erfahrungen des Vorgesetzten Hitlers im Ersten Weltkrieg und seines späteren persönlichen Adjutanten*. Velbert, 1964.

Williams, Robert. *Culture in Exile: Russian Emigrés in Germany, 1881-1941*. Ithaca, NY, 1972.

Wilson, A. N. *Hitler: A Short Biography*. Londres, 2012.

Wirsching, Andreas. *Die Weimarer Republik: Politik und Gesellschaft*. 2ª ed. Munique, 2008.

Wistrich, Robert. *Antisemitism: The Longest Hatred*. Londres, 1991.

Zdral, Wolfgang. *Die Hitlers: Die unbekannte Familie des Führers*. Frankfurt, 2005.

Zehnpfennig, Barbara. *Adolf Hitler: Mein Kampf-Studienkommentar*. Munique, 2011.

Ziblatt, Daniel. *Conservative Parties and the Birth of Modern Democracy in Europe*. Nova York, 2017.

Ziemann, Benjamin. *Contested Commemorations: Republican War Veterans and Weimar Political Culture*. Cambridge, 2013.

_____. *Front und Heimat: Ländliche Kriegserfahrungen im südlichen Bayern, 1914-1923*. Essen, 1997.

_____. "Wanderer zwischen den Welten: Der Militärkritiker und Gegner des entschiedenen Pazifismus Major a.D. Karl Mayr". In: *Pazifistische Offiziere in Deutschland 1871-1933*, editado por Wolfram Wette & Helmut Donat, 273-285. Bremen, 1999.

Websites

- Ancestry.co.uk, <http://www.ancestry.co.uk>.
- Archive.org, <http://www.archiv.org>.
- Bundesrechtsanwaltskammer, <http://www.brak.de>.
- Centro para Estudos Europeus, Universidade de Harvard, <https://ces.fas.harvard.edu>.
- Encyclopaedia Britannica, <https://www.britannica.com>.
- Eugenio Pacelli Edition: Kritische Online-Edition der Nuntiaturberichte von 1917-1929, <http://www.pacelli-edition.de>.
- História Alemã em Documentos e Imagens, Instituto Histórico Alemão, Washington, DC, <http://www.germanhistorydocs.ghi-dc.org>.
- Historisches Lexikon Bayerns, <http://www.historisches-lexikon-bayerns.de>.
- Institut National Audiovisuel, <http://grands-entretiens.ina.fr/>.
- LewisRubinsteinArtist.com, <http://www.lewisrubinsteinartist.com>.
- Neue Deutsche Biographie Online, <http://www.deutsche-biographie.de>.
- Simon Wiesenthal Center, <http://www.wiesenthal.com>.
- Voyant Tools, <http://voyant-tools.org>.

Documentários televisivos

- Knopp, Guido, & Remy, Maurice Philip, The Rise and Fall of Adolf Hitler, episódio 1, ZDF/History Channel, 1995.

ÍNDICE

2ª Companhia de Desmobilização, 52, 68, 70, 77, 92
2º Regimento de Infantaria, 35, 36, 52, 62, 70, 83, 103, 169
    Junta de Investigação e Dispensa, 100-103, 108

Abegg, baronesa Lily von, 279
Adalberto (príncipe), 74
Adolf Hitler, sein Leben, seine Reden (Koerber), 323-324
alemães bálticos, 251, 252, 253, 260
Alemanha, 16, 21-22, 104
    bloqueio imposto à, 56
    cidadania, 183, 184
    cores do pré-guerra, 321
    conservadores em, 47, 176, 177, 178, 193, 307, 321, 326, 329
    constituições, 156, 334
    economia, 304-305
    eleições em, 50-51, 59, 371
    como potência hegemônica da Europa, 359, 360
    império alemão, 22, 156
    novo testamento para, 265, 266
    "novas cidades" para, 235
    passado pré-histórico, 283

revolução em, 24, 25-26, 34, 38, 45, 48, 52, 63-64, 109-110, 317, 321, 331-332, 341
    Renânia, 333
    Distrito de Ruhr, 304, 333, 334
    Suprema Corte, 301
    Alemanha unificada, 19, 31-32, 142, 157, 183, 188, 287, 320-321, 347
    como potência mundial, 359
    Ver também Primeira Guerra Mundial: derrota alemã na; República de Weimar
Alta Silésia, 230, 299
Amann, Max, 135, 261, 272, 344, 345
anarquistas, 65, 374
anel dos Nibelungos, O (Wagner), 367
antissemitismo, 21, 38, 86-91, 122, 123, 161, 164, 184, 203, 226
    antissemitismo antibolchevique, 86-89, 120, 121, 146, 152, 201, 204, 254-259, 260, 266, 279, 288
    o ser judeu como a adoção de ideias prejudiciais, 205-207, 209
    e capitalismo, 139, 150, 158, 255
    conspiratório, 259, 260, 266, 288
    exterminatório/biologizado, 210
    de Houston Stewart Chamberlain, 205-207, 209, 210

462 TORNANDO-SE HITLER

metafórico, 204-210, 213
da razão, 148-149
de Victor von Koerber, 322
de Winston Churchill, 88
Ver também judeus; sob o catolicismo;
Hitler, Adolf; Partido Nacional-Socialista dos Trabalhadores Alemães,
"Ao trabalhador alemão" (Müller), 118
Arco, Anton von, 63, 175-176, 342
arianismo, 283
armênios, 250-251, 313-316, 371
arte degenerada, 299
artistas/artes, 222, 246, 249, 283, 367, 368
Assim falou Zaratustra (Nietzsche), 222
Associação Central dos Cidadãos Alemães
de Fé Judaica, 87
Associação Nacional-Socialista Livre 272
Associação Nacional-Socialistas dos Tra-
balhadores, 187, 245
Atatürk, Mustafa Kemal, 250, 313, 348
ateísmo, 86, 87
Auer, Erhard, 59-62, 69, 73, 93-94, 220, 311
Augsburgo, 121
Áustria, 16, 37, 39, 118, 142, 166, 183, 188,
200, 269, 270, 343, 354
eleição na, 236
invasão alemã da, 213
Assembleia Nacional Provisional da
Áustria Alemã, 105
Ver também Viena
autoritarismo, 58, 374
Axelrod, Towia, 75

Ballerstedt, Otto, 157
Bamberg, 74, 77, 78, 103, 342
bandeiras, 30, 31, 36, 38, 43, 65, 66, 67, 75,
157, 180, 339
Baum, Marie, 110
Baumann, Adalbert, 141-142
Baviera, 17, 21, 22, 102, 192, 291, 301, 307-
308, 355, 365-366

Floresta Bávara, 107
Conselho Central em, 73
governo de coalizão em, 194-195, 307
golpe em, 48, 50 (ver também Munique:
golpe de esquerda em)
democratização da, 22, 32, 46, 47, 49,
51, 59, 61, 67
eleições na, 50, 51, 59, 61-62, 64, 70-
71, 73
e a Alemanha federal, 79
como República livre, 34, 42, 53
crescimento da esquerda radical em,
58-60
judeus em, 91, 199 (ver também Munique: judeus em)
legalistas em, 49
Ministério das Relações Exteriores em,
308
judeus não bávaros em, 38-39
Parlamento, 41, 50, 60-63, 64-66, 74, 199
ligas patrióticas em, 307
radicalização de, 64-65
revoluções em, 45, 47, 49, 53, 57, 64-66,
335, 350
grupos de direita em, 197, 199, 318
família real em, 23
secessionistas/separatistas em, 122, 141,
156, 157, 176, 195, 235, 244, 245
seccionalistas em, 333, 334
como República Soviética, 73, 74, 78
estado de emergência em, 334
polícia de Estado, 340, 341, 342
Conselho de Trabalhadores, Soldados e
Camponeses em, 34, 64-66
Ver também Munique; Traunstein
Bayerischer Kurier, 88, 92
Bayern, príncipe Georg von, 254
Bechstein, Helene e Edwin, 249, 343, 345
Beckmann, Max, 299
Bélgica, 47, 230, 305, 334

ÍNDICE

Bendt (primeiro-tenente), 138
Bento XV (papa), 179
Berchtold, Josef, 198
Berlim, 22, 32, 191, 249, 350
    tentativas de golpe em, 59, 191-192, 193,
        218, 237, 340
    marcha de Munique a Berlim, 333
    comício público socialista, 29-30
    revolução em, 110
Berliner Tageblatt, 103
Bernstein, Elsa, 209
Beyfus (Tenente), 76
Bildung (termo), 222
Bildungsroman, 26, 354
Biskupski, Vladimir, 261, 287
Bismarck, Otto von, 234, 326
Bleser, Erich, 342
Bloch, Eduard, 213
Boêmia, 15, 16, 200
Bolchevismo, 49, 56, 58, 63, 76, 103, 113,
        119, 121, 133, 134, 189, 257, 322, 329
    bolchevismo nacional, 67
    Ver também comunismo,
Bosch (Herr), 124
Bothmer, conde Karl von, 113-115, 118-
        120, 137, 218, 243, 244
Brandler, Heinrich, 331-332
Braun, Eva, 249
Bremen, 59
Brest-Litovsk, Tratado de, 111, 169
Broad (oficial de inteligência britânico),
        56, 76
Bruckmann, Elsa, 83, 175, 207-209, 351, 352
Bruckmann, Hugo, 83, 205, 207
Buber, Martin, 208
Buchberger, Michael, 84
Buchner, Karl, 101
Budapeste, 73
Bulgária, 47
Bullock, Alan, 368

Bund Oberland, 336, 337
Bürgervereinigung, 141
Buttmann, Rudolf, 60-61, 345
BVP. *Ver* Partido Popular da Baviera

campos de concentração, 328
canção dos Nibelungos, A, 234
Cantacuzène, princesa Elsa, 83
capitalismo, 19, 89, 114-116, 138, 141, 177,
        189, 210, 255, 265, 362
    capitalismo financeiro judeu, 118, 144,
        152, 169, 188, 202, 257, 281, 288
Casa de Wittelsbach, 23, 46, 48
Catarina, a Grande, 259
catolicismo, 19, 22, 24, 42, 50, 104, 143,
        149, 155, 164, 165, 171, 178-179, 195,
        228, 240, 300
    antissemitismo do, 86-88, 150
    Partido Católico Central, 23, 88, 111
    padres, 66, 84
    Ver também Pacelli, Eugenio
Chamberlain, Houston Stewart, 205-
        208, 223, 226, 281, 352
Chicago Tribune, 289
Churchill, Winston, 75-76, 88-89
Class, Heinrich, 290
classe média, 155, 162, 177, 222-223, 263,
        294, 299
classe trabalhadora, 144, 155, 162-163, 164,
        172, 177, 188, 219, 256, 264, 320
coletivismo, 177, 184
comício do partido em Nuremberg em
        1934, 227
"Como os ingleses vencem as guerras
        mundiais" (Müller), 118
Comunismo na prática (Gerlich), 121
comunismo, 58, 59, 65, 75, 103, 185, 201-
        202, 333, 374
    Partido Comunista da Alemanha (KPD),
        158, 189, 331, 332
    Ver também bolchevismo

concessões, 239, 305, 314, 374

Cone, Claribel, 150-151

Conferência de Wannsee, 157

Conselhos de Soldados, 34, 41, 42, 52, 58, 61

conselhos revolucionários, 41

conservadores. *Ver sob* monarquias constitucionais da Alemanha, 47

Cossmann, Nikolaus, 119

Cramer-Klett, barão Theodor von, 261

crianças, 179

Cromwell, Oliver, 234

Dachau, 78, 83, 208

Dandl, Otto Ritter von, 46, 50

Dannehl, Franz, 163

DAP. *Ver* Partido dos Trabalhadores Alemães

Darwin, Charles, 285

Dehn, Georg, 218-219

demagogia, 364, 368, 373-375

democracia parlamentar, 50, 58, 59, 60, 65, 67, 191, 196, 271, 284, 307

morte da, 74

Ver também liberalismo: democracia liberal

democratização, 223. *Ver também* sob Baviera

Der Auswanderer, 80

desigualdade, 219

Deuerlein, Ernst, 229

Deutsche Werkgemeinschaft, 270

Deutsche Zeitung, 281

Dickel, Oto, 270-272

Die Grundlagen des 19. Jahrhunderts (Chamberlain), 205, 226

Die Zwangsjacke (Snessarev), 287

Dietl, Eduard, 108

Dietrich, Hans, 335

Dietrich, Sepp, 181

Dingfelder, Johannes, 182-183, 185, 248

Comando Militar Distrital 31, 103, 130, 132, 151, 169, 170, 218

aulas para o povo/soldados, 107-109, 113-114, 115, 118, 122-125

dissolução planejada do, 198

DNVP. *Ver* Partido Popular Nacional Alemão

Doernberg (Fräulein), 248

Donnersmarck, príncipe Guidotto Henckel von, 299

Dresler, Adolf, 248

Drexler, Anton, 142-147, 153, 154, 155, 162, 163, 164, 165, 179, 181, 187, 199, 240, 245, 269, 270, 271, 277, 304

e Karl Harrer, 179

Dufter, Georg, 101

Ebert, Friedrich, 94, 103, 301

Eckart, Dietrich, 154, 163, 171-174, 191, 192-193, 206, 244, 245, 248, 256, 259, 260, 271, 288, 291

nos Alpes bávaros, 300-304

morte de, 355, 373

demoção de, 301-302

e Hitler como gênio, 224

peça de, 273-274

Ver também sob Hitler, Adolf

economia alemã, 305

Ver também inflação/hiperinflação; juros

editora Eher Verlag, 243, 247

Egelhofer, Rudolf, 82, 83

Ein Jahr bayerische Revolution im Bilde, 250

Einwohnerwehren, 312. *Ver também* milícias

Eisner, Kurt, 33-34, 37-40, 43, 49, 50, 60, 93, 250, 342

assassinato de, 63, 65, 93, 175

e Parlamento bávaro, 65
tentativa de golpe para derrubar, 61, 63
marcha fúnebre para, 67-68, 93
como governante, 56-59, 64-66
emigração, 168, 188, 213, 359, 371. *Ver também sob* Baviera,
Englands Schuldbuch der Weltversklavung in 77 Gedichten (Erdmann), 285
Epp, general Franz Ritter von, 245
Erdmann, Adolar, 285
Erzberger, Matthias, 167, 196
Escandinávia, 47, 95
escassez de alimentos, 56, 75, 76, 84, 104, 113, 114, 118, 132, 168, 231, 232. *Ver também* fome.
Escherich, Georg, 88
eslavos, 286, 361, 370
Espartaquistas, 57-58, 61, 64, 75, 97, 103, 134, 144, 191, 202
Esser, Hermann, 111, 121, 123, 131, 137, 166, 170, 171, 181, 183, 184, 192, 220, 233, 243, 244, 256, 269, 270, 274, 284, 305, 345
Estados Unidos, 109, 166, 167, 168, 189, 202, 235, 288-289, 297-298, 320, 363
Biblioteca do Congresso, 280, 282, 285
estudantes, 174, 300
Eupen-Malmedy, 230
Europa Central, 189
Europa, unificação da, 329
Exército Vermelho 74, 78-79, 80, 82-83, 85, 97, 98, 101, 103, 186
deserções em, 83

falências, 333
Faulhaber, Michael von, 50, 87-88, 105, 149, 178, 254, 335
Fechenbach, Felix, 38
Feder, Gottfried, 115-116, 118, 119, 120, 123, 124, 137, 141, 148, 208, 235, 317

Federação Völkisch para Proteção e Enfrentamento Alemão, 210, 235, 236
Fédération Nationale, 221
Feodorovna, grã-duquesa Victoria, 287
Ferrovia do Estado Real da Baviera, 145, 146, 155
Fick, Friedrich, 149
Field, Herbert, 63
finanças, 113, 115, 116, 118, 123, 202, 235, 265
Finlândia, 47-48, 323
fome, 56, 179. *Ver também* escassez de alimentos
força vs. direito, 166-167
Ford, Henry, 288
fortaleza de Landsberg, 213, 345, 350, 354, 357
França/povo francês, 105-106, 166, 189, 202, 221, 305, 333, 334, 360, 363
integração política/econômica franco-germânica, 329
Franck, Richard, 249, 303
Franckenstein, Clemens von, 247
Frank, Hans, 163, 214
fraternidade Rubenia, 253
Frauendorfer, Heinrich von, 57
Frederico, o Grande, 234, 285, 315, 316
Freikorps, 35, 89, 98, 102, 342
Freikorps Epp, 245
Freikorps Oberland, 89, 335-336. *Ver também* Bund Oberland
Freikorps Schwaben, 90
Funk, Wilhelm, 299

Gahr, Otto e Karoline, 248
Gansser, Emil, 291, 296, 303
Gemlich, Adolf, 147, 150, 152-153
gênio, questões envolvendo; 221-227, 228. *Ver também* Hitler, Adolf: como gênio

genocídio, 210, 213, 251, 276, 313-314, 316-317, 370, 371

George Lloyd, David, 347

Gerlich, Fritz, 119, 120, 121, 201

Gesamtkunstwerke, 227

Geschlecht und Charakter (Weininger), 172

Gestapo, 342

Glauer, Adam, 162

globalização, 374, 375

Godin, Michael von, 63, 342

Goebbels, Joseph, 174-175, 346, 349, 356, 360

Göring , Carin, 300

Göring, Hermann, 91, 300

Governo dos Trabalhadores e Camponeses, 331

Grã-Bretanha, 23, 75-76, 118, 189, 201, 202, 329, 363

   inteligência britânica, 278

   tradições de reforma constitucional da, 23, 46, 47

   como inimiga da Alemanha, 133, 166, 168-169, 235

   oficiais de inteligência de, 75, 76, 132

   Partido Nacional-Socialista em, 56, 76

Graf, Ulrich, 311, 343

Grande Depressão, 368

Grandel, Gottfried, 244, 247, 248, 273

Grassinger, Georg, 60, 139-140

Grassl, Heinrich, 264

greves, 83, 332

gripe (influenza), 179

Grupo Aufbau, 261-262

guerra urbana, 98

Günther, Hans, 280, 282, 286, 358, 361

Gutberlet, Wilhelm, 244, 248

Hale, William Bayard, 299

Hamburgo, 332, 333

Hanfstaengl, Ernst, 257, 293-294, 297-300

Hanfstaengl, Helene, 257, 293-297, 300, 301, 309, 325, 343, 345

Harrer, Karl, 144-146, 161, 162, 163, 165, 186, 199, 225, 272, 278, 281, 304, 338, 353

   renúncia do DAP, 179, 186-187

Hassell, Ulrich von, 176, 193, 208, 323

Haug, Jenny, 346

Haushofer, Karl, 213, 290, 359

Hausmann, Walter L., 115, 119-120

Heiden, Konrad, 72, 94, 229, 232, 319

"Heil Hitler", 365

Heilbronner, Alfred, 90

Heim, Georg, 88, 195

Heimatland, 312, 313, 335

Heine, Heinrich, 172

Heinz, Heinz A., 82

Hering, Johannes, 163

Herzl, Theodor, 208

Hess, Rudolf, 75, 163, 213, 229, 247, 263, 290, 316, 351, 370, 372

Hesse, 306

Himmler, Heinrich, 89, 211

Hindenburg, general Paul von, 47

Hirtreiter, Maria, 300, 301

Hitler, Adolf, 16, 91

   e aliança com a Rússia, 255, 258, 259, 260, 265, 282, 286, 290, 347, 358, 360, 362, 363, 370

   antissemitismo de, 86, 88, 92, 114, 138, 147-153, 158, 172-173, 174, 199, 201, 203, 208-209, 210-211, 213, 214, 215, 227, 254, 257, 258, 260, 287, 288, 296, 353, 371

   prisões de, 85, 136-137, 214, 238, 321, 345

   como artista, 39, 171, 172, 225, 227

   tentativa de assassinato em 1944, 56, 330

   tentativa de retorno à Áustria, 343-344

   tornando-se um nazista, 17, 20, 21, 24, 25, 26, 30, 32, 44, 188-189 esboço biográfico/autobiográfico de, 320-324, 326, 328

defeito de nascença de, 346

local de nascimento de, 39

cegueira de, 21, 30

como corajoso, 20

e líderes do Bund Oberland, 337

infância/adolescência de, 354

e concessões (acordos), 239, 305

golpe planejado por, 339-343, 346-347, 348-349

desmobilização de, 197-198

e Dietrich Eckart, 119, 121

como "arauto" para os outros, 324, 325, 326, 328

inimigos de, 266, 269

e Erhard Auer, 93

primeiro voo de, 193

primeira educação formal política conhecida de, 108

flexibilidade de, 275, 364, 369

e marcha fúnebre para Kurt Eisner, 67-68, 93, 249

e planos para o futuro, 276

como um gênio, 224-227, 240-241, 264, 266, 324, 326, 328 354, 355

e a Alemanha sustentável, 111, 117, 138, 152, 188, 201, 259, 264-265, 295, 356, 357, 358-359, 360, 361, 364, 369, 370

e história, estudo da, 113, 114, 117, 168, 233, 275, 284-285, 305

importância de 9 de novembro de 1918 para, 110-111

como informante, 100, 101

lesões durante a guerra, 22

inventando o mito de si mesmo, 20, 24, 25-26, 72, 102, 110, 125, 323-324, 354-355

e judeus conhecidos pessoalmente de, 211-213

filiando-se ao Partido dos Trabalhadores Alemães, 154

e Karl Mayr, 129, 130, 140, 147, 170, 187, 191, 193, 217, 220, 221, 224, 240, 328

traços de liderança de, 69, 71, 96, 99, 117, 239, 241, 328, 347

solidão de, 40, 96, 364

e homens com quem serviu no Exército, 52, 125, 355

falsificando a data da mudança para Munique, 296

narcisismo de, 372, 373

oportunismo/conveniência de, 37, 69, 71, 96, 101, 364, 368

unidade de guarda pessoal para, 181

fotos de, 68, 249, 318-319, 325-326, 348, 350

objetivos políticos de, 369, 370

cortesia de, 278, 280, 295

transformação/radicalização política de, 110, 112, 118, 124, 125-126, 139, 143, 152, 171, 230, 232-233, 239, 288, 320, 324, 355, 356, 364, 369, 372

termos de prisão de, 157, 350, 351-353, 357

como propagandista, 129, 131, 135, 169, 179, 199, 226, 240-241, 327, 358

como leitor, 280-281, 285-286

rejeitando a desmobilização, 36, 37, 38, 39

relacionamentos de, 238-239, 278

retorno a Munique em 1919, 52, 62

candidato ao cargo de *Bataillons-Rat*, 77-78

como salvador da Alemanha, 125, 224, 225, 318, 320, 321, 325, 326, 349

irmãos de, 237-240, 296, 300, 301, 353

e os sociais-democratas, 92-96, 102, 103-104

como orador, 117, 125, 134, 138, 143, 161, 165-166, 169, 171, 180, 182, 188,

200-201, 210-211, 227-235, 236-237, 239, 246, 262, 293, 295, 318-319, 320, 338-339, 356, 357, 372

apoio para, 305-306, 326, 351, 352, 357, 369, 373

apoiando ideias de esquerda, 71, 77

trigésimo aniversário de, 79

ameaça de deportação a, 309, 311, 312

ameaça de suicídio de, 344, 345, 350

julgamento de, 346, 347-350

e incertezas, 275

e Alemanha unificada, 157

uso de imagética visual, 228, 319

e o Tratado de Versalhes, 111-112, 166, 169-170, 230

como *Vertrauensmann*, 69-70, 71-72, 74

e mulheres, 346

visão de mundo de, 152, 200, 305, 364-365

hábitos de trabalho de, 317

Hitler, Paula, 237-238, 300, 301-302

Hitler's First War (Weber), 18, 24

Hoffmann, Heinrich (e filho), 68, 249-250, 319

Hoffmann, Hermine, 294, 352

Hoffmann, Johannes, 73, 77, 79, 83, 194

Hofmiller, Josef, 35, 37, 38, 46, 56, 75, 119, 164

Hohenzollern-Sigmaringen, príncipe Wilhelm von, 189

Holanda, 47

Holocausto, 89, 138, 150, 203, 282

gênese / surgimento do, 313-314, 371, 372

Horlacher, Michael, 114-115, 118, 120

Huch, Ricarda, 110

Hugenberg, Alfred, 368

iconografia, 320

idealismo, 113, 114

imigração, 183

Império Austro-Húngaro, 15, 31

Império Otomano, 130, 162, 250, 315, 361. *Ver também* Turquia

Índia, 283

individualismo, 184

industrialização, 176

inflação/hiperinflação, 305, 334, 340

intelectuais, 57

internacionalismo, 19, 67, 96, 133, 143-144, 149, 178, 202, 300

Irre, Max, 131

Islândia, 162, 165

Itália, 277, 290, 312, 348, 360, 363. *Ver também* Mussolini, Benito

Jesus, 325

Jodl, Alfred, 108

Jogos Olímpicos de 1936, 227

Jones, John "Jack", 5

Judas Schuldbuch (M. Lehmann), 279

judeu internacional, O (Ford), 288

judeus, 38, 42-43, 87, 137, 147, 151, 157, 166, 172, 173, 218, 254, 262, 314, 329, 335, 341, 355, 362, 367

"solução final", 213, 277, 317, 370

em Freikorps, 89, 90, 91

vs gênio, 224

banqueiros judeus, 257

materialismo judaico, 147, 148

espírito judaico, 158, 184, 210, 258, 265

na Polônia, 371-372

judeus seculares, 91

Veja também antissemitismo; capitalismo: capitalismo financeiro judaico

Júlio César (Shakespeare), 327

Jungdeutscher Orden, 329

juros, 115, 124, 148, 168, 183, 235, 256

Kahr, Gustav von, 195-197, 253, 334-337, 339-341

kaiser (tenente), 133

Kant, Immanuel, 49, 286

ÍNDICE

Kapp, Wolfgang, 191-194, 197, 217, 218, 253, 322
Karl (imperador), 269
Karsch, Franz Xaver, 115, 118
Kaulbach, Friedrich August e Mathilde von, 299
Keogh, Michael, 135-137
Kerchnawe, Hugo, 280
Kershaw, Ian, 17
Kirill (grão-duque), 287
Kleber (Feldwebel), 100
Klemperer, Victor, 36, 57, 88, 106
Knilling, Eugen Ritter von, 308, 336
Koerber, Victor von, 321-323, 326, 328-330, 350
  prisão de, 330
Kommer, Rudolf, 298
Kraus, Karl, 206
Kressenstein, general Friedrich Kress von, 341
Kriebel, Hermann, 339
Kristallnacht, 208, 330
Krohn, Friedrich, 95, 187, 248
Krüger, Emmy, 34, 38, 75, 84, 105

Lauböck, Fritz, 313
Lauböck, Theodor, 236
Lebensraum, 152, 358-370
Lechfeld, 133, 138
Lehmann, Julius Friedrich, 45, 60, 61, 98, 188, 248, 278-282, 338, 347, 353, 361
  antissemitismo de, 279
Lehmann, Melanie, 45, 48, 60, 109, 279, 318, 341, 346-347, 353
Lei Habilitante, 74
Lenin, V. I., 347, 358, 362
Lerchenfeld, conde Hugo von, 307
Levi, Hermann, 207
Levi, Rafael, 86
Levien, Max, 64, 86

Leybold, Otto, 353
liberais de esquerda, 50
liberalismo, 24, 47, 51, 58
  democracia liberal, 373, 374, 375
  Ver também democracia parlamentar,
Liga Camponesa, 88, 195
Liga das Nações, 44, 105, 133, 168
Liga de Combate Contra a Usura, a Especulação e os Atacadistas Profissionais, 145
Liga Pangermânica, 188, 249, 279, 281, 335, 337-338
limpeza étnica, 251, 370, 371
List, Guido von, 282
Lossow, Otto von, 341
Lotter, Obermaat Konrad, 61, 64
Löwensohn, Robert, 90
Luch Sveta, 262
Lüdecke, Kurt, 351
Ludwig III (rei), 33, 34, 46, 50, 307
Lüers, Friedrich, 67, 80, 98
Lundendorff, general Erich, 47, 252, 262, 313, 320, 321, 323, 326, 335, 339, 349
  golpe planejado por, 339-343, 346-349
Lüttwitz, general Walther von, 192

maçons, 144, 258, 262, 303
Mann, Klaus, 97
Mantel, Karl, 341
Märklin (*Oberleutnant*), 100
Marx, Karl, 202
Masaryk, Tomáš, 48
materialismo, 114, 148, 172, 201, 206, 349
Maurice, Emil, 180, 211-213
Mayr, Karl, 94-96, 108, 114, 117-122, 124, 129-131, 137-138, 151, 158, 192, 193, 195-198, 251, 328, 329
  morte de, 221
  e o NSDAP, 219-221
  oposição a, 218

"como republicano da razão", 220

Veja também sob Hitler, Adolf

Mein Kampf (Hitler), 19, 21, 24, 26, 30, 41, 52, 63, 81, 110, 115, 125-126, 134, 143, 154, 173, 182, 184, 225, 265, 283, 320, 348, 354-358, 360, 365

    diferença entre dois volumes de, 362-363

    frequência de termos em, 362-363

    e as lições aprendidas por Hitler, 358

    título original de, 353

    raça mencionada em, 361-362

    referência à matança de judeus por gás em, 316

Mell, Max, 207

Mensch und Gott (Chamberlain), 208

milícias, 35, 59, 89, 98, 196, 312, 335

    ver também Freikorps

misticismo, 282, 283

moedas, 333

Möhl, general Arnold von, 103, 129, 139, 158, 192, 195-197

    com poderes de emergência, 194-195

monarquia habsburga, 19, 269

monarquias/monarquistas, 19, 22, 23, 25, 32, 46, 47, 48, 53, 194, 253, 261, 287, 306-307, 329, 358

moral, 132, 134

moralidade, regras de, 222

movimento *völkisch*, 146, 147, 161, 162, 164, 270

Mühsam, Erich, 58, 64

Müller, capitão von, 336, 337, 338, 339

Muller, Karl Alexander von, 115-120, 208

Müller-Meiningen, Ernst, 34, 175

Münchener Beobachter, 162, 166. *Ver também Völkischer Beobachter*

Münchener Post, 69, 94, 220

Münchener Stadtanzeiger, 141

Münchner Neuesten Nachrichten, 104, 186, 201

Münchner Zeitung, 185

Munique, 16, 21, 22, 24, 52, 61, 74, 122, 145, 201, 249, 366

    norte-americanos em, 59, 299

    sentimento antiprussiano em, 22, 84

    cena artística em, 173

    Embaixada austríaca em, 37

    identidade alemã vs. bávara em, 31

    cervejarias em, 230

    como capital do Movimento Nacional--Socialista, 195

    contrarrevolucionários/forças brancas em, 81, 84, 97, 245, 252-253

    desligamento de soldados em, 100, 109

    eleições em unidades militares em, 77

    emigração de, 80

    execuções em, 82, 97, 164, 337

    estoques de alimentos em, 56

    judeus em, 86, 166, 201

    golpe de esquerda em, 30, 34, 40, 45-46

    marcha de Munique a Berlim, 333

    lei marcial em, 66, 103

    migrantes em, 155

    Universidade de Munique, 174

    Odeonsplatz, tiroteio em, 342

    Tribunal do Povo em, 347

    fotos de Hitler em, 319-320. (*Ver também* Hitler, Adolf: fotos de)

    Diretoria da Polícia em, 150

    comício político em, 32, 34

    Reichswehr pós-revolucionário em, 219

    protestantes em, 155, 279

    golpe em 1923, 332. (*Ver também* Hitler, Adolf: golpe planejado por)

    direita radical em, 187, 230 243, 244, 245, 262, 264, 334, 335, 371

    bairro de Schwabing em, 24

    como República Soviética, 75, 80, 81-82, 91, 93, 96, 99, 100, 102, 130, 146, 150, 163-164, 165, 181, 191, 245, 322

ÍNDICE
471

restaurante Sterneckerbräu em, 140
apoio para o NSDAP em, 366
incerteza em, 45, 83, 336
classes altas em, 245-246, 250, 290, 294, 299, 351, 352
e Tratado de Versalhes, 104-105, 110
emigrados "brancos"/alemães bálticos em, 253, 259, 260, 261-262
Museu de Arte Germânica, 367
Mussolini, Benito, 277, 290, 303, 313, 333

nacionalismo, 15, 119, 134, 146, 177, 183, 340
nacional-socialismo, 15, 16, 69, 91, 185, 188, 355, 362, 365
  movimento dos Freikorps como vanguarda do, 91
  propaganda do, (*Ver também* propaganda), 40, 42, 91, 131
Nationalismus (Tagore), 282
nepotismo, 273
Neue Zürcher Zeitung, 34
Neues Wiener Journal, 329
New York Times, 289
Niekisch, Ernst, 66
Nietzsche, Friedrich, 222, 289
Noske, Gustav, 79, 83, 94, 103
NSDAP. *Ver* Partido Nacional-Socialista dos Trabalhadores Alemães

Obersalzberg, 301
ocultismo, 282, 283
Oestreicher, Paul, 343
Operação Barbarossa, 372
Oppenheimer, Gabriele "Yella" von, 207, 209
Ordem Germânica, 162
Ordnungszelle, 196
ouro, 119

Pacelli, Eugenio, 62, 65, 81, 86-87, 88, 196
panfletos, anti-Hitler, 269

Partido Conservador Alemão, 176
Partido da Pátria Alemã, 145, 156
Partido Democrata Alemão (DDP), 90, 149, 175, 194, 264, 297, 390
Partido dos Cidadãos Social-Democratas, 141
Partido dos Trabalhadores Alemães (DAP), 15, 119, 140-141, 144, 146-147, 153-159, 161, 170-171, 178-179, 180, 182, 183-184
  mudança de nome, 186-187
  e os partidos conservadores, 177-178
  primeiro escritório do, 180
  discursos de Hitler para o, 165-167, 171, 180
  quadro de membros, 154, 155, 159, 180-181
  plataforma do, 183-186
  e o direito na política bávara, 175-176
  e estudantes universitários, 174
Partido Nacional-Socialista dos Trabalhadores Alemães (NSDAP), 152, 163, 181, 187, 195, 196, 197, 199, 214-215, 219-220, 229, 256-257, 266, 306-307, 366
  antissemitismo do, 199, 200, 303, 316
  e *establishment* da Baviera, 335
  braços fora de Munique, 225-226, 263-264, 289-290
  democracia morta no, 271-272
  Hitler saindo e retornando como líder do, 270-271, 278, 289, 324
  quadro de membros, 263-264, 289
  problemas de dinheiro do, 244-249, 290, 290-291, 338
  proibido, 341
  divisão no, 272
  sucesso do, 264, 368
  Ver também Partido Nazista
Partido Nazista, 23, 123, 141

SS no, 89
termo "nazista", 365
Ver também Partido Nacional-Socialista dos Trabalhadores Alemães
Partido Popular da Baviera (BVP), 50, 88, 121, 122, 174, 176, 178, 194, 195, 196-197, 219, 307, 309, 334, 341, 366, 368
Partido Popular Nacional Alemão (DNVP), 176, 177-178, 181, 191, 196, 279, 290, 368
Partido Socialista Alemão (DSP), 139, 163, 199, 243, 270
passaportes, 196
Passau, 169
Patrick, William, 214
Peer Gynt (Ibsen/Eckart), 274
Pest in Russland! (Rosenberg), 257
Pio XII (papa), 62, 81
Pöhner, Ernst, 152, 196, 337
Polônia/poloneses, 87, 265, 299, 315, 361, 370, 371-372
populistas, 350, 353, 369, 374
Pravda, 331
Primeira Guerra Mundial, 18, 19-20, 47-48, 51, 92, 105, 312, 354-355, 361, 365, 367
acordo de armistício, 56, 76. (*Ver também* Tratado de Versalhes)
e a Europa Central, 106
desmobilização após, 30-31, 35
derrota da Alemanha na, 106, 109-110, 112, 124, 125, 138, 152, 158
vencedores da, 43, 44, 48, 142, 196, 250, 336
prisioneiros de guerra, 42-43, 44, 52, 68, 78, 84, 106
prisioneiros alemães em retorno para casa, 133
irlandês, 135-136
Pröhl, Ilse, 229, 232, 295

propaganda, 20, 40, 42, 69, 79, 91, 93, 94, 107, 114, 122, 124, 125, 126, 133, 154, 185, 323. *Ver também* Hitler, Adolf: como propagandista
protestantes, 88, 155, 163, 218, 228, 256, 263, 291
protocolos dos sábios de Sião, Os, 258, 262, 287
Prússia, 22, 46, 67, 84, 306
sentimento antiprussiano, 22, 84, 156

Quartel Türken, 136, 169, 170
questões econômicas, 56, 115-116, 119

Raça teutônica, 226
Raeder, almirante Erich, 276
Rassenkunde des Deutschen Volkes (Günther), 280, 282, 358, 361
Rathenau, Walther, 87, 196
Raubal, Geli, 212
Reck, Friedrich, 246-247
Reforma, 228
Regimento de Infantaria de Leib, 62-63
Regimento List (16° Regimento de Infantaria de Reserva da Baviera), 18, 19, 26, 30-31, 35, 89, 101, 133
Regina Palast Hotel, 108, 151
Reichert, Maria, 198, 352
Reichsbanner, 221
reparações, 104, 170, 333
República de Weimar, 50, 156, 193, 197
Constituição, 308
restaurante Sterneckerbräu, 180, 198, 231
revista *Das Bayerland*, 219
Revolução Americana, 23
Revolução Francesa, 23, 285
Riefenstahl, Leni, 227
Riehl, Walter, 236
Rilke, Rainer Maria, 46, 56, 99
Rödl, Arthur, 89

ÍNDICE

Röhm, capitão Ernst, 181
Romanov, grão-príncipe Kirill, 261
Roosevelt, Franklin D., 298
Roosevelt, Theodore, 226
Rosenberg, Alfred, 163, 253, 256-260, 259, 274, 288, 302, 325, 345
Rosenheim, 236
Roze, Valdemar, 332
Rubenstein, Lewis, 367-368
Rupprecht (príncipe), 23, 46, 262, 307, 335
russos/Rússia, 42-43, 49, 67, 78, 84, 111, 144, 168, 170, 251-252, 253, 261-262, 287, 331, 360, 370. *Ver também* Hitler, Adolf: e aliança com Rússia

SA (Sturmabteilung), 181, 212, 272, 277, 289, 313, 365
Salomon, Franz Pfeffer von, 278
Saxônia, 331-333
Scharrer, Eduard August, 314
Scheubner, Mathilde von, 252
Scheubner-Richter, Max Erwin von, 251-253, 256, 259-262, 287, 288, 308, 321, 347, 358
  morte de, 342
Schioppa, Lorenzo, 86, 97
Schlager, tenente Josef, 44
Schmidt, Ernst, 39-42, 45, 52-53, 73, 74, 82, 85, 98, 352
Schreck, Julius, 181
Schröder, Fritz, 58
Schrönghammer-Heimdal, Franz, 178
Schwarzenbach-Wille, Renée, 34, 38, 291
Schweyer, Anna, 248
Schweyer, Franz Xaver, 50, 309, 311
Sebottendorff, Rudolf von, 162-165, 243, 250, 251
Segunda Guerra Mundial, 93, 108, 168, 203, 213, 289, 360
Seihs, Josef, 71, 101
semanário *Auf gut Deutsch*, 121, 154, 192, 258, 355

Seydlitz, Wilhelm von, 248
Shützenregiment 41, 169
"Sieg Heil", 297
sionismo, 16, 87, 208
Smith, capitão Truman, 308-309
Snessarev, Nikolai, 286-287
soberania, 156
Social-democracia, 19, 23, 40, 46, 47, 147, 183, 366
  Sociais-Democratas moderados (SPD), 32, 49, 58, 59, 60, 61, 71, 73, 79, 93-96, 99, 102, 103, 111, 121, 177, 194, 195, 220, 307, 308
  Sociais-Democratas Independentes radicais (USPD), 32-34, 49, 50, 58, 65, 71, 93, 107, 196, 309
  Ver também Hilter, Adolf: e social--democratas
socialismo, 15, 16, 19, 26, 146, 163, 177
  revolucionários socialistas, 29, 30, 33, 64
  Ver também Partido Socialista Alemão
Sociedade Thule, 60, 82, 139, 161-165, 179, 186, 187, 279, 283, 338, 353
Solleder Fridolin, 90
Somerville (oficial de inteligência britânica), 56
Sontheimer, Josef, 58
Sozialistische Monatshefte, 121
SPD. *Ver* Social-democracia: Sociais-Democratas Moderados
Speidel, Max von, 50, 93
SS (Schutzstaffel), 89, 211-212, 277
  Einsatzgruppen na, 203
Staatskunst (termo), 223
Staubwasser, *Oberst* Friedrich, 103, 108
Stauffenberg, condessa Caroline Schenk von, 55
  filhos de, 56
Steininger, Babette, 282
Stolzing-Czerny, Josef, 320

Stosstrupp Hitler, 212
Straus, Rahel, 34, 38, 56
Streicher, Julius, 289
Süddeutsche Monatshefte, 118, 119, 121
Sudetenland, 16
Suíça, 34, 290-291, 303

Tagore, Rabindranath, 282
Tchecoslováquia, 48, 270, 373
Tedesco (família), 207
teoria racial, 280, 281, 283, 358, 361
Therese (princesa da Baviera), 23
Timm, Johannes, 66
Tiroler Gröstl, 232
Tirptiz, Alfred von, 177, 290
Toca do Lobo, 157
Togler, Ernst, 158
Toller, Ernst, 78, 95, 174
trabalho, 113-114, 168, 183
Tratado de Sèvres, 250, 312
Tratado de Versalhes, 94, 106, 144, 183, 188, 250, 307
  ratificação do, 109, 111-113
  Ver também Hitler, Adolf; Munique
Traunstein, 40-45, 52, 70, 274, 285
Traunsteiner Wochenblatt, 274
Tröbst, Hans, 312-313, 315, 317, 335, 336, 337, 338, 339, 347, 371
  cunhada Dorothee, 340
Turíngia, 331, 333
Turquia, 250, 312, 313, 348. *Ver também* Império Otomano

Uffing am Staffelsee, 343
Ullstein, Hermann, 330
União Soviética, 203, 254, 315, 358, 371
  Ver também russos/Rússia
Universidade de Harvard, 279, 298, 299

USPD. *Ver* Social-democracia: Sociais-Democratas Radicais Independentes

Vaticano, 109
Verdi, Giuseppe, 283
Viena, 237, 238, 240, 296, 320
  Bolsa de Valores de Viena, 15, 374
Vinberg, Fyodor, 262, 287
Völkischer Beobachter, 139, 248, 250, 256, 257, 274, 288, 296, 302, 318, 345
  venda do, 243-245
Voll (Herr), 248
Vollmar, Georg von, 32
Vonficht, Georg, 43

Wagner, Richard, 174, 206, 223, 227, 249, 284, 290, 367
Wagner, Winifred, 209
Weber, Christian, 301
Weber, Friedrich, 337-340, 353
Weber, Hans, 51
Weininger, Otto, 172, 206, 224, 273
Weiss, Wilhelm, 335, 337, 339
Weltanschauung (termo), 364
Wiedemann, Fritz, 90, 218, 278, 329
Wiesner, Julius, 206
Wilhelm (príncipe), 329
Wilhelm II (kaiser), 22, 29, 32, 47
Wille, Ulrich "Ully", 290-291, 303-304, 316-317, 370, 372
Wilson, Woodrow, 44, 48, 105, 111, 257, 289
Wölfflin, Heinrich, 105, 107, 334
Wolfskehl, Karl e Hanna, 208
Württemberg, 79, 98
Wutzlhofer, Johannes, 336

Zaeper, Max, 173
Zeigner, Erich, 332

Este livro foi composto na tipografia Minion
Pro, em corpo 11,5/15,5, e impresso em
papel off-white no Sistema Cameron da
Divisão Gráfica da Distribuidora Record.